Religion et rationalité

Studies in Philo of Alexandria

Editor in Chief

Francesca Calabi (*Università di Pavia*)

Editorial Board

Francesca Alesse (*Istituto per il Lessico
Intellettuale Europeo e Storia delle Idee, Roma*)
Katell Berthelot (*Centre National de la Recherche Scientifique, Paris*)
Carlos Levy (*Sorbonne Université, Paris*)
Jan Opsomer (*University of Leuven*)
Sarah Pearce (*University of Southampton*)
Gretchen Reydams-Schils (*University of Notre Dame*)

VOLUME 11

The titles published in this series are listed at *brill.com/philo*

Religion et rationalité :
Philon d'Alexandrie et sa postérité

Edited by

Jérôme Moreau
Olivier Munnich

BRILL

LEIDEN | BOSTON

The Library of Congress Cataloging-in-Publication Data is available online at http://catalog.loc.gov
LC record available at http://lccn.loc.gov/2020045262

Typeface for the Latin, Greek, and Cyrillic scripts: "Brill". See and download: brill.com/brill-typeface.

ISSN 1543-995X
ISBN 978-90-04-44364-8 (hardback)
ISBN 978-90-04-44395-2 (e-book)

Copyright 2021 by Jérôme Moreau and Olivier Munnich. Published by Koninklijke Brill NV, Leiden, The Netherlands.
Koninklijke Brill NV incorporates the imprints Brill, Brill Hes & De Graaf, Brill Nijhoff, Brill Rodopi, Brill Sense, Hotei Publishing, mentis Verlag, Verlag Ferdinand Schöningh and Wilhelm Fink Verlag.
Koninklijke Brill NV reserves the right to protect this publication against unauthorized use. Requests for re-use and/or translations must be addressed to Koninklijke Brill NV via brill.com or copyright.com.

This book is printed on acid-free paper and produced in a sustainable manner.

Table des matières

Introduction : Religion et rationalité chez Philon d'Alexandrie   1
  Jérôme Moreau and Olivier Munnich

PARTIE 1
L'écriture du commentaire philonien

1   La place de l'Écriture dans l'exégèse du rêve de Jacob (*Somn.* I, 1-188)   9
    Anne Boiché

2   Exégèse et méditation : les apostrophes à l'âme ou à la pensée chez
    Philon d'Alexandrie   28
    Françoise Frazier

3   Exégèse de l'Écriture / exégèse par l'Écriture : l'exemple de la Ténèbre
    (Ex 20, 21) chez Philon d'Alexandrie   58
    Olivier Munnich

PARTIE 2
Le traitement exégétique des thèmes philosophiques

4   Rationnel et irrationnel dans les propos philoniens sur la prophétie
    et la divination   87
    Smaranda Marculescu

5   Le langage des rêves chez Philon d'Alexandrie   109
    Francesca Calabi

6   Abraham et Salomon : deux exemples de sage dans le judaïsme
    alexandrin   130
    Jérôme Moreau

PARTIE 3
Philon dans l'histoire de la philosophie et de l'exégèse

7 Images de l'âme et de l'intellection dans le *Quis rerum divinarum heres sit* de Philon d'Alexandrie 157
   Anca Vasiliu

8 La métaphysique de l'orgueil : quelques affinités entre Philon et les néoplatoniciens grecs 185
   Adrien Lecerf

9 Les premiers hommes et la raison, d'après Philon et les premiers chrétiens 230
   Sébastien Morlet

PARTIE 4
Ouverture sur l'exégèse médiévale

10 L'utilisation des philosophes dans l'exégèse biblique du XIIIe-XIVe siècle 259
    Gilbert Dahan

   Œuvres de Philon 279
   Citations scripturaires 287
   Auteurs anciens et médiévaux 290

INTRODUCTION

Religion et rationalité chez Philon d'Alexandrie

Jérôme Moreau and Olivier Munnich

Cet ouvrage est le fruit d'un colloque international, « Religion et rationalité : Philon d'Alexandrie et ses successeurs dans le christianisme et le paganisme » qui s'est tenu en Sorbonne les 27 et 28 juin 2012. Le pari était d'explorer l'œuvre de Philon d'Alexandrie et d'en observer les répercussions et les échos postérieurs, à partir de ces deux catégories non philoniennes que sont la religion et la rationalité. En effet, on peinerait à trouver chez l'Alexandrin un équivalent du mot « religion » ; quant au terme « rationalité », il apparaît au XIIIe s. dans le médio-latin du philosophe et théologien Raymond Lulle, lorsqu'il élabore une « machine logique » destinée à réfuter les juifs et les musulmans ; dès cette époque, le mot revêt, selon les spécialistes du moyen âge, une complexité de signification considérable. Certes, le terme *logos* (« raison » / « verbe ») est central chez Philon, mais il présente une polysémie irréductible à ce que nous nommons réflexion rationnelle. Les participants à ce colloque ont eu en commun d'étudier la façon dont se sont forgés les instruments conceptuels, les modèles argumentatifs et les stratégies d'attaque et de défense, qu'ils soient ceux des philosophes face à la religion, ou ceux des écrivains juifs, puis chrétiens, face à la philosophie et, plus généralement, à l'hellénisme. Familier de la παιδεία grecque et auteur lui-même intensément lu par les chrétiens, l'Alexandrin se prêtait naturellement à une telle étude : des hellénistes, des philosophes et des historiens de l'exégèse ont questionné, à partir de deux notions délibérément larges, le corpus philonien. L'approche est, à un double égard, originale : d'une part, elle combine les champs disciplinaires et élargit d'une façon inédite le spectre chronologique (jusqu'à la fin du moyen âge) ; d'autre part et surtout, elle réfléchit autant *au* corpus philonien qu'*à partir* de celui-ci.

Cela permet de voir comment ce volume se situe par rapport à l'histoire de la recherche philonienne : dans les actes du volume de Lyon (1967), la diversité des contributions montre qu'un nouveau « territoire » venait d'être découvert par la critique universitaire et elle révèle comment il est exploré sous des angles divers. Très différents, les actes du colloque de Créteil « *Philon d'Alexandrie et le langage de la philosophie* » (1998) prennent en compte l'œuvre pionnière de V. Nikiprowetzky : la pensée de l'Alexandrin est envisagée dans sa cohérence et la tâche consiste désormais à étudier comment la référence à la philosophie grecque est mobilisée comme *organon* pour commenter la Bible. Envisagée sur

© JÉRÔME MOREAU AND OLIVIER MUNNICH, 2021 | DOI:10.1163/9789004443952_002 le triple plan de la langue philosophique, de l'herméneutique et du rapport aux écoles philosophiques, le débat prend alors une inflexion doxographique qui ne s'est, depuis lors, pas démentie. Les actes du colloque de Bruxelles « *Philon d'Alexandrie. Un penseur à l'intersection des cultures gréco-romaine, orientale, juive et chrétienne* » (2011) reviennent à la diversité d'approches de 1967, mais les communications s'organisent autour de trois axes : les analyses historiques et sociologiques, celles qui relèvent de l'analyse littéraire et philosophique, puis celles qui sont consacrées à la comparaison avec le Nouveau Testament et à la réception de Philon dans le christianisme. Apparentés à la perspective de la rencontre de Créteil, les Actes du colloque de Bologne « *La Rivelazione in Filone di Alessandria : Natura, Legge, Storia* » (2004) et, plus encore, ceux du colloque de Milan « *Pouvoir et puissance chez Philon d'Alexandrie* » (2015) s'attachent, dans un cas, au thème de la révélation chez l'Alexandrin et, dans l'autre, au concept de δύναμις, point nodal dans la pensée de Philon, et les communications portent sur le langage de l'exégèse et le rapport à la philosophie. Pour notre part, nous avons voulu adopter une perspective qui s'écarte de cette alternance entre rencontres à caractère « généraliste » (Lyon, Bruxelles) ou « spécialisé » (Créteil, Milan). Notre perspective est généraliste mais elle se donne un projet homogène : il s'agit d'étudier comment l'œuvre philonienne est investie par différentes disciplines pour construire leur champ propre, qu'il touche à la critique littéraire, à l'histoire de l'exégèse ou à celle de la philosophie. Fondamentale dans toutes les contributions, l'œuvre philonienne intervient ici dans des études qui l'envisagent comme un jalon documentaire et la dépassent sans cesser de *penser avec Philon*, à partir de son œuvre. Si la spécificité de l'Alexandrin tient à ce qu'il utilise le vocabulaire notionnel de la philosophie et, plus globalement, de la παιδεία, comme « lunettes » pour lire le Pentateuque grec, l'innovation de ce colloque a consisté à étudier la référence philonienne elle-même, lorsqu'elle sert d'appui à des réflexions sur l'écriture du commentaire, l'histoire de l'exégèse, l'histoire de la philosophie ou celle de la réception patristique.

L'approche développée dans ce volume doit beaucoup à ce qu'on pourrait nommer la tradition française des études philoniennes. Il faut citer, au premier rang, Valentin Nikiprowetzky pour ses travaux sur la construction du commentaire philonien. Ces diverses enquêtes sont également redevables aux travaux que Marguerite Harl et Monique Alexandre ont consacrés au texte scripturaire de l'Alexandrin (on songe à la collection « La Bible d'Alexandrie »). Ces deux critiques ont étudié Philon tant dans ses liens avec la culture grecque que dans l'influence qu'il a exercée sur le christianisme lettré. S'inscrivant dans une même tradition de recherche, le présent volume l'élargit aux perspectives qu'a ouvertes Carlos Lévy sur le milieu philosophique de l'Alexandrin.

Les études qui suivent sont regroupées en trois grands ensembles. Le premier, qui sert de point de départ à la réflexion, est consacré à l'écriture du commentaire philonien. Il s'ouvre par une étude d'Anne Boiché sur la place de l'Écriture dans l'exégèse de Philon d'Alexandrie, mettant en lumière de façon méthodique la manière dont Philon élabore sa pensée non seulement à partir du texte scripturaire, mais surtout avec lui. Le dialogue se déploie à travers un travail précis sur les citations, parfois tronquées ou même implicites, selon la nécessité du commentaire, mais également au moyen d'éclairages réciproques avec la culture classique, pour créer une pensée propre mais toujours référée étroitement à l'Écriture. L'article de Françoise Frazier sur les apostrophes à l'âme ou à la pensée dans l'œuvre de Philon aborde, à partir d'un trait stylistique singulier chez Philon, la dimension méditative qui naît du travail de l'exégèse. En effet, sa démarche de commentateur conduit l'Alexandrin à une forme d'inquiétude mais aussi d'élan concernant sa réflexion comme son résultat, dessinant un itinéraire spirituel. De fait, ces apostrophes constituent aussi bien des relais entre les passages scripturaires que des moyens de lier à l'âme divers personnages bibliques qui font figure d'archétypes. Elles scandent ainsi un effort de progression morale, aventure proposée à tout lecteur. L'étude d'Olivier Munnich, quant à elle, se consacre à l'étude de trois exégèses d'un même verset évoquant la Ténèbre (Ex 20, 21). Dans la *Vie de Moïse*, le développement est ontologico-moral : le Législateur est élevé jusqu'à lui faire porter le nom de « Dieu » et il devient, par l'entrée dans la Ténèbre, conçue comme sur-lumière, le canal par lequel Dieu inscrit sa loi dans le monde des hommes. Dans le *De posteritate Caini*, au contraire, la Ténèbre a une dimension épistémologique : elle exprime l'incognoscibilité de Dieu. Enfin, dans le *De mutatione nominum*, la référence à la Ténèbre expose les limites du langage, nul mot ne pouvant désigner l'Être de façon propre. L'étude montre comment c'est la combinaison et l'ordonnancement minutieux des citations qui créent des éclairages différents, croisant la philosophie et l'Écriture, pour dynamiser la pensée. Le texte apparaît comme une véritable *matière* à philosopher et le texte scripturaire comme le tissu de la pensée philonienne.

Le deuxième ensemble vient interroger la portée philosophique de la méthode philonienne en tant qu'outil d'investigation. Smaranda Marculescu montre ainsi comment Philon distingue vraie prophétie et divination mensongère à partir de la figure de Moïse, vrai prophète parce que, chez lui, la raison n'est pas tant niée qu'ouverte au sur-rationnel. Cela passe par une véritable ascèse, à la différence de la figure de Balaam qui, tout spécialiste de la divination qu'il soit, n'est qu'un instrument inconscient et surtout sans vertu. La prophétie apparaît donc comme une communication entre l'esprit divin et la rationalité humaine la plus élevée. De façon similaire, Francesca Calabi s'attache à reprendre les distinctions opérées par Philon sur les rêves, réalités essentielles car, par eux, l'âme est mise en contact avec l'intellect du monde, ou acquiert de façon inspirée des connaissances prophétiques. Philon apporte des inflexions au statut des rêves chez les auteurs grecs, en les intégrant à sa méthode allégorique et en mettant en avant la figure de Joseph, homme politique et interprète des rêves par excellence, puisqu'il prophétise sur l'avenir du peuple. Il apparaît ainsi que l'enjeu des rêves n'est pas leur origine, mais le travail d'interprétation qu'ils appellent. Enfin, Jérôme Moreau entreprend de mettre en lumière la singularité de l'approche philonienne en la comparant au seul texte du même milieu et de la même période qui nous soit parvenu, le Livre de la Sagesse. À partir d'une même matrice religieuse et culturelle, et dans une même ambition d'atteindre la vraie sagesse, les deux auteurs développent pourtant leur réflexion dans deux directions nettement différentes : la définition d'archétypes illustrant le sommet d'une contemplation intellectuelle chez Philon, contre une réflexion sur l'œuvre paradoxale du salut de Dieu dans l'histoire du peuple juif.

Le troisième ensemble permet de situer l'œuvre de Philon sur le temps long de l'histoire de la pensée dans l'Antiquité et de mettre en lumière les échos que sa démarche peut rencontrer ou susciter chez d'autres auteurs. Anca Vasiliu, en étudiant les images de l'âme et de l'intellection dans le *Quis rerum divinarum heres sit*, montre comment la démarche de Philon peut nourrir une réflexion philosophique sur le rapport entre le langage et les images : au-delà de l'allégorie et de la métaphore, Philon utilise l'image dans sa vertu intellective spécifique pour faire accéder à la révélation. De ce fait, il se place sur un registre noétique qui prolonge Platon et anticipe Plotin, marquant un véritable tournant théologique de la philosophie antique que l'on retrouve dans les siècles suivants, y compris chez des auteurs indépendants de son œuvre. L'étude d'Adrien Lecerf sur la métaphysique de l'orgueil chez Philon et les néoplatoniciens grecs permet à son tour de dessiner les contours d'une évolution au sein de la philosophie d'époque impériale. Sans qu'il y ait de lien de dépendance à l'égard de Philon, Dieu y apparaît semblablement transcendant et ineffable, même s'il se donne à connaître grâce à des intermédiaires ou par ses effets dans le monde sensible. C'est bien lui, et non le sage, qui se retrouve désormais placé au centre des systèmes de représentation de la réalité. Le néant humain s'en retrouve plus nettement souligné, seule une grâce divine pouvant sauver l'homme et lui permettre de se détacher de la matière. La convergence est particulièrement forte avec Jamblique, plus encore qu'avec Plotin et Porphyre. Dans le troisième article, Sébastien Morlet s'attache à un héritage cette fois-ci direct de Philon, celui de la patristique, à travers l'étude du thème des premiers hommes entendus comme philosophes. Chez Philon, les patriarches mènent une recherche philosophique et reçoivent une révélation du Logos qui leur permet d'en appliquer les Lois, ensuite formulées par Moïse, tandis que chez Justin comme Irénée se rencontre l'idée que le Christ est venu rétablir la loi éternelle, naturelle, des patriarches. Eusèbe, qui connaît bien Philon, insiste sur la figure des patriarches à la fois contre les Grecs et contre les juifs, et affirme même qu'ils avaient une véritable philosophie, le christianisme, religion du Logos. La différence majeure entre Philon et les chrétiens est donc l'accent mis par ce dernier sur la valeur paradigmatique des patriarches, tandis que les chrétiens insistent sur leur valeur historique.

Le volume s'achève par une étude de Gilbert Dahan consacrée à l'exégèse biblique au tournant du XIIIe et du XIVe siècles : en effet, entre 1260 et 1340, la philosophie s'avère un recours important de l'exégèse confessante et offre un écho historique saisissant à la démarche de Philon. Il est alors licite d'utiliser ce qui est présenté comme les « dépouilles des Égyptiens », la philosophie étant conçue comme la « servante de la théologie ». L'aristotélisme, du reste, est déjà dominant à cette époque et imprègne l'exégèse, dans la logique ou encore dans l'utilisation des quatre causes. De façon générale, en effet, la philosophie est utilisée pour éclaircir ce qui relève des sciences, mais aussi et surtout de la métaphysique et de l'éthique. C'est ainsi que Maïmonide peut constituer une référence majeure, sans polémique, pour les éclairages doctrinaux qu'il apporte, plus que pour son analyse spécifiquement exégétique.

Tout autant qu'il pense l'Écriture, Philon d'Alexandrie pense *avec l'Écriture*. L'ambition de cet ouvrage collectif est donc d'aller *du même pas* que l'Alexandrin et de *penser avec lui*, comme l'ont fait nombre de ses lecteurs.

PARTIE 1

L'écriture du commentaire philonien

∵

CHAPITRE 1

La place de l'Écriture dans l'exégèse du rêve de Jacob (*Somn.* I, 1-188)

Anne Boiché

Si religion et rationalité sont aussi intimement liées, dans l'œuvre de Philon d'Alexandrie, c'est parce que celui-ci entrelace le langage de la Bible et celui de la philosophie, en reformulant les mots de l'Écriture à la lumière de sa culture grecque et, à l'inverse, en remodelant les idées grecques pour les rendre conformes au monothéisme. Pour mieux comprendre comment Philon élabore son exégèse, grâce à ce travail de reformulation réciproque, nous voudrions nous intéresser à un passage en particulier, le début du livre I du *De somniis* (I, 1-188). Dans ces paragraphes, l'exégète commente le premier rêve de Jacob, dans lequel celui-ci voit des anges monter et descendre sur une échelle (Gn 28, 10-15). Comme il le fait souvent, l'auteur commence par citer dans son intégralité le texte qu'il commente, avant de l'expliquer lemme après lemme, en s'appuyant alors sur d'autres passages scripturaires. Le texte biblique est donc au centre de l'exégèse, mais nous voudrions affiner cette observation et chercher à comprendre plus précisément comment, dans ce passage, l'Écriture structure et nourrit le commentaire, comment Philon y fait référence, comment, enfin, les versets commentés sont réécrits et reformulés par l'auteur, grâce à l'appui de la culture grecque.

1 La place de l'Écriture dans la structure du commentaire philonien

La péricope de Gn 28, 10-15, qui rapporte le rêve de Jacob, constitue le support et le cadre du commentaire, aux paragraphes 1 à 188 du *De somniis*. Philon commence par la citer intégralement (§ 3-4), puis la commente dans l'ordre, en rappelant au début de chaque unité exégétique[1] le verset ou les mots du verset auxquels il va s'intéresser.

L'ordre du texte biblique détermine donc l'ordre linéaire du commentaire, mais Philon va plus loin encore, au début du *De somniis*, puisqu'il tire parti de

---

1 D. T. Runia a montré l'importance de ces unités exégétiques, consacrées chacune à un lemme, dans la structure des traités philoniens (RUNIA 1987, p. 121).

© ANNE BOICHÉ, 2021 | DOI:10.1163/9789004443952_003

la *dispositio* du texte biblique pour justifier l'organisation de son propre traité. En effet, le récit biblique du rêve est précédé de deux versets, Gn 28, 10-11, dans lesquels il est dit que Jacob fait route du Puits du Serment vers Kharran et s'arrête en un lieu pour dormir, au coucher du soleil[2]. Philon explique que ces deux versets constituent un « préalable » au rêve, qu'il faut comprendre avant de pouvoir s'interroger sur la signification du rêve lui-même.

Προκατασκευὴ δ' ἐστὶ τῆς φαντασίας ἀναγκαία, ἣν ἀκριβώσαντες εὐμαρῶς ἴσως δυνησόμεθα καὶ τὰ δηλούμενα ὑπὸ τῆς φαντασίας καταλαβεῖν[3].

Le préalable à cette vision est indispensable : en l'étudiant précisément, nous pourrons sans doute comprendre facilement aussi la signification de la vision[4].

Le mot προκατασκευή employé ici est peu courant : il est utilisé par Polybe pour parler des développements préliminaires à son récit, dans les *Histoires*[5] ; il désigne aussi, dans l'art oratoire, les exposés préliminaires d'un discours[6]. Dans les deux cas, il s'agit d'un terme technique qualifiant, dans un discours ou dans une narration, le préambule annonçant et présentant le sujet dont il va être question. En l'appliquant au texte biblique, l'Alexandrin montre qu'il l'étudie comme un texte littéraire, dont il observe la construction et dont il souligne la cohérence : l'ordre linéaire du texte devient un ordre logique.

Mais, au-delà de ce regard littéraire de l'auteur sur le texte qu'il commente, il n'est pas anodin que celui-ci affirme qu'il faille étudier le préalable à la vision avant de pouvoir comprendre la vision elle-même. Cela suppose que la disposition qu'il relève dans le texte biblique a une importance *sur le plan de l'exégèse*, et que le commentaire qu'il s'apprête à livrer de ces versets introductifs sera lui-même un « préambule » au commentaire qu'il donnera du rêve.

---

2 Καὶ ἐξῆλθεν Ιακωβ ἀπὸ τοῦ φρέατος τοῦ ὅρκου καὶ ἐπορεύθη εἰς Χαρράν. Καὶ ἀπήντησεν τόπῳ καὶ ἐκοιμήθη ἐκεῖ· ἔδυ γὰρ ὁ ἥλιος καὶ ἔλαβεν ἀπὸ τῶν λίθων τοῦ τόπου καὶ ἔθηκεν πρὸς κεφαλῆς αὐτοῦ καὶ ἐκοιμήθη ἐν τῷ τόπῳ ἐκείνῳ, « Jacob s'éloigna du Puits du Serment et il fit route vers Kharran ; et il trouva un lieu et là il se coucha car le soleil avait décliné ; et il prit une des pierres de ce lieu et il la plaça sous sa tête et il se coucha en ce lieu ».

3 *Somn.* I, 4.

4 Toutes les traductions proposées sont personnelles.

5 Polybe, *Hist.* I, 3, etc. ; Eusèbe, s'appuyant sur le modèle polybien, reprendra le même terme au début de l'*H. E.* I, 5, 1 : voir MORLET 2012, p. 139.

6 Denys d'Halicarnasse, *Les orateurs antiques : Lys.* 15, 4 ; *Is.* 3, 6 ; 15, 3 ; *Din.* 8, 6. Ps-Hermogène, *Inv.* III, 2, 1 sq. Les chrétiens utiliseront ce terme pour parler des « préfigurations » du Christ dans l'Ancien Testament : voir Méliton de Sardes, *Pasc.* 36 ; Jean Chrysostome, *In Epist. Ad Hebraeos*, PG 63, col. 31 et 39 ; Jean Damascène, *In Epist. Ad Hebraeos*, PG 95, col. 952.

L'organisation du texte commenté et celle du commentaire semblent ainsi se confondre et se justifier l'une l'autre.

Lorsqu'on lit le commentaire des versets introductifs, aux § 6 à 132 du *De somniis*, on comprend en effet que l'exégète pose les jalons qui lui permettront ensuite d'expliquer le rêve de Jacob. En commentant le fait que Jacob quitte le Puits du Serment, en Gn 28, 10, par exemple, il se demande pourquoi il s'agit là du quatrième puits que creusent les serviteurs d'Isaac ; cette question donne lieu à un développement sur le « quatrième » élément, que Philon assimile au ciel (*Somn.* I, 17-24), les trois autres étant alors identifiés à la terre, à l'eau et à l'air. Immédiatement après, il explique que l'homme est lui aussi composé de quatre éléments, dont le dernier est le νοῦς (§ 25-33). Philon énumère souvent dans ses traités la liste canonique des quatre éléments (terre, eau, air, feu) fixée par Empédocle[7], et leur ajoute parfois un cinquième, l'éther[8], qu'il lui arrive d'appeler « ciel »[9]. Ici, suivant la tradition cosmologique platonicienne[10], il ne cite que quatre éléments mais semble assimiler le feu au « ciel »[11]. Or, la classification que privilégie Philon, dans ce passage, a une justification exégétique : s'il parle de quatre éléments, c'est parce que le Puits du Serment est le « quatrième », et s'il compte parmi eux le ciel, c'est parce que cela lui permet de préparer l'explication qu'il donnera de l'échelle de Jacob, dont il est dit dans la Genèse qu'elle s'étend de la terre « jusqu'au ciel » (εἰς τὸν οὐρανόν, Gn 28, 12). En faisant du ciel le quatrième élément, « insaisissable » (ἀκατάληπτος, § 15) et « saint » (ἅγιος, § 34), il anticipe son interprétation de l'échelle conduisant au ciel, sur laquelle est établi Dieu, que l'homme ne peut appréhender directement (§ 133-145). D'autre part, en rapprochant le ciel et l'intellect humain, dans la double classification qu'il propose[12], il prépare aussi sa deuxième interprétation du rêve de Jacob (§ 146-152), selon laquelle l'échelle symbolise cette fois l'âme, dont la base est la connaissance sensible, et le sommet « l'élément céleste, l'intellect tout à fait pur » (τὸ οὐρανίον, ὁ καθαρώτατος νοῦς, § 146). Les deux exégèses sont donc annoncées et reliées entre elles dès l'explication du sens allégorique du « Puits du Serment », et le commentaire du rêve fait ainsi

---

7   Empédocle, fr. 31 B 17 D.-K. Cf. *Opif.* 146 ; *Plant.* 6 ; *Mos.* I, 97, 143 ; *Decal.* 31 ; *Her.* 134, 282 ; *Contempl.* 3. Philon attribue explicitement cette classification à Empédocle en *Prov.* I, 22 et ajoute alors qu'Aristote parle d'un cinquième élément.

8   *Prov.* I, 22, *Plant.* 3. Philon dépend ici d'une tradition remontant à l'*Epinomis* 981c.

9   *Her.* 87-88.

10   Platon, *Tim.* 32c. Voir WOLFSON 1968, p. 313.

11   L'assimilation du feu au ciel ou à l'éther permet à Philon de réconcilier la théorie platonicienne des quatre éléments et la théorie aristotélicienne d'un cinquième élément : voir DILLON 1977, p. 170 au sujet de *Plant.* 1-8.

12   L'idée selon laquelle l'âme est le reflet du cosmos, et notamment des quatre éléments, est courante chez Philon : voir par exemple *Her.* 87-88, 283 ; *Mos.* II, 133.

écho au commentaire des versets introductifs. De la même manière, les nombreux développements consacrés aux *logoi* de Dieu, dans la première partie, ces « *logoi* divins que l'on a l'habitude d'appeler 'anges' » (ἀθανάτοις λόγοις, οὓς καλεῖν ἔθος ἀγγέλους, § 115), préparent évidemment l'explication que Philon donnera du rôle des anges, intermédiaires entre Dieu et sa création, parcourant l'échelle de Jacob. L'Alexandrin pose ainsi progressivement, dans son commentaire de l'introduction, des pierres d'attente pour la suite de son exégèse. De même que l'introduction est nécessaire à la compréhension du rêve, nous dit Philon, le commentaire philonien de l'introduction, surtout, est indispensable pour comprendre le commentaire philonien du rêve.

Si le texte biblique structure le commentaire, c'est aussi parce que Philon est attentif aux articulations du texte, aux liens logiques qui relient entre eux les versets ainsi qu'à leur ordre et à leur enchaînement. C'est pourquoi il introduit certaines citations bibliques par une formule du type : διὸ καὶ ἐπιφέρει, « c'est pourquoi (Moïse) ajoute » (*Somn.* I, 109) ou encore, au § 72 : τὴν δ' αἰτίαν ἐπιφέρει, δι' ἣν τόπῳ ὑπήντησεν, « il ajoute la cause pour laquelle (Jacob) rencontra un lieu » – et souvent, la question se pose alors de savoir si Philon explicite un lien de causalité réellement présent dans le texte ou si ce lien vaut surtout dans le cadre de son exégèse.

Le souci de « l'enchaînement » des versets se traduit en particulier par l'usage philonien des termes ἀκολουθία ou ἀκόλουθος. On en trouve deux occurrences dans le passage du *De somniis* qui nous intéresse, la première pour désigner, en un sens classique, la « suite » du texte biblique (σκόπει μέντοι καὶ τὸ ἀκόλουθον, « examine donc aussi la suite », § 191), la seconde, de façon plus intéressante, pour souligner la cohérence du texte. Il s'agit d'un passage où l'auteur vient d'expliquer que les personnages d'Abraham et d'Isaac représentaient deux « archétypes » et deux façons différentes d'accéder à la vertu : par l'éducation et par la nature. Il poursuit alors par ces mots : εἰπὼν τοίνυν « ἐγὼ κύριος ὁ θεὸς Ἀβραὰμ τοῦ πατρός σου καὶ ὁ θεὸς Ἰσαὰκ » ἐπιφέρει· « μὴ φοβοῦ » (Gn 28, 13), κατὰ τὸ ἀκόλουθον·, « ainsi, après avoir dit : 'Je suis le Seigneur, le Dieu d'Abraham ton père et le Dieu d'Isaac', Moïse ajoute 'n'aie pas peur', selon le bon enchaînement[13] » (§ 173). Le syntagme κατὰ τὸ ἀκόλουθον ne signifie pas seulement, ici, que Philon aborde la suite du texte, mais que la succession de ces deux phrases dans la Septante est justifiée. L'Alexandrin explicite aussitôt

---

13   P. Savinel traduit cette expression par « suivant un enchaînement naturel », tandis que F. H. Colson explicite, dans sa traduction, le sens de l'expression : « The words come naturally after the others ». Le mot ἀκολουθία se retrouvera fréquemment chez les Pères de l'Église, attentifs à montrer le bon enchaînement du texte pour en souligner la cohérence : voir à ce propos DANIÉLOU 1953 ; DORIVAL 1996, p. 429-430 et l'introduction de J. Reynard à Grégoire de Nysse, *Sur les Titres des psaumes*, Paris, 2002, p. 32-33.

LA PLACE DE L'ÉCRITURE DANS L'EXÉGÈSE DU RÊVE DE JACOB

le lien qui les unit en expliquant que l'on ne peut effectivement avoir peur dès lors que l'on sait que Dieu a donné forme « aux archétypes de notre éducation » (τοὺς ἀρχετύπους τῆς παιδείας ἡμῶν, § 173), que sont Abraham et Isaac. C'est le recours à l'allégorie, dans ce passage, qui permet de mettre en lumière et d'expliquer l'ordre d'énonciation du texte biblique.

Le mot ἀκολουθία est aussi bien utilisé par les grammairiens – pour lesquels ce terme désigne la flexion régulière d'un mot[14] puis, par extension, l'ordre attendu dans une phrase, dans un vers ou dans un discours[15] – que par les philosophes stoïciens, qui l'utilisent pour désigner une conséquence logique, l'enchaînement des causes qui définit le destin ou bien la conduite droite du sage. Philon adopte un usage nouveau du mot, et fait ainsi se rencontrer exégèse et philosophie. Pour lui, l'ἀκολουθία désigne en effet la cohérence du texte biblique en tant qu'elle est révélée par l'allégorie.

Mais, si l'allégorie tire parfois partie de l'ordre du texte, pour montrer le sens et la cohérence du récit biblique[16], elle peut aussi ne pas s'en soucier, Philon obéissant alors au principe rabbinique selon lequel il n'y a « ni avant ni après dans la Torah »[17]. On trouve d'ailleurs le terme τὰ ἀκόλουθα, dans le *Quod deterius*, pour désigner « ce qui suit » dans le texte, dans un passage où Philon rappelle l'unité du texte biblique et l'accord entre ses différentes parties :

Καὶ μὴν τῶν ἐξ ἀρχῆς ὑποθέσεων ἄκρως εἴωθε διαμεμνῆσθαι, τὰ ἀκόλουθα καὶ ὁμολογούμενα τοῖς προτέροις δικαιῶν ἐφαρμόττειν[18].

Or, Moïse a pour habitude de garder en mémoire entièrement les principes depuis le début, trouvant juste d'accorder ce qui suit et s'y rapporte avec ce qui a été dit précédemment.

C'est ce primat de la cohérence scripturaire, que révèle l'allégorie, sur l'ordre rigoureux de l'énonciation, qui permet même à Philon de réorganiser l'ordre d'un verset quand celui-ci lui semble incohérent. F. Calabi a montré que cette façon de faire était proche de la méthode rabbinique du *seres*, qui consiste à corriger l'ordre d'un verset lorsque celui-ci paraît illogique[19]. C'est, nous semble-t-il, ce que fait Philon lorsqu'il commente les versets suivants de la Genèse, dans le *De somniis* :

---

14   Par exemple, Apollonius Dyscole, *Synt.* I, 74-76 ; I, 103, etc.
15   Denys d'Halicarnasse, *Dem.* 40, 10 ; *Comp.* 22, 4 ; 25, 12.
16   Voir *Congr.* 122 ; *Her.* 266 ; *Ios.* 58, etc.
17   *Talmud, Pessa'him*, 6B.
18   *Deter.* 81.
19   CALABI 1998, p. 128-129. À propos de cette méthode, voir DAUBE 1949, p. 261.

16. Καὶ ἐξηγέρθη Ιακὼβ ἀπὸ τοῦ ὕπνου αὐτοῦ καὶ εἶπεν ὅτι Ἔστιν κύριος ἐν τῷ τόπῳ τούτῳ, ἐγὼ δὲ οὐκ ᾔδειν. 17. Καὶ ἐφοβήθη καὶ εἶπεν Ὡς φοβερὸς ὁ τόπος οὗτος· οὐκ ἔστιν τοῦτο ἀλλ' ἢ οἶκος θεοῦ, καὶ αὕτη ἡ πύλη τοῦ οὐρανοῦ[20].

16. Et Jacob s'éveilla de son sommeil et dit : « Le Seigneur est en ce lieu mais je ne le savais pas. » 17. Et il craignit et il dit : « Comme ce lieu est effrayant ! Cela n'est rien d'autre que la maison de Dieu et c'est la porte du ciel. »

Pour Philon, l'affirmation selon laquelle Dieu est en un lieu, et qui plus est en un lieu terrestre, est problématique puisque Dieu transcendant, « le Lieu » (*ha maqom* dans l'exégèse rabbinique), ne peut être contenu en un lieu, mais contient lui-même toute chose[21]. Pour pouvoir sauver le sens du texte, il n'hésite donc pas à inverser l'ordre des membres de la phrase dans sa réécriture du passage :

Δικαίως οὖν ἐφοβήθη καὶ εἶπε θαυμαστικῶς· « ὡς φοβερὸς ὁ τόπος οὗτος ». Ὄντως γὰρ τῶν ἐν φυσιολογίᾳ τόπος ἀργαλεώτατος, ἐν ᾧ ζητεῖται, ποῦ καὶ εἰ συνόλως ἔν τινι τὸ ὄν [...] διόπερ εὐθὺς ἀνέκραγεν· « οὐκ ἔστι τοῦτο », ὃ ἐδόξασα, « ὅτι ἔστι κύριος ἔν τῳ τόπῳ »· περιέχει γάρ, ἀλλ' οὐ περιέχεται κατὰ τὸν ἀληθῆ λόγον. Τοῦτο δὲ τὸ δεικνύμενον καὶ ὁρατόν, ὁ αἰσθητὸς οὑτοσὶ κόσμος, οὐδὲν ἄρα ἄλλο ἐστὶν ἢ οἶκος θεοῦ, μιᾶς τῶν τοῦ ὄντος δυνάμεων, καθ' ἣν ἀγαθὸς ἦν[22].

C'est donc à bon droit qu'il fut effrayé et dit avec saisissement : « Comme ce lieu est effrayant ! ». Car vraiment, l'un des « lieux » les plus difficiles des études sur la nature, c'est celui dans lequel on recherche où est l'Être et, en général, s'il est dans quelque chose. [...] C'est pourquoi il s'écria aussitôt : « Cela n'est pas » ce que j'ai pensé, à savoir que « le Seigneur est dans un lieu », car il contient et n'est pas contenu, selon le discours véritable. Et ce qui se montre de visible, ce monde sensible, n'est donc rien d'autre que la demeure de Dieu, c'est-à-dire d'une des puissances de l'Être, celle qui manifestait sa bonté.

L'expression biblique οὐκ ἔστιν τοῦτο est détachée de la suite du texte et Philon la rapporte à l'affirmation pourtant antérieure d'un verset, selon laquelle « le

---

20   Gn 28, 16-17.
21   Voir *Somn.* I, 63 ; *Leg.* I, 44.
22   *Somn.* I, 184-185.

Seigneur est en ce lieu » ; dans cette dernière phrase, il supprime le démonstratif et donne ainsi une portée générale à l'idée de « lieu ». L'entrelacs des mots bibliques et du commentaire philonien permet à l'auteur d'intégrer aux paroles de Jacob le postulat selon lequel « Dieu contient et n'est pas contenu », la fin du § 185 étant tout entière introduite par le verbe ἀνέκραγεν, « il s'écria ». La suite du verset 17 est également réécrite pour préciser que le seul lieu visible est le monde sensible, et qu'il ne peut s'agir là réellement de la demeure de Dieu mais plutôt de celle de ses puissances divines, puisque ce sont elles qui agissent sur le *cosmos*. L'infinitude divine a été préservée, dans l'interprétation de ce passage, mais au prix d'une réorganisation de l'ordre des mots du verset et d'une transformation complète de son sens premier.

Le texte biblique structure donc l'écriture du commentaire à plusieurs échelles : l'ordre de la narration et les parties qu'y distingue Philon déterminent et justifient en même temps l'ordre du commentaire ; l'enchaînement des versets est scruté par l'auteur, qui parfois s'appuie sur lui pour élaborer un sens allégorique mais parfois aussi reconstruit les articulations du texte en fonction de son propre commentaire ; à l'intérieur d'un même verset, enfin, Philon peut tirer partie de l'ordre des mots mais aussi réorganiser le verset lorsque le sens littéral ne lui semble pas satisfaisant.

2 Les différents modes de citation ou de référence au texte biblique

Nous nous sommes seulement intéressée, pour l'instant, à la place du texte-cadre, Gn 28, dans le commentaire. Mais l'exégèse philonienne se construit aussi par confrontation avec d'autres passages bibliques, que D. T. Runia appelle « citations secondaires[23] ». En prenant en compte l'ensemble des citations scripturaires du *De somniis* I, 1-188, nous voudrions chercher à relever les différentes manières qu'a l'Alexandrin de faire référence au texte biblique et d'intégrer ces références à son propre commentaire.

2.1 *La citation exacte*
Le premier type de référence au texte est celui de la citation exacte, souvent introduite par des formules du type : λέγεται ὅτι, « il est dit que », ἐν ταῖς ἱεραῖς ἀναγραφαῖς δηλοῦται ὅτι[24], « dans les Écritures saintes, il est montré que » ou encore ἐπιφέρει ou προστίθησι, « Moïse ajoute ». Mais, si l'on observe la façon dont Philon insère les citations dans le fil de son exégèse, on se rend compte

---

23   Runia 1984, p. 238.
24   *Somn.* I, 48.

qu'il ne se contente pas de ces formules introductives mais, bien souvent, annonce ou reprend les mots du texte dans son propre commentaire, ce qui lui permet d'assurer une continuité dans le discours exégétique.

Lorsqu'il se demande, par exemple, quel est le sens allégorique du « soleil » qui décline lorsque Jacob rencontre le lieu où il se couche, il cite d'autres passages bibliques où est mentionné le « soleil » et explique, à chaque fois, le sens que revêt ce mot. Au § 77, il affirme ainsi que le soleil désigne parfois « l'intellect humain, que ceux qui ne peuvent s'empêcher de servir la création plutôt que l'incréé *construisent comme une ville* et aménagent, eux dont il est dit qu'ils 'construisirent des villes fortes pour Pharaon' » (ὁ ἀνθρώπινος νοῦς, ὃν *οἰκοδομοῦσιν ὡς πόλιν* καὶ κατασκευάζουσιν οἱ γένεσιν πρὸ τοῦ ἀγενήτου θεραπεύειν ἀναγκαζόμενοι ἐφ' ὧν εἴρηται ὅτι « ᾠκοδόμησαν πόλεις ὀχυρὰς τῷ Φαραώ »). Les limites de la citation sont discernables, parce que celle-ci est introduite par la formule εἴρηται ὅτι, mais on voit qu'elle est étroitement reliée au commentaire par la proposition relative. En outre, Philon, qui cite ce verset d'Ex 1, 11 parce qu'il y est question d'Héliopolis, la « ville du soleil », annonce d'emblée le sens allégorique qu'il faudra attribuer au « soleil » comme au fait de construire une « ville ». La citation, rejetée à la fin de la phrase, semble faire écho aux mots du commentaire οἰκοδομοῦσιν ὡς πόλιν. Pour le lecteur de Philon, le fait de « construire une ville » apparaît donc d'abord comme une comparaison, avant même de désigner, dans le verset biblique, l'action de construire des villes pour Pharaon.

Cette façon qu'a Philon d'annoncer le sens allégorique d'un verset avant de le citer se retrouve dans le passage auquel nous avons déjà fait allusion : l'exégèse de Gn 28, 16 (ἔστιν κύριος ἐν τῷ τόπῳ τούτῳ, ἐγὼ δὲ οὐκ ᾔδειν, « le Seigneur est en ce lieu et moi je ne le savais pas »). Dès le paragraphe qui précède la citation du verset, Philon explique :

> Διακινηθεῖσα οὖν καὶ διαναστᾶσα πρὸς τὰς περὶ τοῦ ὄντος ζητήσεις ἡ ἀσκητικὴ ψυχὴ τὸ μὲν πρῶτον ὑπετόπησεν εἶναι τὸ ὂν ἐν τόπῳ, μικρὸν δὲ ἐπισχοῦσα τῷ δυστοπάστῳ τῆς σκέψεως περιδεὴς γίνεται καὶ μετανοεῖν ἄρχεται[25].

L'âme de l'athlète[26], s'étant mobilisée et élevée jusqu'aux recherches au sujet de l'Être, fait d'abord l'hypothèse que l'Être est dans un lieu, mais peu après, elle s'arrête, devient apeurée par les difficultés de cette hypothèse et commence à changer d'opinion.

---

25   *Somn.* I, 182.

26   Jacob représente, dans l'exégèse de Philon, celui qui s'entraîne (ὁ ἀσκητής).

En insistant sur la question de la présence de Dieu en un « lieu », Philon invite à accorder une importance toute particulière au mot τόπος dans la lecture qui sera faite de Gn 28, 16. Cette insistance est même redoublée, ici, par le jeu de mots que l'on devine dans le choix des termes ὑπο-τοπῶ et δυσ-τόπαστος : le « lieu » divin devient un sujet sur lequel il faut formuler des hypothèses, un « lieu » de recherche, comme le dira Philon au § 184, en jouant sur la polysémie du terme τόπος. Grâce à ce travail sur les mots du texte, la présence de Dieu en un lieu est présentée par avance comme une question problématique et même, comme une question sur laquelle Jacob doit « suspendre son jugement » : le participe ἐπισχοῦσα doit ici être rapproché du concept d'ἐποχή, fondamental pour la Nouvelle Académie[27].

Avant même de citer le verset biblique qu'il va commenter, Philon annonce l'interprétation qu'il en fera et donne une orientation philosophique à son exégèse, mais il le fait en s'appuyant sur les mots du texte et en creusant les virtualités présentes dans le terme τόπος : la réflexion naît dans la langue du texte biblique.

Philon ne se contente donc pas de citer un passage puis de le commenter, mais il insère étroitement la citation dans le fil de son commentaire. Les mots du texte biblique influencent bien sûr l'exégèse, mais l'interprétation que s'apprête à en donner Philon influence aussi la façon dont celui-ci cite le passage. Bien souvent, il annonce à l'avance les mots du texte et le sens qu'il faudra leur attribuer, donnant ainsi une valeur de preuve à l'Écriture, qui semble venir à l'appui de son propos et justifier son interprétation : dans le passage que nous venons de mentionner, Philon poursuit en citant le verset de Gn 28, 16, grâce à l'incise « [...] γάρ φησιν », « car Moïse dit ». On trouve très souvent ce type de formules pour introduire une citation[28] ; c'est parfois même le verbe μαρτυρέω, « témoigner » qu'utilise l'auteur pour donner à l'Écriture un statut de preuve et appuyer une hypothèse qu'il a avancée au préalable[29]. L'élaboration d'un sens allégorique part donc du texte, mais elle donne aussi l'impression d'y aboutir, par le soin que met Philon à intégrer chaque citation à son propos.

2.2 La citation « tronquée »

Ce souci d'intégrer une citation dans le discours exégétique, voire même d'infléchir la lecture qui en sera faite, explique que l'Alexandrin ne cite parfois que partiellement un verset ou même supprime les mots du verset qui ne servent

---

27 Voir à ce sujet Lévy 1986.
28 λέγεται γάρ (Somn. I, 61, 70, 130, etc.) ; φησὶ γάρ (Somn. I, 72, 75, 89, 107), διὸ καί φησιν (Somn. I, 116).
29 Somn. I, 64.

pas directement son argumentation[30]. Il est alors intéressant d'observer comment il sélectionne le texte biblique, parce que toute « ablation » d'un texte, dirait A. Compagnon[31], est déjà une interprétation.

Nous pouvons prendre comme exemple les § 64-67 du livre I du *De somniis* où, pour expliquer le fait que Jacob rencontre un lieu (ἀπήντησε τόπῳ, Gn 28, 11), Philon rapproche le verset qu'il commente d'un autre passage biblique, celui où Abraham va au lieu (ἦλθεν ἐπὶ τὸν τόπον, Gn 22, 3) que Dieu lui a indiqué pour y sacrifier Isaac[32]. Le texte biblique est le suivant :

> 3. [...] Ἀναστὰς ἐπορεύθη καὶ ἦλθεν ἐπὶ τὸν τόπον, ὃν εἶπεν αὐτῷ ὁ θεός. 4. τῇ ἡμέρᾳ τῇ τρίτῃ καὶ ἀναβλέψας Ἀβραὰμ τοῖς ὀφθαλμοῖς εἶδεν τὸν τόπον μακρόθεν.

> 3. [...] Il se leva et partit et alla au lieu que lui avait dit Dieu. 4. Le troisième jour, levant les yeux, Abraham vit le lieu de loin.

Au § 64, Philon ne cite que partiellement ce verset, sous la forme suivante : ἦλθεν ἐπὶ τὸν τόπον, ὃν εἶπεν αὐτῷ ὁ θεός. καὶ ἀναβλέψας τοῖς ὀφθαλμοῖς εἶδεν τὸν τόπον μακρόθεν, « il alla (ou « il arriva ») au lieu que Dieu lui avait dit ; et levant les yeux, il vit le lieu de loin ». Philon renforce le paradoxe présent dans le verset, en supprimant le début du verset, ainsi que la précision de temps donnée par la Septante, τῇ ἡμέρᾳ τῇ τρίτῃ[33], « le troisième jour » – qui permettait de comprendre qu'Abraham prenait la route vers « le lieu » et trois jours plus tard, l'apercevait de loin[34]. En outre, il souligne immédiatement le problème posé par le verset, dans la question rhétorique du § 65 : ὁ ἐλθὼν εἰς τὸν τόπον,

---

30   Sur le travail des citations scripturaires et la façon qu'a Philon de tronquer une citation lorsque cela sert son projet argumentatif, voir Munnich 2011.

31   Compagnon 1979, p. 17.

32   En rapprochant ces deux versets, Philon dépend peut-être d'une tradition juive : Rachi rapproche en effet les deux passages, dans son commentaire de Gn 28, 11, et explique qu'il s'agit à chaque fois du Mont Moria.

33   Philon commente pourtant ces mots en *Migr.* 139 et *Poster.* 17. En *Migr.* 139, il fait même des trois jours de marche d'Abraham une allégorie du temps nécessaire pour atteindre la perfection.

34   Le texte biblique est tout de même problématique parce que les mots τῇ ἡμέρᾳ τῇ τρίτῃ sont suivis de la coordination καί : pour cette raison, J. W. Wevers rattache ces mots à la phrase qui précède, tandis que A. Rahlfs les rattache à la phrase qui suit. Selon ce deuxième choix, on peut alors lire les versets de la façon suivante : « Il se leva et partit et alla au lieu que Dieu lui avait dit. Le troisième jour, levant les yeux, Abraham vit le lieu de loin. »

εἰπέ μοι, μακρόθεν αὐτὸν εἶδεν ; « celui qui arrive en un lieu, dis-moi, le voit-il de loin ? ». L'usage du participe ἐλθών renforce la simultanéité des deux actions, « arriver » et « voir », et rend impossible toute compréhension du verset, selon laquelle Abraham se mettrait en route vers le lieu et apercevrait le même lieu après trois jours de marche. Pour résoudre le paradoxe qu'il renforce lui-même dans sa lecture du verset, Philon en vient à supposer que le texte biblique parle de deux lieux différents, ce qui lui permet de proposer deux sens allégoriques distincts du mot τόπος : dans un premier sens, explique-t-il, le lieu désigne le Logos divin, dans un second, Dieu lui-même. Arrivé au Logos divin, Abraham se rend compte qu'il est encore loin de Dieu et qu'il peut seulement le voir « de loin » (§ 66).

Cette interprétation aurait été impossible si Philon avait gardé le texte initial de la Genèse, dans lequel trois jours s'écoulent entre le moment où Abraham se met en route vers le lieu indiqué et celui où il le voit de loin. C'est donc volontairement que Philon tronque la citation de ce verset, parce que cela lui permet de développer les deux sens allégoriques du « lieu » et ainsi, d'enrichir son exégèse de Gn 28.

2.3   *L'allusion au texte biblique*

On peut relever une dernière manière de faire référence au texte biblique : l'allusion, forme la plus implicite de l'intertextualité pour Genette[35]. Dans ce dernier cas, Philon paraphrase un ou plusieurs versets : c'est parce que le lecteur ou l'auditeur connaît le passage dont il est question qu'il peut comprendre la référence[36].

Pour ne citer qu'un exemple, on peut mentionner le § 8, où Philon explique que le Puits du serment symbolise la science, parce que celle-ci est aussi profonde qu'un puits. Il ajoute alors : οὗ χάριν οὐδ' ὕδωρ ἐν τῷ φρέατι τούτῳ φασὶν οἱ ὀρύττοντες εὑρεῖν, ἐπειδὴ τὰ τέλη τῶν ἐπιστημῶν οὐ δυσεύρετα μόνον, ἀλλὰ καὶ ἀνεύρετα παντελῶς εἶναι συμβέβηκε, « c'est pourquoi ceux qui creusent disent qu'ils n'ont pas même trouvé d'eau dans ce puits, puisqu'il arrive que les fins du savoir soient non seulement difficiles mais tout à fait impossibles à atteindre ». Il s'agit là d'une allusion à Gn 26, 32 : ἐγένετο δὲ ἐν τῇ ἡμέρᾳ ἐκείνῃ καὶ παραγενόμενοι οἱ παῖδες Ισαὰκ ἀπήγγειλαν αὐτῷ περὶ τοῦ φρέατος, οὗ ὤρυξαν, καὶ εἶπαν Οὐχ εὕρομεν ὕδωρ, « or, il arriva ce jour-là que les serviteurs d'Isaac revinrent et lui donnèrent des nouvelles au sujet du puits qu'ils avaient creusé ; ils dirent 'Nous n'avons pas trouvé d'eau' ». Philon ne mentionne pas explicitement les

---

35   Genette 1982.

36   Nikiprowetzky 1977, p. 7 parle des nombreuses « citations implicites » chez Philon.

serviteurs d'Isaac mais se contente de la périphrase οἱ ὀρύττοντες, « ceux qui creusent », sans commenter davantage ce verset biblique. Il ne retient que le fait essentiel pour son propos qui est que les serviteurs d'Isaac ne trouvent pas d'eau, et en donne aussitôt l'explication : les fins du savoir, que symbolise le puits, sont impossibles à atteindre. Les adjectifs δυσεύρετος, « difficile à trouver » et ἀνεύρετος, « introuvable » évoquent le texte biblique (οὐχ εὕρομεν ὕδωρ, « nous n'avons pas trouvé d'eau »), mais donnent d'emblée une portée plus philosophique au passage et engagent une réflexion d'ordre gnoséologique. L'allusion biblique est seulement un appui, ici, dans un développement consacré au caractère infini de la science.

Les références au texte biblique sont donc loin de se limiter aux citations d'un lemme en début de chapitre. Elles nourrissent le commentaire et peuvent être plus ou moins explicites, depuis la citation exacte jusqu'à la simple allusion. Quel que soit le degré d'exactitude de la référence, on constate que les frontières entre le texte commenté et le commentaire ne sont pas imperméables. Philon intègre avec soin les références bibliques à son propre discours et parfois même, les adapte et les infléchit pour qu'elles servent son projet argumentatif.

3   « Les anges montaient et descendaient sur l'échelle » : l'exégèse philonienne, entre langue biblique et langue de la raison

L'Écriture est donc le matériau à partir duquel, et avec lequel Philon construit son commentaire. Mais l'auteur ne pourrait pas mener ce travail exégétique sans l'apport de la culture grecque. Nous voudrions, pour finir, montrer comment la culture classique de Philon rend possible, dans le *De Somniis*, différentes reformulations de l'image biblique des anges montant et descendant sur l'échelle de Jacob (ἀνέβαινον καὶ κατέβαινον, « ils montaient et descendaient », Gn 28, 12). À chaque interprétation de ce passage, en effet, Philon s'appuie sur de nouvelles réminiscences littéraires et philosophiques qui, mises au service de l'exégèse, lui permettent d'enrichir et de faire varier sa compréhension du texte scripturaire.

Dès le commentaire du « préambule » au rêve, Philon annonce en partie l'interprétation qu'il donnera du mouvement des anges sur l'échelle. Au § 115, il explique ainsi que l'intelligence de Jacob – celui qui s'entraîne (ὁ ἀσκητής) dans l'exégèse philonienne – monte et descend continuellement (ἀνιοῦσα καὶ κατιοῦσα συνεχῶς) : par ces mots, il anticipe une interprétation qu'il développera plus longuement dans son commentaire du rêve. Un peu plus tôt dans le traité, dans le cadre d'une exégèse tout à fait différente[37], il interpelle l'homme qui étudie le monde physique en lui demandant pourquoi il « bondit dans les nuages[38] » et « monte au ciel[39] » plutôt que d'en redescendre pour se connaître lui-même[40]. Philon ne commente pas directement, alors, le rêve de Jacob, mais on peut se demander s'il n'exploite pas par avance l'image de l'ascension et de la descente (il emploie au § 57 le même verbe qu'en Gn 28, 12 : ἀναβαίνω). Ce passage constituerait alors une lecture ironique de ce que peut être l'ascension vers le ciel et une annonce, comme en négatif, du texte biblique que l'auteur s'apprête à commenter ; il montrerait, aussi, que Philon adopte parfois dans sa propre écriture les métaphores qu'il rencontre dans le texte biblique.

Dans l'interprétation du rêve même, nous ne retiendrons que trois passages où Philon utilise les textes de la culture grecque pour reformuler le verset biblique, l'expliquer et souligner, à chaque fois, un aspect différent de celui-ci.

Au § 141, tout d'abord, Philon commente le mouvement des anges en affirmant que ceux-ci descendent vers les hommes pour leur annoncer les ordres de Dieu, et montent vers Dieu pour lui rapporter les besoins des hommes[41]. Ce faisant, il les rapproche des « démons » de la tradition grecque, tout en justifiant leur nom biblique :

> Ταύτας δαίμονας μὲν οἱ ἄλλοι φιλόσοφοι, ὁ δὲ ἱερὸς λόγος ἀγγέλους εἴωθε καλεῖν προσφυεστέρῳ χρώμενος ὀνόματι· καὶ γὰρ τὰς τοῦ πατρὸς ἐπικελεύσεις τοῖς ἐγγόνοις καὶ τὰς τῶν ἐγγόνων χρείας τῷ πατρὶ διαγγέλλουσι. Παρὸ καὶ ἀνερχομένους αὐτοὺς καὶ κατιόντας εἰσήγαγεν [...].

> Les philosophes appellent ces âmes « démons », mais la Parole sainte a l'habitude de les appeler « anges », selon un nom plus adapté. Et en effet, elles annoncent les ordres du Père à ses enfants et les besoins des enfants à leur Père. C'est pourquoi Moïse les a représentées montant et descendant [...].

---

37   En *Somn.* I, 52-60, Philon commente la migration d'Abraham de la Chaldée (pays de l'astrologie) vers Kharran (pays de la connaissance sensible). Il développe, à ce sujet, le même type d'exégèse qu'en *Migr.* 176-188 et *Abr.* 68-84.

38   Τί δὲ βαίνων ἐπὶ γῆς ὑπὲρ νεφέλας; « pourquoi, toi qui marches sur terre, bondis-tu à travers les nuages ? » (§ 54) : l'ensemble de ce passage, très ironique, est sans doute inspiré des *Nuées*, où Aristophane fait dire à Socrate qu'il « marche dans les airs » (ἀεροβατεῖν, *Nu.* 225).

39   Ἀνάβαινε νυν εἰς οὐρανὸν καὶ καταλαζονεύου περὶ τῶν ἐκεῖ, « monte donc au ciel et vante-toi au sujet de ce qu'il s'y passe » (§ 57).

40   *Somn.* I, 57.

41   Sur le rôle des intermédiaires divins chez Philon, voir notamment CALABI 2008, p. 111-125.

Il a déjà été remarqué par la critique[42] que l'on pouvait reconnaître dans ce passage l'hypotexte du *Banquet* 202e, où Diotime répond ainsi à Socrate qui lui demande de définir le rôle du démon :

Ἑρμηνεῦον καὶ διαπορθμεῦον θεοῖς τὰ παρ' ἀνθρώπων καὶ ἀνθρώποις τὰ παρὰ θεῶν, τῶν μὲν τὰς δεήσεις καὶ θυσίας, τῶν δὲ τὰς ἐπιτάξεις τε καὶ ἀμοιβὰς τῶν θυσιῶν.

Il traduit et transmet aux dieux ce qui vient des hommes, et aux hommes ce qui vient des dieux : d'un côté les prières et les sacrifices, de l'autre les ordres et la rétribution des sacrifices.

Ce rapprochement avec le texte platonicien[43] contribue à donner à l'Écriture un caractère universel puisque Philon affirme que Moïse et les philosophes donnent deux noms différents à une même réalité[44]. Mais il permet aussi à l'auteur de justifier habilement le nom des « anges » : l'idée platonicienne selon laquelle le démon « transmet » (διαπορθμεύω) aux dieux ce qui vient des hommes et aux hommes ce qui vient des dieux est exprimée, chez lui, par le verbe διαγγέλλω, « annoncer » qui, tout en ayant le même préfixe que le verbe διαπορθμεύω et un sens proche, permet à Philon d'affirmer que le nom des « anges » (ἄγγελοι) est plus approprié que celui des « démons ». Le recours à cet hypotexte présente également l'avantage d'expliquer l'énigmatique mouvement ascendant et descendant des anges dans la Bible : l'Alexandrin adopte le rythme binaire que l'on trouvait chez Platon pour définir le double mouvement du démon et poursuit aussitôt en affirmant : « c'est pourquoi Moïse a représenté (ces âmes) montant et descendant ». Le texte du *Banquet* lui permet donc à la fois de traduire en des termes universels l'image biblique et de donner à celle-ci une justification philosophique.

Un autre texte platonicien semble influencer l'exégèse du rêve de Jacob : le mythe central du *Phèdre*. L'influence de ce texte est évidente aux § 138-139, où Philon explique que certaines âmes sont entraînées vers le monde terrestre et « descendent se faire lier à des corps mortels » (αἱ μὲν κατίασιν ἐνδεθησόμεναι σώμασι θνητοῖς), tandis que d'autres « montent » (αἱ δ' ἀνέρχονται) jusqu'au ciel et, lorsqu'elles ne reviennent pas sur leurs pas, « s'élèvent, sur des ailes légères,

---

42   Dillon 1977, p. 173 et Nikiprowetzky 1996, p. 221.

43   Un autre texte platonicien a pu influencer Philon : le mythe des cigales rapporté en *Phaedr.* 259a-d. Dans celui-ci, Platon affirme en effet que les cigales vont « rapporter » (ἀπαγγέλλειν) aux Muses qui les honore ici-bas, décrivant ainsi un même mouvement vertical.

44   C'est aussi ce qu'il fait en *Gig.* 16 et *Plant.* 14.

LA PLACE DE L'ÉCRITURE DANS L'EXÉGÈSE DU RÊVE DE JACOB 23

et parcourent les hauteurs pour toujours » (… ἄνω κούφοις πτεροῖς πρὸς αἰθέρα ἐξαρθεῖσαι μετεωροπολοῦσι τὸν αἰῶνα). On reconnaît ici une parenté avec les mots de Platon, selon lesquels l'âme parfaite « porte des ailes, s'élève dans les hauteurs et gouverne le monde entier » (… ἐπτερωμένη μετεωροπορεῖ τε καὶ πάντα τὸν κόσμον διοικεῖ, 246c). Mais l'influence platonicienne est parfois plus discrète ; dans sa deuxième interprétation du rêve, Philon explique que l'échelle représente l'âme elle-même et que les anges symbolisent, non plus les âmes qui s'élèvent mais, en changeant de perspective, les *logoi* de Dieu qui montent et descendent *dans* l'âme :

> Ἄνω δὲ καὶ κάτω διὰ πάσης αὐτῆς οἱ τοῦ θεοῦ λόγοι χωροῦσιν ἀδιαστάτως, ὁπότε μὲν ἀνέρχοιντο, συνανασπῶντες αὐτὴν καὶ τοῦ θνητοῦ διαζευγνύντες καὶ τὴν θέαν ὧν ἄξιον ὁρᾶν μόνων ἐπιδεικνύμενοι, ὁπότε δὲ κατέρχοιντο, οὐ καταβάλλοντες – οὔτε γὰρ θεὸς οὔτε λόγος θεῖος ζημίας αἴτιος –, ἀλλὰ συγκαταβαίνοντες διὰ φιλανθρωπίαν καὶ ἔλεον τοῦ γένους ἡμῶν, ἐπικουρίας ἕνεκα καὶ συμμαχίας[45].

> De haut en bas, la parcourent sans interruption les *logoi* de Dieu : quand ils montent, ils la tirent vers le haut, la libèrent de ce qui est mortel et lui font contempler ce qui en est digne seulement, quand ils descendent, ils ne la font pas tomber – car ni Dieu ni le *logos* divin ne sont causes de maux – mais descendent avec elle, par amour des hommes et par pitié pour notre espèce, pour nous secourir et nous venir en aide.

On retrouve dans ce passage l'idée platonicienne selon laquelle l'âme, libérée de ce qui est mortel, peut accéder à la contemplation[46]. En outre, le mouvement des *logoi* rappelle celui des âmes, que décrivait Philon quelques paragraphes plus haut en s'appuyant alors sur le mythe du *Phèdre*. Mais parce qu'il décrit ici le mouvement intérieur d'une âme, l'Alexandrin s'interroge désormais sur le rapport de celle-ci à Dieu et, en particulier, sur le rôle joué par les *logoi* divins : ce sont eux, à présent, qui « tirent vers le haut » l'âme (συνανασπῶ) et « descendent avec elle » (συγκαταβαίνοντες). Le mythe du *Phèdre*, dont Philon s'était d'abord inspiré de façon fidèle, ne constitue plus que l'arrière-plan d'une réflexion sur la « pitié » divine[47].

Ce passage est l'occasion d'une nouvelle reformulation de l'image biblique des anges montant et descendant sur l'échelle. Pour décrire la façon dont les

---

45   *Somn.* I, 147.
46   Platon, *Phaedr.* 247c-e ; *Conv.* 210d.
47   Le thème de la pitié divine est fréquent dans la Bible : Gn 39, 21 ; 24, 12 ; Ex 20, 6, etc.

logoi « accompagnent » l'âme dans ses mouvements, Philon utilise, dans les deux verbes qu'il emploie, le préfixe συν- ; cela est d'autant plus remarquable que, dans le deuxième cas, il transforme alors le verbe biblique de Gn 28, 12, κα-ταβαίνω, pour pouvoir exprimer la compassion de Dieu descendant au secours de l'homme (συγ-καταβαίνω).

Si l'emploi de ce verbe peut retenir notre attention, c'est parce qu'il s'agit d'un terme que reprendront les Pères, à partir d'Origène[48], pour développer l'idée de « condescendance » divine (συγκατάβασις). Or Philon semble être le premier à appliquer le verbe συγκαταβαίνω à l'action divine[49]. Avant lui, en effet, dans les textes classiques[50] comme dans la Septante[51], le verbe συγκα-ταβαίνω a principalement le sens concret de « descendre ensemble » vers un lieu inférieur, en particulier l'Hadès ; seuls deux textes d'Eschyle laissent présager un emploi de ce mot appliqué à la « descente » de divinités auprès des hommes[52]. En appliquant ce verbe au monothéisme, Philon inaugure donc un usage nouveau du terme et donne ainsi à ses successeurs la possibilité de reprendre et d'approfondir l'idée d'une « condescendance » divine.

Or, il est particulièrement intéressant de voir que le recours à ce verbe est imposé à Philon par les besoins de l'exégèse : l'Alexandrin trouve le verbe κα-ταβαίνω dans la Septante, mais ne peut l'appliquer au mouvement des *logoi* divins. En effet, puisqu'il adopte le symbolisme traditionnel, hérité notamment de Platon, selon lequel le « haut » représente ce qui est divin et immortel, tandis que le « bas » symbolise ce qui est humain et mortel[53], il lui est impossible de dire que les *logoi* divins « descendent » ou, allégoriquement, font chuter l'âme. Au contraire, il doit insister sur le fait qu'ils « accompagnent » l'âme dans son mouvement.

Philon élabore donc son commentaire en reformulant le texte biblique grâce à l'appui de la langue et à la culture grecque ; mais il se sert seulement des éléments de la culture classique qui l'aident à mieux expliquer le texte biblique et les adapte à un contexte monothéiste – c'est ainsi qu'il peut faire jaillir de nouvelles idées, telles que celle de « condescendance » divine.

---

48   Origène, *C. Cels.*, IV, 14 ; V, 12, etc. Cette idée acquiert une place centrale chez un auteur comme Jean Chrysostome : voir notamment *Incomp.* 3 ; *Hom. In Genesim* 2.

49   Sur l'histoire de ce terme, voir DUCHATELEZ 1973.

50   Euripide, *Andr.* 505, par exemple.

51   Ps 48, 18 ; Sg 10, 14. En Dn 3, 49, toutefois, il est dit que l'ange du Seigneur descend dans la fournaise auprès d'Azarias et de ses compagnons.

52   Eschyle, *Ch.* 727 ; *Eum.* 1046.

53   C'est là une idée courante chez Philon : voir à ce sujet l'introduction de M. Harl au *Quis Heres*, p. 104-105.

LA PLACE DE L'ÉCRITURE DANS L'EXÉGÈSE DU RÊVE DE JACOB   25

Un peu plus loin, Philon propose une nouvelle explication du mouvement des anges et affirme que l'échelle peut aussi représenter la vie de « l'athlète » qu'est Jacob :

> Φύσει γὰρ ἀνώμαλον πρᾶγμα ἄσκησις, τοτὲ μὲν προϊοῦσα εἰς ὕψος, τοτὲ δ' ὑπο-
> στρέφουσα πρὸς τοὐναντίον, καὶ τοτὲ μὲν καθάπερ ναῦς εὐπλοίᾳ τῇ τοῦ βίου,
> τοτὲ δὲ δυσπλοίᾳ χρωμένη. Ἑτερήμερος γάρ, ὡς ἔφη τις, τῶν ἀσκητῶν ὁ βίος,
> ἄλλοτε μὲν ζῶν καὶ ἐγρηγορώς, ἄλλοτε δὲ τεθνεὼς ἢ κοιμώμενος[54].

> Par nature, en effet, l'athlétisme est une chose inconstante, parfois pro-
> gressant vers les hauteurs, parfois revenant en sens contraire, semblable
> à un vaisseau dont la navigation – celle de la vie – est tantôt bonne tantôt
> mauvaise. Car, comme on l'a dit, la vie des athlètes a lieu un jour sur deux :
> tantôt elle est vivante et éveillée, tantôt elle est morte ou endormie.

Dans cette dernière interprétation, Philon tire parti de l'exégèse qu'il livre habituellement de Jacob comme étant le « type » de l'athlète spirituel. Il ne cherche plus, alors, à expliquer ce que symbolisent les anges mais, dans un éloignement progressif par rapport au texte biblique, ne garde plus du rêve que l'idée d'un mouvement ascendant et descendant, qu'il applique à la vie de celui qui s'entraîne. À nouveau, Philon construit sa pensée avec la tradition grecque, puisqu'il fait aussitôt allusion à un vers d'Homère : ἄλλοτε μὲν ζώουσ' ἑτερήμεροι, ἄλλοτε δ' αὖτε / τεθνᾶσιν, « tantôt ils vivent, tantôt, un jour sur deux, ils meurent »[55]. Le sort des Dioscures, passant un jour sur deux dans l'Hadès, à tour de rôle, est évoqué au chant XI de l'*Odyssée* et Philon y fait sans doute référence parce qu'il y trouve la même idée d'alternance que dans la Bible et, peut-être aussi parce qu'il rapproche le fait que Castor et Pollux descendent aux Enfers et en remontent, continuellement, du mouvement descendant et ascendant des anges. La façon dont il fait référence à ce vers est révélatrice de l'usage qu'il a de la culture grecque. Philon ne le cite en effet que partiellement, sans rappeler les figures mythologiques concernées par ce passage. Surtout, dans sa réécriture, il ajoute aux verbes ζῶ et θνῄσκω les verbes ἐγείρω et κοιμῶ. En doublant ainsi l'opposition homérique entre la mort et la vie par une op-position entre le sommeil et l'éveil, Philon rapproche la citation d'Homère du sujet même de son traité, les songes. Cela lui permet de relier plus étroitement encore cette citation à Jacob dont il est dit en Gn 28, 11 qu'il s'endort au lieu où il arrive (καὶ ἐκοιμήθη ἐν τῷ τόπῳ ἐκείνῳ, « et Jacob s'endormit en ce lieu ») : en

---

54   *Somn.* I, 150.
55   Homère, *Od.* XI, 303-304.

une même expression, Philon rapproche ainsi un mot d'origine homérique et un mot d'origine biblique (τεθνεὼς ἢ κοιμώμενος)[56].

L'image des anges montant et descendant sur l'échelle, que commente Philon dans son exégèse du rêve de Jacob, lui évoque donc certains textes de la culture profane, où se trouve exprimée la même idée d'un va-et-vient entre la terre et le ciel. Cet arrière-plan littéraire, adapté et mis au service de l'exégèse, permet à Philon de reformuler et de réinvestir l'image biblique, au fur et à mesure des interprétations démonologiques, spirituelles ou morales qu'il en propose.

4 Conclusion

Le texte biblique occupe une place centrale dans le commentaire du rêve de Jacob, parce qu'il est le sujet et la matière principale de ce commentaire. Mais au-delà de ce constat, il faut étudier attentivement la façon dont l'Alexandrin a recours au texte pour comprendre comment l'Écriture structure et nourrit la réflexion de l'exégète. C'est, en fait, un mouvement permanent entre le texte commenté et le commentaire qui caractérise l'écriture philonienne : l'auteur s'appuie sur la structure et sur l'ordre du texte biblique pour construire son propre commentaire, mais il réorganise parfois aussi le texte en fonction de son argumentation ; il écrit son traité en reprenant et en retravaillant les mots et les expressions qu'il trouve dans la Septante, mais la manière dont il fait référence au texte biblique est parfois infléchie et déterminée par son propos ; enfin, il s'appuie sur la culture grecque pour traduire en des termes universels une image telle que celle des anges montant et descendant sur l'échelle de Jacob, mais il le fait pour jeter, rétrospectivement, un éclairage nouveau sur cette image. Ce jeu de reformulations, de réécritures et d'influences réciproques entre la langue biblique et la langue du commentaire est caractéristique de l'écriture exégétique de Philon. Il lui permet, en effet, de rester fidèle à l'Écriture révélée, tout en élaborant un raisonnement nouveau, à partir d'elle.

Bibliographie

CALABI F. 1998, *The Language and the Law of God : Interpretation and Politics in Philo of Alexandria*, Atlanta.

---

56 En traduisant par « mort ou gisant », dans l'édition du Cerf, P. Savinel gomme ce rapprochement avec Gn 28, 11.

CALABI F. 2008, *God's Acting, Man's Acting : Tradition and Philosophy in Philo of Alexandria*, Leiden-Boston.

COMPAGNON A. 1979, *La seconde main ou le travail de la citation*, Paris.

DANIÉLOU J. 1953, « L'*akolouthia* chez Grégoire de Nysse », *Revue des sciences religieuses*, 27, p. 219-249.

DAUBE D. 1949, « Rabbinic Methods of Interpretation and Hellenistic Rhetoric », *Hebrew Union College Annual*, 22, p. 239-264.

DILLON J. 1977, *The Middle Platonists*, London.

DORIVAL G. 1996, « Le sens de l'Écriture », *Supplément au dictionnaire de la Bible*, Paris, p. 426-442.

DUCHATELEZ K. 1973, « La condescendance divine et l'histoire du salut », *Nouvelle Revue Théologique*, 95, p. 593-621.

GENETTE G. 1982, *Palimpsestes : la littérature au second degré*, Paris.

LÉVY C. 1986, « Le scepticisme de Philon d'Alexandrie : une influence de la Nouvelle Académie ? », dans CAQUOT A. – HADAS-LEBEL M. – RIAUD J. (dir.), *Hellenica et Judaica : hommages à V. Nikiprowetzky*, Paris, p. 29-41.

MORLET S. 2012, « Les chrétiens et l'histoire. De Luc à Eusèbe de Césarée », dans PERROT A. (dir.), *Les chrétiens et l'hellénisme*, Paris.

MUNNICH O. 2011, « Travail sur la langue et sur le texte dans l'exégèse de Philon d'Alexandrie », dans BALANSARD A. – DORIVAL G. – LOUBET M., *Prolongements et renouvellements de la tradition classique*, Aix-en-Provence.

NIKIPROWETZKY V. 1977, *Le commentaire de l'Écriture chez Philon d'Alexandrie*, Leiden.

NIKIPROWETZKY V. 1996, *Études philoniennes*, Paris.

RUNIA D. T. 1984, « The Structure of Philo's Allegorical Treatises », *Vigiliae Christianae*, 38 / 3, p. 209-256.

RUNIA D. T. 1987, « Further Observations on the Structure of Philo's Allegorical Treatises », *Vigiliae Christianae*, 41 / 2, p. 105-138.

WOLFSON H. A. 1968, *Philo : Foundations of Religious Philosophy in Judaism, Christianity and Islam*, vol. 1, quatrième édition, Cambridge, Mass.

CHAPITRE 2

Exégèse et méditation : les apostrophes à l'âme ou à la pensée chez Philon d'Alexandrie

Françoise Frazier

Dans le cadre d'une réflexion sur l'articulation entre religion et rationalité dans la pensée de Philon, les apostrophes à l'âme ou à la pensée (ὦ ψυχή, ὦ διάνοια), qui sont une spécificité de son écriture, semblent constituer un terrain d'investigation favorable. Mises en relation, dans les éditions de l'Alexandrin, avec l'homélie, associée à la méditation, ou encore à la diatribe et à la parénèse[1], elles n'ont été étudiées en détail que sous l'angle de « l'inspiration ». L'association apparaît d'abord dans un article de D. Hay, consacré à la figure que l'exégète se fait et donne de lui-même : évoquant, dans la section consacrée au « Philo's Sense of Inspiration »[2], les rares passages où Philon fait état d'une expérience personnelle[3], il suggère que les apostrophes qui les suivent parfois supposent la possibilité *pour chaque lecteur* de faire de semblables expériences et paraissent s'adresser autant à lui[4]. Ce lien entre apostrophe et inspiration passe au premier plan dans l'article d'A. Terian[5] qui, s'interrogeant sur l'originalité de Philon, postule une « inventivité inspirée » dont l'apostrophe constituerait une sorte de marqueur[6] ; sans doute le savant est-il amené à relever quelques cas où il est question de l'âme *en général* et non pas seulement de celle de

---

1 Homélie : HARL 1966, p. 198, n. 3 [= *Her.* 69 : dans la note, lire *Leg.* III 49 et non 52] ; homélie et méditation : HADAS-LEBEL 1973, p. 49-50 [= *Prov.* fr. 2] ; homélie ou diatribe : MOSES 1963, p. 40, n. 2 ; homélie culminant dans la parénèse : MOSÈS 1963, p. 42, n. 1 [*Gig.* 40-44].

2 HAY 1991, p. 44-50 : il y souligne que l'inspiration s'associe toujours à l'élaboration rationnelle.

3 HAY ne donne pas de liste ; Terian 1995, p. 59, n. 16, énumère *Cher.* 27-29 (27, ἤκουσα … παρὰ τῆς ἐμῆς ψυχῆς …), *Migr.* 31-35 (34, τὸ ἐμαυτοῦ πάθος, ὃ μυριάκις παθὼν οἶδα, διηγούμενος οὐκ αἰσχύνομαι), *Her.* 69-70, *Somn.* II 250-254 et *Spec.* III 1-6.

4 HAY p. 1991, 49 ; la question du destinataire est apparue aussi dans la section consacrée aux « Literary Patterns » p. 41-44, où l'auteur, à propos des leçons conclusives « que Philon adresse à son âme », ajoute entre parenthèses « *and, we may presume, the souls of all his* readers » (p. 43).

5 TERIAN 1995, qui synthétise deux conférences « Philo in the Spirit : The Use of the Vocative in Personal Pronouncements » (1984) et « A Stratum of Originality in Philo » (1993).

6 Dans cette perspective la part de l'élaboration rationnelle de l'exégèse disparaît totalement.

© FRANÇOISE FRAZIER, 2021 | DOI:10.1163/9789004443952_004

EXÉGÈSE ET MÉDITATION

Philon[7], sans doute reconnaît-il en conclusion d'autres valeurs possibles pour ces apostrophes, mais c'est l'introduction « d'interprétations où il se distingue apparemment des autres exégètes » qui demeure essentielle[8], dans ces dernières lignes comme dans le cours de l'étude, où la revue des occurrences a été entièrement orientée en ce sens. Or cette prééminence découle davantage du parti pris du critique que de l'évidence du texte, tandis que la disparition totale de la dimension philosophique et rationnelle de l'exégèse comme les remarques incidentes sur le possesseur de l'âme ou de la pensée apostrophée ne laissent pas de poser question : autant de points qui invitent à reprendre la question dans son ensemble.

Si donc l'on repart du texte grec, en portant le regard du lecteur et non du traducteur moderne[9], on est amené d'abord à prendre acte de la présence dans le texte d'un vocatif *sans aucune détermination* : est-ce parce qu'il va de soi que l'âme est celle du locuteur ou au contraire pour que tout lecteur ou auditeur puisse se sentir interpellé ? J'inclinerais vers la seconde interprétation pour voir dans cette indétermination le signe que *toute âme* est concernée, mais, plutôt que de se crisper sur ce point douteux et délicat, il me semble plus opératoire de reprendre une vision plus large et de se concentrer, à partir de ces apostrophes, sur la démarche exégétique « en acte » ; non pas de chercher d'emblée à conclure à son caractère original ou traditionnel, mais de suivre le mouvement de la raison s'appliquant à l'Écriture, le développement de la pensée de l'auteur dans un dialogue permanent, avec l'Écriture, avec les personnages bibliques, avec les auditeurs / lecteurs, et aussi avec *psychè* et *dianoia*, promues au rang de destinataires. Pour prendre toute la mesure de leur importance, quantitative et qualitative, on procédera d'abord à une double

---

7 TERIAN 1995, p. 77, n. 59, énumère *Somn.* II 296, *Leg.* III 52, *Quaest. Gen.* 4, 8 et *Spec.* I 299 – où la reformulation de ce que dit Moïse est curieusement assimilée à une sorte d'identification à Moïse (p. 78).

8 TERIAN 1995, p. 82 : « Literary inspiration *and thereby creativity*, such as the kind described by the anonymous author of *De sublimitate*, may be discerned in Philo's use of the exclamatory ὦ with vocative – *especially when addressing the soul, mind or understanding*. Philo's use of ὦ διάνοια or ὦ ψυχή introduces personal prayers, homilies, exhortations, amplifications of the biblical text and, *most importantly, interpretations where he apparently differs from other exegetes* » (c'est moi qui souligne).

9 Dans ces traductions, les choix sont divers, sans doute liés à la fois au « génie » propre de chaque langue et à la sensibilité du traducteur : par ex. pour les 14 occ. de *Leg.*, Cl. Mondésert (OPA 2) emploie 12 fois « ô mon âme », « ô ma pensée », supprime la particule en II 106 (« ma pensée ») et n'ajoute pas de possessif en III 11 (« ô âme »). À l'inverse la version anglaise de G. H. Whitaker (Loeb vol. 1) s'accommode mieux de l'absence de déterminant et privilégie « O mind », « O soul » ; dans quatre cas seulement un possessif est ajouté (« O my mind » en II 91 et 106, III 17, « O my soul » en III 31). Dans tous ces cas, le lecteur se perd en conjectures sur les choix des traducteurs.

comparaison, interne, en relevant les autres apostrophes utilisées par Philon, et externe, en considérant d'autres auteurs, qui tout à la fois confirment l'importance exceptionnelle de ce tour chez l'Alexandrin, mais aussi montrent les emplois qu'on en peut faire. Sur ces bases, on pourra revenir au texte philonien pour examiner de près l'insertion de l'apostrophe *en contexte* et proposer une typologie des emplois – en quoi ce réexamen veut se distinguer de la démarche démonstrative d'A. Terian. Enfin, après cette analyse, il faudra reprendre une vision plus large, en synthétisant les thèmes et traits récurrents dans la « méditation » de l'exégète d'abord, en suivant ensuite le développement de cette méditation dans une séquence plus longue, jalonnée par deux apostrophes successives.

1 Une première approche : données quantitatives et qualitatives

1.1 *Les apostrophes philoniennes : approche quantitative*
On trouve chez Philon 43 occurrences indiscutables[10], avec une répartition à peu près équilibrée entre les deux termes, puisqu'on dénombre 20 emplois de ὦ διάνοια[11] et 23 apostrophes à ψυχή[12], dont 2 sans l'appui de ὦ[13] et 4 où l'âme reçoit une qualification[14]. Cet équilibre est de soi intéressant entre deux termes qui ont, *a priori*, une valeur plus générale pour ψυχή, et un accent plus net sur la dimension rationnelle et discursive pour διάνοια. Mais, à l'examen, on peine le plus souvent à expliquer pourquoi on a l'une plutôt que l'autre ; un accent *contextuel* sur la réflexion et l'aspect intellectuel pour διάνοια *peut* le justifier, mais ne le justifie pas *nécessairement*. C'est plutôt la proximité des deux termes que l'on voit apparaître dans le *De somniis*, où âme comme pensée

---

10 Je laisse de côté le vocatif de la version grecque de *Prov.* (ἕνα μὲν δὴ λόγον τοῦτον, ὦ ψυχή, δέξαι τέως αὐτοῦ παρακαταθήκην, fr. 2) en désaccord avec la version arménienne qui suggère plutôt un datif ψυχῇ δέξαι, *in animum accipe* ; voir Hadas-Lebel 1973, p. 49-50, qui pose l'alternative suivante : soit conserver le texte grec et remettre en question la nature dialogique du *De Providentia*, soit retenir la version arménienne et considérer qu'il y a eu une faute de copie en grec, entraînée peut-être par la prédilection de Philon pour cette apostrophe.

11 *Leg.* I 49, II 91 et 106, III 17, 36, 47 et 116 ; *Cher.* 29 ; *Deter.* 13 ; *Deus* 4 ; *Migr.* 222 ; *Her.* 71 ; *Somn.* II 76, 176 et 179 ; *Spec.* I 210 et 299 ; *Quaest. Gen.* 4, 138 ; *Quaest. Ex.* 2, 28, 3 et 2, 51.

12 *Leg.* I 51, III 11, 31, 52, 74, 158 et 165 ; *Cher.* 52 ; *Sacr.* 20, 64 et 101 ; *Poster.* 135 ; *Gig.* 44 ; *Deus* 114 ; *Migr.* 169 et 219 ; *Her.* 69 ; *Fug.* 213 ; *Mutat.* 255 ; *Somn.* I 149, II 68 ; *Quaest. Gen.* 4, 8 et 21.

13 *Migr.* 219 et *Her.* 69.

14 *Fug.* 213 et *Somn.* II 68 : *infra*, n. 63 et 64 ; *Quaest. Gen.* 4, 8 et 21 : *infra*, n. 21.

sont destinées à être la « demeure de Dieu[15] ». Ainsi donc si l'on voulait tirer quelque conclusion de l'emploi des deux termes, on ne pourrait guère que souligner l'emploi de διάνοια et voir dans la spécification de cette instance de pensée, à côté de l'instance spirituelle « globale » qu'est l'âme[16], un signe de l'importance de la réflexion et de la rationalité dans la méditation exégétique.

Si la balance est presque égale entre διάνοια et ψυχή, la répartition entre les parties de l'œuvre est loin de l'être : l'écrasante majorité des emplois se trouve dans le *Commentaire Allégorique* (36 sur 43), face à 2 occurrences seulement de ὦ διάνοια dans l'*Exposition de la Loi*, toutes les deux dans les *Lois spéciales*, c'est-à-dire là aussi, dans un volume où l'exégèse l'emporte sur le récit[17]. Les 5 autres se lisent dans les *Questions*[18], présence naturelle, si l'on admet, avec V. Nikiprowetzky, que le *Commentaire allégorique* représente un « stade volontairement élaboré » des *Questions*[19], mais néanmoins remarquable en ce qu'une expression, qui *a priori* nous semblerait *à nous* relever de l'élaboration *littéraire*, se trouve aussi dans une œuvre *a priori* « moins écrite » : ce qui incline à penser qu'elle participe autant, sinon plus, de l'élaboration intellectuelle que du travail stylistique. On notera encore que, dans ces 5 occurrences, διάνοια (3 occurrences) prédomine légèrement sur ψυχή (2 emplois, avec un qualificatif qui transforme l'apostrophe en une forme de *makarismos*[20]), mais la transmission est trop lacunaire pour en rien tirer d'assuré.

Si l'on se concentre sur le *Commentaire Allégorique*, la partie la plus riche d'appels à l'âme ou la pensée, la plus homogène et la moins narrative aussi, on a au contraire, sur 36 occurrences, une légère prédominance de ψυχή (21) sur διάνοια (15), mais plus que la répartition entre les deux termes, c'est la comparaison avec les autres apostrophes qui est éclairante[21]. Face aux 36 emplois de

---

15   *Somn.* I 149 : σπούδαζε οὖν, ὦ ψυχή, θεοῦ οἶκος γενέσθαι ... ; *Somn.* II 251 : ἐπεὶ καὶ τίνα σεμνότερον καὶ ἁγιώτερον εὕροι τις ἂν οἶκον ἐν τοῖς οὖσι θεῷ ἢ φιλοθεάμονα διάνοιαν ...

16   Il n'y a aucune apostrophe ni au νοῦς, ni au θυμός ni à l'ἐπιθυμία.

17   *Spec.* I 210 : ὅταν βουληθῇς, ὦ διάνοια, εὐχαριστῆσαι περὶ γενέσεως κόσμου θεῷ ... ; et 299 : αἰτεῖται γάρ, φησίν, ὦ διάνοια, παρὰ σοῦ ὁ θεὸς οὐδὲν βαρύ ...

18   1 occurrence conservée en grec : *Quaest. Ex.* 2, 28, 3 (Ὅρα μὴ τοιοῦτόν τι πάθῃς, ὦ διάνοια) ; 4 transmises dans la version arménienne, 2 = ὦ διάνοια : *Quaest. Gen.* 4, 138 et *Quaest. Ex.* 2, 51 (TERIAN 1995, p. 81) ; 2 = ὦ ψυχή – citées *infra* n. 20.

19   NIKIPROWETZKY 1977, p. 179.

20   TERIAN 1995, p. 79-80 rétrovertit *Quaest. Gen.* 4, 8 par ὦ τρισεύδαιμον καὶ τρισμακαρία ψυχή et 4, 21 par ὦ μακαρία (εὔδαιμον) ψυχή.

21   Je me suis appuyée sur l'emploi de la particule ὦ pour repérer les apostrophes ; peuvent donc manquer quelques éventuels emplois du vocatif seul. BORGEN-FUGLSETH-SKARSTEN 2000, p. 368 *sv* ὦ, ne distinguent pas par l'accentuation, comme le font la plupart des éditions, ὦ appuyant un vocatif et ὤ devant génitif exclamatif ; dans leur relevé, *Deus* 149, *Conf.* 162, *Migr.* 84 et 173, *Congr.* 54 et 113, *Fuga* 149 ne concernent donc pas notre sujet.

ψυχή / διάνοια, j'en ai relevé 63 « autres », dont 34[22] seulement sont le fait de l'exégète, comme le sont les appels à ψυχή ou διάνοια : les deux types s'équilibrent donc à peu près. En outre, à l'intérieur de ces 63 « autres », tous locuteurs confondus, aucune apostrophe n'approche en fréquence les deux mots qui nous intéressent : les plus courantes, et les plus vagues, ὦ οὗτος ou οὗτοι et ὦ γενναῖε ou γενναῖοι n'atteignent respectivement que 13[23] et 12 occurrences[24].

L'importance de ces emplois, déjà visible à l'intérieur de l'œuvre de Philon, ressort encore mieux de la comparaison avec d'autres auteurs, envisagée aussi par Terian[25]. Parmi les exemples d'époque impériale qu'il donne – et sans remonter à Pindare et à la φίλα ψυχά de la 3ᵉ *Pythique*[26] –, j'ai retenu trois types de textes, qui correspondent à trois genres un peu différents, mais où l'appel à l'instance spirituelle de l'homme pourrait *a priori* avoir une fonction : la diatribe avec les *Entretiens* d'Épictète, la méditation avec les *Pensées* de Marc Aurèle, l'homélie avec Grégoire de Nysse et Jean Chrysostome.

---

22 Les 29 autres sont attribuées à Dieu (*Gig.* 40, *Sobr.* 50 – s'adressant à Caïn), au ἱερὸς λόγος (*Sacr.* 55 et *Somn.* I 54), au *pneuma* (*Somn.* II 252 et 253) ; à Moïse (*Deus* 61 et *Migr.* 184) à des personnages bibliques (Isaac, *Sacr.* 64, *Ebr.* 120 et *Fug.* 169 ; Jacob, *Leg.* II 46 et III 179 ; Anne, *Ebr.* 149 ; Jérémie, *Confus.* 44 ; Rébecca, *Fug.* 39 et 46), païens (« un des Anciens » = Socrate, *Deus* 146, *Plant.* 65), allégoriques (prosopopée des activités en *Cher.* 35, de *Kakia* et *Areté* en *Sacr.* 22 et 32, de *Skepsis* en *Fug.* 58) ou encore, à un locuteur indéterminé (*Sacr.* 70 [τις], *Deter.* 78 [τις] – s'adressant à Caïn –, *Deus* 66 [τίς], *Agric.* 112 [le σύ auquel s'est adressé 111], *Confus.* 49 [πᾶς σόφος], *Mutat.* 227 [le fils au père]). Réciproquement, dans 11 cas, l'exégète s'adresse à Dieu (*Plant.* 53, *Heres* 31), à Moïse (*Leg.* II 1, *Cher.* 54, *Mutat.* 264, *Somn.* I 164) ou à un autre personnage biblique (*Leg.* III 22 [Laban] et 192 [Esaü] ; *Deter.* 150 [Caïn] : *Somn.* II 181 [le grand échanson]), voire à une allégorie (*Aretè*, *Congr.* 156). Les 23 autres, qui paraissent être des contemporains, se répartissent entre initié(s) et insensé(s).

23 *Leg.* III 179 et 192 ; *Sacr.* 22, 32 et 55 ; *Deus* 4 et 114 ; *Agr.* 111 ; *Plant.* 108 ; *Sobr.* 50 ; *Migr.* 9 ; *Somn.* I 54 et II 252.

24 *Leg.* III 75 ; *Det.* 150 ; *Gig.* 40 ; *Agr.* 86 et 167 ; *Conf.* 41 ; *Heres* 91 et 105 ; *Mut.* 177 et 187 ; *Somn.* I 93 et II 253.

25 Outre Marc Aurèle, Grégoire de Nysse et Jean Chrysostome, que je vais examiner, Terian 1995, p. 57, cite aussi (sans commentaire) Athanase, *Exp. in Psalmos* MPG 27, 201, 23, 276, 7 et 42, Épiphane, *Haeres.* 31. 494, 3, 10, Eusèbe *PE* 8, 14, 7, 1 (= la citation problématique du *De prov.* de Philon : *supra* n. 10), *Comm. in Ps.* MPG 23, 1264. 51, 1269. 11, 42, 48, 1296. 18, Macaire *Serm.* 64, 3,3, 5-1 et 25, 1, 8, 4, *Serm.* 24, 1, 52.

26 Les emplois théâtraux sont rares et peu significatifs : à côté d'Héraclès s'exhortant à supporter la douleur (Sophocle, *Trach.* 1260, ὦ ψυχὴ σκληρά, à rapprocher du célèbre passage de l'*Odyssée* XX 18 sq., Τέτλαθι δή, κραδίη), on a seulement, chez Euripide, *Bellérophon* fr. 308 Snell (σπεῦδ' ὦ ψυχή) et *Med.* 1056 (μὴ δῆτα, θυμέ …), tour que parodie Aristophane, *Acharn.* 483 (Πρόβαινέ νυν, ὦ θυμέ) et *Equ.* 1194 (Ὦ θυμέ, νυνὶ βωμολόχον ἔξευρέ τι), tous passages peu susceptibles d'inspirer Philon ; si l'on veut absolument lui chercher une source d'inspiration, les *Psaumes* me semblent de meilleurs candidats.

1.2 *Comparaison avec d'autres auteurs*

A. Mosès, dans l'édition du *De gigantibus*, évoque le « style de la diatribe[27] », ce qui justifie un regard sur les *Entretiens* d'Épictète. Or, s'ils peuvent présenter un empilement très sophistiqué de niveaux dialogiques[28], ils ne s'adressent jamais à l'âme ou à la pensée des personnes interpellées[29], interlocuteur contemporain ou grands modèles historiques, dont sont commentés mots ou attitudes[30]. Du côté païen, c'est donc plutôt vers la méditation de Marc Aurèle qu'il faut se tourner avant de regarder les auteurs chrétiens. Celui qui se tourne εἰς ἑαυτόν n'invoque cependant ψυχή que dans 2 pensées : proportion infime si on les rapporte aux 469 « pensées » que comporte son œuvre[31], mais un peu moins négligeable si l'on tient compte de la rareté générale des apostrophes, seulement 11 vocatifs (y compris ψυχή) appuyés par ὦ[32]. Ainsi la méditation de Marc Aurèle, si elle se développe volontiers au moyen d'impératifs à la deuxième personne, ne définit que rarement l'instance du moi à laquelle il s'adresse : pourquoi alors les deux cas où il se tourne vers l'âme ?

Les deux passages se trouvent en ouverture : en II 6, il lui est reproché en une énergique analepse (Ὑβρίζεις, ὑβρίζεις ἑαυτήν, ὦ ψυχή), de s'outrager elle-même, de ne pas se respecter, parce qu'elle fait reposer entièrement son bonheur sur *l'âme d'autres* – cause profonde qu'exprime le participe final, ἐν ταῖς ἄλλων ψυχαῖς τιθεμένη τὴν σὴν εὐμοιρίαν : l'apostrophe est à situer dans le cadre de cette opposition entre âme personnelle et âme d'autrui, qu'elle met en relief, tout en redonnant une place privilégiée d'interlocutrice à celle qui s'est

---

27 Cité *supra* n. 1.

28 On trouve, par exemple, une apostrophe à l'intérieur d'une citation (III 23, 25, IV 1, 156, IV 6, 20), prêtée à des types (III 22, 26, IV 8, 30, IV 11, 23), voire au *logos* philosophique (III 13, 11) ; Épictète fait aussi parler des interlocuteurs fictifs (I 6, 37, I 22, 5-6, III 22, 55), auquel il souffle une citation (I 4, 24, II 23, 42, III 22, 26, IV 4, 34).

29 La véhémence de l'interpellation explique peut-être sa prédilection pour l'emploi du vocatif sans ὦ, tour à la fois plus « parlé » dans la *koinè*, et plus vigoureux ; par ex., face à 27 ὦ ἄνθρωπε, on trouve 64 ἄνθρωπε – contre 4 seulement chez Philon, tous dans l'*Exposition de la Loi* : *Mos.* I 285 et II 199 ; *Spec.* II 82, et la citation de III *Rois* 17-18 *in Deus* 138.

30 Diogène en I 24, 9 ou Socrate en III 1, 21. L'ensemble de ces remarques vaut aussi pour Musonius Rufus, chez qui on lit ὦ ἑταῖρε en 9, 106 ; ὦ νεανίσκε en 14, 84 et 16, 49 et 79 ; à quoi s'ajoutent, comme personnages historiques, Euripide en 9, 83 et Sylla dans le fr. 36.

31 En excluant du calcul le livre très particulier qu'est le livre I.

32 Le rapport des apostrophes à l'âme, replacées dans cet ensemble, frôle alors les 20 % ; il faut ajouter que 4 des 9 autres sont regroupées dans la « prière au Monde » (IV 23 : ὦ κόσμε ... ὦ φύσις ... (ὦ) πόλι φίλη Κέκροπος ... ὦ πόλι φίλη Διός) ; 4 appartiennent à des citations (de la prière des Athéniens, V 7, 1, ou de Platon VII 44, 1, 45, 1 et 46, 1) ; la dernière figure dans un « discours suggéré » (IX 3, 2 : νῦν δ' ὁρᾷς ..., ὥστε εἰπεῖν· θᾶττον ἔλθοις, ὦ θάνατε, μή που καὶ αὐτὸς ἐπιλάθωμαι ἐμαυτοῦ).

34 FRAZIER

indûment dévalorisée. Plus long, x 1[33] multiplie à l'adresse de l'âme des questions rhétoriques aux accents diatribiques, qui dénoncent ses insuffisances : cette exhortation morale, inscrite dans le travail sur soi du progressant, ne manque pas d'intérêt, mais tout cela reste très limité.

Avec Jean Chrysostome, on a le seul auteur chez lequel on trouve deux emplois de ὦ διάνοια[34], dans lesquels Terian veut voir de « claires réminiscences de Philon »[35], qui reste d'autant plus seul à utiliser véritablement l'apostrophe que les deux emplois de Chrysostome sont en fait exclamatifs, jusque dans la forme pour l'un, où l'on a un génitif[36], dans l'esprit au moins pour l'autre, sorte de liste qui glorifie la personnalité spirituelle de Paul, comme en témoigne la 3e (et non 2e) personne verbale employée :

> Ὦ φιλοσοφία Παύλου· ὦ φρόνημα ὑψηλὸν, καὶ γνώμη ἀχείρωτος, ὦ διάνοια τῆς ἁψῖδος τοῦ οὐρανοῦ ἀφαμένη· ὦ ψυχὴ πάντων ὑπερορῶσα τῶν ὁρωμένων· ὦ γνώμη· ἀράχνην ἐνόμιζε τοῦ βίου τὰς φαντασίας ...[37]

Il n'y a donc, ni dans les emplois de διάνοια ni dans ce premier emploi de ψυχή, de réel *appel*. Des 5 autres emplois qui concernent l'âme, 1 est mis dans la bouche des anges, s'adressant à nous avec commisération[38], tandis que les 4 autres appartiennent à des commentaires des *Psaumes*, texte où l'on trouve en effet des adresses à l'âme et dont l'influence sur Philon n'est pas exclue. En tout cas le tour, familier, des LXX, ἡ ψυχή μου[39], est régulièrement glosé par le tour plus écrit, ὦ ψυχή[40] – celui qu'emploie Philon. Mais Jean Chrysostome

---

33 Ἔσῃ ποτὲ ἆρα, ὦ ψυχή, ἀγαθὴ καὶ ἁπλῆ καὶ μία καὶ γυμνή, φανερωτέρα τοῦ περικειμένου σοι σώματος ; κτλ ; sur ce livre x et la longueur supérieure des développements, HADOT 1997, p. 289 sq., en part. 292-93, qui relève au début des livres III, VIII, X et XI, « en quelque sorte à une place de choix, des examens de conscience qui sont tous inspirés, de manière analogue, par l'imminence de la mort ».

34 C'est pourquoi j'enfreins l'ordre chronologique et commence par lui plutôt que par Grégoire de Nysse.

35 TERIAN 1995, 58, n. 10. En outre, Jean Damascène (*MGP* 95, 1085, l. 45) cite *Leg.* III 47.

36 *Eclogae i-xlviii ex diversis homiliis*, *MPG* 63, 709, l. 41 : ὦ διανοίας σώφρονος καὶ μετρίας.

37 *In illud : Si qua in Christo nova creatura*, *MPG* 64, 27, 48-52 : « Ô philosophie de Paul ! ô esprit élevé et jugement intraitable, ô pensée se haussant jusqu'à la voûte céleste, ô âme voyant de haut tout le visible, ô jugement : il considérait comme (toile d')araignée les imaginations du monde » (les points d'exclamation qu'on trouve chez Terian marquent que le sens a bien été vu, mais sont néanmoins gênants dans un texte grec).

38 *De salute animae* (*MPG* 60, 738, 38) : Ταῦτα ἀκούσαντες οἱ ἄγγελοι, λέγουσι πρὸς ἡμᾶς· Ὦ ψυχὴ ταλαίπωρε ...

39 *Ps.* 61, 6 ; 102, 1 et 22, 103, 1 et 35 ; 114, 7 et 145, 1.

40 Par ex. *In Psalm.* 101-107 (*MPG* 55), 653, ll. 35-39 : *Εὐλόγει, ἡ ψυχή μου, τὸν Κύριον. Οἱ μὲν οὖν ὑμνεῖν τὸν τοσούτων ἀγαθῶν χορηγὸν οὐ βουλόμενοι, ἐκεῖνα πασχέτωσαν ἅπερ εἴρηκα· σὺ δὲ, ὦ ψυχή, ἐνδελεχῶς τὸν σὸν ὕμνει Δημιουργὸν καὶ Σωτῆρα.* Voir aussi *ibid.* 645, ll. 56-57.

peut aussi l'introduire sans appui scripturaire, comme en témoigne l'intéressante glose de ἃ λέγετε ἐν ταῖς καρδίαις ὑμῶν, ἐπὶ ταῖς κοίταις ὑμῶν κατανύγητε du *Ps* 4, 5. Pour développer ce que la 2ᵉ personne à laquelle il s'adresse doit, une fois sur sa couche, « dire à son cœur *et son âme* [ajout qui prépare l'apostrophe] », Jean introduit un style direct associant une 1ère personne du pluriel et une apostrophe à ψυχή[41] : intéressant dialogue entre le moi et l'âme, solidaires, qui dessine une forme d'exercice spirituel où se rejoignent l'examen de conscience vespéral des Stoïciens et l'ambiance des *Psaumes*.

La source scripturaire privilégiée est autre chez Grégoire de Nysse : il s'agit du *Cantique des Cantiques* et 4 des 5 emplois de l'apostrophe que l'on dénombre dans son œuvre se trouvent dans les *Homélies* qu'il lui a consacrées[42]. Or, si inférieurs qu'ils soient en nombre aux occurrences philoniennes, ces cas ne sont pas sans présenter quelque affinité avec elles, dans la mesure où, chez le Cappadocien comme chez l'Alexandrin, l'apostrophe s'inscrit dans le cadre d'une interprétation spirituelle : là où Philon lit dans le Pentateuque un itinéraire de l'âme, Grégoire assimile l'âme et la fiancée[43]. À cela s'ajoutent quelques traits formels que nous retrouverons chez Philon : l'intervention de l'apostrophe dans 3 cas après l'annonce de « ce que veut dire [tel ou tel point] »[44], avec dans l'un, la mise en lumière de l'équivalence spirituelle directement par une apposition : σύ, ὦ ψυχή, ἡ ἐκ μελαίνης γενομένη καλή ... (66, l. 17), et dans un autre, l'annonce à l'âme du profit qu'elle aura à appliquer ce qui vient d'être dit[45]. Rien dans tout cela ne témoigne d'une quelconque inspiration : le lien, comme l'apostrophe à διάνοια, serait-il aussi propre à Philon ? Avant de reprendre l'ensemble des occurrences, je voudrais, pour préciser la question, revenir sur l'expérience personnelle dont celui-ci nous fait part.

1.3   *Un lien entre apostrophe et inspiration ?*

Des 5 textes où Terian croit trouver trace d'une expérience personnelle de Philon, 2 seulement d'entre eux comportent notre apostrophe : *Cher.* 27-29 [ὦ διάνοια en 29] et *Her.* 69-70 [ψυχή en 69, suivie de ὦ διάνοια en 71]. Sur les

---

41   *In Psalm.* 50 (*MPG* 55), 581, ll. 56-60 : Ὅταν δὲ ἐπὶ τὴν εὐνὴν ἔλθῃς, ἐπὶ τὸν λιμένα τὸν ἀκύμαντον, καὶ μηδείς σοι διενοχλῇ, εἰπὲ τῇ καρδίᾳ τῇ σῇ καὶ τῇ ψυχῇ· Ἀνηλώσαμεν τὴν ἡμέραν σήμερον, ὦ ψυχή· τί ἀγαθὸν εἰργασάμεθα, ἢ τί πονηρὸν ἐπράξαμεν ; Voir aussi *In Psalm.* 101-107 (*MPG* 55) 645, ll. 15-16 [sur 102, 20].

42   *In cant.* (*hom.* 15), *Gregorii Nysseni Opera*, vol. 6, pg. 66, 87, 161 et 325 ; la 5ème se trouve dans le *De beat.*, *GNO* vol. 2 (*MPG* 44, 1264).

43   *GNO*, 6, 15, ll. 11-15.

44   *Ibid.*, 66, ll. 16-17 : οὐκοῦν ταῦτα λεγόντων ἔστιν ἀκούειν τῶν φίλων ὅτι ... ; 87, ll. 8-9 : καὶ τοῦτό ἐστι τὸ παρὰ τῶν φίλων λεγόμενον, ὅτι ... ; 161, ll. 18-19 : τὸ τοίνυν λεγόμενον τοιοῦτόν ἐστι.

45   *Ibid.*, 325, ll.12-15 : ταῦτα λαβοῦσα, ὦ ψυχή, οἷόν τινας κλεῖς τὰ ὀνόματα ἄνοιξον δι' αὐτῶν τῇ ἀληθείᾳ τὴν εἴσοδον ἀδελφὴ γενομένη καὶ πλησίον καὶ περιστερὰ καὶ τελεία. ἔσται δέ σοι τὸ κέρδος ἐκ τοῦ εἰσδέξασθαί με ...

3 restants, 2 ne comportent même aucune apostrophe[46] , tandis que le troisième, au livre II du *De somniis*, suscite un locuteur remarquable, qui est le πνεῦμα. Ayant assimilé le fleuve du rêve de Pharaon au λόγος, Philon s'appuie sur *Ps* 45, 5 « L'élan du fleuve réjouit la cité de Dieu » pour passer à l'examen de la « cité de Dieu », qu'il comprend en deux sens, l'univers et l'âme du sage (248). C'est à ce point qu'intervient l'idée qu'il n'est pas de meilleure demeure pour Dieu que la *dianoia* éprise de contemplation et à l'abri de tout soulèvement ou trouble ; Philon prend alors la parole, à la 1e personne, pour évoquer une expérience intérieure, une sorte de voix :

> ὑπηχεῖ δέ μοι πάλιν τὸ εἰωθὸς ἀφανῶς ἐνομιλεῖν πνεῦμα ἀόρατον καί φησι· ὦ οὗτος, ἔοικας ἀνεπιστήμων εἶναι καὶ μεγάλου καὶ περιμαχήτου πράγματος, ὅπερ ἀφθόνως – πολλὰ γὰρ καὶ ἄλλα εὐκαίρως ὑφηγησάμην – ἀναδιδάξω. ἴσθι δή, ⟨ὦ⟩ γενναῖε[47] ...

L'enseignement dispensé touche ici aux « puissances de l'Être aux noms innombrables », à l'identité entre vision de Dieu et vision de paix : ce point justifie-t-il l'évocation d'un esprit inspirateur[48] ? En tout cas, si le lieu est probablement la *dianoia* évoquée précédemment, la parole est adressée *à Philon*, non à sa pensée, et c'est *le souffle inspirateur* qui parle, non pas Philon, qui aurait l'autorité suffisante pour inspirer son âme ou sa pensée. L'intérêt et la fonction, ou les fonctions, des apostrophes sont autres et méritent d'être reconsidérés.

2   Insertion textuelle des apostrophes : une tentative de typologie

À un moment de son développement, Philon éprouve le besoin d'apostropher âme ou pensée : pourquoi ? comment ? quelle relation entre le texte scripturaire commenté et cette interpellation ? Pour répondre à ces questions, il faut naturellement regarder le syntagme où s'inscrit le vocatif et considérer le sémantisme du verbe employé, insistant plus sur la démarche intellective ou sur l'effort et l'action, ainsi que le mode énonciatif. On se trouve alors devant

---

46   *Migr.* 31-35 et *Spec.* III 1-6 (1-2 évoque τινα τῆς ψυχῆς ἐπιθειασμόν et τὸ τῆς διανοίας ὄμμα).

47   *Somn.* II 252-253 : « Et résonne à nouveau en moi le souffle qui a coutume de me visiter en secret, invisible, et il me dit : Eh toi, tu sembles être dans l'ignorance d'une chose importante et précieuse, que, sans restriction, moi qui t'ai déjà guidé en tant d'autres occasions je vais t'enseigner. Sache donc, mon ami ... ». Sur la voix *de Dieu* dans l'âme, *Her.* 66-67 et HARL 1966, p. 132.

48   C'est aussi à propos des puissances que Philon fait état d'une voix intérieure ordinaire en *Cher.* 27.

une écrasante majorité d'énoncés sur le mode jussif (23, soit 19 impératifs et 4 subjonctifs de défense), 6 sur le mode assertif (2 présents dont 1 exprime une obligation[49] et 4 futurs, souvent dans un système conditionnel où la protase équivaut plus ou moins à une recommandation[50]), et 5 sur le mode interrogatif, au ton plus ou moins réprobateur, incitant plus ou moins à l'action[51]. Ce premier regard, pour superficiel qu'il reste, suggère déjà la valeur « nodale » que peuvent prendre ces passages, où s'articulent interprétation et conséquences pratiques. C'est un premier mode d'insertion qui invite à regarder de plus près le contexte, mais l'insertion *textuelle* de ces interpellations ne se limite pas à la fonction discursive – position d'une règle exégétique ou déduction d'un précepte moral, introduction, conclusion ou transition ; elle participe du travail même du texte scripturaire, ce qui exige une attention portée aux échos, reprises, reformulations et gloses du lemme d'appui cité en amont, mais aussi à l'introduction éventuelle de nouvelles citations, en aval.

À partir des verbes employés, on voit se distinguer deux groupes majeurs, ceux qui font participer âme ou pensée au travail d'interprétation (« Dominante exégétique ») et ceux qui l'invitent plus nettement à l'action (« Dominante parénétique ») ; le mode énonciatif dans quelques cas, la proximité plus ou moins grande du lemme commenté, permettent d'introduire de nouvelles distinctions. À l'intérieur de chaque groupe sera retenu un passage particulièrement représentatif et intéressant[52] – procédé qui sera repris aussi plus loin, pour l'un des quatre textes longs structurés par deux apostrophes assez proches[53], qui permettra, au-delà des passages d'ampleur limitée examinés ici, de prendre un exemple de méditation développée.

2.1 *Dominante exégétique*
– groupe 1 (4 textes : *Leg.* III, 31 ; III, 116 ; *Cher.* 59 ; *Det.* 13) :
Le verbe de la proposition contenant l'apostrophe a un sens intellectif, du type « voir, reconnaître, admettre » et pour complément un point plus

---

49   *Leg.* II 91 ἁρμόζει : ce passage délicat sera étudié *infra* ; on peut signaler *Somn.* II 68 (laissé de côté car l'apostrophe y est qualifiée) où on lit ἀποκοπτέον et, en dehors de l'*Allégorie de la Loi*, *Spec.* I 299 qui porte αἰτεῖται παρὰ σοῦ ὁ θεός.

50   *Leg.* I 51, *Det.* 13 et *Post.* 135 ; sur le cas particulier de *Sacr.* 101 (reprise du lemme biblique), voir *infra*.

51   À *Leg.* III 36, III 53 (qui est un cas un peu particulier de reformulation comme *Sacr.* 101), III 74, et *Cher.* 52, on peut ajouter *Fuga* 213 : ἀλλ' οὐκ ἔμελλες ... καθάπερ διὰ κατόπτρου τῆς παιδείας τὸν αἴτιον τῆς ἐπιστήμης ἰδεῖν.

52   La composition des autres textes du groupe est synthétisée sur un tableau en annexe à la fin de cet article.

53   *Leg.* I 49 et 51 ; *Migr.* 219 et 222 ; *Heres* 69 et 71 ; *Somn.* II 176 et 179.

« philosophique », que Philon est en train de développer. Aucun lemme n'est repris et l'ensemble du passage a le plus souvent valeur introductive.

Par exemple, en *Det.* 13, après avoir développé l'exemple de Joseph envoyé par Jacob (Gn 37, 13-14) comme une invitation à l'apprentissage, et posé la distinction entre les avis chancelants des commençants et les avis fermes de ceux qui ont progressé et peuvent les aider à trouver la stabilité, Philon enchaîne :

> Τοῦτον, ὦ διάνοια, τὸν τρόπον ἐὰν ἐρευνᾷς τοὺς ἱεροφαντηθέντας λόγους μὲν θεοῦ, νόμους δὲ ἀνθρώπων θεοφιλῶν, οὐδὲν ταπεινὸν οὐδ' ἀνάξιον τοῦ μεγέθους αὐτῶν ἀναγκασθήσῃ **παραδέχεσθαι**. αὐτὸ γὰρ τοῦτο, περὶ οὗ νῦν ὁ λόγος ἐστί, πῶς ἄν τις τῶν εὖ φρονούντων **παραδέξαιτο** ;

> Si c'est de cette manière, pensée, que tu examines les textes inspirés qui sont à la fois paroles de Dieu et lois d'hommes aimés de Dieu, force te sera de ne rien admettre de bas ni d'indigne de leur grandeur. En effet le récit même dont il est maintenant question, quelle personne sensée l'admettrait ?

La dernière phrase est mise en continuité avec la précédente par la répétition du même verbe, mais ramène aussi au passage commenté en faisant ressortir le recours nécessaire à l'allégorie pour l'interprétation d'un acte invraisemblable.

– **groupe 2 (3 textes, *Sacr.* 20 ; *Deus* 4 ; *Mutat.* 255)** :
Le verbe de la proposition contenant l'apostrophe a un sens intellectif, du type « apprendre, comprendre » et pour complément tout ou partie du lemme en discussion ; proche du précédent groupe, ce type de formulation a valeur introductive dans 2 cas sur 3. C'est ce troisième cas, *Mutat.* 255, qui va être examiné.

En *Mutat.* 253, Philon a introduit à travers une question (« Que va donc faire le Dieu secourable ? ») la réponse faite à Abraham en Gn 17, 19 (ναί, ἰδοὺ Σάρρα ἡ γυνή σου τέξεταί σοι υἱόν) à partir de laquelle il développe l'opposition entre l'insensé qui rejette Léa (= tourne le dos à la vertu) et Dieu qui ouvre la matrice de Sarah :

> μάθε οὖν, ὦ ψυχή, ὅτι καὶ "Σάρρα", ἡ ἀρετή, "τέξεταί σοι υἱόν", (Gn 17, 19) οὐ μόνον Ἅγαρ, ἡ μέση παιδεία· ἐκείνης μὲν γὰρ τὸ ἔγγονον διδακτόν, ταύτης δὲ πάντως αὐτομαθές ἐστι.

> Apprends donc, âme, que « Sarah », la vertu, « te donnera un fils », et qu'il n'y aura pas seulement Agar, l'éducation moyenne, à le faire ; car si le rejeton de celle-ci peut recevoir un enseignement, celui de la première apprend tout de lui-même.

EXÉGÈSE ET MÉDITATION

L'interprétation spirituelle s'opère par une apposition identifiant les personnages, Sarah et Agar, et l'emploi de la 2ᵉ personne dans la citation fait de l'âme apostrophée un des personnages, le plus directement concerné, par cet enfantement, qui est apprentissage et connaissance. Cette transposition à l'âme conclut le développement.

– **groupe 3 (5 textes, *Leg.* III 47 ; III 52 ; III 158 ; *Migr.* 169 ; *Somn.* II 76) :** L'interprétation est cette fois introduite explicitement, soit par une formulation neutre – « c'est-à-dire » (*Leg.* III 52 ; *Migr.*169 ; *Somn.* II 76) – soit par une appréciation laudative – « c'est très bien dit » (*Leg.* III 47 et 158) ; suit une reformulation du lemme qui transfère à l'âme ou à la pensée le verbe (principal ou participe) de celui-ci, et incline ainsi vers la parénèse. C'est en effet dans ce groupe qu'apparaît avec la plus grande clarté l'articulation entre exégèse et parénèse ; le développement suivant peut appuyer la leçon sur des vérités philosophiques ou sur de nouveaux textes scripturaires.

L'apostrophe du *De somniis* II 76, exemple retenu pour ce groupe, est préparée par la citation de Lev. 23, 10 au § précédent :

(75) "ὅταν" γάρ φησιν "εἰσέλθητε εἰς τὴν γῆν, ἣν ἐγὼ δίδωμι ὑμῖν, καὶ **θερίζητε** τὸν θερισμὸν αὐτῆς, οἴσετε δράγματα **ἀπαρχὴν** τοῦ θερισμοῦ ὑμῶν πρὸς τὸν ἱερέα".

Lorsque, dit-il en effet, vous serez entrés dans la terre que moi je vous donne et que moissonnerez sa moisson, vous apporterez des gerbes au prêtre en prémices de votre moisson.

Dans l'interprétation, certains éléments (soulignés) sont simplement transférés à l'âme, d'autres (en gras) représentent des interprétations du texte de départ, d'autres enfin (en italiques) constituent ajouts ou gloses :

(76) τὸ δέ ἐστιν· ὅταν εἰσέλθῃς, ὦ διάνοια, εἰς τὴν ἀρετῆς χώραν, ἣν ἐμπρεπὲς μόνῳ δωρεῖσθαι θεῷ, τὴν εὔβοτον, τὴν εὔγειον, τὴν καρποφόρον, εἶτα οἰκεῖα [εἴ γε] σπείρασ' ἀγαθὰ **θερίζῃς** αὐξηθέντα ὑπὸ τοῦ τελεσφόρου, **μὴ πρότερον οἴκαδε συγκομίσῃς**, τουτέστι μὴ ἀναθῇς μηδ' ἐπιγράψῃς σεαυτῇ τὴν τῶν περιγινομένων αἰτίαν, ἢ **ἀπάρξασθαι** τῷ πλουτάρχῳ καὶ τὰ πλουτιστήρια ἔργα ἐπιτηδεύειν ἀναπείθοντι.

C'est-à-dire, lorsque tu seras entrée, pensée, dans le pays de la vertu, dont il convient à Dieu seul de faire don, pays aux bons pâturages, au bon sol, riche en fruits, puis que, après avoir fait les semailles appropriées, tu récolteras les biens multipliés par Celui qui tout achève, ne les apporte pas en premier chez toi – c'est-à-dire ne rapporte pas à toi et ne t'assigne pas la cause de cette production – avant d'en avoir offert les prémices à l'Initiateur de cette richesse, qui incite à s'appliquer à ces œuvres enrichissantes.

Tandis que la subordonnée est enrichie de toute une série de gloses assimilant terre et pays de la vertu, et évoquant les « semailles appropriées » à ce pays, la principale reformule le texte initial sous forme négative avant d'en dégager à nouveau le sens [τουτέστι] : il ne faut pas rapporter les biens chez soi, c'est-à-dire *à soi*, mais prioritairement en offrir les prémices – on retrouve sous forme verbale [ἀπάρξασθαι] l'attribut de l'objet du *Lévitique* [ἀπαρχήν] – à Dieu, présenté comme πλούταρχος. Qualifié dans le premier membre de phrase de τελέσφορος, Il préside ainsi à l'achèvement comme à l'origine d'une richesse qui se concrétise dans le dernier syntagme en « œuvres enrichissantes » auxquelles s'appliquer : ἐπιτηδεύειν appuie la dimension morale de cet effort, que préparaient les ajouts de la seconde subordonnée. Non seulement semailles et récoltes apparaissent sous des qualificatifs plus « moraux » qu'agricoles, οἰκεῖα et ἀγαθά, mais les participes, σπείρασα, puis αὐξηθέντα, suggèrent un développement, où transparaît l'attention que porte Philon au progrès de l'âme. On voit combien on est proche ici des passages à prédominance parénétique.

2.2 *Dominante parénétique*

– **groupe 4 (5 textes, *Leg.* ΙΙ 106 ; *Post.* 135 ; *Gig.* 44 ; *Deus* 114 ; *Somn.* Ι 149)** :
Le verbe insiste sur l'action (effort, combat, application) sans qu'on ait, comme dans le groupe 1, de référence directe à un texte scripturaire ; ces conseils à âme ou pensée, souvent composés d'une série d'impératifs, ont surtout valeur conclusive.

De ces cascades d'impératifs, *Gig.* 44, situé au terme d'un développement qui a opposé bien charnel et bien spirituel, donne un exemple éclairant dans sa brièveté :

ἐὰν οὖν, ὦ ψυχή, προσκαλῆταί σέ τι τῶν ἡδονῆς φίλτρων, μετάκλινε σεαυτὴν καὶ ἀντιπεριάγουσα τὴν ὄψιν κάτιδε τὸ γνήσιον ἀρετῆς κάλλος καὶ ὁρῶσα ἐπίμεινον, ἄχρις ἂν ἵμερος ἐντακῇ σοι καὶ ὡς σιδηρῖτις λίθος ἐπισπάσηταί σε καὶ ἐγγὺς ἀγάγῃ καὶ ἐξαρτήσῃ τοῦ ποθουμένου.

Si donc, âme, quelqu'un des philtres du plaisir tente de te séduire, détourne-toi et promenant tes regards du côté opposé, porte-les sur l'authentique beauté de la vertu et reste dans cette vision jusqu'à ce que le désir en soit profondément implanté en toi et que, comme un aimant, elle t'ait attirée à elle, amené tout près et attaché à l'objet de tes aspirations.

EXÉGÈSE ET MÉDITATION   41

L'intérêt d'un tel passage réside dans l'itinéraire spirituel que l'on voit se dessiner à travers la subordonnée initiale d'abord, qui place l'âme en situation de
tentation, puis grâce à la progression des participes et des impératifs, jusqu'à la
subordonnée finale qui fait apparaître à l'horizon des efforts demandés le but
proposé et l'atteinte, au terme, de l'objet dont elle ressent le désir et le manque,
l'objet de *pothos*.

Variante sur le même thème, *Deus* 114, qui intervient au terme d'un développement (111 sq.) consacré à la captivité de Joseph où le chef-cuisinier a été
assimilé au plaisir, a cet intérêt de lier explicitement pensée interprétative et
choix de vie :

> ἀλλὰ σύ γε, ὦ ψυχή, τὴν δεσποτείαν καὶ ἡγεμονίαν ταύτην ἀργαλεωτέραν τῆς
> ἐπαχθοῦς δουλείας **νομίσασα**, μάλιστα μὲν ἀδέσμῳ καὶ λελυμένῃ καὶ ἐλευθέρᾳ
> χρῆσαι **προαιρέσει τοῦ βίου** ...

> Mais toi, âme, considérant cette autorité despotique comme plus insup-
> portable que l'odieux esclavage, choisis avant tout une vie sans entrave,
> indépendante et libre ...

Là encore une série d'impératifs dépeint ensuite l'effort à faire et ses difficultés,
long développement qui débouche au § 116 sur ce conseil :

> ἐὰν δ' ἄρα ἀδυνατῇς ..., ἴθι ἀμεταστρεπτὶ πρὸς τὰς δυνάμεις αὐτοῦ καὶ τούτων
> ἱκέτις γενοῦ, **μέχρις ἂν** ἀποδεξάμεναι τὸ συνεχὲς καὶ γνήσιον τῆς θεραπείας
> ἐν τῇ τῶν εὐαρεστησάντων αὐταῖς κατατάξωσι χώρᾳ, καθάπερ καὶ τὸν Νῶε ...

> Et si jamais tu n'y parviens pas [*sc.* à fuir les satisfactions du chef-
> cuisinier] ..., va, sans te détourner, au-devant de Ses Puissances, et fais-toi
> leur suppliante, jusqu'à ce que, se rendant à la constance et sincérité de
> ton culte, elles te mettent au rang de ceux qui leur ont plu, comme Noé ...

et cette comparaison ménage la transition vers un nouveau développement
autour des engendrements de Noé, homme juste et parfait, interprétés comme
engendrements de la pensée bonne.

– groupe 5 (4 textes, *Leg.* II 91 ; III 36 ; III 74 ; *Cher.* 52) :
On trouve toujours une invitation à l'action qui reprend une idée présente
dans le développement précédent, sans reformulation d'un lemme précis.
Ces 4 textes ont été distingués de ceux du groupe 4, parce que l'impératif y
est remplacé dans 3 des 4 cas par une interrogation, le dernier cas (*Leg.* II 91)
étant assertif.

Des accents diatribiques sont attendus des interrogations et c'est bien ce que l'on a avec *Leg.* III 36 et *Cher.* 52. On a en revanche, dans *Leg.* III 74, une véritable interrogation au futur, qui permet derechef de dessiner le but des efforts spirituels. Après avoir en effet assimilé Eir (Gn 38, 7) au corps-cadavre, Philon se tourne vers l'âme :

πότε οὖν, ὦ ψυχή, μάλιστα νεκροφορεῖν σαυτὴν ὑπολήψῃ ; ἀρά γε οὐχ ὅταν τελειωθῇς καὶ βραβείων καὶ στεφάνων ἀξιωθῇς ; ἔσῃ γὰρ τότε φιλόθεος, οὐ φιλοσώματος· τεύξῃ δὲ τῶν ἄθλων, ἐὰν γυνή σου γένηται ἡ τοῦ Ἰούδα νύμφη Θάμαρ, ἥτις ἑρμηνεύεται φοῖνιξ, σύμβολον νίκης ...

Quand donc, âme, comprendras-tu tout à fait que toi-même tu portes un cadavre ? N'est-ce pas lorsque tu seras devenue parfaite et jugée digne de récompenses et de couronnes ? Tu seras alors amie de Dieu, et non amie du corps ; tu obtiendras les prix du combat, si tu as pris pour femme Thamar, la fille de Juda[54], dont le nom signifie palmier, symbole de victoire ...

Il n'y a pas reproche ici, mais encouragement et passage, sans solution de continuité, de l'apostrophe « actuelle » au personnage biblique.

Cette relation avec le personnage biblique est encore plus complexe dans le texte assertif qui a été rattaché à ce groupe, *Leg.* II 91, consacré à l'exégèse suivie de *Ex.* 4, 1-5. Moïse a lâché le bâton (= l'éducation) qui s'est transformé en serpent (= le plaisir). Il doit le reprendre en main (= maîtriser le plaisir) : le texte biblique ne fait état que de l'ordre donné par Dieu de le ramasser. Philon en déduit que Dieu réprouve la fuite de Moïse et poursuit :

σοὶ μὲν γάρ, ὦ διάνοια, μήπω τελειωθείσῃ φυγὴν καὶ δρασμὸν τῶν παθῶν ἁρμό-ζει μελετᾶν, Μωυσεῖ δὲ τῷ τελείῳ παραμένειν...

C'est à toi, pensée, parce que tu n'es pas encore arrivée à la perfection, qu'il convient de pratiquer la fuite et la retraite loin des passions, mais à Moïse le parfait, il faut persister ...

Les étapes de l'itinéraire spirituel proposé à l'âme s'incarnent ici dans des personnages.

---

54   Et épouse d'Eir.

EXÉGÈSE ET MÉDITATION 43

– **groupe 6 (5 textes, *Leg.* III 11, III 17, III 165, *Sacr.* 64, 101) :**
La parénèse se fait, comme dans le groupe 3, par la transposition à l'âme d'une expression du lemme, verbale le plus souvent (*Leg.* III 17 ; *Sacr.* 101) ; la reprise peut être exacte ou étoffée ; elle peut aussi jouer des contraires (*Leg.* III 11 ; *Sacr.* 64). Le schéma se complique donc dans ce type de passage, qui sert de conclusion ou de transition : ce que montrera l'exemple particulièrement riche de *Leg.* III 165.

Pour bien suivre le développement de l'exégèse à partir d'*Ex.* 16, 4, introduit au § 162 comme preuve que les nourritures de l'âme sont célestes, il faut repartir de la citation :

> (162) ὅτι δὲ οὐ γήινοι ἀλλ' οὐράνιοι **αἱ ψυχῆς τροφαί**, μαρτυρήσει διὰ πλειόνων ὁ ἱερὸς λόγος·
>
> "ἰδοὺ ἐγὼ ὕω ὑμῖν ἄρτους (ἐκ) τοῦ οὐρανοῦ, καὶ *ἐξελεύσεται ὁ λαὸς καὶ συνάξουσι τὸ τῆς ἡμέρας εἰς ἡμέραν*, ὅπως πειράσω αὐτούς, εἰ πορεύσονται τῷ νόμῳ μου ἢ οὔ" (*Ex.* 16, 4).
>
> ὁρᾷς ὅτι οὐ γηίνοις καὶ φθαρτοῖς **τρέφεται ἡ ψυχή**, ἀλλ' οἷς ἂν ὁ **θεὸς ὀμβρήσῃ** λόγοις ἐκ τῆς μεταρσίου καὶ καθαρᾶς φύσεως, ἣν οὐρανὸν κέκληκεν.

Que les nourritures de l'âme sont, non pas terrestres, mais célestes, le texte sacré va en témoigner en plusieurs passages :

« voici que moi, je fais pleuvoir pour vous des pains du ciel, et le peuple sortira, et ils recueilleront la ration du jour chaque jour, afin que j'éprouve s'ils marcheront ou non selon ma loi ».

Tu vois que ce n'est pas d'aliments terrestres et périssables que se nourrit l'âme, mais des paroles que Dieu fait pleuvoir depuis cette nature sublime et pure qu'il a appelée « ciel ».

Sont typographiquement détachées ici la position initiale du thème, la citation, puis l'invitation à la 2ᵉ personne, qui reprend le thème introducteur et intègre le premier syntagme de la citation (ἐγὼ ὕω ... (ἐκ) τοῦ οὐρανοῦ) en transformant la pluie de pains en pluie de paroles, et en insistant sur le caractère *sublime et pur* du ciel. Les actions attendues du peuple peuvent sur ces bases être transposées spirituellement :

> (163) ἐξίτω μέντοι ὁ λεὼς **καὶ πᾶν τὸ τῆς ψυχῆς σύστημα** καὶ συναγαγέτω[55] καὶ ἀρχέυθω τῆς ἐπιστήμης, μὴ ἀθρόως ἀλλὰ "*τὸ τῆς ἡμέρας εἰς ἡμέραν*"·

---

55 Le singulier initial (ἐξίτω, accord du verbe avec le sujet le plus proche) permet de glisser facilement du peuple à l'âme, qui aura, plus que lui, à s'engager dans la science.

Que sortent donc le peuple et l'âme avec toutes ses facultés et qu'elle recueille et commence d'acquérir la science, non pas d'un bloc, mais « la ration du jour chaque jour ».

Les verbes passent du futur à l'impératif et, par la coordination de gloses, le peuple, qui suggère un ensemble, devient « le système de l'âme », c'est-à-dire l'*ensemble* de toutes ses facultés[56], et « recueillir » se traduit par « commencer à acquérir la science » ; enfin la formulation négative répondant à la ration donnée au jour le jour, *non pas d'un bloc*, sert de matrice à tout le § suivant, qui se centre sur l'acquisition du savoir et la « bonne ration » :

πρῶτον μὲν γὰρ *ἀθρόον* οὐ χωρήσει τὸν πολὺν πλοῦτον τῶν τοῦ θεοῦ χαρίτων, ἀλλὰ τῇ φορᾷ χειμάρρου τρόπον ἐπικλυσθήσεται· ἔπειτ' ἐστὶν ἄμεινον *τὰ αὐτάρκη* λαβόντας *ἀγαθὰ καὶ μεμετρημένα* τῶν λοιπῶν ταμίαν οἰηθῆναι τὸν θεόν.

C'est qu'en effet, d'abord elle ne pourra contenir *en bloc* l'abondante richesse des grâces de Dieu – elle sera submergée par leur flot comme par un torrent ; ensuite mieux vaut ne prendre que la mesure suffisante de biens et considérer Dieu comme le trésorier de ce qui reste.

Toujours appuyée sur la notion de « bloc » et par opposition au « meilleur » indiqué dans la phrase précédente, est alors décrite la mauvaise attitude :

(164) ὁ δὲ πάντα μετιὼν *ἀθρόα* δυσελπιστίαν *καὶ ἀπιστίαν* μετὰ πολλῆς *ἀνοίας* κτᾶται· *δύσελπις* μὲν (γίνεται), εἰ νῦν μόνον ἀλλὰ μὴ καὶ αὖθις ἐλπίζει τὸν θεὸν ὀμβρήσειν αὐτῷ ἀγαθά, *ἄπιστος* δέ, εἰ μὴ πεπίστευκε καὶ νῦν καὶ ἀεὶ τὰς τοῦ θεοῦ χάριτας ἀφθόνως τοῖς ἀξίοις προσνέμεσθαι, *ἄνους* δέ, εἰ οἴεται *τῶν συναχθέντων ἱκανὸς* ἔσεσθαι *φύλαξ* ἄκοντος θεοῦ.

Celui qui cherche à tout avoir en bloc n'y gagne que désespérance et manque de confiance, en même temps que grande déraison : il tombe dans la désespérance, s'il n'espère de Dieu que pour le moment présent la pluie de biens sans attendre qu'elle se reproduise ; il manque de confiance, s'il ne croit pas que c'est maintenant et toujours que Dieu attribue ses grâces en abondance à ceux qui les méritent ; il déraisonne, s'il s'imagine capable de garder les biens qu'il a recueillis en dépit de Dieu.

---

56   Philon exploite ici une notion stoïcienne, comme me l'a rappelé Christelle Veillard.

EXÉGÈSE ET MÉDITATION   45

Le dernier participe substantivé ramène au premier plan le verbe essentiel du lemme, συνάγειν ; et l'on repasse au positif dans l'exhortation adressée à l'âme :

(165) *σύναγε* οὖν, ὦ ψυχή, *τὰ αὐτάρκη* καὶ καθήκοντα καὶ μήτε πλείω τῶν *ἱκανῶν* ὡς ὑπερβάλλειν μήτε ἐλάττω πάλιν ὡς ἐνδεῖν, ἵνα *μέτροις δικαίοις* χρωμένη μὴ ἀδικῇς.

Recueille donc, âme, les biens suffisants et convenables, ni plus qu'il ne faut, au risque de l'excès, ni moins non plus, au risque de l'indigence, afin qu'en usant de justes mesures tu te gardes de l'injustice.

Après la notion de « bloc », ce sont celles de « mesure » et de « suffisance » qui servent d'appui et permettent d'introduire un texte de l'*Exode* par lequel va se préciser la démarche spirituelle attendue de l'âme, avec une expression impersonnelle (δεῖ) où le sujet n'est pas exprimé, le participe féminin indiquant qu'il s'agit de l'âme, mais non pas si l'exégète continue de s'adresser à elle (σε sous-entendu) ou généralise à toute âme :

Καὶ γὰρ διάβασίν γε *μελετῶσαν* ἀπὸ τῶν παθῶν καὶ τὸ Πάσχα θύουσαν δεῖ τὴν *προκοπήν*, τὸ πρόβατον, λαμβάνειν μὴ ἀμέτρως· "ἕκαστος" γάρ φησι "τὸ ἀρκοῦν αὐτῷ *συναριθμηθήσεται* εἰς πρόβατον" (*Ex.* 12, 4).

En effet, si l'âme s'exerce (si tu t'exerces) à traverser loin des passions et à faire le sacrifice de la Pâque, il lui (te) faut prendre le progrès – l'agneau[57] – en respectant la mesure : « Chacun, dit-il, fera le calcul de ce qui lui suffit pour une bête. »

Ce qui devient, transposé à la manne, et interprété en termes moraux :

Καὶ ἐπὶ τοῦ μάννα οὖν καὶ ἐπὶ πάσης δωρεᾶς, ἣν ὁ θεὸς δωρεῖται τῷ γένει ἡμῶν, καλὸν τὸ *ἐνάριθμον* καὶ *μεμετρημένον* καὶ μὴ τὸ ὑπὲρ ἡμᾶς λαμβάνειν· πλεονεξίας γὰρ τοῦτό γε.

Ainsi pour la manne, comme pour tout don que fait Dieu à notre race, il est bon de s'en tenir au nombre et à la mesure et de ne pas prendre ce qui nous dépasse : car c'est là cupidité.

---

57   Philon joue sur la formation parallèle προ-κοπή / πρό-βατον.

Le vice dont il faut se garder ainsi dénoncé, la conclusion générale du passage reprend le lemme en revenant à la 3ᵉ personne – mais sans plus s'encombrer du littéral λεώς – et en lui conférant comme but la reconnaissance de la supériorité divine et le rejet de l'outrecuidance développés dans les paragraphes précédents :

> τὸ τῆς ἡμέρας οὖν εἰς ἡμέραν συναγαγέτω ἡ ψυχή, ἵνα μὴ ἑαυτὴν φύλακα[58] τῶν ἀγαθῶν ἀλλὰ τὸν φιλόδωρον θεὸν ἀποφήνῃ.

> Que l'âme donc recueille la ration du jour chaque jour, afin de manifester que ce n'est pas elle-même qui est le gardien des biens, mais Celui qui aime donner, Dieu.

Cet exemple met bien en évidence la souplesse du passage, de l'âme (162-163) à un type d'humain (« celui qui cherche à tout avoir en bloc », 164), de l'âme à la 3ᵉ personne (162-163) à l'apostrophe à la 2ᵉ personne avant un ultime retour à la 3ᵉ personne (165) ; on y voit aussi la pensée progresser au travers de l'adjonction de gloses, de récurrences et variations verbales, retour du verbe συνάγειν, glissement de la ration quotidienne à son opposé, l'acquisition en bloc, du bloc à la juste mesure et à la condamnation de la πλεονεξία, jusqu'à la reconnaissance finale que Dieu seul est le gardien de tous les biens : à travers ce cheminement, il constitue aussi le couronnement des itinéraires qu'avaient esquissés les passages précédents, mettant en lumière la situation fondamentale de l'âme et son infinie faiblesse face à Dieu, et invite à tenter désormais une synthèse des traits essentiels, formes et thèmes, liés aux apostrophes à l'âme ou la pensée.

3 Essai de synthèse : thèmes et déploiement de la méditation exégétique

3.1 *Quelques traits récurrents*

Comportant souvent une reformulation et une transposition à l'âme d'un texte scripturaire précédemment cité, le syntagme où se trouve l'apostrophe permet aussi d'introduire un nouveau texte, parfois en anticipant un mot ou une expression de celui-ci : ainsi la mention de τρεῖς καιρούς dans l'exhortation de *Leg.* III, 11 prépare la citation de *Deut.* 16, 16, qui définit un comportement à avoir τρισὶ καιροῖς, et l'emploi de ταχέως en *Sacr.* 64 annonce la question d'Isaac

---

58 Écho au § 164.

à Jacob avec ταχύ[59]. Un tel passage attire l'attention, au-delà du tissage des textes, sur les liens noués à l'occasion de ces adresses entre « âme » ou « pensée » et personnages bibliques, dans leur réalité littérale comme dans leur interprétation spirituelle. Au niveau le plus bas, l'âme est invitée à apprendre ce que signifient Sarah, Agar et son fils (*Mutat.* 255) ou encore Aaron, Nabad et Abiud (*Migr.* 169). Procédé un peu plus élaboré, mais encore simple, la comparaison fait du personnage biblique un modèle : l'âme doit s'enquérir comme Jacob (*Sacr.* 64), elle doit se faire la suppliante des Puissances, pour être mise au rang de ceux qui leur ont plu, comme Noé (*Deus* 116), ou encore, « imiter Léa » (*Poster.* 135). L'imitation constitue une sorte d'intériorisation de la comparaison, mais, de façon plus subtile, il peut aussi y avoir une sorte de fusion des deux niveaux : ainsi le conseil à l'âme *d'écouter Abraham* le parfait, qui fait don à Dieu du « rejeton chéri *de son âme* ... nommé Isaac » (*Deus* 4) ou encore, avec un passage sans solution de continuité du niveau spirituel au niveau scripturaire, l'annonce à l'âme qu'elle épousera Thamar (*Leg.* III 74), quand elle sera devenue amie de Dieu, ou au contraire qu'elle engendrera Caïn, si elle s'attache au sensible (*Cher.* 52). Enfin une mention particulière doit être réservée à l'opposition entre pensée et Moïse développée en *Leg.* II 91. L'opposition peut sans doute être vue comme une forme de comparaison, où Moïse figurerait une forme de modèle, mais outre que le passage est plus compliqué, ce serait sous-estimer l'importance des jeux d'oppositions dans l'exégèse de Philon. Non seulement ils ressortissent à la technique même de la question, dont un des objets peut être de résoudre d'apparentes contradictions entre les textes, mais ils participent aussi de la leçon morale, du discernement entre valeurs véritables et biens usurpés, entre ce qui revient à chacun.

Jouant un rôle important dans l'élaboration du discours, où l'on passe aisément d'une formulation négative à une formulation positive, du bon au mauvais comportement, ces oppositions sont aussi constitutives de la conception que Philon se fait de la condition humaine. Une première opposition majeure, ontologique, met l'homme et son néant face à Dieu, avec les corrélatifs que sont la reconnaissance de cette faiblesse opposée à l'outrecuidante φιλαυτία ou encore l'amour du plaisir ou du corps opposé à l'amour de Dieu. Viennent ensuite, pour ainsi dire, des oppositions secondaires, entre hommes, qui inscrivent l'effort de l'âme en progrès dans la réalité humaine : entre le φαῦλος et le σπουδαῖος (par ex. *Leg.* III 48), entre le parfait et le progressant, auxquels peut s'ajouter le débutant[60]. Si l'on reprend le texte sur la fuite de Moïse, la conclusion, le serpent empoigné redevenu bâton, c'est-à-dire *paideia*, est

---

59   Pour l'introduction de nouveaux textes, voir aussi *Leg.* III 41 et 165, ainsi que *Deus* 4.
60   *Leg.* III 159 oppose φιλήδονος et τελεῖος, puis ajoute προκόπτων et ἀρχόμενος.

éclairante : « il est impossible de prendre un plaisir et de le maîtriser, si on n'a pas d'abord étendu la main[61], c'est-à-dire si *l'âme n'a pas reconnu que toutes les actions et tous les progrès dépendent de Dieu sans rien rapporter à elle-même* » (*Leg.* II 93). Effort sur soi et dépendance absolue de Dieu, les thèmes majeurs sont réunis dans un passage où l'âme est à nouveau à la 3ᵉ personne, mais on peut penser que l'interpellation initiale à la pensée donne du relief à l'effort de l'âme pour progresser grâce à la méditation de l'Écriture, permet qu'elle ait une résonance pour toute âme, auteur comme lecteur. Dans le même sens, il faut enfin noter que les qualificatifs par deux fois appliqués à l'âme apostrophée « âme progressante, attachée à approfondir la connaissance du cycle des études élémentaires[62] » ou « âme obéissant à celui qui l'instruit[63] » confirment l'importance de la formation et de l'effort à elle demandés. Tous ces éléments, attention au progrès de l'âme, qui se coule dans la progression du texte scripturaire et en égrène peu à peu les éléments, en jouant des oppositions et des personnes grammaticales, sont à voir une dernière fois mis en œuvre dans une méditation très développée, qui commence comme un problème exégétique, et que scandent deux apostrophes.

3.2   *Un exemple de méditation développée : Leg. I 48-52*[64]
Le passage soulève une contradiction apparente de l'Écriture, et le verbe même employé, ζητεῖν, joint à l'anonymat de l'interrogateur, rapproche l'introduction de la pratique philosophique ; imitation des œuvres de Dieu, mais aussi distance infinie entre homme et Dieu sont au cœur de la question, et l'opposition des deux forme la trame même du texte, qui s'ouvre sur la prise de parole de « quelqu'un » – la forme la plus indéfinie – à la 1ère personne – celle, au contraire, de la plus grande proximité :

> [48] ζητήσειε δ' ἄν τις, διὰ τί, τοῦ μιμεῖσθαι θεοῦ τὰ ἔργα ὄντος ὁσίου,
> (A) *ἐμοὶ μὲν* ἀπηγόρευται φυτεύειν ἄλσος παρὰ τῷ θυσιαστηρίῳ,
> (B) τὸν δὲ παράδεισον ὁ θεὸς φυτεύει ; (Gn 2, 8a)
> *φησὶ γάρ·* "*οὐ φυτεύσεις σεαυτῷ ἄλσος*, πᾶν ξύλον παρὰ *τὸ θυσιαστήριον* κυρίου τοῦ θεοῦ σου *οὐ* | *ποιήσεις σεαυτῷ*" (Dt 16, 21).

On peut chercher pourquoi, alors qu'il est pieux d'imiter les œuvres de Dieu, à moi il est défendu de planter un bois près de l'autel du sacrifice,

---

61   L'ordre de Dieu en *Ex.* 4, 4.
62   *Fug.* 213 : ὦ ψυχὴ προκόπτουσα καὶ τῇ τῶν ἐγκυκλίων ἐπιστήμῃ προπαιδευμάτων ἐμβαθύνουσα.
63   *Somn.* II 68 : ὦ ψυχὴ πειθαρχοῦσα τῷ διδάσκοντι.
64   L'apostrophe se trouve en 49 et 51.

tandis que Dieu plante le jardin. ⟨Moïse⟩ dit en effet : « Tu ne planteras pas pour toi de bois, de plantation de quelque bois que ce soit, à côté de l'autel du sacrifice du Seigneur ton Dieu, tu n'en feras pas pour toi ».

Le rapprochement des textes se fait à la faveur de l'identité des verbes, φυτεύειν, et le problème qui se pose est d'emblée celui de la conduite de l'homme : que suivre ? L'imitation des œuvres de Dieu évoquées dans la *Genèse* ou les prescriptions du *Deutéronome*, lesquelles, à travers les deux réfléchis qu'elles comportent, portent en germe l'opposition entre amour de soi et amour de Dieu, entre infatuation et conscience du néant humain ? S'engage alors tout un jeu sur les personnes, entre 1ère, 2e et 3e, qui montre l'affirmation indue de soi et met en garde contre cette présomption.

τί οὖν λεκτέον ;
   (Β) ὅτι πρέπει τῷ θεῷ φυτεύειν καὶ οἰκοδομεῖν *ἐν ψυχῇ* τὰς ἀρετάς.
   (Α) [49] **φίλαυτος** δὲ καὶ **ἄθεος ὁ νοῦς οἰόμενος** ἴσος εἶναι θεῷ καὶ ποιεῖν **δοκῶν** ἐν τῷ πάσχειν ἐξεταζόμενος· (Β) θεοῦ δὲ σπείροντος καὶ φυτεύοντος *ἐν ψυχῇ* τὰ καλά, (Α) *ὁ λέγων νοῦς* ὅτι "*ἐγὼ* φυτεύω" *ἀσεβεῖ.*

Que faut-il donc dire ? Qu'il convient à Dieu de planter et édifier dans l'âme les vertus, mais qu'imbu de soi et impie est l'esprit quand il présume être égal à Dieu et croit agir alors que c'est le pâtir qui, à l'examen, lui revient. Tandis que Dieu sème et plante dans l'âme les nobles qualités, l'esprit qui dit « C'est *moi* qui plante » est coupable d'impiété.

La réponse reprend en chiasme l'opposition de Dieu et de l'homme, mettant en premier l'action du premier, comme il se doit, pour introduire une interprétation spirituelle (il n'est plus question d'arbres, mais de vertus), qui déplace l'action *dans l'âme*, ἐν ψυχῇ, par deux fois répété. La 1ère personne disparaît et l'être humain apparaît à la 3e personne, représenté par l'instance du νοῦς, un νοῦς coupable et imbu de lui-même : les attributs jetés en tête de phrase, qui le replient sur son moi (φίλαυτος) et l'écartent de Dieu (ἄθεος), le marquent d'emblée, tandis que les verbes explicitent sa faute qui est outre*cuidance*, opinion fausse, exprimée par les participes οἰόμενος / δοκῶν, avant d'être énoncée ; aux verbes d'opinion succède alors un verbe de déclaration, λέγων, dans la phrase suivante, qui fait résonner de nouveau une 1ère personne (ἐγώ) revendiquant l'action (φυτεύω, action « pure », sans objet précisé) qui lui a été déniée à la phrase précédente, par la mention d'un « examen » (ἐξεταζόμενος), soulignant combien est inconsidérée sa prétention. Le verdict tombe avec le verbe final, ἀσεβεῖ, qui s'oppose au précepte de piété invitant à l'imitation des œuvres de

Dieu rappelé au début de la réflexion et s'accorde au contraire avec les adjectifs qui ont ouvert la phrase[65]. S'opposant à cette erreur, Philon reformule alors l'interdiction du *Deutéronome*, en la réduisant, comme l'affirmation du νοῦς, à la pure action verbale, mais aussi en utilisant deux verbes différents, pour la 2e p., et pour Dieu :

> οὐ *φυτεύσεις* οὖν (A), ὅταν ὁ θεὸς φυτουργῇ (B).

> Tu ne planteras donc pas, quand Dieu œuvre à la plantation.

Après les verbes, c'est au tour des substantifs, ἄλσος puis θυσιαστήριον, d'être interprétés au fil de trois subordonnées conditionnelles, qui peuvent se décomposer en deux séquences (2 + 1), ouvertes l'une et l'autre par une de nos apostrophes.

> (1) ἐὰν δὲ καὶ **φυτὰ** *ἐν ψυχῇ* καταβάλῃ, **ὦ διάνοια, καρποτόκα** *φύτευε* **πάντα**, *ἀλλὰ μὴ ἄλσος*, *ἐν ἄλσει γὰρ* καὶ ἀγρίας ὕλης ἐστὶ καὶ ἡμέρου δένδρα· *κακίαν* δὲ τὴν ἄγονον *ἐν ψυχῇ* μετὰ τῆς ἡμέρου καὶ **καρποτόκου** *φυτεύειν* ἀρετῆς λέπρας ἐστὶ τῆς διφυοῦς καὶ μιγάδος οἰκεῖον.

> Si tu viens à semer quand même des plantes dans l'âme, plante seulement ce qui porte fruit, et non pas un bois ; car dans un bois il y a à la fois des arbres sauvages et des arbres cultivés ; or planter dans l'âme le vice stérile avec la vertu cultivée et porteuse de fruits est le propre de la lèpre, qui est de nature double et mélangée.

L'exégèse opère ici la transposition, de « l'intérieur du bois » (ἐν ἄλσει) à « l'intérieur de l'âme », des arbres sauvages et cultivés au vice et à la vertu, autour de la notion « pivot » de fécondité, qui précise le travail intérieur engagé par la pensée. Le bois, défini comme le lieu du mélange, se voit doté de tous les caractères négatifs du sensible platonicien[66] : d'où la nécessité d'une purification, pour laquelle Philon s'appuie sur θυσιαστήριον.

> (2) [50] ἐὰν μέντοι γε τὰ ἄμικτα καὶ σύγκλυδα· εἰς ταὐτὸν ἄγῃς, χώριζε καὶ διάκρινε τῆς καθαρᾶς καὶ ἀμιάντου φύσεως τῆς **ἀναφερούσης τὰ ἄμωμα** τῷ θεῷ, αὕτη δέ ἐστι *τὸ θυσιαστήριον·* τούτου γὰρ ἀλλότριον *τὸ λέγειν* ἔργον τι εἶναι

---

65 La phrase se trouve ainsi encadrée par φίλαυτος δὲ καὶ ἄθεος ὁ νοῦς … ὁ νοῦς … ἀσεβεῖ.

66 Sur l'image de la lèpre, *Poster.* 47 (lié à Lamech, l'abaissement, et au « creux » de la peau et de l'âme dominée par les passions), *Deus* 127, 129, 131 (citation en 123 de *Lev.* 13, 14-15), *Somn.* I 202.

ψυχῆς (A), ἐπὶ θεὸν πάντων λαμβανόντων **τὴν ἀναφοράν** (B), καὶ τὸ τὰ ἄκαρπα τοῖς καρποτόκοις ἀναμιγνύναι· (A) **μῶμος** γὰρ τοῦτό γε, (B) **τὰ δὲ ἄμωμα** τῷ θεῷ προσάγεται.

Mais si pourtant tu réunis des choses incapables de se mélanger et hétérogènes, sépare-les et distingue-les de la nature pure et impollue qui (r)apporte à Dieu des offrandes irréprochables, c'est-à-dire de l'autel du sacrifice : il est incompatible avec lui de dire qu'il y a quelque œuvre que ce soit de l'âme, alors que tout se rapporte à Dieu, et de mêler ce qui est sans fruit à ce qui porte fruit : c'est là sujet à reproche, alors que ce n'est que l'irréprochable qu'on présente à Dieu.

L'image agricole s'efface d'abord devant le cultuel, la nécessaire séparation des éléments impurs et l'offrande d'ἄμωμα ; ἀναφέρειν, d'abord pris au sens littéral (« apporter en offrande »), réapparaît au figuré, dans la locution ἀναφορὰν λαμβάνειν (« se rapporter à »). Explicitant ce qui est « étranger » à l'autel (τούτου ἀλλότριον), exclu, à séparer, Philon revient d'abord aux déclarations (τό λέγειν) outrecuidantes de l'esprit imbu de lui-même, attribuant à l'âme un ἔργον qui n'appartient qu'à Dieu, avant de reprendre la métaphore végétale pour flétrir un mélange « sujet à reproche ». La dimension morale est développée alors dans la troisième conditionnelle, adressée à l'âme, en s'appuyant sur un dernier élément du lemme, le réfléchi σεαυτῷ.

[51] ἐὰν οὖν τι τούτων παραβῇς, ὦ ψυχή, *σαυτὴν βλάψεις*, οὐ θεόν· διὰ τοῦτό φησιν· "οὐ φυτεύσεις *σεαυτῷ*". θεῷ γὰρ οὐδεὶς ἐργάζεται, καὶ μάλιστα τὰ φαῦλα· καὶ ἐπιφέρει πάλιν· "οὐ ποιήσεις *σεαυτῷ*." λέγει δὲ καὶ ἐν ἑτέροις· "οὐ ποιήσετε μετ' ἐμοῦ θεοὺς ἀργυροῦς, καὶ θεοὺς χρυσοῦς οὐ ποιήσετε *ὑμῖν ἑαυτοῖς*" (*Ex.* 20, 23)

Ainsi si tu transgresses un de ces préceptes, âme, c'est à toi que tu nuiras, non à Dieu ; voilà pourquoi il dit : « Tu ne planteras pas pour toi », car personne ne travaille pour Dieu, et surtout pas quand ce sont les mauvais plants. Et il ajoute encore : « tu ne feras pas pour toi ». Il dit aussi ailleurs : « vous ne ferez pas des dieux d'argent pour les mettre avec moi, et vous ne ferez pas pour vous-mêmes des dieux d'or ».

Après avoir ainsi réuni toute une série de textes interdisant une action *pour soi*, il peut expliciter les conséquences funestes de l'infraction, la détérioration morale de l'âme, liée derechef à de fausses conceptions. Les verbes d'opinion se multiplient alors dans un développement général, qui passe à la 3ᵉ personne :

ὁ γὰρ ἢ ποιότητα οἰόμενος ἔχειν τὸν θεὸν ἢ μὴ ἕνα εἶναι ἢ μὴ ἀγένητον καὶ ἄφθαρτον ἢ μὴ ἄτρεπτον *ἑαυτὸν ἀδικεῖ,* οὐ θεόν· "ἑαυτοῖς" γάρ φησιν "οὐ ποιήσετε"· δεῖ γὰρ ἡγεῖσθαι καὶ ἄποιον αὐτὸν καὶ ἕνα καὶ ἄφθαρτον καὶ ἄτρεπτον· ὁ δὲ μὴ οὕτως **διανοούμενος** ἑαυτοῦ τὴν ψυχὴν ψευδοῦς καὶ ἀθέου **δόξης** ἀναπίμπλησιν.

Celui qui présume que Dieu a une qualité ou qu'il n'est pas un ou qu'il n'est pas inengendré et incorruptible ou n'est pas immuable, se fait tort à lui-même et non à Dieu : « c'est pour vous-mêmes, dit-il, que vous ne ferez pas ». Car il faut considérer qu'il est en dehors de toute qualification, un, incorruptible et immuable et celui qui ne le conçoit pas ainsi s'emplit l'âme d'une opinion fausse et athée.

C'est toute la conception de Dieu qui apparaît ici faussée et non plus seulement la conscience de ce que l'esprit ne doit pas s'arroger. La phrase finale, qui marque le résultat de son adoption, est des plus intéressantes, qui entérine, avec le participe διανοούμενος, un mauvais usage de la *dianoia* précédemment apostrophée, et en marque les effets désastreux sur la *psychè*, plongée dans le mensonge et l'athéisme, l'adjectif ἄθεος faisant écho à la peinture initiale de l'esprit outrecuidant. Philon peut conclure :

[52] οὐχ ὁρᾷς ὅτι, κἂν εἰσαγάγῃ ἡμᾶς εἰς τὴν ἀρετὴν καὶ εἰσαχθέντες *φυτεύσωμεν ἄκαρπον* μὲν οὐδὲν "πᾶν δὲ ξύλον βρώσιμον", κελεύει "περικαθαρίσαι τὴν ἀκαθαρσίαν αὐτοῦ" (*Lev.* 19, 23) ; τοῦτο δ᾽ ἐστὶ **τὸ δοκεῖν** *φυτεύειν·* ἀποτεμεῖν οἴησιν γὰρ ἐπαγγέλλεται, **οἴησις** δὲ **ἀκάθαρτον** φύσει.

Ne vois-tu pas que, même une fois qu'il nous a introduits à la vertu et que, ainsi introduits, nous n'avons planté rien de stérile, mais « tout arbre à fruits comestibles », il ordonne de « le purifier de son impureté » ? Laquelle consiste à croire planter : c'est la présomption qu'il prescrit de retrancher, et la présomption est chose naturellement impure.

La 2ᵉ personne réapparaît, sans que l'on puisse déterminer avec certitude si elle concerne toujours la *psychè* ou s'adresse à tout lecteur, puisque, aussi bien, l'âme menacée est celle de tout un chacun : ce dont prend acte l'ultime réécriture du lemme, à la 1ᵉ personne du pluriel, enrichie d'une nouvelle citation scripturaire qui permet de nouer tous les thèmes en réintroduisant la pureté liée à l'exégèse du θυσιαστήριον. L'action lemmatique, « planter », l'action de l'âme et de la pensée, « présumer » ou « concevoir » se rejoignent et s'associent à l'effort de purification dans l'identification finale : l'impureté, c'est *croire*

EXÉGÈSE ET MÉDITATION

planter, s'enfoncer dans une δόξα qui est aussi présomption, οἴησις, dont l'impureté est le dernier mot de cette longue exégèse méditative.

4   En conclusion : l'exégèse aventure de l'âme ?

Inscrites dans un « tissage » où elles peuvent servir de tremplin à l'introduction de textes nouveaux et / ou de personnages bibliques, les apostrophes ne correspondent guère à des moments de surgissement de l'inspiration ; au contraire elles interviennent souvent dans un passage de conclusion (ou de transition, ce qui est une forme de demi-conclusion), mettent en relation âme et personnages bibliques, mais aussi s'inscrivent dans des jeux d'oppositions, entre ce que peut l'âme et ce que peut Dieu, dans une hiérarchie où s'échelonnent débutant, progressant, parfait. Plus que l'inspiration, la mention de l'âme ou de la pensée fait ainsi ressortir l'effort pour progresser grâce à la méditation de l'Écriture, pour sortir de la citadelle de la φιλαυτία et s'en remettre à Dieu. C'est ce qu'explique un passage très remarquable du *Quis heres* (68-75), que M. Harl présente comme un « développement sur l'extase ... (qui) se rattache à la doctrine du cheminement vers Dieu[67] », tandis qu' A. Terian veut y voir le reflet d'une expérience personnelle, exprimée à travers l'appropriation de l'appel de Dieu à Abraham[68]. Or, les abandons demandés au patriarche, qui ne sont qu'un *premier temps* de détachement, de premiers abandons préludant à l'ultime abandon de soi-même, non seulement l'exégète apostrophe *psychè* pour les lui recommander, « si le désir entre en toi d'hériter des biens divins[69] », mais, après avoir évoqué, en termes platoniciens, l'enthousiasme de l'âme sortie d'elle-même, « quand la *dianoia* est emplie de Dieu[70] », il se tourne vers cette *dianoia* et en appelle à son témoignage : « comment donc es-tu sortie de ces premiers lieux, dis-le nous hardiment, pensée, qui fais résonner ta voix en ceux qui sont instruits à écouter les choses de l'esprit[71] ». Il lui cède alors la parole pour dire à la 1ère personne, ses migrations successives, non plus en

---

67   HARL 1966, p. 29 ; voir *supra* n. 1.

68   Cité *supra*, n. 3.

69   *Her.* 69 : πόθος οὖν εἴ τις εἰσέρχεταί σε, ψυχή, τῶν θείων ἀγαθῶν κληρονομῆσαι ...

70   *Her.* 70 : ἐνθουσιώσης ... καὶ οὐκέτι οὔσης ἐν ἑαυτῇ διανοίας ...

71   *Her.* 71 : πῶς οὖν μετανίστασο τῶν προτέρων ἐκείνων, λέγε θαρροῦσα ἡμῖν, ὦ διάνοια, ἢ ταῖς ἀκούειν τὰ νοητὰ δεδιδαγμένοις ἐνηχεῖς ... ; le caractère général de la relative ne soutient guère l'hypothèse que Philon ne s'adresserait qu'à sa propre pensée ; s'il y a expression du « moi », il s'agit plutôt d'un « moi méthodique » ; il faut encore ajouter que le style direct est introduit pas le participe ἀεὶ φάσκουσα ὅτι ... avec un adverbe temporel qui nous situe dans la répétition, dans l'effort toujours recommencé.

deux mots comme le νοῦς outrecuidant, mais au long de trois paragraphes (71-73), avant de la reprendre pour l'inviter à la dernière étape – où l'on retrouve le réfléchi : « Ne conserve pas l'exercice du penser, du concevoir, du comprendre, *pour toi*, apporte-les aussi en offrande à Celui qui est Cause qu'on pense exactement et comprend sans erreur[72] » : continuité entre les locuteurs qui ne signifie pas identification de la *dianoia* interpellée à la seule pensée de Philon, mais qui implique l'instance spirituelle dans la démarche qu'il lit dans le texte scripturaire. Si le Pentateuque peut être lu allégoriquement comme une aventure de l'âme, l'exégèse se modèle sur son objet et apparaît aussi comme une aventure où l'âme et son instance majeure, la pensée, sont des « personnages », interlocutrices et actrices à la fois : le texte parle de l'âme et lui parle et, à travers ces adresses, l'appelle à une modestie et à un effort que doivent partager exégète comme lecteur, un effort qui prend, à travers ces appels, plus de relief et de réalité.

Appendice : textes non commentés dans la typologie

Textes	Matrice	Apostrophe	Après l'apostrophe
Groupe 1			
Leg. III 31	distinction de deux intelligences	ἀλλ᾿ ὁρᾷς, ὦ ψυχή, ... τὸ παραλλάττον τῶν δοξῶν	Appuyé sur un nouveau texte, Ex 22, 1-2.
Leg. III 116	tripartition philosophique de l'âme	ἐὰν οὖν ποτε ζητῇς, ὦ διάνοια ... μὴ σκέπτου	Développement opposant passion et raison.
Cher. 29	théorie des puissances et attributs divins représentés par les deux Chérubins	ἑκατέρου δὴ τῶν Χερουβίμ, ὦ διάνοια, δέξαι τύπον ἀκιβδήλευτον ...	Cc *à la 2ᵉ p.* alliant connaissance : γνώσῃ γάρ ..., et profit moral : ἵνα τὰς ... ἀρετὰς κτήσῃ.

---

72   *Her.* 74 : μὴ ταμιεύσῃ τὸ νοεῖν καὶ διανοεῖσθαι καὶ καταλαμβάνειν σεαυτῇ, φέρουσα δὲ καὶ ταῦτα ἀνάθες τῷ τοῦ νοεῖν ἀκριβῶς καὶ καταλαμβάνειν ἀνεξαπατήτως αἰτίῳ ; ma traduction un peu lourde essaie de conserver l'emploi des infinitifs substantivés, qui mettent l'accent sur *l'activité*.

EXÉGÈSE ET MÉDITATION

(cont.)

Textes	Matrice	Apostrophe	Après l'apostrophe
Groupe 2			
Sacr. 20	Dt 21,15-17 – μία αὐτῶν μισουμένη ...	ἐπίγνωθι, ὦ ψυχή, καὶ γνώρισον, τίς ἐστιν ἡ μισουμένη καὶ τίς ὁ τῆς μισουμένης υἱός	Retour à la *1ère p. du pluriel* pour un exposé sur les deux femmes de chacun de nous, Volupté et Vertu.
Deus 4	Gn 6,4, avec ἐγέννων αὐτοῖς	μάθε δ', εἰ θέλεις, ὦ δ., τὸ μὴ ἑαυτῇ γεννᾶν οἷόν ἐστι	παρὰ Ἀβραὰμ τοῦ τελείου, et introduction de Gn 22, 2-9 et 15, 6.
Groupe 3			
Leg. III 47	Ex 13,11, πᾶς ὁ ζητῶν κύριον ἐξεπο-ρεύετο > παγκάλως	εἰ γὰρ ζητεῖς θεόν, ὦ διάνοια, ἐξελθοῦσα ἀπὸ σαυτῆς ἀναζήτει ;	Développement autour des notions de départ et de recherche > opposition entre φαῦλος et σπουδαῖος
Leg. III 52	Gn 3,9, ποῦ εἶ > δεύτερον δὲ τὸ λεγόμενον ἴσον ἐστὶ τούτῳ	ποῦ γέγονας, ὦ ψυχή ;	Développement par d'autres questions centrées sur le choix du bien et du mal.
Leg. III 158	Dt 23, 13, ἐπαγαγὼν καλύψεις τὴν ἀσχημοσύνην σου > πάνυ καλῶς	ἔπαγε γάρ, ὦ ψυχή, τὸν λόγον ἐπὶ πάντα, ᾧ καλύπτεται καὶ συσκιάζεται καὶ συγκρύπτεται πᾶσα ἀσχημοσύνη σαρκὸς καὶ πάθους	οὐκοῦν : distinctions entre ami du plaisir, parfait et débutant.
Migr. 169	Ex 24,1, ἀνάβηθι πρὸς κύριόν σου > τοῦτο δέ ἐστι τοιοῦτον	ἀνάβηθι, ὦ ψυχή, πρὸς τὴν τοῦ ὄντος θέαν	Interprétation allégorique des personnages interpellés dans le lemme de départ ; Aaron, Nadab et Abiud, « facultés qui forment la garde de l'esprit ».
Groupe 4			
Leg. II 106	Gn 3,1 : le serpent du plaisir	Μάχου δὴ καὶ σύ, ὦ διάνοια, πρὸς πᾶν πάθος καὶ διαφερόντως πρὸς ἡδονήν	Série d'impératifs > τὴν ὀφιομάχον οὖν γνώμην ἀντίταττε (*hapax*) = fin du livre.

56 FRAZIER

(*cont.*)

Textes	Matrice	Apostrophe	Après l'apostrophe
Post. 135	Gn 29, 31 : Léa *vs* Rachel, le plaisir	ἐὰν οὖν καὶ σὺ μιμησαμένη Λείαν, ὦ ψυχή, ⟨τὰ⟩ θνητὰ ἀποστραφῇς, ἐξ ἀνάγκης ἐπιστρέψει πρὸς τὸν ἄφθαρτον ...	Ø
Somn. I 149	Lv 16, 12 : échelle de Jacob et élévation de l'âme > περιπατήσω ἐν ὑμῖν	σπούδαζε οὖν, ὦ ψυχή, θεοῦ οἶκος γενέσθαι ...	Ø
Groupe 5			
Leg. III 36	Dt 27,15, objets sculptés interprétés comme opinions fausses	τί γὰρ τὰς φαύλας δόξας ... ταμιεύεις καὶ θησαυρίζεις, ὦ διάνοια, ἐν σαυτῇ ... ;	Développement de sa situation autour de la notion de τέχνη, puis retour à la figure du méchant.
Cher. 52	Vertus-Vierges représentées par Sarah, Rébecca, Léa et Séphora	τί οὖν, ὦ ψυχή, δέον ἐν οἴκῳ θεοῦ παρθενεύεσθαι καὶ ἐπιστήμης περιέψεσθαι, τούτων μὲν ἀποστατεῖς ... ;	Retour au lemme majeur : ἀποτέξῃ τὸν ἀδελφο-κτόνον καὶ ἐπάρατον Κάιν, κτῆσιν οὐ κτητήν.
Groupe 6			
Leg. III 17	Gn 31, 20 (τοῦ μὴ ἀναγγεῖλαι αὐτῷ ὅτι ἀποδιδράσκει)	Μηδέποτ' οὖν, ὦ διάνοια, τὸ φανὲν αἰσθητόν ... ἀναγγείλῃς σαυτῇ ..., ἀλλ' ... ἀπόδραθι ...	Ø
Sacr. 101	Ex 13, 11, ἐὰν οὖν δῷ σοι ὁ θεός, ἀφελεῖς	ἀφελεῖς οὖν, ὦ ψυχή, πᾶν γενητὸν ... ἀπ' ἐννοίας τῆς περὶ θεοῦ	Ø

(*cont.*)

Textes	Matrice	Apostrophe	Après l'apostrophe
Sacr. 64	Gn 4, 3, Καὶ ἐγένετο μεθ' ἡμέρας, ἤνεγκε Κάιν ... ≠	*Ταχέως* οὖν αὐτὸ ἀναζήτησον, ὦ ψυχή, καθάπερ ὁ ἀσκητὴς Ἰακώβ ...	Appuyé sur Gn 27, 20 (Isaac demandant à Jacob τί τοῦτο ὃ ταχὺ εὗρες, ὦ τέκνον ;)
Leg. III 11	Gn 3, 8, τί οὖν τὸ « ἐκρύβησαν » ; ≠	*Τρεῖς* οὖν καιρούς, ὦ ψυχή, τουτέστι τὸν τριμερῆ χρόνον σύμπαντα ἐμφανὴς αἰεὶ γίνου θεῷ	Appuyé sur Dt 16, 16 (« τρισὶ γὰρ καιροῖς τοῦ ἐνιαυτοῦ ὀφθῆναι ... »).

Important notice

Françoise Frazier est décédée le 14 décembre 2016.

Bibliographie

Borgen P. – Fuglseth K. – Skarsten, R. 2000, *The Philo Index. A Complete Greek Word Index to the Writings of Philo of Alexandria*, Leiden.

Hadas-Lebel M. (éd.) 1973, Philon, *De providentia*, Paris.

Hadot P. 1997, *La citadelle intérieure*, Paris, 2e éd.

Harl M. (éd.) 1966, Philon. *Quis rerum divinarum heres sit*, Paris.

Hay D. M. 1991, « Philo's View of Himself as an Exegete : Inspired, but not Authoritative », *The Studia Philonica Annual,* 3, *Heirs of the Septuagint, Festschrift for Earle Hilgert*, p. 40-52.

Mosès A. (éd.) 1963, *Philon. De gigantibus*, Paris.

Nikiprowetzky V. 1977, *Le commentaire de l'Écriture chez Philon d'Alexandrie*, Leiden.

Terian A. 1995, « Inspiration and Originality : Philo's Distinctive Exclamations », *The Studia Philonica Annual*, 7, p. 56-84.

CHAPITRE 3

Exégèse de l'Écriture / exégèse par l'Écriture : l'exemple de la Ténèbre (Ex 20, 21) chez Philon d'Alexandrie

Olivier Munnich

À la mémoire de Françoise Frazier

∵

Les mots « religion » et « rationalité » ne sont guère philoniens, mais on tentera ici d'examiner comment l'Alexandrin élabore son propos en utilisant un même lieu scripturaire à l'appui de développements situant la réflexion dans des directions et sur des plans différents. En effet, loin de posséder une signification unique, un verset entre dans des combinatoires distinctes, la pensée philonienne et le texte commenté se dynamisant l'un l'autre d'une façon chaque fois renouvelée. On prendra l'exemple de la fin d'Exode 20, 21 : Μωυσῆς δὲ εἰσῆλθεν εἰς τὸν γνόφον, οὗ ἦν ὁ θεός, « Et Moïse entra dans la ténèbre, où était Dieu ». Outre les lieux où il y fait allusion, Philon commente cette phrase à trois reprises. Dans les différents cas, cet épisode suscite chez lui une écriture qui obéit à un principe de gradation, mais le verset s'enrichit, dans chaque traité, de significations différentes. On examinera successivement les trois textes.

1   *La Vie de Moïse*

Le verset se rencontre au premier livre de la *Vie de Moïse* (§ 158) ; le contact ultime avec le divin y est, depuis le § 148, préparé par une évocation des étapes suivies par Moïse. Déconnecté de références littérales à l'Exode, le portrait de l'ἡγεμών biblique est brossé par un recours à deux procédés littéraires : l'antithèse et le paradoxe. Dans le premier cas, Moïse ne prend pas « comme certains » (ὥσπερ ἔνιοι) le pouvoir par des moyens militaires mais en raison de qualités morales (double énumération ternaire au § 148) ; il ne le reçoit pas « comme certains » (ὥσπερ ἔνιοι) pour s'en servir à son profit ou à celui de ses

© OLIVIER MUNNICH, 2021 | DOI:10.1163/9789004443952_005

fils (§ 150) mais pour « servir » (ὀνῆσαι, § 151) autrui ; il ne se soucie pas d'une richesse matérielle mais seulement d'une magnificence morale (§ 153) ; Dieu possède tout et n'a besoin de rien ; l'homme vertueux, lui, ne possède rien et reçoit tout en partage (§ 157) ; le chef qui cède aux plaisirs (καθηδυπαθεῖν) va à sa perte et y entraîne ses sujets[1] ; celui qui choisit l'austérité et la dignité leur inculque la maîtrise de soi (§ 160-1)[2]. Le paradoxe, de son côté, marque sous la forme d'une progression absente du texte scripturaire le mouvement qui conduit Moïse jusque dans la Ténèbre : en renonçant (πολλὰ χαιρεῖν φράσας) au gouvernement de l'Égypte, il reçoit de Dieu, sous forme d'un contre-don (ἀμείψασθαι), une royauté sur un peuple destiné à la prêtrise universelle (§ 149) ; puis, en renonçant à la fortune matérielle, il se voit donner par Dieu en échange (ἀντιδούς) le monde entier à titre d'héritage (§ 156). Le texte passe alors à un niveau supérieur et à une « communauté plus étroite » (μείζονος ... κοινωνίας, § 158), puisqu'elle se situe, non plus au plan de la création, mais dans une relation avec le Créateur. Le lien avec la lettre de l'Exode devient alors plus étroit : « le prophète a été dit "ami" (φίλος) de Dieu » (§ 156). Même si le mot cité est pris dans un élégant syllogisme[3], il fait référence à un verset où il est dit que Dieu parlait à Moïse « comme on parlerait à son ami » (Ex 33, 11). Or la référence biblique devient essentielle dans la suite du texte où l'Alexandrin réunit deux lieux, distincts dans le texte scripturaire :

> Mais quoi ? N'a-t-il pas joui aussi de la communauté supérieure avec le Père, créateur de l'univers, puisqu'il fut jugé digne de porter la même appellation (προσρήσεως) que lui ? En effet, il fut nommé « Dieu » et roi de toute la nation (ὅλου τοῦ ἔθνους θεὸς καὶ βασιλεύς). « Il entra, est-il dit, dans la ténèbre où était Dieu », c'est-à-dire dans l'essence qui constitue le modèle des êtres, elle qui est sans forme, invisible et incorporelle (εἰς τὴν ἀειδῆ καὶ ἀόρατον καὶ ἀσώματον τῶν ὄντων παραδειγματικὴν οὐσίαν), et il y pénétrait par l'esprit (κατανοῶν) ce qu'une nature mortelle ne peut contempler. Telle une peinture bien ouvrée (γραφὴν εὖ δεδημιουργημέ-νην), il se présenta, lui et son mode de vie, au milieu de tous, comme une œuvre très belle et portant la forme divine (πάγκαλον καὶ θεοειδὲς ἔργον),

---

1 C'est le verbe qu'emploiera Plutarque à propos de la dérive morale d'Antoine (*Ant.* 28, 928 A 5).

2 Le vocabulaire employé au § 161 pour le bon chef (αὐστηροτέραν καὶ σεμνοτέραν ... προαίρεσιν) rappelle l'hostilité de la passion populaire (la femme de Putiphar) envers le πολιτικὸς ἀνήρ (Joseph) dans le second commentaire allégorique du *De Josepho* : αὐστηρὸν ... σεμνότητι πρὸς ἅπαντα χρώμενον (§ 65).

3 « Si, selon le proverbe, "tout est commun entre amis" et si le prophète a été dit est "*ami*" de Dieu, la conclusion (κατὰ τὸ ἀκόλουθον) est que Moïse participe à la possession de l'univers ».

et il les plaça comme modèle pour qui voulait l'imiter (παράδειγμα τοῖς ἐθέλουσι μιμεῖσθαι).

Philon se réfère d'abord à Ex 7, 1 : « le Seigneur parla à Moïse en ces termes : voici, je t'ai donné comme Dieu à Pharaon (θεὸν Φαραω) et ton frère Aaron sera ton prophète » ; il fait subir au verset une double inflexion : il laisse de côté la fin du verset et modifie son début : Moïse n'est plus seulement « Dieu de Pharaon », le roi d'Égypte (ce qui spécifie sa divinité), mais « Dieu et roi de *toute* la nation » (ὅλου τοῦ ἔθνους). Un tel retravail souligne l'identification de Moïse à Dieu, défini selon la tradition du *Timée* comme « le père et créateur du *tout* (τῶν ὅλων) ». Or, la seconde citation ainsi que la phrase qui la suit, introduites l'une et l'autre par la particule τε, sont implicitement présentées par Philon comme l'explication de la première : Moïse a été nommé Dieu et roi de toute sa nation, parce qu'il est entré dans le lieu de Dieu (Ex 20, 21), *paradigme* de tout être, et qu'il en est sorti pour se présenter, lui et sa manière de vivre, comme *paradigme* pour l'imitation humaine. Le montage des deux citations scripturaires marque l'aboutissement d'un processus dont le développement philonien a souligné les étapes : futur roi d'Égypte, roi d'un peuple de prêtres, héritier de l'univers entier, « ami » de Dieu, partageant tout avec lui, et finalement « Dieu ». Sans qu'ils soient absents du texte scripturaire, de tels éléments sont réordonnés ou même dramatisés par l'auteur dans le sens d'une élévation de Moïse jusqu'à une identification à Dieu, qui se concrétise dans la Ténèbre.

Celle-ci est l'occasion d'une double expérience : l'entrée correspond à une expérience métaphysique : la pénétration noétique (κατανοῶν, § 158) du premier modèle des êtres intelligibles, entièrement dépourvu de toute qualité sensible. Pour les besoins de sa démonstration, Philon fait de la Ténèbre l'expérience pour Moïse, non d'une surobscurité, mais d'une surlumière, la pénétration par l'esprit de « ce que la nature humaine ne peut contempler » (*ibid.*) ; on a là comme une explication positive de l'identification de Moïse à Dieu, que l'Alexandrin a élaborée dans sa réécriture d'Ex 7, 1. Un telle prérogative métaphysique reconnue à Moïse n'est pas sans parallèle dans le traité. Alors qu'il était encore jeune, le personnage suscita la stupeur (ἐτεθήπεσαν) de son entourage : « Quel est l'esprit qui se trouve en son corps, en y résidant et en y étant enchâssé (ἀγαλματοφορούμενος νοῦς) : est-il humain, divin ou un mélange des deux ? » (I, 27) ; certes, la perspective est ici encomiastique, mais on mesure l'audace de l'expression, si l'on songe que le Buisson ardent lui-même est qualifié en des termes approchants (θεοειδέστατον ἄγαλμα, I, 66)[4]. Toutefois, le développement de la *Vita Mosis* met moins l'accent sur l'entrée dans la Ténèbre

---

4 Sur ce terme chez Philon, cf. HARL 2009, p. 51-71.

que sur la sortie hors de celle-ci : la pénétration noétique de l'essence paradigmatique fait de Moïse lui-même un paradigme pour son peuple ; avec l'idée
d'un modèle mis en avant (προαγαγών) et offert à l'imitation, le développement
passe du niveau métaphysique à un registre moral qui marque la pointe de
cette première lecture d'Ex 20, 21 : à la suite de son séjour dans la Ténèbre,
Moïse a placé, à travers sa personne, « un paradigme » (ἔστησε παράδειγμα) offert à l'imitation des siens. Cette inflexion morale est confirmée au § 159 par
la reformulation de παράδειγμα par le terme τύπος : Moïse est désormais un
« sceau » pour quiconque accepte de recevoir en son âme ce qu'on pourrait
nommer « l'empreinte mosaïque » en reprenant le terme ἐναπομάξασθαι employé par l'auteur (ibid.) ou, du moins, pour quiconque s'efforce de le faire.
Philon désigne de tels sectateurs de Moïse par l'adjectif εὐδαίμονες, « heureux »,
qui démarque le terme μακάριος qu'on trouve à l'initiale des Psaumes. Après
deux paragraphes nourris de réminiscences scripturaires (§ 158-9), Philon enchaîne sur une réflexion de type politique, marquée par des lieux communs de
la réflexion grecque : le commun des hommes imite (ζηλωταί, § 160 et 161) son
chef (ἡγεμών) pour le meilleur (l'ἐγκράτεια) et pour le pire (les désirs du ventre
et de l'instinct sexuel) : la similitude avec les développements philoniens sur le
πολιτικὸς ἀνήρ (De Josepho) mais aussi avec les Vies de Plutarque est évidente.

Pourtant, le développement revient au § 162 à une réflexion fondée sur
l'Écriture et permet d'éclairer un élément essentiel relatif à cette première exégèse de la Ténèbre : il touche au rapport entre ce qu'on a nommé le registre
métaphysique (la pénétration noétique de l'Être) et le registre moral (le rôle
de modèle que prend Moïse pour les siens). Certes, la « sortie » de Moïse et
l'interprétation morale que Philon tire de l'épisode marquent, sur le plan ontologique, le passage à un niveau inférieur. Cependant, à sa sortie de la Ténèbre,
Moïse ainsi que sa manière de vivre constituent une œuvre qui, en tant que θεοειδές, « porteuse de la forme divine », garde quelque chose de l'original divin,
ἀειδή (§ 158). Un tel adjectif assure un lien entre le plan métaphysique, réservé
à la contemplation du seul Moïse, et le plan moral qui est celui du peuple ;
en somme, θεοειδές « amortit » la chute entre les deux niveaux qui, en termes
platoniciens, correspondent à ceux de l'Intelligible et du Sensible. La fin du
développement souligne que la Ténèbre a rendu Moïse « Loi animée dotée de
langage » (νόμος ἔμψυχός τε καὶ λογικός) et qu'à cette occasion Dieu a fait de
lui celui qui deviendrait un « législateur » (νομοθέτην). Un tel finale amène à
revenir à un détail du texte philonien qui explique le mieux le couplage des
références scripturaires (Ex 7, 1 et 20, 21) : lorsqu'il sort de la Ténèbre, Moïse se
présente, lui et son mode de vie, καθάπερ γραφὴν εὖ δεδημιουργμένην (§ 158) ;
on a traduit par « telle une peinture bien ouvrée », mais l'expression fait
également allusion à une Écriture parfaite en ce qu'elle s'identifie à celle du

Démiurge, la Loi de Moïse s'identifiant pour Philon à celle de la nature. En somme, être « Dieu » (Ex 7, 1) en entrant dans la Ténèbre en contact avec Dieu (Ex 20, 21), c'est recevoir l'Écriture et devenir le nomothète, c'est-à-dire celui en qui s'est déposée la Loi. Moïse devient Dieu en ce que, dans la Ténèbre, Dieu imprime en lui sa Loi, comme le fera ultérieurement Moïse sur quiconque l'accepte. Si Moïse copie la Loi que lui dicte Dieu, celui-ci, dans l'expérience de la Ténèbre, l'inscrit lui-même en Moïse qui, de ce fait, se transforme « à son insu » (ἀγνοοῦντα αὐτόν, § 162) en « Loi vivante » (*ibid.*) et qui, même au milieu des siens, demeure « une forme divine » (θεοειδές, § 158) : à travers l'emploi d'un tel adjectif, Moïse devient lui-même, comme le Buisson ardent en *Vita* I, 66, une inscription du divin dans le monde des hommes. Si le Sinaï correspond au moment où Dieu donne aux hommes sa Loi, la Ténèbre, comprise à partir d'Ex 7, 1, permet à Philon de penser le don que Dieu fait aux hommes : celui du Législateur. Moïse est lui-même « Dieu » en ce qu'il est porteur de la « parole » de Dieu (λογικός, § 162), en un singulier retournement par rapport à Ex 6, 2 où Moïse se disait ἄλογος (« Moi, je suis privé de la parole »).

Cette page se trouve à la fin d'un développement qui, se focalisant depuis le § 148 sur le personnage de Moïse, est construit comme une vaste inclusion : mention de « l'avenir » (ἔμελλεν) du peuple (§ 149) et de Moïse (§ 162), de son « élection » (ἐχειροτονεῖτο) comme chef (§ 148) et comme législateur (ἐχειροτόνησεν, § 162). L'image du bon roi et la référence politique dominent un ensemble déconnecté du texte scripturaire. Cependant, le développement, construit selon un principe de gradation, culmine aux § 158-9 et 162, sur trois références scripturaires. Lue comme une explication d'Ex 7, 1, l'entrée de Moïse dans la Ténèbre (Ex 20, 21) donne lieu à une interprétation d'abord métaphysique (contemplation par Moïse des Intelligibles), puis majoritairement morale (Moïse, modèle de vie pour son peuple). En apparence, le mouvement de ce finale va de l'Intelligible (παραδειγματικὴν οὐσίαν) au Sensible (τὸν ἑαυτοῦ βιοῦ), de l'abstrait (ἀειδῆ) au concret (τὸ εἶδος τέλειον ἀρετῆς, § 159). En fait, Philon utilise ces oppositions grecques pour exprimer comment, dans l'expérience de la Ténèbre, l'Intelligible se fait Sensible, Dieu devenant, non pas homme, mais inscrit dans la vie et la parole de son « nomothète », c'est-à-dire du porteur de sa Loi.

2 Le *De posteritate Caini*

Dans le *De posteritate Caini*, le commentaire de la Ténèbre vient encore illustrer un autre verset : Moïse supplie Dieu « de lui révéler de façon *familière* sa nature, quoiqu'elle soit difficile à conjecturer » (δυστόπαστον οὖσαν τὴν ἑαυτοῦ

EXÉGÈSE DE L'ÉCRITURE / EXÉGÈSE PAR L'ÉCRITURE 63

φύσιν δηλῶσαι γνωρίμως, § 13). On a là une reformulation d'Ex 33, 13 : ἐμφάνισόν μοι σεαυτόν· γνωστῶς ἴδω σε, « manifeste-toi à moi ; que je te voie de manière à te connaître » ; le remplacement de γνωστῶς par γνωρίμως, loin d'être fortuit (l'Alexandrin cite le verset avec l'adverbe de la Septante en *Leg.* III, 101 et en *Mutat.* 8), s'explique par l'opposition que construit auparavant Philon entre les « familiers » de Moïse et ce dernier :

> Mais Moïse va proposer à ses familiers (τοῖς γνωρίμοις) un très beau précepte : « aimer Dieu, l'écouter et s'attacher à lui (ἔχεσθαι αὐτοῦ) », car c'est là une vie véritablement heureuse et durable (ζωὴν ... εὐήμερόν τε καὶ μακραίωνα). Il appelle avec beaucoup d'insistance à rendre hommage à Celui qui est trois fois désirable et digne d'amour, en s'attachant à lui (ἔχεσθαι αὐτοῦ), indiquant là l'attachement, le caractère suivi et ininterrompu (τὸ συνεχὲς καὶ ἐπάλληλον καὶ ἀδιάστατον) de l'harmonie et de l'union fondées sur l'intimité. Voilà à peu près ce qu'il recommande aux autres. Mais lui, il a un désir tellement insatiable (ἀπαύστως ὀρέγεται) de le voir et d'être vu de lui (τοῦ ὁρᾶν καὶ πρὸς αὐτοῦ ὁρᾶσθαι) qu'il le supplie de lui révéler *familièrement* (γνωρίμως) sa nature, quoiqu'elle soit difficile à conjecturer » (*Poster.* 12-13)[5].

Philon reformule richement Dt 30, 20[6] ; l'essentiel tient au fait qu'il le tronque pour mettre en valeur le verbe ἔχεσθαι, « s'attacher » (à Dieu) qu'il glose triplement pour marquer une adhésion à lui, dans le temps et dans l'espace, en fort contraste avec l'éloignement volontaire de Caïn. Or ce qu'il recommande à ses *familiers* ne vaut pas pour lui-même : il désire, non pas écouter Dieu, mais « le voir et être vu de lui de façon familière » : comme le texte précédent, cette page est construite sur un principe de gradation. Philon souligne ici un caractère passionnel de la quête que l'on retrouvera dans ce qu'il dit de la Ténèbre,

---

5 Le thème d'une poursuite amoureuse, qui court dans ce texte, semble avoir influencé Grégoire de Nysse : « Et pourtant ... bien qu'il (Moïse) se fût élevé si haut vers Dieu, il gardait un désir insatiable (ἔτι ἀπλήστως τῆς ἐπιθυμίας ἔχει) de découvrir davantage et il suppliait Dieu de lui permettre de la voir face à face » (*In canticum canticorum. Oratio XII, Gregorii Nysseni Opera* vol. VI, éd. H. Langerbeck, Leyde, 1960, p. 356).

6 ἀγαπᾶν κύριον τὸν θεόν σου, εἰσακούειν τῆς φωνῆς αὐτοῦ καὶ ἔχεσθαι αὐτοῦ· ὅτι τοῦτο ἡ ζωή σου καὶ ἡ μακρότης τῶν ἡμερῶν σου κατοικεῖν σε ἐπὶ τῆς γῆς, ἧς ὤμοσεν κύριος τοῖς πατράσιν σου Ἀβρααμ καὶ Ἰσαὰκ καὶ Ἰακὼβ δοῦναι αὐτοῖς, « (choisis la vie) en aimant le Seigneur ton Dieu, en écoutant sa voix et en te tenant à lui ; car c'est ta vie, et la longueur de tes jours, lors de ton séjour sur la terre que le Seigneur a jurée à tes pères – Abraam, Isaac et Jacob – de leur donner ». L'Alexandrin supprime toute la fin relative à la Terre promise et remplace l'expression ἡ μακρότης τῶν ἡμερῶν σου par deux adjectifs de style soutenu.

qualifiée de θήρα, telle la « chasse » amoureuse de la lyrique grecque (§ 18)[7] ou plutôt la « chasse » aux connaissances dont parle Platon dans le *Théétète*[8]. En outre, ce désir propre à Moïse est formulé dans des termes relatifs à la connaissance : il supplie Dieu de se révéler à lui « pour qu'il échange un doute plein d'incertitude contre une opinion exempte d'erreur en obtenant en partage une croyance très ferme » (ἵν' ἤδη ποτὲ ἀψευδοῦς δόξης μεταλαβὼν ἀβεβαίου ἐνδοιασμοῦ βεβαιοτάτην πίστιν ἀλλάξηται, § 13). Le propos de l'Alexandrin est ici directement sous-tendu par l'analogie de la ligne au livre 7 de la *République*[9]. Il y a, explique Socrate à Glaucon, deux grands modes d'appréhension, chacun divisé en deux : l'intelligence (νόησις) porte sur l'Être et l'opinion (δόξα), sur le devenir (γένεσις). En souhaitant passer du doute à une croyance exempte d'erreur, Moïse demande, en termes platoniciens, à passer de la quatrième partie de la ligne, la « conjecture » (εἰκασία), à la troisième, la « croyance » (πίστις). Quant à l'expression « une opinion exempte d'erreur », elle est peut-être chez Philon une allusion au *Théétète* : quand, dans la « chasse aux connaissances », on prend celle que l'on cherchait, on a une opinion conforme à la réalité, car il est « des opinions vraies et d'autres fausses »[10]. L'allusion à l'entrée dans la Ténèbre (§ 14) est intimement liée à ce qui précède : « même s'il sait qu'il est amoureux (ἐρᾷ) d'un objet dont la chasse est difficile ou plutôt l'obtention impossible, il luttera (ἐπαγωνιεῖται) sans rien relâcher d'un zèle soutenu mais en recourant sans hésitation ni retard à toutes les ressources en sa possession (πᾶσι τοῖς παρ᾽ ἑαυτοῦ) pour l'obtenir » (§ 13). La suite est la suivante : « En tout cas, désormais il *entrera jusque* dans la Ténèbre où était Dieu » (Ἤδη γοῦν καὶ εἰς τὸν γνόφον ὅπου ἦν ὁ θεὸς εἰσελεύσεται, § 14) : le changement du passé d'Ex 20, 21 (εἰσῆλθεν) en futur mais surtout l'addition de l'adverbe καί montrent comment Philon envisage ici le verset comme le moyen ultime déployé par Moïse dans sa quête de la connaissance. En revanche, l'Alexandrin conserve l'imparfait du texte scripturaire (« la Ténèbre où *était* Dieu ») et en tire, semble-t-il, un parti maximal : « car ce n'est pas dans une ténèbre ni, d'une façon globale, dans un lieu que se trouve la Cause mais à la fois au-dessus du lieu et du temps » ; en somme, si Dieu *était* dans la Ténèbre, c'est, selon Philon, qu'il n'y *est* pas. En une formulation à la fois inspirée du *Timée*[11] et de la Bible[12], l'auteur sou-

---

7   Cf. aussi γλίχεσθαι, « désirer » (§ 18), πόθος, « désir » et ἐρᾶν (§ 13).

8   Comparaison de l'esprit à un colombier où l'on attrape les sciences comme des oiseaux des champs (197b sq.).

9   533e7-534a8.

10   Καὶ οὕτω δὴ εἶναι ἀληθῆ τε καὶ ψευδῆ δόξαν (*Tht.* 199b9-c1).

11   Περιέχεται, τοῦ δεδημιουργηθέντος, cf. *Ti.* 31a4.

12   Ἐπιβεβηκώς, cf. Ps 67, 34 : Dieu est « celui qui chevauche (τῷ ἐπιβεβηκότι) au plus haut du ciel ».

EXÉGÈSE DE L'ÉCRITURE / EXÉGÈSE PAR L'ÉCRITURE 65

ligne la transcendance de Dieu par rapport à l'univers qu'il a créé : la Ténèbre renferme, non Dieu, mais « les notions (ἐννοίας) impénétrables et invisibles relatives à l'Être » et l'univers tient par les « puissances » que Dieu a tendues entre ses extrémités[13].

Ici, l'expérience de la Ténèbre souligne l'incognoscibilité de Dieu : passant du cas singulier de Moïse à une généralisation (« l'âme qui aime Dieu »), l'auteur souligne que le « bien le plus grand » qu'on retire de la Ténèbre est « de comprendre que, dans son être, Dieu est incompréhensible à tous et de voir le fait même qu'il est invisible » (§ 15)[14]. La formulation même souligne l'aporie gnoséologique de toute tentative de connaître Dieu ; en outre, dans une sorte de contagion de la recherche par son objet, la recherche de ce qui est invisible et sans forme devient elle-même invisible et sans forme (εἰς ἀειδῆ καὶ ἀόρατον ἔρχεται ζήτησιν, *ibid.*). Prise en ce sens, l'entrée dans la Ténèbre, conçue comme l'expérience d'une fuite de l'Être, devient comparable à ce qu'expérimente Abraham, quand, arrivé au lieu que lui avait indiqué Dieu, il voit que le lieu est encore loin (§ 17)[15]. Le sage, conclut Philon dans une nouvelle généralisation, rencontre d'abord les « paroles divines » ; puis, il « suspend » (ἐπέχεται, § 18) sa route car il comprend que l'objet de sa quête se dérobe à sa progression (*ibid.*)[16]. Le vocabulaire stoïcien, courant dans le médio-platonisme (représentation cataleptique, *épochè*), confirme que le commentaire d'Ex 20, 21 se situe ici sur un plan épistémologique, même si la conclusion générale est morale : à l'instar de Moïse, qui, conscient de son incapacité à connaître Dieu par ses propres forces, lui demande de se révéler lui-même (§ 16), les amis de Dieu doivent se réjouir de chercher l'Être, même s'ils ne le trouvent jamais (§ 21)[17]. Dans le *De posteritate*, tout le développement sur la Ténèbre mobilise les catégories de

---

13 Par rapport à la leçon de l'unique manuscrit (διὰ γὰρ δυνάμεως), la conjecture de P. Wendland est très plausible : διὰ γὰρ ⟨τῶν ὅλων τὰς ἑαυτοῦ⟩ δυνάμεις, cf. les parallèles que présentent *Ebr.* 106, *Confus.* 136, *Somn.* I, 77.

14 Καταλαβεῖν ὅτι ἀκατάληπτος ὁ κατὰ τὸ εἶναι θεὸς παντὶ καὶ αὐτὸ τοῦτο ἰδεῖν ὅτι ἐστὶν ἀόρατος. Le développement philonien a influencé, jusque dans sa formulation, Grégoire de Nysse (*v. Mos.* II, 163).

15 P. Wendland a tort de corriger (καὶ πῶς ἔστι μακράν ;) le texte du ms U (καὶ πῶς ἔτι μακράν ;) : ἔτι μακράν reformule μακρόθεν (*supra*) et le tour elliptique redouble le précédent (ποῖον τόπον ;).

16 Au § 18, le sage s'abstient de poursuivre sa route vers la connaissance de Dieu ; il sait désormais qu'il s'est là « replongé » (ἀναδέδυκεν) dans une voie impossible. La conjecture de F. H. Colson (ἀποδέδυκεν), adoptée par R. Arnaldez (« il a déposé ses vêtements pour combattre ») fausse le sens.

17 La conclusion philonienne (la recherche du Beau suffit par elle-même à éprouver déjà la joie, § 21) prouve l'inadéquation au § 16 de la conjecture de F. H. Colson, suivie par R. Arnaldez : [τὸ μέγιστον] τὸ ἄχρηστον.

l'Être[18] et du devenir[19]. C'est que, dans la réflexion de l'Alexandrin, la référence à l'analogie platonicienne de la ligne est toujours présente : pour Moïse, l'épisode de la Ténèbre marque le désir de dépasser le monde du devenir et d'accéder à celui de l'Être. Pour l'Intelligible, Platon distingue la seconde section de la ligne, la pensée discursive (διάνοια) et la première, la connaissance (ἐπιστήμη) ; or le premier terme se lit aux § 18 et 20 et le second au § 18. S'inscrivant dans une logique platonicienne, Philon montre ici que, s'agissant de Dieu, ni la connaissance ni même la pensée discursive ne sont à la portée de « l'ami de Dieu » : sans même parler de Dieu, absent de la Ténèbre, telle la Cause, les notions concernant l'Être (ἐννοίας) y sont présentes mais inaccessibles à l'homme et sans forme (ἀδύτους καὶ ἀειδεῖς, § 14). L'auteur place sa réflexion dans le cadre notionnel de la *République*, même si l'inflexion sceptique du médio-platonisme ainsi que la piété juive l'amènent à récuser une connaissance de Dieu selon son être. Dans ces conditions, l'hypothèse de R. Arnaldez, selon laquelle Philon infléchit ici le sens des mots δόξα et πίστις pour leur conférer une acception non platonicienne est entièrement fausse : « c'est ce que nous avons cherché à rendre en traduisant δόξα par "connaissance intérieure" et πίστις par "foi" »[20]. L'Alexandrin demeure, au contraire, remarquablement fidèle à la tradition platonicienne qu'il suit dans un mouvement de gradation qui, partant de l'opinion (§ 13), cherche, mais en vain, à accéder à l'Intelligible (§ 14-21). Par rapport à la *Vita Mosis*, l'expérience de la Ténèbre se solde sur un résultat entièrement opposé : ici Dieu n'est pas présent mais absent ; Moïse ne voit pas l'invisible, comme il le faisait dans la *Vita*, mais la Ténèbre elle-même devient invisible. C'est que dans le premier cas la réflexion se situait sur un plan essentiellement moral, tandis qu'ici la perspective n'est qu'épistémologique.

3 Le *De mutatione nominum*

Dans le *De mutatione nominum*, la citation d'Ex 20, 21 intervient au § 7 comme premier écho du lemme initial : « Le Seigneur fut vu d'Abraham et lui dit : "je suis ton Dieu" » (Gn 17, 1). De même que dans le cas précédent, l'épisode de la Ténèbre est rapproché d'Ex 33, 13 (« Manifeste-toi à moi ; que je te voie de manière à te connaître »). Toutefois, alors que le *De posteritate* mentionnait

---

18   Τὸ ὄν § 15, ὁ κατὰ τὸ εἶναι θεός (*ibid.*), τὸν ὄντα § 16, τῆς κατὰ τὸ εἶναι φύσεως § 20.

19   Τὰ γεγονότα § 14, τῶν γεγονότων … οὐδ' εἷς § 16, τὸ γενητόν § 20.

20   *Œuvres de Philon d'Alexandrie* (*OPA*) 6, p. 52, n. 3. Sur l'inflexion « religieuse » que prendrait le mot πίστις avant le christianisme, cf. Babut 1994, p. 549-581. Contre l'hypothèse de D. Babut, Frazier 2019, p. 397-424.

EXÉGÈSE DE L'ÉCRITURE / EXÉGÈSE PAR L'ÉCRITURE 67

l'entrée dans la Ténèbre dans une réflexion sur Ex 33, 13, ici le rapport entre les deux citations est inversé. Par ailleurs, de même que les deux précédents, ce troisième développement est construit selon un principe de gradation, mais, alors que la Ténèbre constituait, dans la *Vita Mosis* et le *De posteritate* une étape ultime, elle marque ici comme le premier temps d'une recherche passant de l'impossibilité de voir Dieu à celle de le nommer : la disposition variable de mêmes versets permet l'inflexion du propos philonien et, en outre, le passage du verset liminaire au thème du traité : les noms d'Abraham, d'Isaac, de Sarah (et d'autres personnages bibliques) ainsi que les modifications qu'ils connurent. Commentant l'apparition qu'a eue Abraham, Philon indique qu'elle ne fut ni sensible ni même intelligible : l'intelligence humaine n'a pas les moyens de « se figurer » (φαντασιωθῆναι, § 7) « l'Être dans sa vérité » (τὸ ὄν, ὅ ἐστι πρὸς ἀλήθειαν ὄν, *ibid.*). L'Alexandrin engage ici une réflexion sur la transcendance de l'Être que l'homme ne peut ni voir ni nommer de façon adéquate. Omniprésente, la référence à l'Être, loin d'être une préparation thématique à la citation d'Ex 3, 14 (« Je suis celui qui est », ὁ ὤν, § 11), trouve en celle-ci une accroche scripturaire[21]. Introduite par la particule οὖν, l'allusion à Ex 20, 21 vient confirmer l'incapacité humaine à se représenter Dieu :

> Moïse donc, le contemplateur (θεατής) de la nature sans forme et le voyant Dieu (θεόπτης) – car les oracles divins disent qu'il est entré dans la Ténèbre, suggérant ainsi l'essence invisible et incorporelle – recherchait, en enquêtant (ἐρευνήσας) sur tout par tous les moyens, à voir clairement (τηλαυγῶς) le trois fois désirable qui seul est bon. [8] Mais comme il n'avait rien trouvé, pas même une idée apparentée à ce qu'il espérait, renonçant à tout enseignement venu d'ailleurs (ἀπὸ τῶν ἄλλων), il se réfugie vers l'objet même de sa recherche et le supplie en ces termes : « manifeste-toi à moi ; que je te voie de manière à te connaître » (Ex 33, 13). Cependant, il ne reçoit pas en partage ce qu'il projetait, car c'est un don qu'on tient pour tout à fait suffisant à la meilleure race des mortels que la connaissance des corps en même temps que des objets qui viennent après l'Être (μετὰ τὸ ὄν).

L'épisode de la Ténèbre est formulé en termes paradoxaux : l'expérience ressortit à une contemplation mystérique, comme le suggèrent les mots θεατής et surtout θεόπτης, terme rare en grec, forgé par analogie avec ἐπόπτης, le

---

21 Il est donc inapproprié de traduire au § 11 τῷ ὄντι πρὸς ἀλήθειαν par « Celui qui est en vérité » (R. Arnaldez, *OPA* 18, p. 34).

« contemplateur » (de ce qui est révélé à l'initié)[22]. Cependant, dans sa recherche systématique de clarté, Moïse n'arrive à rien. La recherche de la clarté divine (cf. les rayons « sans ombre », ἀσκίους, et « entièrement éclatants », περιφανεστάτας, envoyés par Dieu, § 6) se mue ici en obscurité : dans la Ténèbre, Moïse ne découvre que la Ténèbre. De même que dans le *De posteritate*, on a ici une interprétation épistémologique du verset, fortement influencée par Platon : Dieu est défini par Philon comme « le seul bien » (ἀγαθόν), à la suite de la *République*, où l'idée du Bien permet la vérité et la connaissance mais se situe au-dessus d'eux (508e3-6). Le premier échec (voir Dieu) est suivi d'un deuxième (la demande faite à Dieu de se laisser voir). L'explication qu'en donne Philon montre combien les références scripturaires sont ici disposées selon la logique de sa réflexion sur l'Être : la connaissance humaine ne peut accéder qu'à ce qui vient « après » (μετά) celui-ci, comme l'illustre une nouvelle référence où μετά est repris au § 9 par un autre adverbe, analogue pour le propos de Philon : tu verras, non ma face (c'est-à-dire pour Philon mon Être), mais « ce qui est derrière moi » (τὰ ὀπίσω μου, Ex 33, 23). En somme, le verset relatif à la Ténèbre, suivi de deux autres lieux scripturaires, tirés également de l'Exode, permet à Philon de poursuivre sa pensée sur l'Être : réfractaire à toute perception humaine, peut-il se voir attribuer une appellation ? Habilement, l'allusion aux discussions sans fin sur l'essence de l'âme situe désormais le propos philonien au niveau de débats humains, donc du langage.

En définitive, l'entrée dans la Ténèbre ne constitue désormais plus l'expérience d'une limite de la connaissance, mais elle a fait place à une réflexion sur la limite du langage[23] : comment celui-ci, propre à des êtres plongés dans le monde de la *genesis*, peut-il imprimer en lui un nom donné à l'Être ?[24] Après avoir montré que l'homme, fût-il Moïse, ne peut voir Dieu et que celui ne pouvait même se faire voir de lui, l'Alexandrin va montrer que Dieu ne peut pas même être nommé. Sur le plan du lexique grammatical, Philon se réfère à un usage qu'on trouve attesté chez Aristote dans sa *Rhétorique* : l'ὄνομα κύριον est le nom en vigueur dans la langue[25]. Il s'oppose à κατάχρησις, la désignation abusive, que le transfert soit métaphorique ou que le détournement affecte

---

22 P. Wendland tient καὶ θεόπτης pour une addition ; or, avant Philon, l'adjectif est employé à propos de Moïse par l'Alexandrin Manéthon (K. Müller, *Fragmenta historicorum Graecorum*, Paris, 1841-1873, fr. 6, l. 9). En outre, l'emploi du terme « oracles divins » (θεῖοι χρησμοί) confirme le contexte mystérique du développement philonien.

23 Aux § 11-15, on compte quinze occurrences du mot ὄνομα et dix de l'adjectif κύριος, pris en son sens grammatical.

24 Cette page du *De mutatione* et le recours au terme « catachrèse » ont été finement analysés par RUNIA 1990, p. 69-91.

25 Cf. RUNIA 1990, p. 83, n. 63.

EXÉGÈSE DE L'ÉCRITURE / EXÉGÈSE PAR L'ÉCRITURE

quelque autre forme. Comme la plupart des traducteurs, on peut rendre le second terme par « usage (ou « désignation ») impropre », mais on ne traduira pas la première expression par « nom propre » : d'une part, cela peut faire songer, en hébreu, au tétragramme et, dans la Septante, au nom commun κύριος qui, sans article – au moins au nominatif – se comporte un peu comme un nom propre ; d'autre part, en grec, le nom propre se dit ὄνομα οἰκεῖον[26]. Quel usage l'Alexandrin fait-il de ces désignations usuelles pour commenter un texte scripturaire où le vocabulaire grammatical du commentateur croise le texte commenté, puisque le tétragramme hébreu n'est pas translittéré mais rendu en grec par le mot κύριος, « Seigneur » ?[27] L'impossibilité de connaître correctement l'essence de l'âme (§ 10) a la conséquence suivante :

[11] Il s'ensuivait donc qu'il n'est pas même possible d'attribuer (ἐπιφημισθῆναι) à ce qui est véritablement (τῷ ὄντι πρὸς ἀλήθειαν) un nom en vigueur (ὄνομα κύριον). Ne vois-tu pas qu'au Prophète, désireux de s'informer de ce qu'il fallait répondre à ceux qui l'interrogeaient sur son nom, Dieu dit : « je suis celui qui est » (ἐγώ εἰμι ὁ ὤν, Ex 3, 14), ce qui équivaut à « ma nature est d'être » (εἶναι πέφυκα), non d'être dite (οὐ λέγεσθαι). [12] Mais, pour éviter que le genre humain n'ait aucune part à une appellation (προσρήσεως) donnée au plus grand bien, Dieu lui accorde de recourir de façon impropre, en tant qu'il est celui qui est, à un terme comme celui-ci (ὡς ἂν ὁ ὢν ὀνόματι τοιούτῳ) : « Le Seigneur Dieu » (Ex 3, 15), des trois natures, l'enseignement, la perfection, l'entraînement, dont les symboles consignés sont Abraham, Isaac et Jacob. Car « cela » est, dit-il, « pour moi un nom pour tout temps » (*ibid.*), au sens où il pourrait s'éprouver dans le temps qui est le nôtre et non dans ce qui précède le temps, un nom "en mémorial" (*ibid.*), et non celui qui serait placé au-delà de la mémoire et de l'intelligence, ou encore « pour des générations » (*ibid.*) et non pour des natures étrangères à la génération. [13] En effet, ceux qui entrent dans le monde mortel du devenir ont besoin de recourir de façon impropre

---

26 Un tel sens de l'adjectif affleure chez l'Alexandrin en *Mutat.* 63 à propos de Gn 2, 19 : Dieu fait comparaître les animaux devant Adam « pour qu'il leur donne à chacun son nom propre » (τὰ οἰκεῖα ὀνόματα θῆται) ; la formulation de Gn 2, 19 (« tout nom que donna Adam était le nom de celui à qui il l'avait donné »), qui vient ensuite chez Philon à titre de confirmation, suggère que, selon lui, un nom propre, trouvé par Adam, devient un terme de la langue. En *Migr.* 14, Moïse donne à tout un livre de la Loi « Exode » comme οἰκεῖον ὄνομα ; cf. aussi *Opif.* 12. Ailleurs l'expression désigne simplement un « nom approprié » (*Somn.* II, 286, etc.).

27 Sur ces questions, cf. l'intéressante thèse de doctorat de HERTZ 2013, en particulier p. 327 sq. : « Le mot κύριος nomme-t-il Dieu ? ».

(καταχρήσεως) à un nom divin pour que, en s'approchant, sinon d'une réalité (πράγματι) excellente, du moins d'un nom (ὀνόματι) qui le soit, ils règlent leur vie[28].

Dans l'Exode, Moïse demande à Dieu quel est le *nom* (ὄνομα αὐτῷ) du dieu ancestral des Hébreux (Ex 3,13). En revanche, la reformulation philonienne place la question sur le plan de la langue : contient-elle un *terme* en vigueur (ὄνομα κύριον) adéquat pour dire Dieu ? En somme, en plus d'être, Dieu constitue-t-il un être de langage ? Dans une perspective apophatique, Philon met admirablement en tension les v. 14 et 15 d'Exode 3 et use pour cela d'une antithèse en asyndète qui se retrouvera au paragraphe suivant : selon Ex 3, 14, la nature de Dieu consiste à être et nullement à être dite ; en somme, aucun mot dans la langue ne correspond à Dieu, sinon l'affirmation tautologique qu'il est ce qu'il est. En revanche, ajoute Philon à partir d'Ex 3, 15, pour ne pas priver de tout lot l'humanité vivant dans le devenir (γένεσις) et non l'Être, il lui faut, pour régler sa vie, une appellation (πρόσρησις) et non le Nom pour désigner le plus grand bien (τὸ ἄριστον) et non Dieu, sinon selon sa réalité (πρᾶγμα), du moins selon un nom (ὄνομα), à titre de substitut ou d'approximation (κατάχρησις)[29]. L'usage concerté de ces antithèses ainsi que du terme grammatical souligne l'incapacité, selon Philon, d'inscrire le divin dans la langue des hommes : Moïse ne parvient pas à voir Dieu ; il n'obtient pas pour lot (ἀμοιρεῖ, § 8) que Dieu se fasse voir de lui. Plus profondément, Dieu ne se laisse pas nommer dans la langue des hommes ; néanmoins, il ne les laisse pas sans moyen de le désigner : selon l'Alexandrin, les termes « Dieu » (ὁ θεός) et même « Seigneur » (κύριος) sont, si l'on peut dire, des « lots de consolation » (ἀμοιρῆσαι, § 12). L'analyse d'Ex 3, 15 offre à Philon quatre appuis scripturaires à une telle conception, comme le montre l'addition d'un γάρ dans la citation du v. 15 (τοῦτο γὰρ ... ὄνομα αἰώνιον) : l'expression « le Seigneur Dieu » est relative, non à Dieu, mais à trois natures humaines, symbolisées par les trois patriarches ; ce nom « pour tout temps » est limité au temps humain : sa fonction de « mémorial » le réduit aux humains, dotés d'une mémoire et le dernier terme « pour les générations »

---

28 Au § 12, le texte est difficile à établir. Peut-être faut-il lire, comme le suggère RUNIA 1990, p. 77, n. 28, non ὡς ἂν ὁ ὢν ὀνόματι τοιούτῳ, mais ὡς ἂν ὀνόματι τῷ κυρίῳ (Dieu lui accorde de recourir de façon impropre) « comme s'il s'agissait du nom en vigueur ».

29 Comme l'a montré D. T. Runia, un tel usage du mot catachrèse pour désigner une réalité qui ne possède pas de nom correspond à la théorie rhétorique de Tryphon, grammairien alexandrin antérieur à Philon, auteur d'un traité *Sur les tropes* : la métaphore « implique le transfert d'un objet nommé à un autre objet nommé », la catachrèse fait passer de ce qui a un nom à ce qui ne peut en avoir » (ἡ δὲ κατάχρησις ἀπὸ κατονομαζομένου ἐπὶ ἀκατανόμαστον, s.e. λέγεται), cf. L. Spengel, *Rhetores graeci*, Leipzig, 1856, 3.192.20-193.7.

EXÉGÈSE DE L'ÉCRITURE / EXÉGÈSE PAR L'ÉCRITURE 71

montre qu'un tel nom ne vaut pas pour les natures appartenant au monde de l'Être (*ibid.*). Ce premier mouvement a marqué la combinaison d'un emploi grammatical du terme κύριος et de sa mention dans une citation scripturaire où il désigne le « Seigneur ». Dans un second temps, qui aboutit au retour au lemme initial du traité, l'Alexandrin corrobore sa thèse apophatique en prêtant au terme scripturaire lui-même le sens grammatical qu'il a en grec. On citera ici la suite du § 13 :

> C'est ce que révèle aussi un oracle proféré par la personne du chef de l'univers, relativement au fait que, s'agissant de lui, le moindre nom en vigueur (ὄνομά τι αὐτοῦ κύριον) n'a jamais été révélé à personne : « J'ai été vu », dit-il, « d'Abraham, d'Isaac et de Jacob, comme étant leur Dieu, et mon nom Seigneur (τὸ ὄνομά μου κύριον) je ne leur ai pas révélé » (Ex 6, 3). Or si l'on inverse la disjonction (τοῦ γὰρ ὑπερβατοῦ μεταθέντος), le propos pris dans sa continuité (ἑξῆς) serait à peu près : « comme nom, je ne leur ai pas révélé un nom qui, s'agissant de moi, soit en vigueur (ὄνομά μου τὸ κύριον) » mais celui qui est pour moi impropre (τὸ ἐν καταχρήσει) pour les raisons déjà indiquées.

Contrairement à ce qu'il dit, l'Alexandrin ne se contente pas de déplacer les mots en supprimant une hyperbate qu'il prête à l'Écriture[30] ; en fait, il modifie celle-ci sur un détail ténu et essentiel : en écrivant καὶ τὸ ὄνομά μου κύριος οὐκ ἐδήλωσα αὐτοῖς, celle-ci conserve, à travers le nominatif en plus de l'absence d'article, au mot κύριος, « Seigneur », le caractère d'un nom propre. Elle se montre en cela fidèle à l'hébreu qui comporte le tétragramme. En citant le verset, non avec le nominatif κύριος, mais l'accusatif κύριον, Philon se donne les moyens de proposer une métathèse qui ne touche pas la lettre du texte[31]. Cependant, l'une et l'autre des deux formulations proposées par l'Alexandrin estompent la présence, dans le verset, du nom divin que Dieu fait connaître à Moïse et aux Hébreux (κύριος = יְהוָה). D'après ce long développement, la révélation de l'Exode n'apporte rien de nouveau à celle qu'ont connue les patriarches.

---

30 La notion d'hyperbate est, explique Chiron 2010, élaborée au confluent de plusieurs traditions : exégèse poétique des sophistes, des philosophes et des grammairiens, tradition rhétorique. Elle « sert surtout d'instrument d'exégèse ponctuelle, localisant une difficulté de compréhension et restaurant un ordre des mots plus familier » (*ibid.*, p. 314). L'opposition philonienne entre « hyperbate » et « ordre normal » (τὸ ἑξῆς) apparaît dès la *Rhétorique à Alexandre* et se retrouve dans des textes postérieurs à Philon.

31 Runia 1990, p. 78, voit là une sorte de jeu sur le texte (« some fast footwork to get the text to say what he wants »). En réalité, la pensée philonienne s'élabore subtilement à partir de la lettre du texte scripturaire.

Il n'y a là nulle inexactitude de la part de Philon mais un choix : celui-ci ne réfléchit pas à la substitution, pour nommer Dieu, d'un nom propre (dans l'Exode) au nom commun de la Genèse[32]. Mobilisant les données scripturaires et le lexique grammatical, la réflexion porte sur la possibilité de trouver des termes relatifs à l'Être et à Celui qui est, quand on s'exprime dans le langage des hommes, soit dans le monde linguistique du devenir[33]. La déformation, nommée ici catachrèse, marque l'écart entre les mots et les choses que sont ici les réalités ontologiques[34].

Le développement s'achève par un argument *a fortiori* (§ 14) : les Puissances au service de l'Être ne nous communiquent pas non plus leur nom en vigueur[35] ; Philon invoque comme appui scripturaire l'épisode où Jacob lutte contre un « homme » que Philon désigne comme « l'être invisible qui se tenait là » (τῷ ἀοράτῳ ἐπιστάτῃ). À l'issue de la lutte, Jacob lui demande son nom et celui-ci répond : « pourquoi me demandes-tu cela, mon nom ? » ; puis, il le bénit (Gn 32, 29). Dans la discussion entre Jacob et l'ange, l'Alexandrin est sensible à l'insistance sur le nom et au fait que l'ange, sans donner son nom, bénit le patriarche. Quoique située à un niveau de l'Être inférieur à Dieu, sa Puissance, que Philon identific ici au Logos de Dieu, ne peut être appréhendée que par les effets qu'elle produit (τὰς εὐφημίας, « les bénédictions ») mais non par un nom « en vigueur qui lui serait particulier » (τὸ ἴδιον καὶ κύριον, § 14) ; à la question de Jacob, Philon prête à l'ange la réponse suivante : « mais les symboles des êtres soumis au devenir (τὰ δὲ γενητῶν σύμβολα), des noms (ὀνόματα), ne les cherche pas auprès de natures incorruptibles » (*ibid.*). Au terme d'une telle réflexion sur le lien entre l'Être et le langage, l'Alexandrin revient au lemme initial du traité : quand il est dit que Dieu « fut vu d'Abraham » (Gn 17, 1), cela n'engage pas la « cause » (αἴτιον) de l'univers mais une de ses puissances, en l'occurrence la puissance hégémonique qui a pour « appellation » (πρόσρησις, § 15) le mot κύριος. En définitive, l'Alexandrin inscrit l'épisode de la Ténèbre dans un contexte entièrement original par rapport aux deux traités envisagés précédemment : le contact entre Moïse et Dieu qu'opère l'entrée dans la Ténèbre ne produit pas,

---

32 Cela n'implique pas pour autant qu'il ignore les termes présents dans l'hébreu, contrairement à ce que pense RUNIA 1990, p. 78 : « Clearly he has no idea that the tetragrammaton is being referred to ».

33 Selon DILLON 1977, p. 155, Philon est le premier à appliquer à Dieu les épithètes ἀκατονόμαστος, ἄρρητος et ἀκατάληπτος (*Somn.* I, 67).

34 Quatorze occurrences du terme chez Philon, souvent en opposition au verbe κυριολογεῖσθαι. Même recours à cette terminologie chez Origène, ainsi pour sa compréhension des mots scripturaires « les biens » et « les maux », cf. *Philoc.* 26, § 8.

35 Au § 14, on ne peut suivre la traduction de R. Arnaldez : « les Puissances mêmes qui se prêtent à nous assister ne nous disent pas son nom propre ».

EXÉGÈSE DE L'ÉCRITURE / EXÉGÈSE PAR L'ÉCRITURE

comme dans la *Vita Mosis*, une inscription de la Loi dans l'être du Nomothète ; il ne souligne pas la séparation entre le monde de l'Être et celui du devenir, comme dans le *De posteritate*, mais il dynamise une réflexion sur la possibilité d'une inscription de l'Être dans le langage[36] ; de ce fait, Philon semble hésiter, quand il emploie le mot ὄνομα, entre deux sens : « terme », « mot » d'une part et « nom » d'autre part : le premier prévaut dans l'initiale (§ 11) et le finale (§ 15) à dominante philosophique, tandis que le second domine dans les paragraphes intermédiaires, en particulier quand Philon réfléchit au « nom » de l'adversaire invisible de Jacob (§ 14). C'est que les versets scripturaires sur les désignations de Dieu sont l'occasion d'une réflexion sur l'impossibilité du moindre discours sur Dieu qui, en tant qu'Être, n'est possible d'aucun prédicat[37] : Dieu met le langage humain dans la Ténèbre.

Si un tel ensemble est fortement marqué par les traditions platonicienne et médio-platonicienne, il prépare dans le *De Mutatione nominum* un développement d'inspiration plus biblique. Dieu n'a pas trouvé bon de « prendre sous son patronage (ἐπιφημίζειν) l'institution des mots dans son intégralité » (τὰς ὁλοκλήρους θέσεις τῶν ὀνομάτων) et l'a entièrement déléguée au « chef de file du genre humain » (§ 64). Or la suite du traité va envisager une exception à cet état de fait : Dieu intervient lui-même dans la langue en changeant, pour ceux qu'il en juge dignes, leurs noms. Afin de prévenir la critique qu'un tel comportement, s'agissant du divin, peut susciter, l'Alexandrin met en scène un « athée impie » qui multiplie les sarcasmes (ἐπισαρκάζων, § 61) contre l'activité dérisoire d'un tel dieu[38]. De telles « substitutions de noms » (τὰς τῶν ὀνομάτων

---

36   On le remarque à la façon dont l'auteur formule, une seconde fois, le lemme initial : « C'est pourquoi il est dit que "fut vu", non pas l'Être (τὸ ὄν), mais le Seigneur (κύριος), au sens (οἷον) de "le roi apparut" » (§ 17).

37   « Car l'Être, en tant qu'il est Être, n'appartient pas aux prédicables » (οὐχὶ τῶν πρός τι), § 27. Une telle affirmation remonte à Platon : s'agissant de l'Un « il n'existe donc ni nom, ni propos, ni la moindre science, sensation ou opinion » (*Parménide* 142a).

38   Ce passage est l'un de ceux sur lesquels se fonde NIEHOFF 2011, p. 122-129, pour affirmer que Philon polémique contre des « collègues » juifs, en l'occurrence un « scholar » influencé par la tradition des grammairiens alexandrins. Outre les problèmes que pose cette interprétation, le commentaire de M. R. Niehoff ne prête pas une attention suffisante à la dimension comique de la page : la personne incriminée débite les exemples en les « enchaînant sans respirer » (συνείρων ἀπνευστί, § 61) ; elle paie elle-même sa faute en s'empressant d'aller se pendre (§ 62). On ne peut suivre la traduction de M. R. Niehoff : « for a minor and trivial allegation He led him to the hanging buttress » (p. 128) : le sujet n'est pas Dieu et ἀγχόνη ne désigne pas « an execution », « the death penalty » (*ibid.*) : « ἀγχόνη semble toujours avoir eu le sens abstrait ("action de se pendre", "motif pour se pendre") », cf. BABUT à propos d'un emploi du terme chez le poète lyrique Sémonide p. 19, n. 14. Avec son verbe d'un registre poétique, l'expression même ἐπ᾽ ἀγχόνην ᾖξεν, « il s'élança vers (un suicide par) pendaison », oriente vers un jeu littéraire bien plus que vers une

μεταθέσεις § 60) appellent, explique Philon, une interprétation allégorique : dans les différents cas, l'initiative divine inscrit dans le langage la « modification d'un mode de vie » (τὸν μεταχαραρχθέντα τρόπον, § 71). Le changement du nom Abram en Abraham enregistre, de la part de Dieu, une reconnaissance, sous forme d' « empreintes » (χαρακτῆρες) en apparence « infimes » (βραχεῖς) et « perceptibles » (αἰσθητοί), des immenses (μεγάλων) puissances « intelligibles » (νοητῶν) que déploient les personnages d'exception évoqués dans le traité (§ 65). En somme, au sein d'un langage qui, d'origine humaine, appartient au monde de la *genesis*, Dieu intervient à travers quelques changements de noms propres, imprimant un « sceau » (σφραγίς) « incorruptible » (ἄφθαρτος) dans ce qui est « mortel » (θνητός), § 80. Il semble donc que, dans ce traité, la réflexion philonienne suive la ligne suivante : le « contact » de Moïse avec Dieu, que constitue l'entrée dans la Ténèbre, donne lieu à une réflexion sur le langage ; Dieu est par essence extérieur au langage des hommes ; la langue n'atteint pas son nom et ne contient pas même de termes en vigueur qui lui seraient appropriés[39] ; tout au plus comporte-t-elle des désignations approximatives (catachrèses). Or, si le langage des hommes n'atteint pas Dieu, l'inverse n'est pas vrai. Toutefois, ce « contact », exceptionnel et ténu (quelques lettres), doit être conçu, non au sens littéral, mais allégorique. Du contact avec l'Être dans l'épisode de la Ténèbre à la question du changement des noms, l'Alexandrin développe une lecture du texte scripturaire nourrie de réflexions médio-platoniciennes, très proches de celles d'un Plutarque, quand, pour préserver l'Intelligible de tout contact avec le Sensible, il envisage l'oracle comme une simple impulsion que donne le dieu aux prophétesses de Delphes[40]. Nourri de références à la grammaire et à la philosophie grecques, un tel développement marque-t-il une inflexion par rapport à son texte-source, la Septante ? On serait tenté de le penser, puisque l'interprétation philonienne estompe la différence entre les mots « Dieu » (ὁ θεός) et « Seigneur » (κύριος). Néanmoins, les options mêmes des traducteurs alexandrins sont apparentées

---

référence à un événement réel : Philon connaît peut-être la formule de l'auteur comique Sophron à propos d'Aphrodite ; elle devait appartenir à la tradition scolaire, puisqu'elle est citée de façon anonyme par Plutarque : αἴτε κα ἀπ' ἀγχόνας ἄξασα, « si tu t'élances en venant de chez une (personne morte par) pendaison » (*superstit.* 170B3). Il est probable que Philon tient à distinguer l'enquête qu'il va mener sur des changements de noms bibliques de l'exégèse allégorique que les Stoïciens développent à partir des noms des dieux. On remarquera enfin l'emploi du verbe peu fréquent ἐπισαρκάζειν, dont les rares occurrences, outre notre page, se rencontrent, à titre de didascalies, dans des scholies d'Homère ou de Sophocle. Le caractère expressif et comique de la page réduit sa valeur documentaire.

39   Il est ἀκατονόμαστος selon l'expression de *Somn.* I, 67 et *Legat.* 353.

40   Κινεῖσθαι (*Pyth. Orac.* 397 C 1), « le Maître à qui appartient l'oracle ne parle (λέγει) ni ne dissimule : il donne des signes (σημαίνει) », selon le mot d'Héraclite (*ibid.*, 404 D 8).

EXÉGÈSE DE L'ÉCRITURE / EXÉGÈSE PAR L'ÉCRITURE

à la compréhension de leur lointain lecteur, lui aussi alexandrin : les Septante évitent toute reproduction ou translittération du tétragramme ; l'équivalent choisi par eux, κύριος, correspond à l'hébreu *adonay*, le terme prononcé dès le judaïsme antique pour ne pas formuler le tétragramme[41]. En outre, quel que soit le sens de l'appellatif divin *Shadday* (majoritairement compris *shédday*, « qui est suffisant »), les traducteurs le rendent dans la Genèse et l'Exode par un pronom possessif, ainsi en Ex 6, 3 : « J'ai été vu par Abraham, Isaac et Jacob comme El Shadday » ; la traduction de la Septante, « comme étant leur Dieu » (θεὸς ὢν αὐτῶν), insistant sur la dépendance entre l'appellatif divin et son destinataire, anticipe, d'une certaine façon, l'interprétation philonienne du *De Mutatione* au § 12. Enfin, la traduction même des mots « Je serai qui Je serai » (Ex 3, 14) par ἐγώ εἰμι ὁ ὤν, « Je suis celui qui est », qu'elle soit ou non « l'entrée par effraction dans la théologie biblique de l'ontologie grecque »[42], anticipe la lecture ontologique présente dans cette page du *De Mutatione*[43] : à ces différents égards, l'inspiration du commentaire philonien apparaît singulièrement proche de l'univers interprétatif des Septante[44].

4   Un autre type de développements philoniens

Pour mesurer les éléments communs aux trois lieux étudiés, on les mettra en perspective avec trois autres développements philoniens que l'on mentionnera plus brièvement : dans le *De gigantibus*, l'Alexandrin fait allusion au fait que Moïse plante sa tente hors du camp des Hébreux (Ex 33, 7), soit hors du monde corporel ; la suite du traité est la suivante : « il se met à adorer Dieu et, entrant dans la Ténèbre, le territoire invisible (τὸν ἀειδῆ χῶρον, § 54), il demeure là à s'initier aux initiations les plus sacrées. Il devient, non seulement initié (μύστης)

---

41   Certains papyrus de la Septante présentent une graphie du tétragramme en caractères hébreux ou paléo-hébreux ; les réviseurs juifs de la Bible grecque translittèrent le tétragramme : il y a là, dans les deux cas, un usage postérieur à l'adoption de la traduction par κύριος.

42   Selon LE BOULLUEC ET SANDEVOIR 1989, p. 72. La critique a légitimement rapproché la traduction d'Ex 3, 14 des derniers mots du *De Epsilon* : dans une dernière interprétation de l'epsilon, inscrit sur l'un des frontons du Temple de Delphes, le médio-platonicien Plutarque réfère la lettre grecque au verbe εἶ, « Tu es », formule que l'on prononce « avec crainte et respect à l'adresse du dieu, en tant qu'il est de façon éternelle » (πρὸς τὸν θεὸν ὡς ὄντα διὰ παντός, 394 C 7).

43   Sur Ex 3, 14, ses traductions et les lectures du verset, cf. *Dieu et l'Être. Exégèses d'Exode 3, 14 et de Coran 20, 11-24*, Paris, 1978.

44   Il fait aussi songer à la tradition rabbinique qui désignera par « le Nom » (*Hashem*) la divinité, qui ne peut être nommée par aucun nom.

mais aussi un hiérophante et un enseignant des mystères divins qu'il indiquera à ceux qui ont les oreilles purifiées » (*ibid.*). La *Legatio ad Caium* comporte l'affirmation suivante : « La raison en effet ne parvient pas à monter (προσαναβαίνειν) jusqu'au Dieu absolument impalpable et absolument inaccessible, mais elle s'abîme et s'écroule (ὑπονοστεῖ καὶ ὑπορρεῖ) dans son impuissance à employer des mots en vigueur (κυρίοις ὀνόμασιν) comme passerelle (ἐπιβάθρᾳ) pour révéler, je ne dis pas l'Être – car le ciel tout entier se transformerait-il en voix articulée qu'il ne saurait disposer d'expressions (ῥημάτων) exactes et pertinentes (εὐθυβόλων καὶ εὐσκόπων) à cette fin – mais les puissances qui lui font escorte » (§ 6)[45]. Enfin, au premier livre du *De somniis*, Philon écrit ceci : la parole sacrée « nomme "Dieu" son verbe maintenant le plus vénérable, non qu'elle ait du scrupule (δεισιδαιμονῶν) à lui assigner des noms (περὶ τὴν θέσιν τῶν ὀνομάτων), mais parce qu'elle se donne comme but unique de s'en tenir aux faits (πραγματολογῆσαι). En effet, portant ailleurs aussi l'examen pour savoir s'il existe le moindre nom pour l'Être, elle a reconnu clairement qu'il n'y a aucun nom en vigueur et que, quel que soit celui que l'on prononce, on le fera de façon impropre (καταχρώμενος), car l'Être n'a pas pour nature d'être dit mais seulement d'être. En témoigne aussi l'oracle rendu à celui qui cherchait à savoir s'il avait un nom : "Je suis celui qui est", afin que, face à l'absence d'éléments relatifs à Dieu que l'homme puisse percevoir par son esprit, il connaisse au moins son existence » (I, 230-1).

La formulation du *De gigantibus* développe une pensée identique à celle du *De vita Mosis* mais elle entretient un rapport peu étroit avec d'autres citations scripturaires, y compris avec l'allusion à Ex 33, 7, qui la précède. En revanche, la phrase philonienne prolonge une réflexion philosophique, relative à la contemplation silencieuse de l'Être, supérieure à toute parole proférée, en ce que le silence est un, tandis que l'expression (λόγου τοῦ κατὰ προφόραν) dédouble le langage intérieur (§ 52)[46]. Si la réflexion du *De vita Mosis* creuse bien plus l'analyse que celle du *De gigantibus*, c'est, selon nous, que dans le premier cas l'intertextualité scripturaire amène à refléter sous différentes facettes une idée qui, dans le second, est donnée de façon neutre et presque sèche. De même, l'affirmation de la *Legatio* se situe dans un développement déconnecté de citations scripturaires mais accroché seulement au fait qu'Israël signifie « voyant Dieu » (§ 4). Le § 6, cité ci-dessus, se caractérise par son style expressif : recours à des tours imagés (le double préverbe προσαναβαίνειν, les termes ὑπονοστεῖν et ὑπορρεῖν où le sens est porté par le préverbe) ou une belle image :

---

45   Traduisant ἐπιβάθρᾳ par « échelons », A. Pelletier suppose de façon indue une allusion à l'échelle de Jacob (*OPA* 32, p. 65, n. 4).

46   Cf. Perrot 2019[1] et 2019[2].

EXÉGÈSE DE L'ÉCRITURE / EXÉGÈSE PAR L'ÉCRITURE

il n'existe pas de « passerelle » (ἐπιβάθρᾳ) vers la révélation divine. En revanche, la réflexion sur le langage n'a pas la complexité qu'on trouve dans le long développement du *De mutatione* ; une mosaïque de citations scripturaires y met, si l'on peut dire, l'apophatisme « en situation », tandis que, dans la *Legatio*, l'idée, identique pour son contenu, est donnée dans une phrase unique. On en dira autant du passage tiré du *De somniis* : il reprend la réflexion ontologique du *De posteritate* et celle, plus linguistique, du *De mutatione* ; certes, le commentaire du *De somniis* est suscité par une réflexion sur une citation biblique (« Je suis le Dieu qui t'est apparu dans le lieu de Dieu », Gn 31, 13, § 227), mais la réflexion revient sur ce verset au § 238 sans faire jouer les citations les unes par rapport aux autres, comme l'avaient fait le *De posteritate* et le *De mutatione*. En revanche, le développement du *De somniis* présente une double extrapolation, dénuée d'appui scripturaire. La première, marquée par une abstraction qui rend la traduction délicate, porte sur le lien entre ressemblance et identité : Dieu, en prenant la ressemblance d'anges, fournit paradoxalement aux âmes qui les contemplent l'opinion qu'elles voient le modèle lui-même et non son imitation[47] ; la seconde présente en elle-même un intérêt qui a échappé à la critique : cette « ressemblance » de Dieu à des anges inspire à Philon une réflexion sur une « vieille tradition » (παλαιὸς ... λόγος) selon laquelle la divinité prend la *ressemblance* d'êtres humains pour errer de ville en ville et passer le comportement de ceux-ci à l'épreuve (§ 233)[48] ; la référence à *Odyssée* XVII, v. 485-487 a bien été notée[49]. En revanche, les traducteurs et les critiques n'ont pas saisi que la remarque finale du § 233, selon laquelle cet élément du chant, sans être vrai, a son utilité, se poursuivait au paragraphe suivant : Ὁ δὲ λόγος σεμνότερον καὶ ἁγιώτερον ταῖς περὶ τοῦ ὄντος ἐννοίαις ἀεὶ χρώμενος, ἅμα δὲ καὶ τὸν τῶν ἀφρόνων βίον παιδεῦσαι γλιχόμενος ἀνθρώπῳ μὲν εἴκασεν, οὐ μέντοι τῶν ἐπὶ μέρους οὐδενί, « la tradition recourt toujours à des notions relatives à l'Être empreintes

---

47 « Dieu suscite chez les âmes à qui il apparaît l'opinion qu'il a une forme différente (δόξαν ... ἑτερόμορφον), de façon à ce qu'elles comprennent que l'image n'est pas une copie (μίμημα), mais cette idée archétypale elle-même (αὐτὸ τὸ ἀρχέτυπον ἐκεῖνο εἶδος) », § 232. Une traduction appropriée chez F. H. Colson et RONDEAU 1987, p. 149, n. 70, à ceci près qu'on ne peut, comme eux, rendre δόξα par « semblance ».

48 La formulation de Philon n'a ici rien de fortuit : l'Alexandrin dépend d'un des textes de Platon qui ont le plus souvent été repris dans l'Antiquité : « le dieu, suivant une vieille tradition (ὥσπερ καὶ ὁ παλαιὸς λόγος), puisqu'il possède le commencement, la fin et le milieu de tous les êtres, va droit à son but dans ses révolutions (περιπορευόμενος) conformes à la nature ; la Justice ne cesse de le suivre, elle qui venge les infractions à la loi divine », (*Lg.* 4, 715e8-716a2). La formulation de Philon (παλαιὸς λόγος, περινοστεῖ ἐν κύκλῳ) est directement inspirée par les *Lois* où la « vieille tradition » renvoie, pense-t-on, à un enseignement orphique.

49 Philon attribue explicitement ce lieu à Homère en *QG* IV, 2.

de plus de vénération et de sainteté, mais en même temps elle met son désir à éduquer le mode de vie des insensés ; aussi a-t-elle donné à l'Être l'apparence d'un homme mais non de quelqu'un en particulier » (§ 234)[50]. Une telle interprétation du παλαιὸς λόγος homérique, même si elle sert le projet argumentatif de Philon, repose sur une remarquable familiarité avec l'interprétation figurée du texte homérique, telle qu'elle est documentée dès l'époque hellénistique[51]. En somme, le développement du *De somniis* part d'un lieu scripturaire (Gn 31, 13, § 227) auquel il revient au § 238. S'il ne cite pas l'épisode de la Ténèbre, il mentionne des versets (Ex 6, 3, puis 3, 14) qu'on a trouvés dans le commentaire du *De mutatione*. Cependant, si la réflexion du *De somniis* part de l'Écriture, elle s'en éloigne à travers un double élargissement non scripturaire ; de ce fait, la réflexion sur le nom, existant ou non dans la langue, pour nommer Dieu, n'a pas la profondeur qu'on trouve dans le *De mutatione*.

5 Conclusion

On a mis en perspective trois textes où la citation scripturaire structure la pensée de l'Alexandrin et trois autres qui, évoquant les mêmes versets ou les mêmes thèmes, ne présentent pas le même tissu citationnel. Or, dans ces trois derniers cas, la réflexion menée à partir de l'Écriture n'a pas la même densité que dans les trois cas où l'exégèse *de* l'Écriture se fait *par* l'Écriture et nourrit ainsi la réflexion. On pourrait ici songer à la double « manière de démontrer », selon Descartes : « L'analyse montre la vraie voie par laquelle une chose a été méthodiquement inventée, et fait voir comment les effets dépendent des causes ... La synthèse, au contraire, par une voie tout autre ... démontre

---

50 Les traductions sont ici fautives : « And the sacred word ever entertaining holier and more august conceptions of Him that is » F. H. Colson, *ad loc.* ; « Quant à la Parole, elle se sert toujours de conceptions plus élevées et plus saintes au sujet de celui qui est » (P. Savinel, *OPA* 19, p. 121) ; les commentaires le sont aussi : « While "holier and more august in its notions about Him That Exists", the Bible, too, likens God to man (*Somn.* 1.234) », NIEHOFF 2012, p. 131-132. Une même erreur d'interprétation sous-tendait la note de JACOBSON 2004, p. 488.

En fait, les deux critiques dépendent ici de la traduction erronée de F. H. Colson, selon qui le λόγος du § 233 (Παλαιὸς μὲν οὖν ᾄδεται λόγος) désigne Homère mais celui du § 234 ('Ο δὲ λόγος) le texte biblique : outre que le mouvement du texte philonien exclut l'interprétation de F. H. Colson, on remarquera que le λόγος du § 234 est qualifié par des termes (« plus gravement, plus saintement ») analogues à ceux qu'emploie Philon en *QG.* IV, 2 : severus ille et sufficiens in scientia ... Homerus, « le grave Homère, à la grande science », (*OPA* 34B, p. 156-157).

51 Cf. PÉPIN, 1958, p. 84-214.

EXÉGÈSE DE L'ÉCRITURE / EXÉGÈSE PAR L'ÉCRITURE 79

à la vérité clairement ce qui est contenu en ses conclusions ». Elle « arrache le consentement du lecteur », mais « elle n'enseigne pas la méthode par laquelle la chose a été inventée »[52]. À l'exception de la *Vita Mosis*, tous les textes qu'on a envisagés appartiennent au Commentaire allégorique ; cependant, ils présentent une différence : dans la *Vita Mosis*, le *De posteritate* et le *De mutatione*, la pensée se construit à l'intérieur d'une combinatoire de citations ; leur disposition les unes par rapport aux autres produit ce qui ressemble à « l'invention » dans ce que Descartes nomme l'analyse ; des concepts empruntés à la philosophie (incognoscibilité, ineffabilité de l'Être, philanthropie de Dieu) sont réactivés et comme vivifiés dans leur formulation scripturaire. Le tissu des citations bibliques produit une dynamisation de la pensée où chaque thèse est aussitôt nuancée ou mise en regard avec telle formulation biblique. La matière scripturaire devient une langue de la philosophie, dans un entretien infini qui fait songer au dialogue platonicien. Pas plus que chez Platon, il n'y a ici de véritable dialogisme : la formulation du texte biblique en termes philosophiques ou de thèmes philosophiques en syntagmes bibliques ouvre un espace à une *réflexion* où, si l'on peut dire, « il n'y a plus ni juif ni grec »[53], soit, pour reprendre le thème du colloque, ni religion ni rationalité. Plus la densité citationnelle est grande, plus la pensée se fait serrée, le *texte* scripturaire devenant chez Philon une *langue* de la pensée.

À l'intérieur de cette « langue » scripturaire, nous avons cherché – pour parler en termes saussuriens – à comprendre la « parole » philonienne : elle prend une inflexion différente, selon que le verset (Ex 20, 21) se situe à la fin d'une chaîne citationnelle (ainsi dans le *De vita Mosis* ou le *De posteritate*) ou à son début (ainsi dans le *De mutatione*), selon qu'il est expliqué par un autre verset (Ex 33, 13, dans le *De mutatione*) ou qu'il en explique lui-même un qui le précède (le même Ex 33, 13 dans le *De posteritate*, Ex 7, 1 dans le *De vita Mosis*) ou enfin selon que le verset qui le précède a une « polarité » positive (« être appelé Dieu » Ex 7, 1 dans le *De vita Mosis*) ou négative (supplication désespérée faite à Dieu de se révéler, Ex 33, 13 dans le *De posteritate*) ; la même Ténèbre devient dans le premier cas positive (expérience d'une surlumière) et dans le second négative (expérience d'une surobscurité)[54]. Tel un mot de la langue, un verset comme Ex 20, 21 n'a pas chez l'Alexandrin un sens univoque. C'est sa place

---

52 *Secondes réponses aux objections aux Méditations métaphysiques*, Paris, 1641.

53 Ga 3, 28.

54 Boiché 2018 a, pour l'écriture de l'exégèse chez l'Alexandrin, présenté une remarquable formalisation dans sa thèse de doctorat. Notre étude s'inscrit dans la même perspective que la sienne et, pour de nombreuses références bibliographiques, elle est redevable envers ce chercheur.

dans le *contexte scripturaire* où l'emploie l'auteur qui en fait la signification[55]. Preuve de cette polysémie, le mot même « Ténèbre » est, dans les trois textes étudiés en détail, différemment reformulé par l'Alexandrin[56].

Outre qu'il devient pour l'Alexandrin une *langue* de la philosophie, le texte scripturaire lui offre aussi *matière* à philosopher. Comme la tradition rabbinique, Philon tient qu'« il n'y a ni avant ni après dans la Torah »[57] et, comme elle, il s'autorise des rapprochements entre des versets éloignés les uns des autres. Au sein d'une combinatoire presque infinie, les connexions opérées par l'auteur ont tantôt une valeur expressive : dans la Ténèbre, Moïse saisit par l'esprit que Dieu est insaisissable à l'homme et il voit qu'il est invisible (*Poster.* 15) ; tantôt elles invitent à poser, sous des angles neufs, des questions philosophiques. Dans le *De vita Mosis*, la disposition des données scripturaires sous la forme d'un mouvement aboutissant à un contact avec Dieu ainsi que la connexion d'Ex 7, 1 (Moïse « Dieu ») et de 20, 21 (la Ténèbre) permettent de penser audacieusement une *adhérence* du Sensible à l'Intelligible : la contemplation de l'Essence paradigmatique fait de Moïse un paradigme, et de l'entrée dans la Ténèbre, l'inscription parfaite de l'Écriture dans la personne de Moïse. Tant la dynamique de l'écriture philonienne que la polysémie des mots « type », « archétype », « paradigme », « peinture / écriture » *dramatisent*, si l'on peut dire, la réflexion philosophique. On en dira autant du *crescendo apophatique* qui anime l'exposé du *De mutatione* ; au-delà de l'impossibilité de nommer Dieu, le texte culmine sur l'incapacité même de tenir sur lui le moindre propos. En outre, la matière scripturaire permet à l'Alexandrin de construire sa réflexion à l'échelle d'un traité : le *De mutatione* met en perspective l'impossibilité pour le langage humain d'atteindre le divin et la possibilité pour Dieu de s'inscrire dans le langage humain. La donnée scripturaire et la réflexion philosophique sont ici indissociables : les citations sont des appuis pour l'élaboration de la pensée et non l'illustration d'une pensée préexistante. Dans les différents passages du traité que nous avons envisagés, la question philosophique est pour Philon celle de la médiation entre le monde de l'Être celui du devenir ; paradoxalement les éléments conceptuels viennent souvent

---

55   On pourrait en dire autant de l'écriture origénienne, cf. MUNNICH 2011, p. 507-538.

56   τὸν γνόφον ... τουτέστιν εἰς τὴν ἀειδῆ καὶ ἀόρατον καὶ ἀσώματον τῶν ὄντων παραδειγματικὴν οὐσίαν (*Mos.* I, 158) ; τὸν γνόφον ... τουτέστιν εἰς τὰς ἀδύτους καὶ ἀειδεῖς περὶ τοῦ ὄντος ἐννοίας (*Poster.* 14) ; τὸν γνόφον ... τὴν ἀόρατον καὶ ἀσώματον οὐσίαν αἰνιττόμενοι (*Mutat.* 7). La reformulation est fonction du niveau (ontologique, moral, gnoséologique ou linguistique) que choisit le commentateur ; sur cette question du niveau de l'interprétation, cf. MUNNICH 2015, p. 219-243.

57   Principe général dont la première formulation se lit dans la *Mekhilta de R. Ishmael*, « Massekhta dechira », chap. 7.

de la lettre même du texte scripturaire, ainsi pour la polysémie de κύριος (théo-nyme *et* catégorie grammaticale) ou pour l'emploi de ὁ ὤν comme désignation de Dieu ; en définitive, les notions non scripturaires (κατάχρησις, τὸ ὄν, γένεσις) sont introduites à partir de celles qui le sont dans un mouvement où l'Écriture dynamise la pensée.

L'écriture philonienne ne présente pas un semblable dynamisme dans les trois autres textes, plus rapidement envisagés (*De gigantibus, Legatio ad Caium, De somniis*), alors même que les idées avancées y sont identiques. C'est que, dans cette seconde série, la pensée se présente sous une forme constituée, telle la « synthèse » cartésienne, tandis qu'elle se constitue, dans la première, en s'élaborant dans l'Écriture, prise comme langue de la réflexion. À titre d'ana-logie, on évoquera la différence entre les dialogues de Platon et la « digression philosophique » que comporte sa *Lettre* VII : pour un contenu comparable, on a dans un cas une pensée « vive », renouvelée d'un dialogue à l'autre par le cours que prend l'échange, fût-il fictif, et dans l'autre une synthèse relati-vement figée. On songe aussi à la façon dont un médio-platonicien comme Plutarque « anime » sa réflexion philosophique en l'appliquant à des réalités qui dynamisent sa pensée : la confrontation de la réflexion à des situations pratiques, qu'il s'agisse de l'activité oraculaire, du rôle des démons ou même du démon de Socrate, démultiplie l'énoncé philosophique en même temps qu'elle le renouvelle, à chaque fois. L'objet de la réflexion (le Pentateuque) tient chez Philon une place plus importante que de tels référents chez Plutarque ; c'est que la pensée philonienne procède par une mise en tension d'énoncés scripturaires : chez Philon, la réflexion se dynamise *par* l'Écriture tout autant qu'elle porte *sur* l'Écriture. Dans certains cas, on l'a vu, la pensée porte sur l'Écriture mais de façon lointaine ou progresse même sans elle ; tou-tefois, la spécificité du texte philonien tient à ce que, le plus souvent, il s'in-vente à partir de son objet : l'œuvre n'est pas moins une exégèse de l'Écriture qu'une réflexion à partir de celle-ci, en somme ce qu'on pourrait nommer une « réflexion scripturaire ».

Acknowledgments

Les pages étudiées ici ont fait l'objet de nombreuses discussions avec Françoise Frazier (décédée le 14 décembre 2016) ; pour plusieurs suggestions, nous sommes, dans ce qui précède, redevable envers cette helléniste incomparable. Nous remercions Pierre Chiron et Philippe Le Moigne pour les précieuses re-marques qu'ils nous ont faites. Dans cette étude, tous les lieux cités sont le résultat de traductions personnelles.

Bibliographie

BABUT D. 1971, « Sémonide et Mimnerme », *REG*, LXXXIV, 1971/1.

BABUT D. 1994, « Du scepticisme au dépassement de la raison. Philosophie et foi religieuse chez Plutarque », *Parerga. Choix d'articles de D. Babut (1974-1994)*, Lyon, 1994, p. 549-581.

BOICHÉ A. 2018, *L'écriture de l'exégèse dans le* De somniis *de Philon d'Alexandrie* (thèse de doctorat, sous la direction du Professeur Olivier Munnich, Sorbonne-Université, novembre 2018).

CHIRON P. 2010, « La figure d'hyperbate », dans BRISSON L. – CHIRON P. (éd.), *Rhetorica philosophans. Mélanges offerts à M. Pétillon*, Paris, p. 311-335.

DILLON J. 1977, *The Middle Platonists*, Londres.

FRAZIER F. 2019, « Y a-t-il une foi, "dépassement de la raison" chez Plutarque ? Les emplois de πίστις en contexte "religieux" », dans *Quelques aspects du platonisme de Plutarque. Philosopher en commun. Tourner sa pensée vers Dieu*, Brill's Plutarch Studies 4, Leiden, p. 397-424.

HARL M. 2009, « Socrate-Silène. Les emplois métaphoriques d'ἄγαλμα et le verbe ἀγαλματοφορέω : de Platon à Philon d'Alexandrie et aux Pères grecs », *Semitica et Classica* 2, Paris, p. 51-71.

HERTZ G. 2013, *Dire Dieu, le dire de Dieu chez Philon, Plutarque et Basilide* (thèse de doctorat sous la direction du Professeur Carlos Lévy et du Professeur Pierre Chiron, Paris Est Créteil, décembre 2013).

JACOBSON H. 2004, « A Philonic Rejection of Plato », *Mnemosyne*, 2004, vol. LVII, fasc. 4.

LE BOULLUEC A. – SANDEVOIR P. (éd.) 1989, *L'Exode, Bible d'Alexandrie* 2, Paris.

MUNNICH O. 2011, « Le rôle de la citation dans l'écriture d'Origène : étude des *Homélies sur Jérémie* », *Origeniana Decima. Origen as writer*, éd. H. Pietras et S. Kaczmarek, Leuven, Paris, Walpole.

MUNNICH O. 2015, « Les puissances divines dans les *Lois spéciales* de Philon d'Alexandrie », dans CALABI F. – MUNNICH O. – VIMERCATI E. (dir.), *Pouvoir et puissances chez Philon d'Alexandrie*, Paris.

NIEHOFF M. R. 2011, *Jewish Exegesis and Homeric Scholarship in Alexandria*, Cambridge.

NIEHOFF M. R. 2012, *Homer and the Bible in the Eyes of Ancient Interpreters*, Brill.

PÉPIN J. 1958, « L'interprétation allégorique des poèmes homériques chez les Grecs », dans *Mythe et allégorie*, Paris.

PERROT A. 2019, « Silence mystique. Le silence comme mode d'être et mode d'expérience des réalités divines dans la littérature grecque », à paraître dans MACRIS

EXÉGÈSE DE L'ÉCRITURE / EXÉGÈSE PAR L'ÉCRITURE

c. (dir.), *Mystique et philosophie dans l'Antiquité, entre* theôria *et* theourgia, *Chôra. Revue d'études anciennes et médiévales* (Hors-Série).

PERROT A. 2020, « Πενταετίαν θ᾽ ἡσύχαζον. Le silence mystique des Pythagoriciens, d'Isocrate à Jamblique : mythes modernes et récritures antiques », *Rivista di Storia e Letteratura Religiosa* LVI/I, p. 3-19.

RONDEAU M.-J. 1987, « Πραγματολογεῖν : pour éclairer Philon, *Fug.* 54 et *Somn* I, 230 », dans Ἀλεξανδρινά *: hellénisme, judaïsme et christianisme à Alexandrie. Mélanges offerts au P. Claude Mondésert*, Paris, p. 149, n. 70.

RUNIA D. R. 1990, « Naming and Knowing. Themes in Philonic Theology with special References to the *De Mutatione nominum* », dans *Exegesis and Philosophy. Studies on Philo of Alexandria*, Aldershot, p. 69-91.

PARTIE 2

Le traitement exégétique des thèmes philosophiques

∴

CHAPITRE 4

Rationnel et irrationnel dans les propos philoniens sur la prophétie et la divination

Smaranda Marculescu

La prophétie et sa problématique occupent une place importante dans le débat autour de la religion et la rationalité chez l'Alexandrin. Essayer d'identifier le rôle de la raison, ou, au contraire, de l'élément irrationnel dans les phénomènes prophétiques, quels qu'ils soient, constitue d'ailleurs un leitmotiv – pour ne pas dire un « casse-tête » sans fin – dès lors que l'on aborde le sujet même de la prophétie[1]. D'autres questions subjacentes se posent :

- Dans quelle mesure les notions de rationnel/irrationnel ont-t-elles un rôle à jouer dans la définition de la prophétie et du prophète chez Philon ?
- Une autre question concerne le rapport au texte biblique et la reprise (ou non) par Philon, l'amplification ou, au contraire, la réduction des éléments d'irrationnel qui y sont présents, toujours par rapport à des contextes prophétiques.

Afin d'essayer de répondre, du moins partiellement, à ces problématiques, nous allons analyser le rapport rationnel/irrationnel dans trois cas de figure différents : la critique de la divination dans les *Lois Spéciales,* le cas de la prophétie mosaïque et, enfin, le contre-exemple de cette prophétie fourni par les interventions du devin Balaam.

1   Rationnel et irrationnel dans la critique de la divination (*Lois Spéciales* I, 60-65 et IV, 48-52)

Dans le *De specialibus legibus,* Philon s'attaque à deux reprises à la divination, tout en développant, à la suite de ces critiques, une « théorie » de la prophétie[2].

---

1 De manière générale, comme le fait remarquer LAKS 2003, § 1, la relation du rationnel et de l'irrationnel peut être envisagée « comme un rapport de simple coexistence », comme « une polarité 'intemporelle' », mais aussi dans une dynamique, « comme un certain processus ».

2 Les bases scripturaires de ces exposés sont : Ex 22, 17 ; Lv 19, 26 ; Lv 19, 31 ; Lv 20, 6 ; Lv 20, 27 ; Nb 23, 23 ; Dt 13, 2-6 ; Dt 18, 10-22 ; Dt 34, 10.

© SMARANDA MARCULESCU, 2021 | DOI:10.1163/9789004443952_006

Pour mieux situer ces développements sur la divination et la prophétie dans l'ensemble des *Lois Spéciales*[3], il n'est peut-être pas inutile de rappeler la structure de ce traité, composé de quatre livres. L'Alexandrin classe les lois spéciales en dix groupes, dont chacun représente le développement de l'un des dix commandements. Parmi les commandements du Décalogue on distingue également ceux qui sont inscrits sur la première Table, qui concernent les devoirs de l'homme à l'égard de Dieu et ceux de la seconde Table, qui concernent ses devoirs à l'égard du prochain. Philon parlera des lois relevant des deux premiers commandements dans le livre I, des lois issues des trois suivants dans le livre II. Les livres III et IV (en partie, pour ce dernier) seront consacrés, respectivement, aux lois liées aux sixième et septième commandements et aux lois liées aux deux derniers. Cependant, vu qu'un certain nombre de lois ne se laissent ranger sous aucun des chapitres du Décalogue, Philon est amené à invoquer un autre classement possible pour l'ensemble des *Lois Spéciales* : selon les vertus – piété, sagesse, modération et justice. Comme il considère avoir déjà suffisamment parlé des trois premières, il consacre le dernier volet de son traité (*Spec.* IV, 133-238) à des lois enseignant la justice[4].

Pour ce qui est du premier livre du traité, les deux commandements qui figurent en tête du Décalogue, concernant le Dieu unique et l'interdiction d'adorer des idoles, semblent se fondre dans l'exposé de Philon en un seul, comme le montre S. Daniel, le deuxième n'étant plus que le corollaire du « devoir de reconnaître le Dieu unique, créateur et maître de l'univers ». Deux thèmes s'en dégagent pourtant, comme le souligne S. Daniel : « le devoir de croire à un Dieu unique et le devoir de lui rendre hommage de façon appropriée ». La référence à la divination[5] est liée au premier thème. Le motif du prophète imposteur revient à la fin du livre I[6], en s'inscrivant dans une série de conseils et injonctions qui témoignent, au-delà du contenu du texte biblique, de leur ancrage dans les réalités contemporaines de Philon[7].

Philon suit dans sa critique de la divination et, en contrepartie, dans la légitimation de la prophétie, l'ordre imposé par Dt 18, 15-22 où, après l'interdiction de pratiquer la divination vient la promesse de l'envoi d'un prophète pour la nation. La divination détourne les hommes de la Cause unique, d'abord par

---

3 À propos de ce traité, NIKIPROWETZKY 1996, p. 135, remarque qu'il faut le lire comme une « *apologie de la loi de Moïse*, envisagée en tant que législation civile, πολιτεία révélée par laquelle est régie la cité juive ».

4 Cette dernière partie figure dans les manuscrits sous le nom de *De Justitia*. Pour la question du classement des lois dans les *Lois Spéciales*, voir DANIEL 1975, XII.

5 *Spec.* I, 60.

6 *Spec.* I, 315-318.

7 Voir, par exemple, la référence aux mystères, *Spec.* I, 319-323.

le manque de critères dans les conjectures et puis par le fait qu'en examinant nombre et diversités de signes, elle oublie l'essentiel : chercher le vrai Dieu. Philon y oppose la prophétie, un moyen sûr de connaître « la vérité nue »[8], en insistant sur le caractère soudain (ἐξαπιναίως) de l'apparition du prophète et sur l'idée que celui-ci ne fait que transmettre, sans aucun apport personnel, le message divin. On remarque en plus une opposition entre la pluralité des pratiques divinatoires, toutes pleines d'incertitude (ἀσάφεια) et le singulier appliqué au prophète. C'est un écho, certes, du texte du Deutéronome, mais on peut dire que cette unicité se réfère à la source du message prophétique qu'est le Dieu unique :

> Un prophète inspiré par Dieu se présentera soudain pour prononcer des oracles et des prophéties : il ne dira rien qui vienne de lui-même – car il ne peut pas même comprendre ce qu'il dit, celui qui est vraiment possédé par l'inspiration divine –, les déclarations passeront simplement par lui, car c'est un Autre qui les lui soufflera. Les prophètes, en effet, sont les interprètes de Dieu, qui se sert à sa discrétion de leur voix pour faire savoir ses volontés.

Dans *Spec.* IV, 48-52, Philon aborde le problème de l'imposture prophétique par rapport au neuvième commandement (« Tu ne porteras pas de faux témoignage », Οὐ ψευδομαρτυρήσεις). Vue sous cet angle, la divination apparaît comme la forme la plus perverse de faux témoignage, puisque c'est un faux témoignage contre Dieu lui-même. C'est, purement et simplement, une κακοτεχνία, une « contrefaçon (παράκομμα) de la possession et de la prophétie divines ».

Pour ce qui est de la description de l'état prophétique, en *Spec.* IV, 49, Philon la fait en reprenant presque tout le vocabulaire du premier livre, mais en rajoutant tout de même quelques éléments nouveaux : des expressions comme « la citadelle de l'âme », la précision que c'est l'Esprit divin qui remplace le λογισμός[9]. Cette substitution représente la garantie du caractère véridique de la prophétie. Leisegang[10] se demande si Philon ne prend pas ici le risque d'un rapprochement trop marqué avec des expériences paroxystiques de type

---

8 *Spec.* I, 63.

9 Ces deux passages sont à rapprocher également de *Her.* 259 et *QG* III, 10 ; VI, 196. Nous citons les traductions de l'édition ARNALDEZ R., POUILLOUX J., et MONDÉSERT C. (1961 ss.) : *Œuvres de Philon d'Alexandrie publiées sous le patronage de l'Université de Lyon*, Paris.

10 LEISEGANG 1919, 126 sq., *apud* MOSÈS 1970, n. 4 à *Spec.* IV, 49.

apollinien ou dionysiaque. Derrière cette description de la prophétie se trouve également Dt 18, 18 : « Je mettrai mes paroles dans sa bouche ». Voici le texte :

> Car le prophète ne publie absolument rien de son cru, mais il est l'interprète d'un autre personnage, qui lui souffle toutes les paroles qu'il articule, au moment même où l'inspiration le saisit et où il perd la conscience de lui-même, du fait que la raison émigre et abandonne la citadelle de l'âme cependant que l'Esprit divin visite et habite celle-ci et qu'il fait retentir et résonner de l'intérieur toute l'instrumentation vocale pour manifester clairement ce qu'il prédit[11].

La critique de la divination, notamment de la divination inductive, a, comme on l'a vu, une base scripturaire claire. Mais il n'est peut-être pas inutile de rappeler le fait que Platon, pour ne citer que lui, affirme clairement la supériorité de la mantique qui a pour source le délire d'origine divine, sur la science toute humaine des augures[12].

On constate le paradoxe suivant : en voulant dénoncer l'inanité des pratiques de la divination inductive, Philon prend en compte le rôle joué par la raison humaine. Mais comme par définition la raison humaine est soumise à l'erreur, il y oppose le type de prophétie « anoétique », comme seule garantie d'authenticité du message divin.

2   Rationnel et irrationnel dans la prophétie mosaïque

La question qui se pose à la lecture de ses textes des *Lois Spéciales* est si ce type de prophétie où la raison humaine se met complètement en retrait pour laisser la place au message divin correspond à celui qui est le prophète par excellence, Moïse. Déjà, à en juger d'après certains passages des *Lois spéciales* les choses sont loin d'être simples. Ainsi, dans le premier livre du *De specialibus legibus*, le passage consacré à la divination (*Spec.* I, 60-65) est précédé d'une description, en termes platoniciens, du désir intarissable de la pensée de rechercher le vrai Dieu. À défaut d'avoir accès à la représentation distincte de Celui-ci, elle ne se lassera pas de la rechercher, au moyen de « conjectures

---

11 προφήτης μὲν γὰρ οὐδὲν ἴδιον ἀποφαίνεται τὸ παράπαν, ἀλλ᾽ ἔστιν ἑρμηνεὺς ὑποβάλλοντος ἑτέρου πάνθ᾽ ὅσα προφέρεται, καθ᾽ ὃν χρόνον ἐνθουσιᾷ γεγονὼς ἐν ἀγνοίᾳ, μετανισταμένου μὲν τοῦ λογισμοῦ καὶ παρακεχωρηκότος τὴν τῆς ψυχῆς ἀκρόπολιν, ἐπιπεφοιτηκότος δὲ καὶ ἐνῳκηκότος τοῦ θείου πνεύματος καὶ πᾶσαν τὴν φωνῆς ὀργανοποιΐαν κρούοντός τε καὶ ἐνηχοῦντος εἰς ἐναργῆ δήλωσιν ὧν προθεσπίζει.

12 *Phdr.* 244d. Cf. BALLÉRIAUX 1990, p. 35-43.

et d'hypothèses ». La requête, impossible, de Moïse : « Manifeste-toi à moi » est motivée par son désir de servir Dieu seul. La réponse divine se fera d'abord en termes « delphiques » : Moïse ne pourra jamais accéder à la connaissance de la divinité, c'est au-dessus des êtres de la création. Mais en veillant à se connaître soi-même, rien de ce qui est accessible à l'homme ne lui sera refusé :

> « Je te le répète, ce qui t'est accessible, je suis disposé à te l'accorder ; ce qui signifie que je t'invite à la contemplation du monde et de ce qu'il contient, laquelle est impartie, non aux yeux du corps, mais aux inlassables regards de la pensée. Garde seulement cette passion constante et vive pour la sagesse, laquelle prodigue ses glorieuses et admirables doctrines à ses adeptes et à ses disciples. » Ayant entendu cela, Moïse ne renonça pas à son désir, mais il entretint toujours en lui cette aspiration vers les choses invisibles.

Moïse s'engage donc dans une démarche philosophico-mystique. Visiblement, il se voit encouragé non pas à renoncer à sa propre διάνοια, mais, au contraire, à la surpasser afin de se rapprocher de Dieu ; par conséquent, il ne se trouve pas dans le domaine de l'irrationnel, mais plutôt dans celui du surrationnel.

L'un des principaux textes que Philon consacre au prophétisme est, comme on le sait, le *De Vita Mosis* II, 187-292. Dans sa description de la fonction prophétique, Philon commence par indiquer le fait que « Moïse prophétise (θεσπίζει) tout ce qui n'est pas compris par la pensée (ὅσα μὴ λογισμῷ καταλαμβάνεται) » ; la prophétie se situe donc d'emblée au-delà de la sphère du λογισμός. L'Alexandrin part aussi du principe que « tout ce qui se trouve consigné dans les Livres Saints, ce sont les oracles rendus par Moïse »[13]. C'est pourquoi il essaie de délimiter τὰ ἰδιαίτερα, « ceux qui lui sont propres », tout en les faisant entrer dans trois catégories :

1) ceux qui « viennent de la personne de Dieu » (ἐκ προσώπου τοῦ θεοῦ), à travers l'interprétation donnée par son prophète (δι' ἑρμηνέως τοῦ θείου προφήτου, 188) ;

2) ceux rendus par questions-réponses : ils sont le résultat d'un « mélange et d'une association » (μίξιν ... καὶ κοινωνίαν), « d'un côté le prophète questionne en état de possession (ἐνθουσιᾷ πυντανόμενος), de l'autre le Père rend l'oracle et fait participer le prophète à Sa parole et à Sa réponse (θεσπίζει λόγου καὶ ἀποκρίσεως μεταδιδούς) » ;

3) ceux qui viennent de la personne de Moïse (τὰ δ' ἐκ προσώπου Μωυσέως), « Dieu étant descendu en lui et l'ayant transporté hors de lui-même

---

13 *Mos.* II, 188.

(ἐπιθειάσαντος καὶ ἐξ αὑτοῦ κατασχεθέντος)». C'est précisément cet état de possession divine (ἐνθουσιῶδες) qui vaut à Moïse « essentiellement et en stricte propriété de termes (κύριως) d'être considéré comme prophète » (§ 191).

Cette classification, qui va guider ensuite l'exposé de Philon, est, par endroits, assez énigmatique et a suscité un nombre considérable de discussions et d'interprétations, en lien direct avec notre sujet. Nous allons nous pencher ici sur les première et troisième catégories d'oracles, en laissant de côté la deuxième, moins significative pour le présent propos.

3 Oracles de la première catégorie

Considérés par Philon comme la manifestation, par excellence, des vertus divines, de la miséricorde et de la bonté de Dieu, qui mènent l'âme vers la *kalokagathia*, la perfection morale (*Mos.* II, 189), ces oracles ne feront pas l'objet d'une discussion à part dans le *De Vita Mosis*, étant, précise Philon, « trop grands pour être loués par l'homme » (*Mos.* II, 191). Selon Bréhier[14], parmi ces oracles se trouvent nécessairement les commandements du Décalogue, appelés θεσμούς, χρησμούς, « que le père de l'univers a prophétisés »[15].

Pour Wolfson, ce premier groupe d'oracles entre dans le type de la prophétie par « voix divine »[16]. Wolfson remarque que l'expression ἐκ προσώπου τοῦ θεοῦ aurait pu être suggérée à Philon par des versets bibliques comme Ex 33, 11[17] et Dt 34, 10[18]. En tout cas, il s'agirait de « communications » faites d'abord par Dieu à Moïse et rapportées ensuite par celui-ci à l'ensemble du peuple[19]. En ce qui concerne l'identification des oracles de la première catégorie avec les

---

14 Bréhier 1908, 187 et suiv.

15 *Decal.* 32, 175 ; voir aussi *Praem.* 2. Dans sa discussion sur la prophétie chez Philon, Bréhier 1908, 186 insiste sur le parallèle existant entre cette classification des oracles de la *Vie de Moïse* et la classification des songes dans *Somn.* I, 1-3 et II, 1-4, qui correspondrait à celle de Posidonius (Cic., *Divin.* I, 30, 64). Sur ce dernier aspect, voir la discussion de Lévy 2010, p. 131-135.

16 Wolfson 1947, II, p. 36-37 et suiv. Selon lui (p. 24), on peut distinguer trois types de prophéties dans l'œuvre de Philon, d'après leurs sources : 1) prophéties faites par l'intermédiaire du **souffle divin**, 2) par Dieu lui-même, ou plutôt par la **voix de Dieu** et 3) par les **anges**. Les deux premières seulement constituent les sources de la prophétie mosaïque.

17 « Et le Seigneur parla à Moïse face à face (ἐνώπιος ἐνωπίῳ), comme on parlerait à son ami ».

18 « Et il ne s'est plus levé de prophète en Israël semblable à Moïse, lui que le Seigneur connut **face à face** (πρόσωπον κατὰ πρόσωπον) ».

19 Starobinski-Safran 1978, p. 72 signale la formule biblique assez fréquente (cf. Nb 1, 48 et *passim*), « Dieu parla à Moïse afin qu'il dît ... », qui implique un travail d'interprétation.

dix commandements, Wolfson invoque le même texte que Bréhier, c'est-à-dire *Decal.* 175 où Philon dit : « Il était en effet conforme à sa nature que Dieu prescrivît en personne (αὐτοπροσώπως) les chapitres généraux des lois spéciales, et qu'il exprimât les lois particulières par le truchement du plus parfait des prophètes (διά τοῦ τελειοτάτου τῶν προφητῶν), qu'en raison de ses mérites il avait élu comme interprète de ses oracles, après l'avoir empli d'esprit divin ». Plutôt que par Dieu lui-même, c'est par une voix divine que ces oracles ont été rendus et Philon commente longuement ce « prodige »[20]. Bien sûr, Dieu n'a pas besoin de bouche, de langue ni de paroles[21], mais il crée une « voix invisible » (ἦχον ἀόρατον), incorporelle, « une âme rationnelle (ψυχὴν λογικήν) toute emplie de lucidité et de clarté » qui se transforme en feu et fait retentir une voix articulée (φωνὴν ἔναρθον[22]) incomparablement plus puissante que celle humaine, matérielle, instaurant chez les auditeurs une ouïe tout aussi miraculeuse.

> Mais cette voix inouïe, c'était le souffle d'une puissance de Dieu qui la suscitait et l'animait et qui, tout en la répandant partout, en faisait paraître la fin bien plus éclatante que le début, tandis que dans l'âme de chacun elle instaurait un autre sens de l'ouïe, de beaucoup supérieur à celui qui a les oreilles pour truchement. Ce dernier, en effet, sensation à certains égards un peu lente, demeure inerte jusqu'à ce que le choc de l'air vienne le mettre en branle, alors que l'ouïe dont est douée l'intelligence que Dieu transporte (δι' ἣ τῆς ἐνθέου διανοίας), devance d'autres, oppose la sourde oreille, tirant de la foule prétexte à s'y montrer rétif[23].

Dans ce passage, il est intéressant de voir comment la description de ce qui initialement se présente comme un phénomène physique, devient rapidement, grâce à l'allégorie philonienne celle d'un phénomène incorporel, une communication « *mind-to-mind* », selon l'expression de Wolfson.

Certains auteurs, comme G. Soury[24] et ensuite D. Winston[25], ont distingué dans l'explication philonienne de cette voix « noétique » une influence de la tradition médio-platonicienne, notamment des diverses interprétations du

---

20   *Decal.* 32-36. Sur les prodiges qui accompagnent la révélation de Sinaï, cf. *Decal.* 44-49 et le commentaire de V. Nikiprowetzky, dans NIKIPROWETZKY 1965, p. 62, n. 2.

21   Voir *Deus* 83 ; *Migr.* 47-52 ; *Sacrif.* 78.

22   Sur le feu et la flamme comme deux manifestations d'une réalité unique ou comme double impression sensible produite par cette réalité, v. NIKIPROWETZKY 1965, notes complémentaires 3 et 4 ; voir, par exemple, Ex 19, 18 pour l'image du feu au milieu duquel se manifeste la voix.

23   *Decal.* 35.

24   SOURY 1942, p. 128.

25   WINSTON 1988, p. 449-450 et n. 19.

fameux *daimonion* de Socrate[26]. Selon Plutarque, qui consacre, comme on le sait, tout un dialogue à ce sujet, il s'agit plutôt de l'intelligence d'une parole (νόησις λόγου) que de la perception réelle d'une voix (φωνῆς αἴσθησις). L'exemple de la voix qu'on croit entendre pendant le sommeil va dans ce sens. La parole sans voix d'un démon touche en Socrate le principe pensant (τοῦ νοῦντος) qui, pur et exempt de passions, est prêt à la recevoir. L'intelligence de l'être supérieur (ὁ τοῦ κρείττονος νοῦς) touche (ἐπιθιγγάνων) une âme bien née sans qu'elle ait besoin de ce choc qu'est la voix[27].

La distinction entre la prophétie par **voix divine** et celle par **souffle divin** sur laquelle Wolfson construit son interprétation des trois catégories philoniennes d'oracles a suggéré à certains commentateurs comme D. Winston l'idée qu'il s'agit, dans le cas précis de Moïse, de deux types de prophéties : l'un *noétique* (ou herméneutique, qui correspond aux deux premiers groupes d'oracles de la *Vie de Moïse*) et l'autre *extatique* (caractéristique du troisième groupe oraculaire, où intervient l'état de possession divine). En réalité, D. Winston s'attache à montrer que même cette forme extatique de prophétie n'atteint pas chez Moïse son degré extrême, c'est-à-dire la perte de la conscience sous l'effet de la possession divine. À la différence de Balaam qui devient un instrument passif aux mains de Dieu[28], l'« enthousiasme » s'empare de Moïse, tout en laissant intacte en lui sa capacité de jugement et son pouvoir d'agir.

4 Oracles rendus dans un transport divin (*Mos.* II, 246-292)

C'est l'état de possession divine qui vaut à Moïse « essentiellement et en stricte propriété de termes d'être considéré comme prophète »[29], selon Philon. Cette affirmation est à mettre en rapport avec les passages évoqués plus haut où, à la divination technique et mensongère, était opposée justement la prophétie inspirée[30]. Philon fait aussi une autre affirmation importante pour la

---

26 Sur ces interprétations dans la philosophie médioplatonicienne et néoplatonicienne, voir Waszink 1972, p. 237-244, qui cite, entre autres, Apulée, *Socr.* 20 ; dans son commentaire sur le *Timée*, au ch. 138, Chalcidius observe que ce n'est pas sans raison que Platon fait prononcer ses propres *dogmata* par un être divin : « *Hoc in loco dogmata etiam sua studiose asserit, ut non tam a se inuenta quam a deo praedicta uideantur, praedicta autem non illo sermone qui est positus in sono uocis ad declarandos motus intimos propter humanae mentis inuolucra* ».

27 Cf. *Gen. Socr.* 588d-588e.

28 *Mos.* I, 274.

29 *Mos.* II, 191.

30 Voir, par exemple, *Spec.* I, 315 et IV, 52 : les faux prophètes feignent l'état d'inspiration divine.

compréhension de ce troisième type de prophétie mosaïque : selon lui, Dieu accorde à Moïse la faculté de prescience (προγνωστική δύναμις), lui permettant de révéler l'avenir par des oracles[31]. Ces deux affirmations peuvent paraître contradictoires, surtout si l'on pense à la définition des prophètes dans *Spec.* I, 65[32]. D'une part, le prophète se trouve en état de possession (et d'inconscience, si on prend à la lettre la définition que j'ai citée plus haut) mais, d'autre part, Dieu lui fait partager sa connaissance de l'avenir. C'est cette contradiction qui a suggéré à D. Winston[33] l'idée d'une double forme de prophétie extatique dans la conception de Philon : à la différence de Balaam, Moïse ne devient pas un instrument[34], un « canal extatique » pour les paroles divines. D'autres sources, comme par exemple le *Midrash Tehillim*, 194 a (Ps 90)[35], soutiennent l'idée que, parmi les prophètes, seuls Moïse et Isaïe étaient conscients du fait qu'ils prophétisaient lorsqu'ils prononçaient des oracles. En poursuivant cette voie d'interprétation, Winston propose la traduction « *of himself possessed* » pour ἐξ αὐτοῦ κατασχεθέντος[36], c'est-à-dire, « *possessed of his own accord* » et conclut que, dans ce cas-là, Moïse aurait l'unique privilège de provoquer soi-même l'état extatique, selon sa propre volonté, à la différence d'autres prophètes qui entrent involontairement dans cet état[37].

Cette interprétation va peut-être un peu trop loin. Néanmoins, il est vrai que Philon parle de l'ascèse[38] pratiquée par Moïse qui, « depuis le premier moment où il commença à prophétiser dans les transes, estimait convenable de se tenir toujours en état de recevoir les oracles »[39]. C'est pourquoi « il trouvait

---

31 *Mos.* II, 190 : μεταδόντος αὐτῷ τοῦ θεοῦ τῆς προγνωστικῆς δυνάμεως, ᾗ θεσπιεῖ τὰ μέλλοντα. Ces oracles de prédiction sont mis en rapport avec la fonction de *nomothète*, de législateur, cf. aussi *QG* IV, 90 ; III, 9 ; VI 196.

32 « Le prophète inspiré par Dieu (προφήτης θεοφόρητος) ne dira rien qui vienne de lui-même – car *il ne peut pas même comprendre ce qu'il dit*, celui qui est vraiment possédé par l'inspiration divine (οὐδὲ γάρ, εἰ λέγει, δύναται καταλαβεῖν ὅ γε κατεχόμενος ὄντως καὶ ἐνθουσιῶν) –, les déclarations passeront simplement par lui, car c'est un Autre qui les lui soufflera (ὑποβάλλοντος ἑτέρου) ».

33 WINSTON 1988, p. 447.

34 Nous avons déjà rencontré l'image de Dieu qui joue avec l'homme comme d'un instrument à propos d'Abraham. Nous rappelons tout de même quelques références : *QG* VI, 196 ; *Her.* 259 ; *Mutat.* 139 ; Plutarque, *Defectu Oraculorum* 436f.

35 Cité par WINSTON 1988, p. 447, n. 15.

36 § 188 : τὰ δ' ἐκ προσώπου Μωυσέως ἐπιθειάσαντος καὶ ἐξ αὐτοῦ κατασχεθέντος (transporté hors de lui-même).

37 *QG* IV, 125 ; cf. *Somn.* II, 1 : ἐξ ἑαυτῆς ἡ ψυχὴ κινουμένη, cf. WINSTON 1988, p. 442, n. 1.

38 Sur le caractère ascétique de Moïse dans la Bible, voir, par exemple, Ex 24, 18, cf. MARTIN-ACHARD 1978, p. 25.

39 *Mos.* II, 69 : ἀφ' οὗ τὸ πρῶτον ἤρξατο προφητεύειν καὶ θεοφορεῖσθαι, προσῆκον ἡγούμενος ἔτοιμον ἐμπαρέχειν ἀεὶ τοῖς χρησμοῖς ἑαυτόν ; cf. Ex 34, 28 (*Somn.* I, 36 ; *Leg.* III, 141).

préférables les nourritures de la contemplation, grâce auxquelles, inspiré par un souffle venu du haut du ciel, il devint meilleur d'abord intellectuellement, ensuite physiquement par l'intermédiaire de l'âme, faisant des progrès dans les deux domaines en force et en santé, au point de faire douter d'eux-mêmes ceux qui le virent par la suite »[40].

L'idée d'un modèle d'inspiration prophétique propre à Moïse est confirmée par le célèbre passage de *Gig.* 53-55. Philon explique d'abord[41] dans le cadre d'une exégèse de Gn 6, 3[42] pourquoi le souffle divin ne peut pas rester trop longtemps dans l'âme humaine, alourdie par le poids de la chair et de la vie terrestre. Selon lui, il y a en revanche une catégorie d'hommes qui peuvent se dépouiller de tout ce qui est dans le devenir, et chez qui ce souffle peut demeurer plus longtemps. Moïse en fait bien partie, lui qui éprouve la présence permanente du *pneuma* divin (τούτῳ μὲν οὖν τὸ θεῖον ἀεὶ παρίσταται πνεῦμα)[43]. Afin d'expliquer le phénomène de la prophétie mosaïque sous l'effet de l'inspiration divine, Philon choisit cinq exemples :

1) l'épisode de la traversée de la mer Rouge ;[44]
2) celui de la *manne*[45], au sujet de laquelle le prophète rend trois oracles distincts ;
3) le châtiment des adorateurs du veau d'or ;[46]
4) la révolte et le châtiment de Coré ;[47]
5) les bénédictions données par Moïse aux douze tribus avant de prophétiser sa propre mort.[48]

Autour de chacun de ces épisodes, mais particulièrement autour des quatre premiers, on voit se construire une sorte de « scénario » oraculaire[49], qui est respecté assez rigoureusement. Il y a d'abord une « constatation des faits » plus

---

40   *Ibid.*, 69 : τροφὰς ἔχων ἀμείνους τὰς διὰ θεωρίας, αἷς ἄνωθεν ἀπ' οὐρανοῦ καταπνεόμενος τὴν μὲν διάνοιαν τὸ πρῶτον, ἔπειτα δὲ καὶ τὸ σῶμα διὰ τῆς ψυχῆς ἐβελτιοῦτο, καθ' ἑκάτερον πρός τε ἰσχὺν καὶ εὐεξίαν ἐπιδιδούς, ὡς τοὺς ἰδόντας ὕστερον ἀπιστεῖν.

41   *Gig.* 19-57.

42   « Et le Seigneur Dieu dit : "Mon esprit ne restera pas en ces hommes-ci pour toujours, parce qu'ils sont des chairs, mais leurs jours seront de cent vingt ans" (καὶ εἶπεν κύριος ὁ θεός· Οὐ μὴ καταμείνῃ τὸ πνεῦμά μου ἐν τοῖς ἀνθρώποις τούτοις εἰς τὸν αἰῶνα διὰ τὸ εἶναι αὐτοὺς σάρκας, ἔσονται δὲ αἱ ἡμέραι αὐτῶνἑκατὸν εἴκοσι ἔτη) ».

43   *Gig.*, 55.

44   *Mos.* II, 246-257, cf. Ex 14.

45   *Mos.* II, 258-269, cf. Ex 16.

46   *Mos.* II, 270-274, cf. Ex 32.

47   *Mos.* II, 275-287, cf. Nb 16.

48   *Mos.* II, 288-292, cf. Dt 33 et 34.

49   La comparaison faite par AUNE 1983, p. 147-151 entre *Mos.* II, 280-281, *Mos.* II, 250-252 et le *Liber Antiquitatum Biblicarum* (*LAB*) du Pseudo-Philon, 28, 6-10, montre bien qu'il s'agit d'un modèle commun de récit, où la *vision* joue un rôle particulièrement important.

RATIONNEL ET IRRATIONNEL DANS LES PROPOS PHILONIENS

ou moins émotionnelle de la part de Moïse, ensuite une description de son entrée dans l'état d'inspiration divine, et enfin le discours prophétique proprement dit.

1. À la mer Rouge, le prophète, *voyant* (ὁρῶν) la panique de son peuple, est *transporté par Dieu hors de lui-même* (οὐκέτ' ὢν ἐν ἑαυτῷ θεοφορεῖται) et *rend cet oracle* (θεσπίζει τάδε).[50]

2. Les trois oracles concernant la manne s'enchaînent de la manière suivante :

   a) Moïse, *ayant vu* (ἰδών) la nourriture céleste, *inspiré par Dieu* (ἐπιθειάσας) *prononce* (φησί) son oracle (*Mos.* II, 259).

   b) quand on lui *annonça* et qu'il eut effectivement *vu* le miracle de la destruction des « provisions » de manne, le prophète, *frappé de crainte* (καταπλαγείς), *sous l'effet d'un transport divin* (θεοφορηθείς) *prophétisa* (ἐθέσπισε) sur le sabbat (*Mos.* II, 264).

   c) il prononce son troisième oracle (τρίτον ἀναφθέγγεται χρησμόν), l'inspiration divine étant, cette fois, sous-entendue.[51]

3. Dans le cas de l'épisode du « veau d'or », la « constatation des faits » s'accompagne de la manifestation très forte de l'indignation du prophète. Moïse « fut ulcéré » (περιπαθήσας) de voir l'aveuglement de son peuple. Philon insiste, cette fois-ci, sur le changement total « d'apparence et de mentalité » qui se produit en Moïse sous l'effet de l'inspiration et/ou de la colère[52]. On peut même remarquer deux moments dans cet oracle car, en s'adressant aux Lévites, Moïse apparaît « encore plus transporté qu'auparavant »[53].

4. Face à la révolte de Coré, le prophète *est poussé à une juste colère* (πρός δικαίαν ὀργήν) et, « encore bouillant et enflammé d'une juste indignation, *entre en transes* et, *transformé en prophète, rend cet oracle ...* » (ἐνθουσιᾷ μεταβαλὼν εἰς προφήτην καὶ θεσπίζει τάδε).

La syntaxe de ces fragments, notamment les fréquentes constructions du type ὁρῶν ... θεοφορεῖται καὶ θεσπίζει τάδε, rendent compte d'un enchaînement entre l'état « normal » du prophète, celui d'inspiration, et le discours oraculaire proprement dit[54], ce qui confirme encore l'idée d'une prophétie extatique qui

---

50   *Mos.* II, 250.

51   *Mos.* II, 270 : « telles furent, sur la nourriture céleste, les prophéties qu'il prononça en état de possession divine ».

52   *Mos.* II, 272 : Moïse « change complètement d'apparence et de mentalité et, inspiré par Dieu, il dit ... (ἐξαλλάττεται τό τε εἶδος καὶ τὴν διάνοιαν καὶ ἐπιθειάσας φησί ...) ».

53   *Mos.* II, 273 : Moïse fut « encore plus transporté qu'auparavant » (ἔτι μᾶλλον ἢ πρότερον θεοφορηθείς ...).

54   Nous devons ces remarques à LEVISON 1994, p. 83-89.

n'atteint pas, chez Moïse, des formes extrêmes comme, par exemple, l'état d'inconscience du prophète.

5   Rationnel et irrationnel dans le cas du « devin » Balaam

Si, dans les textes des *Lois spéciales*, Philon oppose au niveau théorique la divination à la vraie prophétie, c'est à travers la figure de Balaam, le devin du livre des Nombres 22-24, que cette opposition se vérifie d'une manière spectaculaire « sur le terrain »[55]. Cet épisode illustre d'ailleurs parfaitement les difficultés qu'il peut y avoir dans la définition précise du rôle et de la contribution effective du prophète dans la révélation. Le récit philonien met l'accent sur l'immense distance qui sépare un vrai prophète d'un « simple » instrument que Dieu peut choisir à son gré pour en venir à ses fins. Mais, justement, cette distance devient d'autant plus irréductible que Balaam n'est pas n'importe quel « instrument » en matière de communication avec le surnaturel, du moins aux yeux des païens.

À vrai dire, l'Alexandrin fait une réécriture assez personnelle de cet épisode biblique dans le premier livre de la *Vie de Moïse* (*Mos.* 1, 264-299) consacré à l'illustration de la fonction royale de Moïse, fonction dont j'ai essayé dans ma thèse de démontrer la dimension prophétique. C'est par ailleurs une bonne illustration de la manière dont l'Alexandrin reprend ou, au contraire, laisse de côté les éléments irrationnels présents dans le récit des Nombres (l'une des questions du début) :

> Or, en ce temps-là, il y avait un homme célèbre dans l'art oraculaire (ἐπὶ μαντείᾳ περιβόητος), qui habitait la Mésopotamie : il avait été initié à toutes les espèces d'oracles (ἄπαντα μὲν ἐμεμύητο τὰ μαντικῆς), et provoquait l'admiration (ἐθαυμάζετο) surtout par son expérience dans l'art des augures (οἰώνοσκοπίαν) ayant souvent et à beaucoup de gens annoncé

---

[55]   La bibliographie consacrée à Balaam est très riche. Pour l'étude de l'épisode biblique, voir Rouillard 1985. Voir aussi, très récemment, Robker 2019, monographie issue d'une thèse de doctorat consacrée à l'étude approfondie de l'ensemble des sources bibliques et épigraphiques concernant Balaam, sans oublier le témoignage des textes de Qumrân et du Nouveau Testament. Pour ce qui est de certains aspects du texte grec, Lust 1995. Voir aussi Wevers 1999. Plusieurs études se sont concentrées plus particulièrement sur la figure de Balaam chez Philon : Remus 1996 ; Hayward 1999 ; Feldman 2003 ; Sfameni Gasparro 2004 ; Seland 2006 ; Kooten 2008. Pour une analyse comparative de l'épisode de Balaam dans le cadre de la littérature judéo-hellénistique, voir Zsengellér 2009.

(ἐπιδειξάμενος) des choses incroyables et importantes. Aux uns il avait prédit (προεῖπε) de grosses pluies au plus fort de l'été, à d'autres la sécheresse et l'ardeur du soleil au milieu de l'hiver [...] et mille autres événements : comme il passait pour annoncer d'avance (προθεσπίζειν δοκῶν) chacune de ces choses, il était très célèbre (ὀνομαστότατος) et sa gloire allait en grandissant grâce à des visiteurs qui se succédaient sans interruption et portaient sa renommée en tous lieux » (*Mos.* I, 264-265).

Dans sa présentation du personnage de Balaam, Philon insiste sur deux éléments :

1. sur le fait qu'il s'agit bien d'un spécialiste de la divination. Philon s'emploie à décrire le domaine et le type de son action. Plus loin, il parle de Balaam comme d'un μάντις[56], tout comme Josèphe.[57]
2. sur le fait que ce devin est reconnu et même célèbre au delà de son propre pays (πανταχόσε). Philon insiste beaucoup plus sur cet aspect que ne le fait Flavius Josèphe, par exemple, qui précise, néanmoins, qu'il s'agit du « meilleur devin de l'époque »[58], ce qui limite cette renommée dans le temps. Rappelons aussitôt que tous ces détails sont absents du texte biblique.

Selon la description philonienne, les compétences du devin couvrent entièrement le domaine de ce qu'on appelle la « divination technique » et plus particulièrement dans l'art augural, l'οἰωνοσκοπία, et l'Alexandrin ne semble pas trop contester ses prouesses en la matière, tant qu'elles ne dépassent pas les frontières de cet art. Pour notre propos, il est important de souligner aussi le fait que ces compétences divinatoires se situent du côté de la rationalité humaine. Les deux qualificatifs qui accompagnent le nom de Balaam en *Confus.*, 159, οἰωνόμαντις[59] et τερατοσκόπος, « qui observe les prodiges », sont donc assez bien illustrés dans le texte que nous venons de citer avec, en plus, une mise en avant, ici, de son don de prévision. Rappelons-nous que Philon reconnaît comme légitime et inscrit au plus profond de l'être humain le désir de connaître l'avenir.

---

56 *Mos.* I, 276, 282, 285, 305. Dans la LXX le mot apparaît en Jos 13, 22, toujours à propos de Balaam.

57 Bien que la référence en donne une image négative, Balaam est appelé « prophète » en 2 : Pierre 2, 16.

58 Aussi bien le *LAB* (ch. 18) que Flavius Josèphe, AJ IV, 100-130 restent plus proches du texte biblique. Voir ZSENGELLÉR 2009, p. 496-499 et p. 500-530.

59 Le terme est à prendre dans son sens large, à savoir l'interprétation de toutes sortes de signes, non seulement l'explication du vol des oiseaux. Précisons juste qu'il s'agit de signes qui ne troublent pas l'ordre de la nature comme le font les prodiges.

L'insistance avec laquelle Philon présente Balaam comme un spécialiste de la divination technique a des échos dans la suite du récit. Par deux fois il est dit que Balaam renonce à ses artifices divinatoires, que la divination artificielle ne peut coexister avec l'inspiration. Nous avons déjà pu constater le fait que Philon reprend la distinction, courante à son époque, entre les deux types de divination, technique et inspirée, ou bien artificielle et naturelle, distinction dont on trouve la formulation classique dans le *De Divinatione* de Cicéron[60], mais qui est déjà très nette chez Platon[61]. Ce dernier tient, justement, la divination technique pour nettement inférieure à la divination inspirée[62].

6 Un prétendu prophète

Le doute concernant le devin intervient lorsque, en franchissant les limites de son art, il prétend y associer le pouvoir de communiquer véritablement avec le divin. À noter, en ce sens, dans le texte cité plus haut, la différence entre προ-εῖπε, « avait prédit », qui a une valeur neutre, et προθεσπίζειν δοκῶν, « il passait pour annoncer d'avance ». Le verbe προθεσπίζειν appartient au vocabulaire de l'inspiration et son emploi ici n'est pas innocent : Philon suggère ainsi que la réputation de Balaam est due également au fait que ce dernier passe aussi, aux yeux de ses visiteurs, pour un devin inspiré et non seulement pour un « technicien » de la divination.

C'est cette réputation-là que Philon se propose de combattre, d'autant plus que, ne l'oublions pas, la suite du récit biblique présente justement Balaam comme un devin inspiré qui non seulement parle et agit sous l'ordre direct du Seigneur[63], mais s'y soumet consciemment[64]. Son premier et son troisième discours sont introduits par une formule caractéristique de la fonction prophétique, « l'esprit de Dieu fut sur lui ».

Dans le récit philonien le changement est notable à cet égard : il n'y est plus question des deux apparitions nocturnes de Dieu qui communique directement au devin ce qu'il doit faire. Dans les Nombres, Dieu parle à Balaam. Chez Philon, il s'agit de prétendues communications avec le Seigneur.

---

60 I, 18, 34.

61 Voir, par exemple, *Phdr.* 244cd.

62 Voir la discussion de Sfameni-Gasparro 2004, p. 65-68.

63 Nb 23, 5 : « Et Dieu mit un propos dans la bouche de Balaam … », cf. aussi 23, 11 et 16.

64 Nb 22, 38 : « Le propos que Dieu mettra dans ma bouche, c'est lui que je prononcerai » ; Nb 23, 12 : « Et Balaam dit à Balak : "Est-ce que tout ce que Dieu met dans ma bouche, je ne prendrai pas garde de le prononcer ?" » et Nb 23, 25 : « "Le propos que Dieu prononcera, c'est lui que je ferai" ».

On s'est interrogé sur les raisons de cette réécriture : selon certains commentateurs comme Colson, l'élimination de l'élément irrationnel, c'est-à-dire la mise en scène des entretiens avec Dieu, serait due à l'intention de l'auteur de rendre plus crédible l'histoire aux yeux des lecteurs grecs. Mais la véritable explication se trouve, plutôt, dans la stratégie manifeste de Philon de minimiser le rôle actif et rationnel de Balaam et ses capacités à entrer en contact avec Dieu autrement que de manière passive et irrationnelle, indépendante de sa volonté.

Plus encore : le flottement existant entre les paragraphes 22, 20 et 22, 22 du récit biblique, à savoir entre le moment où Balaam reçoit l'autorisation divine d'aller rejoindre Balaq et celui où Dieu s'en irrite, ne fait qu'apporter de l'eau au moulin de notre auteur. On a parlé d'un véritable « procès d'intention » que fait Philon à Balaam[65]. Tout est mis sous le signe du doute, à commencer par l'honnêteté du devin. Alors que le texte biblique nous présente Balaam comme obéissant à la parole de Dieu, Philon n'y voit qu'une ruse du devin, destinée à donner de lui une fausse image de prophète inspiré :

> Notre homme, que n'inspiraient pas des sentiments nobles et fidèles, mais qui préférait se faire valoir comme l'un de ces éminents prophètes (ἀστεϊζόμενος ὡς δὴ τῶν ἐλλογίμων προφητῶν γεγονώς), qui ont l'habitude de ne rien faire absolument sans des oracles (ἄνευ χρησμῶν), chercha à se dérober, en disant que la divinité ne lui permettait pas de se mettre en route[66].

Prendre Dieu « comme prétexte à ses caprices [...] constitue peut-être le chef le plus grave car dénotant une grande impiété »[67]. Le doute plane également sur les apparitions oniriques suite auxquelles Balaam change finalement d'avis et rejoint l'ambassade :

> Le lendemain, en tout cas, il faisait des préparatifs de départ en racontant des rêves (ὀνείρατα) qui l'avaient, disait-il (ἔλεγε), frappé, et le contraignaient, par de claires visions (ἐναργέσι φαντασίαις), à ne plus attendre, mais à accompagner les ambassadeurs[68].

---

65   Décharneux 1994, p. 96-97.
66   *Mos.* I, 266.
67   Décharneux 1994, p. 97.
68   *Mos.* I, 268.

7   L'apparition angélique

La seule épiphanie des Nombres 22-24 qu'on retrouve chez Philon, c'est l'apparition de l'ange sur le chemin qui mène Balaam à Balaq. À côté des oracles, c'est l'un des moments essentiels de l'histoire de Balaam, sur lequel Philon revient dans ses commentaires allégoriques. C'est l'occasion pour l'Alexandrin d'exposer un volet important de sa conception de l'inspiration et surtout d'expliquer le « paradoxe » du cas Balaam : comment est-il possible que Dieu s'exprime par la bouche d'un méchant ?

À ce propos, Philon insiste sur l'aveuglement (ἀναισθησία) de Balaam, qui, pourtant, venait d'invoquer les « claires visions » (ἐναργέσι φαντασίαις) divines qui l'avaient poussé à suivre les ambassadeurs. Alors que son ânesse, bien qu'animal dépourvu de raison (ἄλογον), perçoit aussitôt la présence du messager divin et s'arrête par trois fois, Balaam, le spécialiste de la divination, ne se doute de rien jusqu'à ce que l'ange lui-même lui ouvre ses yeux :

> il y avait là, semble-t-il, une certaine apparition divine (θεία τις ὄψις) que l'animal voyait (θεασάμενον) depuis longtemps devant lui et qui l'épouvantait, tandis que l'homme ne voyait rien (οὐκ εἶδεν) ce qui était une preuve de son aveuglement (ἀναισθησίας) : un animal dépourvu de raison (ἀλόγου) était favorisé d'apparitions avant celui qui se vantait de voir non seulement le monde, mais le Créateur du monde.

Dans les textes du *Commentaire allégorique* faisant référence à Balaam[69], Philon joue sur l'opposition entre l'aveuglement de Balaam et Israël, le Voyant, l'œil de l'âme. L'ange y est, de manière explicite, identifié au Logos divin.

Chez Philon, contrairement au récit biblique, l'ânesse ne parle pas, ce qui peut, ici, correspondre à la volonté d'élimination de l'élément irrationnel à laquelle se référait Colson. Une autre explication serait liée à l'opposition très forte qu'entend marquer Philon dans le texte cité plus haut, au niveau de la perception de la présence angélique, entre l'animal dépourvu de *logos* – que l'on peut comprendre comme raison *et* parole – et son maître.

Selon Philon, l'apparition angélique sert à montrer à Balaam sa propre ἀτιμία et son οὐδένεια. Ailleurs dans l'œuvre de l'Alexandrin, cette prise de conscience de sa « nullité » est le premier pas essentiel à faire en vue du progrès spirituel[70].

---

69   *Migr.* 113-114, *Confus.* 159.

70   « Oui, le moment vient pour la créature de rencontrer son créateur lorsqu'elle a connu son néant » (*Her.* 30), écrit Philon à propos de Gn 18, 27.

RATIONNEL ET IRRATIONNEL DANS LES PROPOS PHILONIENS 103

Cependant, chez Balaam, elle s'avère être stérile et ne représente pas le commencement de la découverte du vrai Dieu. La réponse de l'ange constitue un des passages-clés où Philon expose l'une des facettes de sa conception de la communication prophétique.

> Avance, dit-elle [l'apparition], sur la route où tu te hâtes ; tu ne serviras à rien, puisque c'est moi qui te souffle ce qu'il faut dire, sans l'intervention de ton intelligence, c'est moi qui remue l'organe de ta voix, selon ce qui est juste et utile ; et c'est moi qui tiendrai les rênes de ta parole et ferai chaque révélation par ta bouche, sans que tu comprennes[71].

Toute participation consciente à l'acte de la prophétie de la part du devin est annulée, ce qui annule aussitôt également tout mérite qu'il pourrait en tirer. Ceci est d'autant plus significatif que la dimension morale des paroles prophétiques apparaît comme clairement exprimée (δίκαιον καὶ συμφέρον). Mais c'est à la lumière des événements qui surviennent à la fin de l'histoire que cette mise en garde très précise devient encore plus importante. Bien qu'au moment même où il prononce ses oracles Balaam en soit réduit à l'état de récepteur/émetteur purement physique, en dehors de ces moments, grâce notamment à cette mise en garde préalable et grâce aussi aux réactions que ses paroles provoquent chez Balaq, il devient parfaitement conscient de la portée du message divin qu'il exprime malgré lui et donc parfaitement conscient du fait que la volonté divine ne s'accorde pas avec les intentions et les projets de son « employeur », le roi Balaq. C'est un aspect que Philon s'attache à souligner plus d'une fois :

> Cet homme cependant – Philon commente la réaction de Balaam après le deuxième oracle – était encore plus mauvais que le roi : alors qu'il aurait dû ne plus accompagner le roi, mais s'en retourner chez lui, il montra plus d'empressement que celui qui l'avait mandé, le devança en courant, tout à la fois pressé par la suffisance, ce grand mal, et avide, dans son cœur, de proférer des malédictions, même s'il était empêché de le faire avec la voix[72].

---

71 *Mos.* I, 274 : « βάδιζε » εἶπεν « ἐφ'ἣν σπεύδεις ὁδόν ὀνήσεις, γὰρ οὐδέν, ἐμοῦ τὰ λεκτέα ὑπηχοῦντος ἄνευ τῆς σῆς διανοίας καὶ τὰ φωνῆς ὄργανα τρέποντος, ἦ δίκαιον καὶ συμφέρον· ἡνιοχήσω γὰρ ἐγὼ τὸν λόγον θεσπίζων ἕκαστα διὰ τῆς σῆς γλώττης οὐ συνιέντος ».

72 *Mos.* I, 288.

En analysant en parallèle les récits philonien et joséphien de Nombres 22-24, J. R. Levison[73] focalise son analyse sur deux points qu'il considère comme des éléments-clés. Il s'agit : 1) de la présentation de l'esprit prophétique sous la forme d'un ange ; Balaam n'agit plus, comme dans les Nombres, sous l'ordre direct du Seigneur, mais sous l'emprise de cet esprit angélique qui fait figure d'intermédiaire ; 2) de l'insistance sur l'idée de perte du contrôle mental de la part de Balaam pendant que, malgré sa volonté, il bénit par ses oracles le peuple d'Israël. Ces deux points ressortent très clairement, selon Levison, des récits des deux auteurs judéo-hellénistiques, ce qui n'est pas le cas pour le récit même des Nombres, qu'il s'agisse du texte massorétique ou de la Septante.

Levison tente de retrouver les sources qui auraient pu nourrir la pensée des deux auteurs sur ces points précis. L'analyse des sources bibliques n'est guère concluante, seul 1 Samuel pouvant correspondre au type d'expérience prophétique présent dans les récits de Philon et de Josèphe. La réponse, on la trouve, une fois de plus, davantage du côté gréco-romain, à commencer par la théorie socratique de la *mania* divine et de l'amour comme démon intermédiaire entre le divin et les humains[74]. Levison évoque également le *De Divinatione* (I, 12) de Cicéron. Mais ce sont les théories sur l'inspiration et sur les agents de la divination oraculaire (*daimones* ou *pneuma* prophétique), intermédiaires entre les dieux et les hommes, théories exposées par les deux protagonistes du *De defectu oraculorum*[75] de Plutarque, qui présentent, d'après Levison, le plus d'éléments communs avec les récits philonien et joséphien sur Balaam. On pourrait y ajouter la théorie de Théon sur l'inspiration de la Pythie développée dans le *De Pythiae oraculis*[76] :

> Dès qu'il eut quitté ce lieu, il fut aussitôt saisi d'un transport divin (ἔνθους αὐτίκα γίνεται) grâce à la visite d'un esprit prophétique (προφητικοῦ πνεύματος ἐπιφοιτήσαντος) qui repoussa toute sa technique de la divination au delà des frontières de son âme : il n'était pas possible de voir cohabiter une présence toute sainte et les sacrifices d'un magicien. Plus tard, étant revenu sur ses pas, quand il vit les sacrifices et la flamme sur les autels, il fut comme l'interprète d'un autre qui l'inspirait, et prononça les oracles suivants (*Mos.* I, 277).

---

73 LEVISON 1997, p. 26-55.

74 LEVISON 1997, p. 43-44 cite les textes platoniciens suivants : *Phdr.* 244ab ; *Ion* 534bd ; *Smp.* 202e-203a.

75 Voir notamment 414e ; 415a ; 418cd ; 431ab.

76 404d-405d.

RATIONNEL ET IRRATIONNEL DANS LES PROPOS PHILONIENS 105

L'état dans lequel se trouve Balaam, devenu un simple instrument dans les mains de Dieu, rappelle étrangement la description du prophète et de l'extase prophétique du *Quis Heres rerum divinarum sit* :

> ... le prophète n'exprime aucune parole qui lui soit personnelle (προφή-
> της γὰρ ἴδιον μὲν οὐδὲν ἀποφθέγγεται) ; tout est d'autrui, un autre parlant
> en lui (ἀλλότρια δὲ πάντα ὑπηχοῦντος ἑτέρου). [...] cela [le fait d'être inspi-
> ré] convient seulement au sage (μόνῳ δὲ σοφῷ ταῦτ' ἐφαρμόττει), puisque
> seul, il est l'instrument sonore de Dieu (μόνος ὄργανον θεοῦ ἐστιν ἠχεῖον)
> dont Dieu frappe invisiblement les cordes avec son plectre (κρουόμενον
> καὶ πληττόμενον ἀοράτως ὑπ' αὐτοῦ)[77].

Néanmoins, dans le *Quis Heres*, Philon tient à souligner que cet état extatique « n'est pas le seul trait qui en fasse un prophète » (§ 258), mais qu'il existe un lien indissoluble entre l'ἀστεῖος[78], l'homme vertueux et σοφός, et la prophétie. L'un ne peut exister sans l'autre. Ainsi, Balaam, tout comme le vrai prophète, tel que Philon le décrit dans *Quis Heres* à propos d'Abraham, perd le contrôle mental et n'est qu'un instrument aux mains de Dieu, mais la différence fonda-mentale réside dans le rapport qu'a chacun à la prophétie à l'état conscient. Encore une fois, le prophète selon Philon ne se définit pas uniquement par ses paroles ou ses oracles : le prophète incarne un idéal de vie, c'est le sage qui vit et agit selon la volonté de Dieu. C'est celui qui a la foi. C'est pourquoi le devin Balaam apparaît dans le tableau philonien de la prophétie comme « l'excep-tion qui confirme la règle » : si l'inspiration divine reste le privilège des *asteioi*, l'exemple de Balaam est là pour nous montrer que, si Dieu le veut, il peut se servir même de la voix d'un *mataios* pour délivrer ses oracles, sans pour autant en faire un prophète à proprement parler.

---

[77] *Her.* 259 ; cf. aussi *Her.* 266 : « Voici ce qu'il dit ensuite en suivant la trame de l'Écriture : "Il fut dit à Abraham" (Gn 15, 13). Véritablement, le prophète, en effet, même lorsqu'il paraît parler, se trouve en état de silence : un autre se sert de ses organes vocaux, de sa bouche, de sa langue, pour révéler ce qu'il veut : les frappant de son art invisible et mélodieux, il en fait des instruments sonores, musicaux, emplis d'harmonie (τέχνῃ δὲ ἀοράτῳ καὶ πυμμελού-σῳ ταῦτα κρούων εὔηχη καὶ παναρμώνιν καὶ γεμοντα συμφωνίας τῆς πάσης ἀποτελεῖ).

[78] Développement sur ἀστεῖος, terme analogue à σπουδαῖος et à τέλειος dans le vocabulaire stoïcien et chez Philon. L'adjectif, en couple avec εὐγενής, autre terme appartenant au vocabulaire stoïcien, qualifie maintes fois Abraham (*Abr.* 83, 85, 90, 188, etc.) mais aussi Moïse (*Mos.* I, 18).

8   Conclusion

Dans quelle mesure les notions de rationnel/irrationnel ont-elles un rôle à jouer dans la définition de la prophétie et du prophète chez Philon ? Dans tous ces textes, à la fois ceux des *Lois Spéciales*, de la *Vie de Moïse* ou du *Quis Heres* on retrouve une tension, un va-et-vient entre le rationnel et irrationnel. Ce couple antinomique agit en révélateur, lorsqu'il est question de distinguer entre vrai ou faux dans la prophétie. Pour ce qui est des passages des *Lois spéciales*, Philon insiste sur la prévalence de l'élément irrationnel dans la prophétie, pour faire contrepoids aux « techniques » divinatoires, en suivant ainsi aussi bien les injonctions du Décalogue qu'une certaine tradition philosophique grecque remontant au moins à Platon qui accorde bien plus de crédit à la mantique intuitive qu'à celle inductive. En ce qui concerne Moïse, un certain équilibre s'installe entre, d'une part, une rationalité supérieure qui est celle du sage et qui tend à se rapprocher du divin et, d'autre part, l'état d'enthousiasme indispensable, aux yeux de l'Alexandrin, à la qualification de prophète. Pour Balaam, en revanche, on constate un double mouvement : d'une part, une réécriture caractérisée, entre autres, par la réduction de l'élément irrationnel présent dans le récit biblique, d'autre part, une insistance sur la condition de simple canal transmetteur du devin, donc sur la perte de conscience dans le processus de communication avec le divin.

Bibliographie

Aune D. E. 1983, *Prophecy in Early Christianity and the Ancient Mediterranean World*, Grand Rapids, 1983.

Balériaux O. 1990, « Mantique et télestique dans le Phèdre de Platon », Kernos [En ligne], 3 | 1990, url : http://journals.openedition.org/kernos/968 ; doi : https://doi .org/10.4000/kernos.968

Bréhier É. 1908, Les idées philosophiques et religieuses de Philon d'Alexandrie, Paris.

Daniel S. (éd.) 1975, Philon d'Alexandrie, *De specialibus legibus* i-ii, Paris.

Décharneux B. 1994, *L'ange, le devin et le prophète, chemins de la parole dans l'œuvre de Philon d'Alexandrie dit « le Juif »*, Bruxelles.

Feldman J. H. 2003, « Philo's version of Balaam », *Henoch* 25 (3), p. 301-319.

Hayward C. T. R. 1999, « Balaam's prophecies as interpreted by Philo and the aramaic targums of the Pentateuch », *New Heaven and New Earth. Prophecy and the Millennium*, Leiden ; Boston, p. 19-36.

Kooten G. H. van 2008, « Balaam As The Sophist Par Excellence In Philo of Alexandria : Philo's Projection of an Urgent Contemporary Debate onto Moses' Pentateuchal

RATIONNEL ET IRRATIONNEL DANS LES PROPOS PHILONIENS 107

Narratives », dans KOOTEN G. H. van – RUITEN J. T. A. G. M. van, *The Prestige of the Pagan Prophet Balaam in Judaism, Early Christianity and Islam*, Leiden, p. 131-161.

LAKS A. 2003, « Phénomènes et références : éléments pour une réflexion sur la rationalisation de l'irrationnel », *Methodos* [En ligne], 3 | 2003, URL : http://doi.org/10.4000/methodos.205.

LEISEGANG H. 1919, *Der Heilige Geist*, Leipzig.

LEVISON J. R. 1994, « Two types of ecstatic prophecy », *Studia Philonica Annual*, 6, p. 83-89.

LEVISON, J. R. 1997, *The Spirit in First Century Judaism*, Leiden.

LÉVY C. 2010, « À propos d'un rêve de puissance de Joseph (Philon, *Somn.* II, 17-109) », *Études platoniciennes* [En ligne], 7 | 2010, URL : http://doi.org/10.4000/etudesplatoniciennes.631.

LUST J. 1995, « The Greek Version of Balaam's Third and Fourth Oracles. The ἄνθρωπος in Num 24 :7 and 17. Messianism and Lexicography », dans GREENSPOON L. – MUNNICH O. (dir.), *VIII. Congress of the International Organization for Septuagint and Cognate Studies, Paris 1992*, Atlanta, p. 233-257.

MARTIN-ACHARD R. 1978, « Moïse, figure du médiateur, selon l'Ancien Testament », dans MARTIN-ACHARD R. *et alii* (dir.), *La figure de Moïse*, Genève, p. 9-30.

MOSÈS A. (éd.) 1970, Philon d'Alexandrie, *De specialibus legibus* III-IV, Paris.

NIKIPROWETZKY V. (éd.) 1965, Philon d'Alexandrie, *De Decalogo*, Paris.

NIKIPROWETZKY V. 1996, *Études Philoniennes*, Paris.

REMUS H. 1996, « Moses and the thaumaturges : Philo's De Vita Mosis as a rescue operation », *Laval théologique et philosophique*, 52, 3, p. 665-680.

ROBKER J. M. 2019, *Balaam in text and tradition*, Tübingen.

ROUILLARD H. 1985, *La Péricope de Balaam (Nombres 22-24). La Prose et les « Oracles »*, Paris.

SELAND T. 2006, « Philo, magic and Balaam : neglected aspects of Philo's exposition of the Balaam story », dans FOTOPOULOS J. *The New Testament and Early Christian Literature in Greco-Roman Context : Studies in Honor of David E. Aune*, Leiden, p. 333-346.

SFAMENI GASPARRO G. 2004, « Mosè et Balaam, *Propheteia e mantiké*. Modalità e segni della rivelazione nel *De Vita Mosis* », dans MAZZANTI A. M. et CALABI F., *La Rivelazione in Filone di Alessandria : natura, legge, storia, Atti del VII Convegno di Studi del Gruppo Italiano di Ricerce su Origene e la Tradizione Alessandrina*, Biblioteca di Adamantius 2, Villa Verucchio, p. 33-74.

SOURY G. 1942, *La démonologie de Plutarque*, Paris.

STAROBINSKI-SAFRAN E. 1978, « La prophétie de Moïse et sa portée d'après Philon », dans MARTIN-ACHARD R. *et alii* (dir.), *La figure de Moïse*, Genève, p. 67-80.

WASZINK J. H. 1972, « La Théorie du Langage des Dieux et des Démons dans Chalcidius », dans FONTAINE J. et KANNENGIESSER C. (dir.), *Epektasis, Mélanges patristiques offerts au Cardinal Jean Daniélou*, Paris, p. 237-244.

WEVERS J. W. 1999, « The Balaam Narrative According to the Septuagint », dans AUWERS J.-M. – Wénin A. (dir.), *Lectures et relectures de la Bible. Festschrift P.-M. Bogaert* (BETL 144), Leuven, p. 133-144.

WINSTON D. 1988, « Two Types of Mosaic Prophecy according to Philo », *Society for Biblical Literature. Seminar papers*, p. 49-67.

WOLFSON H. A. 1947, *Philo : Foundations of Religious Philosophy in Judaism, Christianity and Islam*, t. I et II, Harvard.

ZSENGELLÉR J. 2009 « Changes in the Balaam-Interpretation in the Hellenistic Jewish Literature (LXX, Philon, Pseudo-Philon and Josephus) », dans LICHTENBERGER H. – MITTMANN-RICHERT U., *Biblical figures in deuterocanonical and cognate literature*, Berlin, p. 487-506.

CHAPITRE 5

Le langage des rêves chez Philon d'Alexandrie

Francesca Calabi

1 Introduction

Philon d'Alexandrie aborde le thème du rêve dans plusieurs œuvres et selon différentes perspectives. Il analyse la vision onirique comme l'expression de vérités qui ne sont pas immédiates. Les rêves sont une expression linguistique, un type de communication, formulant, dans leur langage spécifique, des discours qui mettent l'homme en relation avec Dieu : ce sont des messages à interpréter, des « textes » qui, comme les textes bibliques, demandent une exégèse.

D'ailleurs, le discours sur les rêves ne se pose pas en tant que traitement autonome, mais découle de l'interprétation de passages bibliques. Philon en parle dans divers ouvrages, notamment dans le *De somniis* et le *De Josepho*.

Un thème fondamental est la lecture allégorique de l'histoire des patriarches ; les rêves entrent dans le sujet en tant qu'ils sont en relation avec le discours sur la vertu et les niveaux de connaissance, pas pour une théorie du rêve en tant que telle. Dans cette perspective, on peut comprendre en quoi l'un des aspects les plus significatifs de l'analyse est l'interprétation : les rêves sont une expression de la vérité, des formes de discours, un objet d'interprétation. Comme le texte biblique, ils nécessitent une exégèse qui rende compte de leur profondeur et de leur complexité. Cet aspect se reflète à la fois dans la terminologie utilisée et dans la distinction introduite entre les types de rêves.

Sur un autre niveau, on peut considérer l'image du rêve en tant qu'apparence de la réalité.

2 Types de rêves

Dans le *De Somniis*, Philon introduit une distinction entre les types de rêves en fonction de leur degré de clarté. L'objet du discours est les visions envoyées par Dieu.

L'œuvre était à l'origine composée de trois livres[1]. Le premier, perdu, traitait de rêves envoyés par Dieu de sa propre initiative. Le second livre, qui

---

1 Eusèbe (*HE* II, 18. 4) parle de cinq livres sur les rêves présents dans la bibliothèque de Césarée. Mais Philon ne mentionne pas un quatrième ou un cinquième livre. Une hypothèse

110 CALABI

est maintenant le premier, parle de rêves prophétiques capables de prédire l'avenir en tant qu'inspirés. Un exemple en est le rêve de l'échelle de Jacob, qui est expliqué dans ses différentes significations. Le troisième livre – aujourd'hui le second – parle de rêves qui nécessitent l'explication d'un interprète[2].

1) Dans le premier type, Dieu envoie des *phantasiai* lorsque celui qui rêve dort. Elles expriment des choses qui sont obscures pour nous, mais claires pour Dieu[3]. À travers ces images, Dieu transmet des indications

---

explicative de l'incongruité est qu'Eusèbe se soit référé à cinq rouleaux qui rassemblaient trois livres (voir TORALLAS TOVAR 1995, p. 361-362).

2 Voir TORALLAS TOVAR 2014, Certains spécialistes se demandent si les rêves de différents types portent des noms différents. Ainsi, BERCHMAN 1998, (voir p. 133-146) reprend la distinction en cinq types et tente d'attribuer différents noms aux différents types de rêves. Il distingue : un rêve énigmatique, *oneiros* ; un rêve clair, *horama* ; un rêve oraculaire, *chresmos* ; un rêve d'imagination, *hypnos-eidolon* ; un rêve d'apparition, *phantasma*. Parmi ceux-ci, les trois premiers sont d'origine divine, le quatrième peut avoir une origine divine et le cinquième est d'origine humaine (p. 133). Le chercheur essaie ensuite de les diviser entre rêves liés à l'âme rationnelle et rêves liés à l'âme irrationnelle, à les relier à l'état du rêveur et à rapporter les différents types à la division tripartite dont parle Philon au début du premier livre. BERCHMAN multiplie les types de rêves en considérant Philon aussi par rapport à Artémidore et à Macrobe. Il me semble que les distinctions établies par BERCHMAN sont un peu mécaniques. Dans le texte philonien, il n'est pas clair si les termes utilisés ne sont pas interchangeables au lieu de désigner différents types de rêves comme semblerait le postuler BERCHMAN. PETIT 1974, (notamment p. 152-153) conduit une étude des différents termes utilisés sans pouvoir identifier les spécificités d'utilisation des différents termes.

TOVELLAR TOVAR effectue également une analyse minutieuse de la terminologie des rêves dans sa dissertation (p. 130 sq.). Elle commence par l'analyse de *hypnos* et de *enypnion* en expliquant le sens littéral mais aussi métaphorique des termes.

Elle analyse ensuite le couple *onar-oneiros* et l'opposition entre *enypnion* et *onar*, d'une part, *hypnos* et *onar*, d'autre part, dans certains passages, notamment du *De Josepho* et du *De somniis* (p. 153 sq.). Elle s'interroge notamment sur certaines déclinaisons philosophiques des termes chez Philon et sur leurs interactions. Il s'agit d'une analyse très approfondie d'un grand intérêt, car elle étudie l'utilisation de termes non seulement dans la philosophie de Philon, mais également dans d'autres ouvrages de la littérature grecque. Il me semble cependant que l'utilisation terminologique philonienne est plutôt indifférenciée, c'est-à-dire que Philon emploie un terme ou l'autre de manière souple sans nécessairement désigner un type particulier de rêve par un terme plutôt que par un autre. Pour une part, Philon utilise probablement les termes présents dans le texte de référence biblique, mais il puise peut-être aussi dans des références littéraires ou philosophiques antérieures. En effet, il ne me semble pas qu'il soit possible d'établir des correspondances étroites entre un terme et un type de rêve. Dans *Somn.* I, 1, pour les rêves envoyés par Dieu, sont utilisés les termes ὄνειρος et φαντασίαι ἐν τοῖς ὕπνοις. Pour les rêves du second type, dans lesquels notre intellect, se mouvant avec l'intellect de l'univers, semble être possédé et inspiré par Dieu et capable de prévoir l'avenir, et dont le rêve de l'échelle de Jacob est un exemple, on a le terme ὄναρ. Cependant, en relation précisément avec le rêve de l'échelle de Jacob, φαντασία et ἐνύπνιον sont également utilisés.

3 *Somn.* II, 2-3.

LE LANGAGE DES RÊVES CHEZ PHILON D'ALEXANDRIE

univoques, des rêves prophétiques d'une signification incontestable, semblables aux oracles qui ne nécessitent pas d'interprétation[4].

2) Les rêves du second type rappellent l'idée stoïcienne selon laquelle la raison humaine est une étincelle, un fragment de la raison universelle. Pour Philon, dans de tels rêves, notre intellect se meut en harmonie avec l'intellect de l'univers, semble possédé et inspiré par Dieu et peut recevoir une connaissance anticipée du futur. Ce sont des rêves prophétiques d'influence divine, appelés *chresmoi*[5]. Des exemples sont le rêve de l'échelle de Jacob et celui des troupeaux mouchetés. Dans ce type de rêves, Dieu s'adresse directement aux hommes, mais aussi par des intermédiaires : les anges ou le *logos*[6]. Ce sont des rêves obscurs dont l'énigme n'est cependant pas trop difficile à révéler.

3) Dans le troisième type, l'âme dans le sommeil sort de soi et est en mouvement, entre en transe comme les Corybantes, est envahie, acquiert des compétences de divination et prédit des choses futures[7]. La difficulté de la vision ne peut être expliquée que par des personnes spécialistes du

---

4 WOLFSON 1947, 1962 (2nd), II, p. 57, se demande de quels rêves pouvait parler le premier livre perdu de *De somniis*, qui contenait les rêves envoyés par Dieu de sa propre initiative sous forme de visions pendant le sommeil (*Somn.* I, 1 ; II, 1-2), rêves clairs et distincts (*Somn.* II, 1-3). Pour WOLFSON, il s'agit probablement des rêves d'Abimélek (Gn 20, 3-7) et de Laban (Gn 31, 24) car, dans ces lieux, Dieu parle en personne et le message est clair. Par contre, selon TORALLAS TOVAR 1995, p. 306-362 (surtout p. 352-362), repris dans EAD., 2003, les rêves traités dans le premier livre perdu ne pouvaient être ceux d'Abimélek et de Laban car les types de rêves sont liés au niveau du rêveur. Les rêves du premier livre, des rêves clairs, envoyés directement de Dieu ne pouvaient être adressés qu'à des individus supérieurs. L'hypothèse selon laquelle les rêves du premier livre ne concernaient pas Abimélek et Laban a été récemment réaffirmée par ROYSE 2009, (surtout p. 44-45), qui pense plutôt à Isaac, emblème de la vie contemplative. Cela aurait été un contrepoint à Abraham et Jacob (livre II) et à Joseph (livre III). La référence pour Isaac serait Gn 26, 2-5 où Dieu lui apparaît dans le pays des Philistins et confirme la promesse faite à Abraham de multiplier sa progéniture comme les étoiles du ciel. En fait, nous n'avons aucune preuve pour confirmer ou infirmer l'hypothèse sur le contenu du premier livre. Cependant, l'idée que les rêves diffèrent par rapport au niveau du rêveur est tout à fait recevable.

5 *Somn.* I, 2.

6 *Somn.* I, 190. Un ange apparaît dans le rêve des troupeaux bariolés qui parle à Jacob. Dans celui de l'échelle (Gn 28, 12-15), des anges montent et descendent sur l'échelle, mais à proprement parler, c'est Dieu. Face à la difficulté de la vision de Dieu, Philon explicite que celui qui parle est *kurios*, le premier des anges (*Somn.* I, 157). L'impossibilité de la vision de Dieu est souvent répétée dans le *De somniis* (*Somn.* I, 189-190 ; 229-230 ; 238). Ces rêves se font donc au moyen d'un médiateur. De ce point de vue, selon certains spécialistes, ils seraient analogues au deuxième type de rêves de Posidonius.

7 Cf. PLATON, *Phaedr.* 244b. Les termes utilisés pour ce type de rêves rappellent le langage des mystères : *korybantia enthusiosa thespize*.

savoir onirocritique[8]. Si l'interprétation est réservée à des personnages particuliers, les rêves de ce type sont toutefois accessibles à tous. Ce sont les rêves de Joseph, de Pharaon, du chef boulanger et du grand échanson[9]. Ils exigent une interprétation qui peut être à différents niveaux et qui n'est pas toujours du même type : l'interprète par excellence des rêves est Joseph, mais il y a aussi les frères et le père de Joseph, qui donnent une explication immédiate des rêves du patriarche. Ainsi ils font voir qu'ils peuvent lire ce qui est obscur, voir la réalité cachée à travers des symboles (*Ios.* 7).

La distinction entre les types de rêves est donc liée aux modes de rêve, selon que l'âme se connecte à l'âme du tout ou, au contraire, que l'âme individuelle est possédée. Les rêves diffèrent par rapport à leur clarté, à la difficulté de leur interprétation[10]. Les visions se distinguent aussi par rapport à ceux qui rêvent. Significatif est l'état du rêveur, plus ou moins vertueux[11]. Ainsi, il est possible d'identifier des critères de distinction en relation avec :
– les sources du rêve (Dieu, âme, intermédiaires) ;
– le niveau de vertu et du savoir du rêveur (Jacob, Joseph) ;
– l'obscurité ou la clarté du rêve, la nécessité ou le manque d'interprétation.
Ces distinctions ne sont pas nécessairement symétriques.

À l'exception des rêves du premier type, dont Philon a parlé dans le premier livre perdu dont nous ne savons rien, les rêves, qu'ils soient véridiques ou faux, envoyés directement de Dieu ou produits par l'âme, peut-être sous l'emprise de passions et d'erreurs, nécessitent une interprétation[12]. Ils parlent par des symboles, par des images et doivent être interprétés de manière allégorique, tout comme le langage de la Bible. Il y a un parallélisme des symboles dans les

---

8   *Somn.* II, 4.

9   *Somn.* II, 4-5.

10 DECHARNEUX 1994, p. 107-118, met en parallèle l'interprétation des rêves et la philosophie. Les trois fonctions prophétiques mentionnées dans le *De vita Mosis* (communication directe de Dieu, *prosopou tou theou*, communcation à travers l'interprète, *hermeneos*, ou encore donnée par le prophète par question et réponse), seraient parallèles aux trois types de rêves.

11 Voir LÉVY 2010, (p. 133).

12 Une analyse très approfondie et précise du *De Somniis* et de son interprétation a été conduite récemment par BOICHÉ 2018. Elle étudie le *De Somniis* dans son ensemble et s'interroge sur la façon dont Philon écrit son exégèse. Elle analyse la structure du traité, l'utilisation des citations bibliques, le travail sur la langue grecque auquel se livre Philon. Mme Boiché aborde aussi la question d'un possible lien entre l'interprétation des rêves et l'exégèse allégorique dans le *De somniis* et de possibles ressemblances entre l'interprétation des rêves et l'interprétation des récits bibliques de rêve. Elle cite les travaux de plusieurs chercheurs sur la question, de Bréhier à Berchman, de Struck à Reddoch.

images et les mots[13]. Pour les rêves envoyés par Dieu, l'exégète a l'obligation de dire la vérité, de ne rien dissimuler et, au contraire, d'expliquer la vision (*Ios.* 95).

3 Posidonius

Des chercheurs ont identifié des affinités entre la typologie des rêves philoniens et celle de Posidonius. Le problème a été discuté par divers spécialistes, de Wolfson à Berchman, de Lévy à Torallas Tovar.

La principale source des positions de Posidonius est Cicéron, qui en parle dans *De divinatione* I, 129-130. Pendant le sommeil ou la folie, l'âme est séparée des sens. Toujours dans le *De divinatione* (I, 64), on distingue trois manières de rêver par impulsion divine : selon la première l'âme, liée par une affinité avec les dieux, rêve d'elle-même (*ipse per sese*) ; dans la seconde, l'air est plein d'âmes immortelles dans lesquelles apparaissent des empreintes de la vérité ; dans le troisième, les dieux eux-mêmes parlent aux dormeurs. Il existe donc trois types de rêves : ceux nés de l'activité de l'âme, ceux envoyés par les dieux, ceux suscités par les démons. Dieu parle directement aux âmes qui dorment ou communique à travers une présence démoniaque. Dans certains cas, les âmes voient l'avenir en vertu de leur nature divine (*Divinat.* II, 10-15)[14]. Les rêves ont alors une fonction prophétique et divinatoire. Le fondement en est le déterminisme et le lien de causalité entre les choses. La divination se pose comme une interprétation des causes et de la parenté entre les choses[15].

Entre Philon et Posidonius, il y a sans aucun doute des résonances, mais à mon avis pas suffisantes pour affirmer que les deux auteurs sont sur les mêmes positions. Dans cette direction, Carlos Lévy souligne les différences entre les discours posidonien et philonien. Il explique comment certaines analogies ne sont qu'apparentes : Posidonius reconnaît à l'âme une capacité intrinsèque de divination très éloignée de la notion philonienne d'*oudeneia* humaine, c'est-à-dire du néant qu'est l'homme vis-à-vis de Dieu. L'hypothèse d'un dialogue entre dieux et dormeur, évoquée dans le passage posidonien, est plus acceptable dans une perspective stoïcienne que dans celle de l'Alexandrin[16].

---

13 *Somn.* I, 102 ; 146-56.

14 BERCHMAN 1998, p. 129 : « this is because these souls, as they withdraw from the world of sensation and passion, become cognizant of the universal pneuma diffused through out the world, usually grasping it in innocent sleep » (*Divinat.* I, 57).

15 Pour le lien entre toutes les parties et les éléments de la nature, voir Cicéron, *Divinat.* II, 33-35.

16 LÉVY 2010, p. 134.

L'analyse de Lévy est totalement convaincante. La distinction posidonienne, entre autres, est liée aux sources des rêves : Dieu, les démons ou l'âme même du dormeur liée par une affinité avec les dieux, tandis que chez Philon la distinction, bien que liée à la source de l'activité du rêve, est avant tout relative au degré de clarté des rêves[17]. De plus, le facteur déterminant pour Philon est l'interprétation des rêves, plutôt que leur origine.

4   Le miroir des rêves

La fonction prophétique des rêves est explicitée à plusieurs reprises, au moment même où Philon explique leur formation. Dans *Migr.* 190, le texte décrit l'intellect qui, pendant le sommeil, se retire des sensations et des affections corporelles, commence à converser avec soi-même, regarde la vérité comme dans un miroir et inspire des prédictions sur l'avenir.

La représentation du rêve comme vision d'images réflexes de type platonicien réapparaît dans *Spec.* I, 219. À propos des sacrifices, Philon se demande pourquoi les organes à sacrifier sont les viscères, le foie et les reins. En ce qui concerne le foie, dans une explication inspirée par *Timée* 71b-72c, il affirme que le foie est un organe épais, lisse et poli, ayant l'aspect d'un miroir. Lorsque l'intellect (*nous*) quitte les préoccupations de la journée, qu'il s'endort et qu'aucune sensation ne l'en empêche, il commence à se concentrer sur lui-même et se tourne vers la pure contemplation de la pensée ; regardant dans le foie comme dans un miroir, il observe clairement les intelligibles. Ainsi, il saisit des images (*eidola*) et des représentations (*phantasiai*) qui lui permettent de *prophetein* à travers les rêves. La séparation entre l'intellect et les sensations dans le sommeil est représentée par le sommeil d'Adam, en proie à l'extase : Dieu forme la femme à partir de l'une de ses côtes. C'est pendant le « sommeil » de l'intellect que se produit la sensation, qui disparaît lorsque l'intellect est éveillé. Ève, la sensation, naît avec le sommeil d'Adam – de l'intellect. Le sommeil en soi est une forme d'extase liée non pas à la folie, mais à la séparation des choses sensibles[18]. On a ici une référence directe au *Timée* dans lequel la *mantiké* se lie à la partie de l'âme dépourvue de raisonnement et d'intelligence. Une divination inspirée et vraie peut être obtenue lorsque la faculté de l'intelligence, la *phronesis*, reste enchaînée dans le sommeil, ou bien est en

---

17   Posidonius ne considère pas la clarté ou l'obscurité du rêve.

18   Voir *QG* I, 24 ; *Leg.* II, 25. Dans *Leg.* II, 31, le sommeil équivaut à l'extase en tant que changement de direction de l'intellect. Cela n'arrive pas par sa volonté, mais par Dieu.

proie à la maladie ou à l'enthousiasme divin. Par le raisonnement, on peut ensuite expliquer ce qu'on a vu[19].

Selon la *République*, dans les rêves, les désirs liés à l'élément sauvage de l'âme sont éveillés. En même temps, quand un homme s'approche du sommeil après avoir gardé éveillée la partie rationnelle et avoir apprivoisé la partie concupiscible et la partie irascible, il peut entrer en contact avec la vérité (*Resp.* 571d-572b). Le rêve est une forme confuse et moyenne de connaissance (*Tim.* 52b4 ; *Resp.* 414d5) ; il peut toutefois aussi constituer une opportunité pour des prédictions véridiques (*Cri.* 44a). Dans le mythe d'Er, le protagoniste, dans un sommeil semblable à la mort, atteint la plaine céleste et apprend des vérités élevées. Le sommeil, dans ce cas, loin d'être une apparence et une obscurité, est un instrument de dévoilement et, d'autre part, traditionnellement, le sommeil est un moment de médiation entre les hommes et les dieux, entre la vie et la mort.

La duplicité entre sommeil en tant que fermeture et non-connaissance et sommeil en tant que vision et connaissance était très présente déjà chez Héraclite, pour qui le sommeil entraînait une perte de capacité rationnelle, un isolement et un détachement du *logos* et, dans le même temps, pouvait être un moment de connaissance et de collaboration avec l'ordre de l'univers[20]. La révélation onirique pouvait constituer une forme élevée de connaissance, difficile à atteindre dans la vie diurne[21].

La valeur de connaissance des rêves était également affirmée par d'autres auteurs : considéré dans sa fonction de révélation-avertissement, un rêve pouvait inciter à faire des choix et à adopter certaines actions. De plus, il pouvait avoir un contenu manifeste ou une signification cachée qui nécessitait une interprétation et une lecture symbolique. C'est le cas, par exemple, pour Eschyle[22].

Les passages cités de *Spec.* I, 219, reprenant cette perspective, mettent en évidence des aspects positifs du rêve, comme la vision pure et claire saisie par l'intellect exempt de sensations. Dans le *De Somniis*, en revanche, Philon

---

19   Voir *Tim.* 72b3.

20   Voir CASERTANO 1983, (p. 283-289).
      Pour le thème du rêve en tant que réalité extérieure objective ou en tant que produit du sujet et sur l'absence d'une distinction nette entre sommeil et rêve chez Héraclite, voir CALABI 1984, (p. 23-25). Sur la présence d'Héraclite dans Philon, voir SAUDELLI 2012.

21   Voir CALABI 1985-86, à propos de la vision onirique du sage qui s'élève à une connaissance supérieure.

22   Voir Eschyle, *Prométhée enchaîné*, v. 645 sq. ; *Les Perses*, v. 180 sq. ; *Les Choéphores*, v. 523-540.

parle des rêves comme d'une vision troublée par les sens et par l'irrationnel. Si les rêves des gens vertueux sont pleins de clarté, doués d'une logique diurne, comme indiqué en *Somn.* II, 20, le rêve de ceux qui sont incapables de s'élever est un phénomène nocturne, à mépriser, un instrument de confusion et de déception[23]. En des termes allégoriques, Joseph, plongé dans la vision onirique, vit dans l'apparence et l'instabilité, incapable de s'opposer aux vicissitudes du vivre[24].

5   Apparence et réalité

À côté des rêves quotidiens peu significatifs, il existe des rêves prophétiques positifs, qui portent une vraie connaissance, tels que ceux de Jacob et des rêves négatifs liés à l'apparence comme ceux de Joseph. Leur négativité n'est pas liée au niveau de connaissance de la prédiction qui peut aussi être véridique, comme la vision des gerbes et des étoiles : la négativité réside dans l'*ethos* du rêveur. En l'espèce, elle est relative à l'activité politique, aux rêves de la foule fondés sur l'ambition, sur des fausses convictions découlant de la fugacité et de l'instabilité de la vie. À Joseph sont également liés de faux rêves comme celui du grand-échanson qui, pourtant, a une fonction didactique[25]. Il s'agit de fausses prédictions, dotées toutefois d'un rôle instrumental. Le thème de l'interprétation émerge : les rêves de Pharaon sont prophétiques, l'herméneute est inspiré au moment où il demande qu'on les lui raconte, les interprète et conseille sur les mesures à prendre[26]. Les rêves de Joseph, tout comme les visions de Jacob, rêves envoyés par Dieu, sont exprimés dans un langage

---

23   Voir aussi *Somn.* II, 42;97;106.

24   REDDOCK 2011, tend à voir un développement en Joseph qui, en tant que rêveur, est un individu orienté vers l'opinion, plongé dans le sommeil par rapport à la connaissance, mais devenant plus tard un interprète des rêves, c'est-à-dire un connaisseur de la vérité capable de dissiper les ténèbres de l'ignorance. Dans la lecture de Reddock, il semble donc possible de lire le rêveur comme un être immergé dans l'obscurité et l'interprète comme un personnage orienté vers la connaissance. Cependant, cette lecture n'explique pas le niveau cognitif de rêveurs tels qu'Abraham et Jacob et ne considère pas le rôle de connaissance du rêve inspiré. Il ne fait aucun doute que l'interprétation des rêves peut atteindre un niveau de connaissances élevé, mais le rêve n'est pas nécessairement lié au monde de la *doxa*. La citation de *Somn.* II, 105-108 concernant le développement de Joseph, qui quittera son état de torpeur profond et cessera de rêver, se réfère en fait au sommeil figuré de Joseph plongé dans le rêve politique et non à une connaissance onirique au sens véritable.

25   Voir BERCHMAN 1998, p. 137.

26   Selon FRAZIER 2002, (surtout p. 24-25), ici, Joseph serait comparable à Moïse au moment où il interprète la double chute de la manne en vue du sabbat.

allégorique. Il ne s'agit pas d'une « transmission » divine sous une forme littérale, mais d'une expression transposée. Cela pose la question des raisons pour lesquelles Dieu communique en parlant à travers des rêves-signes. Lorsqu'il ne s'agit pas d'une simple apparence, le rêve représente une communication, une forme de connaissance et de révélation.

Genèse 28. 10-13 décrit le voyage de Jacob de Beer Sheva, le « puits de serment », à Haran. Arrivé dans un lieu, il s'allonge ; en effet, le soleil s'est couché. Il met une pierre[27] sous sa tête pour dormir et, endormi, rêve[28]. La vision (φαντασία) est précédée d'une introduction visant à comprendre ce que Jacob voit[29]. Il semble que le texte exprime une prémisse : afin que Jacob puisse rêver, il est nécessaire qu'il ait achevé un chemin, du puits du serment qui représente l'*epistémé*, profonde et difficile à atteindre[30], à la sensation (Haran)[31], au lieu[32].

Celui qui est guidé par Dieu atteint d'abord le *logos*, mais ne peut cependant pas saisir Dieu dans son essence (cf. *Somn.* I, 66)[33]. Jacob voit une échelle repo-

---

27 La pierre placée sous la tête est un symbole de l'ascèse. Moïse juge indigne, pour ceux qui recherchent la vertu, de vivre dans les mollesses, les plaisirs et de partager les ambitions de ceux qui aiment les honneurs. Sa vie aux yeux du législateur n'est que sommeil et rêve (*Somn.* I, 121). Ici commence le discours que l'on trouvera dans le livre II sur la vie des honneurs comme rêve, sur les plaisirs qui mènent à la ruine considérés en opposition à la tempérance, la modération et l'endurance rappelée par l'image de la pierre (*Somn.* I, 126).

28 Pour Philon, c'est un rêve du second type.

29 Philon s'interroge sur les éléments qui précèdent la vision : le puits, Haran, l'heure du coucher de Jacob, la pierre sous la tête.

30 Voir *Somn.* I, 6 ; pour le puits sans fin ou les limites, voir I, 11 ; pour la recherche infinie sur le ciel, recherche d'une connaissance inaccessible, voir I, 21-24. Par rapport au puits du serment (quatrième puits), une analogie est établie entre le quatrième élément (le ciel) et le quatrième élément en nous, le *nous* (I, 30 : il est quatrième après le corps, la sensation, la voix). Le ciel et le *nous* sont *akataleptoi*.

31 « Quitté le puits, en partant du savoir qui est un lieu d'extension illimitée, nous atteignons Haran, la sensation. Souvent l'âme bouge de manière autonome, dépouillée du corps et de la foule de sensations, mais parfois aussi chargée de tout cela. Le mouvement qu'elle effectue nue, lui fait saisir les choses que l'on peut saisir avec la *noesis* ; habillée, les choses sensibles » (*Somn.* I, 43). Si on ne parvient pas à rester dans le champ de la seule *dianoia*, on se réfugie dans l'*aisthesis* ; si on ne parvient pas à arriver aux *noeta*, on s'en tient aux *aistheta*. Avant d'essayer de connaître le ciel, il est nécessaire de se connaître soi-même : d'abord les organes des sens et les facultés qui permettent d'avoir des sensations, puis l'âme (voir *Somn.* I, 55-56).

32 Cela peut indiquer : 1) la place occupée par un corps, 2) le *logos* divin qui contient les puissances, 3) Dieu qui contient toutes les choses et qui n'est contenu par rien.

33 Le texte de Gn 22, 3-4 selon lequel Jacob « vint au lieu que Dieu lui avait dit » et, levant les yeux, « vit le lieu de loin » signifie que Jacob réalise que le lieu lui-même est loin de Dieu invisible, inconnaissable, sans nom. Une fois saisie la connaissance sensible, Jacob ne rencontre pas Dieu, mais les paroles de Dieu, comme ce fut le cas pour Abraham à Mamré (Gn 18). L'image du soleil qui est maintenant tombé fait référence au *logos* : lorsque notre

sant sur la terre, dont le sommet atteint le ciel, et les anges de Dieu montent et descendent sur ses barreaux. Et le Seigneur (*kurios*) se tient au-dessus de lui et lui parle. Il se révèle comme *kurios*, *theos* d'Abraham et d'Isaac, lui promet pour ses descendants le pays sur lequel il se trouve et annonce que sa progéniture sera aussi nombreuse que les étoiles du ciel.

La vision est lue allégoriquement par Philon : l'échelle représente l'air à la base duquel se trouve la terre, tandis que le sommet est au ciel (voir *Somn*. I, 133-145). Les âmes sont dans l'air. Parmi celles-ci, certaines descendent dans des corps, d'autres, parfaitement pures, ne rejoindront jamais les corps. Ce sont les anges, appelés démons par d'autres auteurs (cf. *Gig*. 2-4 ; *Plant*. 1-6).

La nécessité de ne pas s'arrêter à l'explication littérale du rêve et de saisir, au contraire, le sens allégorique est répété par Philon dans divers passages. En *Somn*. I, 102, par exemple, qui porte sur un passage d'Ex 22, 27 concernant la restitution du manteau le soir, avec une nette critique à l'égard des exégètes qui n'adhèrent qu'à l'interprétation littérale, Philon déclare vouloir essayer d'analyser le texte « comme il convient », en appliquant les normes de l'allégorie. Suivant le principe adopté à plusieurs reprises d'une exégèse multiple, Philon ne se limite pas à une seule explication. La profondeur du texte biblique et son caractère inépuisable entraînent la coexistence de nombreuses exégèses possibles, interprétations parallèles qui ne s'excluent pas mutuellement. Dans le cas du rêve de Jacob, l'échelle représente – nous l'avons vu – l'air, la place des âmes, mais également l'âme humaine à la base de laquelle se trouve la connaissance sensible liée à la terre, tandis que, au sommet, se trouve l'intellect, tourné vers le ciel. Sur les marches montent et descendent les paroles divines qui conduisent l'âme vers le haut, vers le monde noétique et le dépassement de la corporalité (*Somn*. I, 146 sq.).

La vision fait également allusion à la condition humaine, comparée à une échelle du fait de son déroulement irrégulier, au basculement des événements humains, aux changements qui modifient la réalité à chaque instant : des individus et des états ont péri, ceux qui étaient plongés dans la fortune sont tombés dans malheur, ceux qui étaient en bas ont été soulevés[34].

âme est abandonnée par les rayons divins très lumineux qui illuminent la réalité, une seconde lumière plus faible se lève : celle des mots. Tout cela est un prélude à la vision.

34 Voir *Somn*. I, 153-156. Le thème de l'alternance des affaires humaines est très répandu dans la littérature grecque et dans les textes juifs. Euripide en parle en fr. 420, ainsi que Mimnerme. Il est présent aussi dans le livre de Daniel. Chez Philon, le discours apparaît de différentes manières, par exemple dans le *De Josepho* où des régions entières, des villes et des États ont vu leurs situations renversées et ont péri après avoir connu fastes et gloire. Voir aussi *Mos*. I, 31.

L'échelle indique également les puissances de Dieu manifestées à Jacob par la parole et la vision[35].

L'enseignement proposé est l'une des indications destinées à donner une vision aiguë à ceux dont la *dianoia* est aveugle, à ouvrir les yeux grâce aux *logia* saints, à inviter à juger du sens profond des choses et pas seulement du sens littéral (I, 164). Le sommeil nébuleux de ceux qui voient quelque chose comme dans un brouillard et la vision complète de ceux qui ont goûté aux amours divins et profité du spectacle préparé pour la vue et l'ouïe sont opposés l'un à l'autre (I, 165).

Jacob, l'ascète, qui est capable de voir en pleine lumière ce qu'il avait précédemment vu confusément dans le rêve, reçoit l'empreinte d'un caractère supérieur et le nom d' « homme qui a vu Dieu » à la place de celui qu'il avait auparavant : il est l'exemple du passage d'une vision confuse à une image claire[36]. Si dans le rêve il avait vu la divinité de manière confuse, au moment de la lutte avec l'ange, il voit clairement. La clarté de la vision quand on est éveillé s'oppose à la vision incertaine propre au sommeil. On est passé, presque par inadvertance, de la notion de rêve en tant que vision à celle d'une connaissance onirique confuse, une simple apparence.

Après la vision de l'échelle, un autre rêve du second type est exposé : le rêve des troupeaux bariolés, qui s'est déroulé chez Laban. L'ange de Dieu apparaît mais, plus tard, c'est Dieu lui-même qui parle à Jacob. Philon met un accent particulier sur le rôle des médiateurs : non seulement ceux qui apparaissent en relation avec la cause la plus haute sont des rêves envoyés par Dieu, mais le sont également ceux qui viennent des anges, serviteurs et interprètes de Dieu, jugés dignes de recevoir du père une part de joie. Appelé par son nom, l'ascète concentre son attention et tente d'interpréter les signes qui lui apparaissent, qui sont des accouplements et la procréation de pensées, comme s'il s'agissait d'animaux[37]. L'interprétation du rêve renvoie aux pensées qui nourrissent

---

35   Le *chresmos* exprime une vérité très haute et complexe : l'inconnaissabilité de Dieu et sa manifestation auprès des patriarches, la différence entre l'apparition à Abraham à qui Dieu s'est montré en tant que *theos* et *kurios* et celle à Isaac auquel il n'apparut que sous la forme de *theos*. Isaac, né dans le pays où il réside, est le symbole d'une sagesse autodidacte, acquise grâce aux facultés naturelles, Abraham est l'emblème d'un savoir acquis, obtenu grâce à l'enseignement. Après avoir quitté la terre chaldéenne, symbole de l'astronomie et du discours creux, Abraham, migrant, étranger, s'est tourné vers la cause première. Cela explique la distinction des puissances qui apparaissent à l'un ou l'autre personnage en fonction de leurs besoins, de leur niveau intellectuel, de leur degré de perfection morale. La parole et la vision divine s'adressent aux interlocuteurs d'une manière différente. Voir *Somn.* I, 163 ; I, 193 sq.

36   Cf. *Somn.* I, 171.

37   Cf. *Somn.* I, 197-200.

l'âme de la vertu, aux jeunes âmes qui ne poursuivent pas des plaisirs irrationnels, mais la voie du bien.

6   Joseph le rêveur

Les rêves du troisième type nécessitent une capacité herméneutique[38]. Ils sont illustrés par les rêves de Joseph et des personnages qui racontent leurs rêves au patriarche. Pour les premiers, l'interprétation commence déjà par les frères qui, au moyen d'une *diakrisis*, interprètent le rêve des gerbes et celui des étoiles[39]. Ils en capturent le sens qu'il est bon d'analyser à travers l'allégorie, sage architecte[40].

Dans une présentation des genres de vie, Joseph est considéré comme un emblème de l'ami des plaisirs corporels et matériels. Il est emporté par les plaisirs dans des directions diverses, parfois opposées. Il acquiert une vaine gloire, la considérant comme la plus grande et la plus belle des possessions. Vendu en Égypte, il est remarqué par le roi qui gouverne la région du corps grâce aux rêves, amis de la nuit, et non grâce à l'évidence d'actions lumineuses[41]. Il reçoit la deuxième place dans le royaume, se pare d'un collier en or, symbole de la contrainte, et d'une bague. Ce sont des signes de son amour pour le superflu, pour les excès, pour une vie de luxe et pour des mollesses totalement inutiles, des caractères déjà implicites dans son nom qui signifie « addition »[42]. La vaine gloire et l'ambition qui le caractérisent mènent à la démagogie et à la tyrannie, à l'arrogance et à l'injustice[43]. Semblable à une hydre polycéphale, Joseph a un caractère multiforme (II, 14-16). Il est un rêveur et un interprète des rêves, un véritable herméneute capable de comprendre les rêves du pharaon, de prévoir les problèmes qui menacent l'Égypte, d'indiquer les moyens de les résoudre. Cependant, il est également attiré par l'ambition et l'aspiration au pouvoir, subjugué par les désirs de la foule, manipulé de l'extérieur. Protagoniste d'un parcours cognitif, il oscille entre clarté et obscurité, entre lucidité et confusion.

---

38   Cf. REDDOCK 2013, p. 1-16.

39   Gn 37, 7.

40   *Somn.* II, 8.

41   Voir *Somn.* II, 42.

42   Voir *Somn.* II, 47.

43   Voir *Somn.* II, 80. Joseph est l'emblème de ceux qui se consacrent à l'activité publique, aux relations sociales, mais aussi à l'orgueil et au désir de prévaloir (voir *Somn.* I, 221-223). Pour ces caractères, il est comparable à Xerxès ou au gouverneur romain d'Alexandrie (*Somn.* II, 110-138). Il représente, en outre, le lien avec l'Égypte, terre du corps.

LE LANGAGE DES RÊVES CHEZ PHILON D'ALEXANDRIE

En *Somn.* II, 17-18, exposant le rêve des gerbes, il utilise un langage indécis : « il me semblait ... » ; cette expression convenant à une personne qui vient de se réveiller, pas très lucide, montre clairement que le rêve n'est pas clair et net. Joseph est un homme douteux qui fait des conjectures confuses[44]. Il est très différent de Jacob qui, en parlant de sa vision, dit : « et voici une échelle », et encore, en ce qui concerne les béliers bigarrés : « j'ai vu de mes yeux pendant le sommeil ».

Ceux qui choisissent la vertu ont des visions plus distinctes et pures dans leur sommeil de même que leurs actions sont plus claires pendant la journée[45]. Le plus haut niveau éthique induit des rêves plus clairs. Dans le cas de Joseph, le rêve, confus, n'est pas évident en tant que tel : il est vu et ensuite expliqué[46].

À cause de ses rêves et de ses paroles, les frères commencent à détester Joseph :

> Tous les fantômes que suscite la vanité ne sont-ils pas des rêves et des paroles, tandis que tout ce qui a rapport à une vie droite et à la raison représente autant de faits et de claires évidences ?[47]

Dans leurs critiques, les frères ne représentent pas seulement eux-mêmes, ils sont des juges capables de comprendre, de haïr le mensonge, d'honorer le seul vrai roi. Il y a un lien entre le rêve et la vanité d'un côté, la réalité et la juste raison de l'autre. L'état d'ivresse, de ténèbres profondes, d'aveuglement de ceux qui ne suivent pas le droit chemin (II, 102) s'oppose à la veille de ceux qui cherchent la vérité. Lorsque le rêveur abandonnera sa vaine gloire, renoncera

---

44   Dans leur interprétation, les frères ont beau jeu de le traiter comme un visionnaire (voir *Ios.* 12). Sa vision est considérée comme mensongère et trompeuse. Ce n'est pas le cas : les choses vues se réaliseront à temps, mais les frères n'en acceptent pas la vérité, ils le traitent comme un possédé, un être délirant auquel aucun nom ne convient.

45   *Somn.* II, 20.

46   Dans *Somn.* II, 110 les rêves de gerbes et d'étoiles sont dits φανεῖσα ὄψις, leur interprétation se fait à travers ὀνειροκριτικὴ τέχνη. L'interprétation allégorique explique que les gerbes re-présentent les actions dans lesquelles chacun de nous s'engage, comme s'il s'agissait d'une ressource personnelle ; ce sont des actes concrets qui, dans un certain sens, servent à nous nourrir (voir II, 31-41). Chaque frère est un symbole de ressource ou de capacité : Ruben, fils voyant, est amené à voir et a une vue aiguë, Siméon est un symbole d'apprentissage (son nom signifie « écouter »), Levi fait allusion à des activités nobles et à des mystères sacrés, Zabulon est un symbole de lumière, Dan de la distinction des choses, Gad de l'at-taque, Aser de la richesse naturelle, et ainsi de suite.

47   *Somn.* II, 97, trad. P. SAVINEL.

à ses songes, à se dégrader en se tortillant devant les mirages des glorieux à ne rêver que nuit, obscurité, chance issue d'affaires pas claires et douteuses; [... il fera] bon accueil à l'évidence[48].

Il rejettera la requête de la femme de Putiphar, symbole du plaisir, il optera pour la vertu, il proclamera qu'il « appartient à Dieu » et non à des objets sensibles. À ce point, ses frères se réconcilieront avec lui.

Si les rêves de Joseph rappellent les désirs de gloire vaine et de pouvoir, les images oniriques du grand-échanson et du chef boulanger, liées à l'intempérance[49], font allusion à la gourmandise sous la double forme de boire et de manger[50]. La première n'a pas besoin de nombreuses variétés d'espèces et d'arômes contrairement à la deuxième. Les deux serviteurs du pharaon rêvent dans la même nuit car ils visent à satisfaire le même besoin, celui de se procurer de la nourriture de manière élaborée, pour le plaisir. Ils ont une vision correspondant à leur domaine d'activité, rêvant le premier d'une vigne, l'autre de pains.

L'examen du premier des deux rêves commence dans *Somn.* II, 159 avec l'expression : « dans mon rêve, il y avait une plante de vigne ». Les termes utilisés ne décrivent pas une vision, mais l'existence de quelque chose. L'expression « dans mon sommeil » est lue comme une allusion au sommeil d'ivresse provoqué par la folie : les membres sont abandonnés comme il arrive à ceux qui dorment, les yeux de l'âme sont fermés, le protagoniste est incapable de voir ou d'entendre des choses dignes de vision ou d'écoute. Il tâtonne dans des endroits inaccessibles sans guide, précipitant lui-même et d'autres avec lui dans des précipices[51].

Le rêve du grand-échanson a une dimension polémique : il fait allusion à la sottise de ceux qui échangent la joie contre la douleur, attribuent des aspects positifs à une source de vice. Dans le rêve, en effet, après les branches, on voit la vigne fleurir, germer et porter des fruits, allusion à la bêtise (*Somn.* II, 199).

Vient ensuite l'interprétation de la vision du chef boulanger[52]. Les trois paniers qui apparaissent dans le rêve font allusion aux trois parties du temps, à la mémoire des joies passées, à la jouissance du présent, à l'espoir des biens futurs. Un seul individu en profite, le pharaon, qui se livre à la « dispersion », c'est-à-dire à l'incontinence, à l'insatiabilité, à la gloutonnerie. Les oiseaux, qui

---

48   *Somn.* II, 105-106.

49   *Somn.* II, 215.

50   *Somn.* II, 155 sq.

51   *Somn.* II, 162.

52   *Somn.* II, 207 sq.

LE LANGAGE DES RÊVES CHEZ PHILON D'ALEXANDRIE

indiquent des événements imprévisibles, vont se jeter sur les petits pains et les consommer : Dieu annule les efforts de celui qui aime les passions.

Suivent les rêves du pharaon[53]. Plein d'arrogance, il en donne une fausse interprétation. Comme Joseph, le personnage est un symbole de vaine gloire mais, contrairement au patriarche, il est un exemple de non-sens, incapable de reconnaître sa dépendance à Dieu[54]. Les rêves de Pharaon sont importants pour le pays égyptien dans son ensemble, ils ne concernent pas des situations individuelles telles que celles du chef boulanger et du grand-échanson. Leur interprétation établit un nœud fondamental : Joseph, interprète des rêves, devient le symbole de l'homme politique. En fait, c'est en tant qu'interprète des rêves que Joseph accède au pouvoir[55]. Après avoir expliqué le sens des rêves, Joseph propose des solutions pour remédier aux maux prédits. En ce sens, son rôle n'est plus simplement onirocritique mais devient politique, il intervient dans les événements historiques. L'interprétation du texte de la Genèse est accompagnée d'une exégèse qui met côte-à-côte la politique et les rêves : le rêve interprété par l'homme politique est le grand rêve général de ceux qui veillent comme de ceux qui dorment, c'est-à-dire la vie des hommes.

De l'image de Joseph devenu politique parce qu'il était capable d'interpréter les rêves du pharaon et de prendre des mesures pour contrecarrer les prévisions, on est passé à une deuxième vision : le monde est plongé dans l'apparence, il est un lieu de rêves, et l'homme politique sait comment leur donner corps. La première image est liée à l'interprétation littérale du texte de la Genèse, la deuxième est une interprétation allégorique.

Dans l'opacité et l'indétermination qui font de la vie un sommeil, la capacité onirocritique de l'homme politique permet de distinguer, d'interpréter les rêves, de dicter des règles et des normes.

7   L'homme politique interprète des rêves

Dans le ciel, les choses restent les mêmes et constantes, régies par les canons de la vérité, elles s'accordent avec harmonie, immergées dans la lumière et la splendeur. Un ordre et une identité immuables caractérisent le monde des astres (*Ios.* 145 sq.). Les choses de la terre, au contraire, plongées dans le désordre et la désharmonie, sont enveloppées dans les ténèbres, soumises à un changement constant. Les hommes éveillés diffèrent autant de ceux qui

---

53   *Somn.* II, 216 sq.

54   *Somn.* II, 107-109.

55   PETIT 1989, p. 45.

dorment que les choses du ciel diffèrent de celles de la terre, dans l'univers. Les premières sont dans un état de veille constant, dépourvues de déviations et d'erreurs, les dernières sont plongées dans le sommeil, vacillent, tombent. La vie est marquée par l'incertitude et l'instabilité. Les vicissitudes de la condition humaine sont représentées dans le flux de la vie : de l'enfant à l'adolescent, de l'adulte au vieillard. Ces phases reflètent la fugacité de la vie humaine[56].

> Aveuglés par de fausses opinions, les hommes liés à la terre se réfugient dans les rêves, dans une illusion de stabilité et de continuité : nous errons, comme dans un profond sommeil, sans rien pouvoir circonscrire par la rigueur du raisonnement, sans rien saisir avec fermeté et sûreté, car toutes ressemblent à des ombres et à des fantasmes[57].

Dans l'obscurité de l'apparence, les éveillés ne se distinguent pas des dormeurs ; plongés dans le sommeil, séduits par les sens, ils ne peuvent surmonter la confusion et le désordre (*Ios.* 143-144). Ils croient voir des images véridiques, alors que ce qui leur est présenté, ce sont des vaines constructions de la *dianoia*, des choses inexistantes et inconsistantes, prêtes à s'envoler dès qu'on pense les saisir. Tout est éphémère : la beauté, la santé, la force sont transitoire et illusoires ; les biens extérieurs sont instables et précaires. Comme les individus, même les villes, les peuples, les régions et les civilisations succombent aux coups du destin et du temps[58]. Dans ce contexte d'instabilité, l'homme politique/Joseph interprète les rêves, analyse les visions des hommes, introduit des distinctions et des interprétations. Il explique ce qui est bien et ce qui est mal, trouve les moyens de surmonter les difficultés, indique le juste et l'injuste. Là où il réussit à jouer le rôle d'interprète de Dieu et de sa volonté, il peut tenter de sortir les hommes de l'instabilité et de l'incertitude le long d'une voie d'unité et de concorde, à la suite de l'unique loi de la nature qui dérive de Dieu, se plaçant dans le cosmos en tant que citoyen du monde[59].

---

56 À propos de la fugacité de la vie humaine dans le contexte des livres bibliques et de la littérature grecque voir MUNNICH 2011, p. 169-171. L'auteur rappelle des thèses apparemment similaires de Plutarque, mais souligne la spécificité des positions des deux auteurs. Sur la possibilité introduite par l'homme politique de discerner dans l'obscurité qui caractérise le monde, voir p. 179.

57 *Ios.* 140, trad. J. LAPORTE.

58 Voir *Ios.* 134 ; *Deus* 172-177 ; *Gig.* 51.

59 Voir *Conf.* 106.

LE LANGAGE DES RÊVES CHEZ PHILON D'ALEXANDRIE   125

Les deux images de Joseph que Philon nous présente sont souvent contradictoires[60]. Selon une première représentation, le fils de Jacob est vu dans une relation inspirée avec Dieu, visant la recherche de la vérité ; selon une autre perspective, il agit dans un monde d'instabilité, plongé dans la confusion et le tumulte[61]. Il peut jouer le rôle d'interprète des rêves, visant la recherche de la vérité et de l'unité, se souciant du bien des sujets et de la satisfaction de leurs aspirations d'ordre et d'équilibre, ou bien s'en tenir à la pluralité et à la confusion, dominé par la foule et ses passions[62].

Ses visions sont liées à un plan providentiel qui prévoit la présence de Joseph en Égypte, sa prise du pouvoir, la venue de sa famille. Les rêves de la foule, au contraire, sont trompeurs, sans signification providentielle. Ils sont liés aux passions, à l'irrationalité, à l'apparence, à l'intention de poursuivre des désirs irrationnels et des plaisirs ruineux[63]. Souvent, l'homme politique, en démagogue, soutient de tels rêves et les nourrit, même s'ils sont confus et nuisibles. Un exemple de cette tendance se produit lors de la famine en Égypte : Joseph, vice-roi, ouvre les greniers pour rassurer le peuple. La vision des stocks accumulés donne du courage à ceux qui les voient et se réfèrent à la vérité. Ce qui s'était passé auparavant était différent : le patriarche avait décidé de taire la vérité, de dissimuler le mal imminent, de maintenir le peuple dans la duperie et l'illusion[64]. On avait dit la vérité au roi, capable de l'accepter et d'agir rationnellement, tandis qu'à la foule la vérité était cachée et l'illusion était laissée.

8 Conclusion

La distinction entre trois types de rêves rappelle à certains égards la division tripartite des rêves de Posidonius. Partant de cette résonance et des références

---

60 La variété des représentations de Joseph dans Philon est analysée par NIKIPROWETZKY 1977, en particulier p. 218-219. La conflictualité des différentes présentations du patriarche est étudiée par FRAZIER 2002 ; BASSLER 1985.

61 WOLFSON 1947, 1962 (2nd) note un conflit d'interprétations. D'un côté, dans le *De Josepho*, mais également dans le *De Somniis* (II, 11 sq.), les rêves de Joseph sont liés à l'apparence, à la vacuité ; de l'autre, ils nécessitent une exégèse, car ils parlent en énigmes. Cet aspect fait allusion au dévoilement de vérités profondes et cachées, certainement pas à l'apparence. La contradiction, souvent constatée entre les deux traités, ne se poserait donc pas seulement dans la double représentation de Joseph, vu tantôt positivement tantôt négativement, elle consisterait également en la connaissance et en le niveau ontologique auquel Joseph est lié.

62 Le « grand rêve général et public » de *Ios.* 125.

63 Voir *Ios.* 79.

64 Voir *Ios.* 110-114.

indiscutables à des thèses stoïciennes, de nombreux interprètes tentent de déterminer ce qu'il y a de stoïcien dans le discours philonien et se trouvent en difficulté devant le *De Josepho*, en particulier devant des passages qui considèrent la connaissance onirique comme une forme inférieure de savoir, apparence.

La difficulté est liée à la séparation des thèses du *De somniis* et du *De Josepho*, des textes qui, au contraire, devraient être lus ensemble. Comme nous l'avons vu, la distinction entre les rêves dont parle le *De somniis* ne concerne pas seulement leurs sources, elle fait également référence à différents niveaux d'interprétation, à la clarté des rêves, à la différence entre les rêveurs. Ceux-ci se placent à un niveau de conscience et de vertu plus ou moins élevé.

Les références de type stoïcien rappellent la résonance entre les parties du cosmos et la rencontre de l'âme du rêveur avec l'âme du tout. Ce sont les rêves des patriarches. Différents sont les rêves de la foule, visions de niveau inférieur et simple apparence. Ce n'est pas une question d'inspiration, de manifestation divine à interpréter. Le terme pour les désigner est le même : rêve, mais leur origine et leur nature sont différentes. Le langage adopté, de type platonicien, signifie une vision confuse des phénomènes. Ce ne sont pas des *phantasiai* pendant le sommeil, *oneira* au sens propre, mais bien des visions éveillées. Le champ de référence n'est pas constitué d'onirocritique, de prédiction, de prophétie, mais de la connaissance d'un petit nombre de gens capables de comprendre la réalité. Ils s'opposent à la masse ignorante et vague, qui manque de lucidité.

Le rêve en tant que forme de connaissance renvoie à la connaissance d'images dans l'eau ou dans un miroir. Ici, la référence est constituée par Platon : le *Timée* est sous-jacent dans l'origine du rêve liée à la vision sur le foie, et la *République* par rapport au rêve en tant qu'apparence. Mais il existe encore de nombreuses références à d'autres auteurs tels qu'Héraclite et Aristote.

Le tableau est donc plus articulé qu'il n'y paraît si l'on s'en tient exclusivement à la typologie des rêves du *De somniis*, surtout en ce qui concerne la fonction des visions. Quelle est la différence entre les deuxième et troisième types de rêves ? Dans un cas, l'âme se déplace d'elle-même et est possédée, dans l'autre, elle se meut en harmonie avec l'âme du tout et prophétise. La différence entre les deux mouvements ne semble pas claire. Si nous considérons le rêve de l'échelle de Jacob, il est vrai qu'il est introduit par un chemin : du quatrième puits qui indique le savoir, à la sensation, au lieu. Cependant, il ne faut certainement pas voir immédiatement dans ce chemin une analogie avec le mouvement de l'intellect qui se détache des sensations et rejoint l'âme du tout, propre aux rêves du deuxième type. On peut se demander si le passage de la sagesse à la sensation s'inscrit dans une typologie spécifique ou s'inscrit dans le cadre des rêves en général, tels qu'ils sont décrits en *Migr.* 190 ou en *Spec.* I, 219.

Des considérations similaires concernent les rêves de Joseph, qui sont distingués selon leur explication, plutôt que selon leur formation, selon la manière de les lire plus que selon leurs origines. Le second type ne présente pas d'interprète et l'explication reste ouverte. On peut le voir dans les multiples lectures de l'échelle de Jacob. Le troisième type de visions est lié à l'onirocritique, les rêves sont expliqués de manière explicite par un interprète, que ce soit sans inspiration comme les frères de Joseph et Jacob, ou de façon inspirée comme Joseph. Parfois, l'herméneute est le rêveur lui-même. L'interprétation est unique et univoque.

La typologie des rêves semble, donc, être introduite principalement pour expliquer la typologie de l'interprétation. Le rêveur est l'objet d'une communication qui peut être plus ou moins claire en fonction de son niveau de connaissance et de vertu, tout comme Abraham qui à Mamré voit plus ou moins clairement tantôt un, tantôt trois. Dieu s'exprime par la parole ou la vision. C'est un langage difficile et supérieur qui voile des vérités cachées à mettre en lumière. Les rêves sont des discours divins à interpréter, tout comme les *logia* que Dieu a donnés aux hommes dans divers passages bibliques, du buisson ardent au Décalogue, à d'autres moments d'expression de la vérité. Ce qui distingue les rêves en profondeur n'est donc ni la source ni le mode de vision : les rêves sont toujours envoyés par Dieu ; ce qui les différencie est leur interprétation.

Acknowledgments

Une version italienne de cet article doit être publiée dans les actes de *Somnia. Il sogno dal tardo-antico alla modernità*, séminaire organisé par Pina Totaro et Claudio Buccolini, Rome (ILIESI CNR), 2012.

Bibliographie

BASSLER J. M. 1985, « Philo on Joseph. The Basic Coherence of *De Josepho* and *De Somniis* II », *Journal for the Study of Judaism*, 16.2, p. 240-255.

BERCHMAN R. M. 1998, « Arcana mundi : Magic and Divination in the *De somniis* of Philo of Alexandria », dans ID (ed.), *Mediators of the Divine. Horizons of Prophecy, Divination, Dreams and Theurgy in Mediterranean Antiquity*, Atlanta Georgia, p. 115-154.

BOICHÉ A. 2018, *L'écriture de l'exégèse dans le De somniis de Philon d'Alexandrie*, thèse préparée sous la direction du Professeur O. MUNNICH (Sorbonne Université, 2018).

CALABI F. 1984, *Gli occhi del sonno, Materiali e discussioni per l'analisi dei testi classici* 13, p. 23-43.

CALABI F. 1985-1986, «Eraclito: il cammino della saggezza», Sandalion, 8-9, p. 5-26.

CASERTANO G. 1983, « Piacere e morte in Eraclito (Una filosofia dell'ambiguità) », dans LIVIO ROSSETTI (dir.), *Atti del Symposium Heracliteum 1981*, Roma, p. 273-290.

DECHARNEUX B. 1994, *L'ange, le devin, et le prophète. Chemins de la parole dans l'œuvre de Philon d'Alexandrie dit « le Juif »*, Bruxelles.

DODSON D. S. 2003, « Philo's *De somniis* in the Context of Ancient Dream Theories and Classifications », *Perspectives in Religious Studies*, 30, p. 299-312.

FRAZIER F. 2002, « Les visages de Joseph dans le *De Iosepho* », *The Studia Philonica Annual* 14, p. 1-30.

HAY D. M. 1987, « Politics and Exegesis in Philo's Treatise *on Dreams* », dans SBL *Seminar Papers*, p. 429-438.

HAY D. M. 2011, « Philo of Alexandria's Use of Sleep and Dreaming as Epistemological Metaphors in Relation to Joseph », *The International Journal of the Platonic Tradition* 5, p. 283-302.

HAY D. M. 2013, « Enigmatic Dreams and Onirocritical Skill in *De Somniis* 2 », *The Studia Philonica Annual* 25, p. 1-16.

LÉVY C. 2010, « À propos d'un rêve de puissance de Joseph (Philon, *Somn.* II, 17-109) », *Études Platoniciennes*, 7, p. 131-142.

MUNNICH O. 2011, « La fugacité de la vie humaine (*De Josepho* § 127-147) : la place des motifs traditionnels dans l'élaboration de la pensée philonienne», dans INOWLOCKI S. – DECHARNEUX B. (dir.), *Philon d'Alexandrie : un penseur à l'intersection des cultures gréco-romaine, orientale, juive et chrétienne*, Turnhout, p. 163-183.

PETIT M. 1974, « Les songes dans l'œuvre de Philon d'Alexandrie », dans *Mélanges d'histoire des religions offerts à Henri-Charles Puech*, Paris, p. 151-159.

PETIT M. 1989, « L'homme politique interprète de rêves selon Philon d'Alexandrie (De Iosepho 125 : ὁ πολιτικὸς πάντως ὀνειροκριτικός ἐστιν), dans Tollet D. (dir.), Politique et religion dans le judaïsme : Interventions au Colloque des 8 et 9 décembre 1987 organisé par le Centre d'Études Juives de l'Université Paris-IV Sorbonne , Paris, p. 41-54.

REDDOCK M. J. 2010, *Dream Narratives and their Philosophical Orientation in Philo of Alexandria*, PHD diss. Univ. of Cincinnati.

DDOCK M. J. 2011, « Philo of Alexandria's Use of Sleep and Dreaming as Epistemological Metaphors in Relation to Joseph », The International Journal of the Platonic Tradition 5, p. 283-302.

DDOCK M. J. 2013, .« Enigmatic Dreams and Onirocritical Skill in De Somniis 2 », The Studia Philonica Annual 25, p. 1-16.

ROYSE J. R. 2009, « The Works of Philo », dans Kamesar A. (ed.), *The Cambridge Companion to Philo*, Cambridge, p. 32-64.

SAUDELLI L. 2012, *Eraclito ad Alessandria. Studi e ricerche intorno alla testimonianza di Filone*, Turnhout.

TOBIN TH. 1986, « Tradition and Interpretation in Philo's Portrait of the Patriarch Joseph », *SBL Seminar Papers*, 25, p. 271-277.

TORALLAS TOVAR S. 1995, *El* De somniis *de Filón*, diss. Madrid.

TORALLAS TOVAR S. 2003, « Philo of Alexandria on Sleep », dans Wiedermann Th. – Dowden K. (ed.), Sleep , Bari, p. 41-53.

TORALLAS TOVAR S. 2014, « Philo of Alexandria's Dream Classification », Archiv für Religionsgeschichte 15, p. 67-82.

WOLFSON H. A. 1947, 1962 (2nd), *Philo. Foundations of Religious Philosophy in Judaism, Christianity and Islam*, Cambridge Mass.

YLI-KARJANMAA S. 2008, « Philo on Jacob's Ladder : Dream Interpretation or Allegory As Usual ? », revised version of a paper presented at the 3rd International Conference of the International Academic Network « Rewritten Bible » in Karkku, Finland, 20-23 August 2008, https://researchportal.helsinki.fi/en/publications/philo-on-jacobs-ladder-dream-interpretation-or-allegory-as-usual.

CHAPITRE 6

Abraham et Salomon : deux exemples de sage dans le judaïsme alexandrin

Jérôme Moreau

Philon d'Alexandrie définit dans le *De congressu eruditionis gratia* la sagesse comme « la science des choses divines et humaines et de leurs causes »[1]. Le thème de la sagesse apparaît donc comme fécond pour une enquête sur les relations entre religion et rationalité : la recherche des causes est par excellence du domaine de la raison, tandis que la science des choses divines et même humaines ne peut se passer de textes révélés reçus de façon religieuse. Certes, toute sagesse n'est pas nécessairement religieuse, toute religion ne suscite pas le développement d'une sagesse appuyée sur l'exercice de la raison : dans le judaïsme alexandrin en revanche, l'alliance de la religion et de la rationalité se fait de façon particulièrement claire, sur fond de rencontres et de confrontations pluriséculaires avec la culture grecque. Les convergences sont d'autant plus fortes qu'elles trouvent un terrain commun dans l'usage de la langue grecque qui facilite des développements sapientiaux nourris à la fois de l'Écriture juive, d'une part, et de la philosophie et de la culture grecques, d'autre part.

Quelques indices permettent cependant de penser que le judaïsme alexandrin demeurait très divers : les preuves les plus évidentes sont les quelques pointes adressées par Philon contre les allégoristes purs ou les littéralistes étroits, qui témoignent d'options exégétiques très variées[2] – sans parler des juifs qui apostasiaient, comme l'a fait de façon fameuse le propre neveu de Philon, Tiberius Julius Alexander. L'essentiel de la production exégétique de cette brillante et nombreuse communauté a toutefois disparu. À l'exception de fragments d'Aristobule et de la *Lettre d'Aristée*, que l'on peut faire remonter

---

[1] σοφία δὲ ἐπιστήμη θείων καὶ ἀνθρωπίνων καὶ τῶν τούτων αἰτίων (*Congr.* 79). Cette définition n'est pas nouvelle, comme l'a bien montré Monique Alexandre dans une note complémentaire de son édition du traité (*OPA*, p. 242). La formule (la sagesse comme science des choses divines et humaines) remonte aux Stoïciens mais a connu plusieurs reprises et développements, aussi bien chez Cicéron que dans le quatrième livre des *Maccabées*. Si l'on y ajoute le rappel que fait Monique Alexandre d'Aristobule, c'est bien un élément significatif de contact entre la philosophie grecque et le monde juif, qui établit un « lien entre Sagesse, Loi, culte de Dieu » (*ibid.*), qu'il s'agisse de Philon ou de l'auteur du livre de la Sagesse.

[2] Voir RUNIA 2011, p. 377.

© JÉRÔME MOREAU, 2021 | DOI:10.1163/9789004443952_008

au 2ᵉ s. av. J.-C., il ne subsiste que deux grandes œuvres de la fin de la période : celle de Philon, monumentale, puisqu'elle se compte encore en dizaines de volumes, et le Livre de la Sagesse, ou Sagesse de Salomon, d'une tout autre échelle avec ses dix-neuf chapitres, mais dont l'importance ne doit pas être sous-estimée. Ces deux œuvres témoignent du dernier stade du développement de l'exégèse judéo-alexandrine, avec un recours pour l'une comme pour l'autre à la philosophie et de façon plus générale à la culture grecque, au service d'une défense et d'une illustration de la religion juive et au premier chef de ses Écritures.

Toutefois, au-delà de points de convergence évidents, ces deux œuvres sont aussi différentes que peuvent l'être, *mutatis mutandis*, les œuvres de Marcel Proust et de Henri Bergson : l'époque est la même, les thèmes principaux sont communs, il y avait même entre ces deux derniers des liens de parenté (on ignore en revanche quel est l'auteur du Livre de la Sagesse, et l'existence d'un quelconque lien avec Philon). Et pourtant, plus on s'efforce de dégager la logique propre de chacune, plus les différences apparaissent. Il en va de même dès lors que l'on considère attentivement l'œuvre de Philon d'un côté, et le livre de la Sagesse de l'autre. Certaines thèses anciennes qui font de Philon l'auteur du Livre de la Sagesse, rappelées notamment par saint Jérôme dans sa préface au livre, s'en trouvent clairement disqualifiées[3]. Il faut toutefois aller plus loin encore : non seulement les points communs entre les œuvres ne permettent pas de donner à une œuvre restée anonyme le seul nom d'auteur de la période qui ait survécu à la disparition du judaïsme alexandrin, mais encore il ne semble pas possible d'établir de relation directe entre les œuvres, qui développent chacune une conception de la sagesse qui leur est propre[4].

---

3 Si tant est que cela s'avère encore nécessaire, la distinction entre les deux auteurs ayant déjà été faite au cours des siècles par divers érudits. On pourra consulter par exemple la *Sainte Bible en latin et en français* avec la traduction de Lemaistre de Sacy, publiée à Paris en 1748-1750, qui comporte plusieurs avis sur l'auteur du Livre de la Sagesse, confirmant à la fois la convergence entre les œuvres et leur différence d'auteur : les points communs seraient à attribuer à la connaissance par Philon du texte du Livre de la Sagesse.

4 Nous n'entrerons pas ici dans les hypothèses de datation de chacune des œuvres, pour lesquelles manquent des jalons historiques suffisamment précis. L'œuvre de Philon appartient de façon certaine à la première moitié du 1ᵉʳ s. de notre ère, puisqu'il dit avoir été choisi comme ambassadeur auprès de Caligula, en 40, « en raison de son âge et de son éducation » (δι' ἡλικίαν καὶ τὴν ἄλλην παιδείαν : *Legat.* 182), mais il n'est guère possible d'être plus précis, sans même parler de la datation spécifique de chaque livre (voir toutefois la proposition récente de NIEHOFF 2018, qui voit dans le séjour de Philon à Rome l'occasion d'un tournant dans ses préoccupations et sa méthode). La datation du Livre de la Sagesse est plus incertaine encore. Certains détails, comme le culte rendu aux statues impériales, conduisent à la dater vraisemblablement également du 1ᵉʳ s., quelques auteurs proposant une datation plus précise encore dans les années 40, en réaction à cette même persécution de Caligula qui a

Après avoir réfuté la pertinence de certains points de comparaison directs entre les deux œuvres, nous mettrons en évidence leurs écarts quant à la question des figures de sagesse, en nous attachant particulièrement au lien entre sagesse et royauté.

1 Quelques points de convergence entre Philon et le Livre de la Sagesse

La base de données Biblindex[5], à la suite du volume de *Biblia patristica* qui recense les citations scripturaires dans l'œuvre de Philon d'Alexandrie[6], propose d'identifier pas moins de 34 références ou allusions pour le Livre de la Sagesse. C'est plus que notable pour un livre ne figurant pas dans le Pentateuque, auquel renvoient plus de 97 % des citations scripturaires de Philon, sur un total de près de 9700[7]. Seuls les Psaumes, Loi de Moïse mise à part, comptent plus de références (54). Or, l'étude détaillée des passages identifiés comme de possibles citations fait apparaître que ces correspondances relèvent d'une convergence thématique générale plus que d'une véritable identité, sans même parler d'un travail de citation. C'est ce que l'on peut constater dès lors que l'on ne s'arrête pas à des rapprochements ponctuels, si frappants soient-ils, mais que l'on s'intéresse à des réseaux de références qui dessinent des perspectives propres à chaque auteur, et parfois même profondément divergentes. Un thème tel que la vie du sage et la longueur ou la qualité de celle-ci le fait voir de façon très nette.

Dans le *Quis rerum divinarum heres sit* (§ 290), Philon donne en exemple

---

conduit Philon à s'engager au service de sa communauté (voir notamment SCARPAT 1967, p. 180-184, ou WINSTON 1979, p. 20-25). Dans tous les cas, si tant est que ce dernier ait été écrit avant les textes de Philon, il semble peu probable qu'il ait pu accéder rapidement à une autorité suffisante dans la communauté pour que Philon en donne des citations ou réfléchisse directement à partir de son contenu – en dehors du Pentateuque, auquel seul il reconnaît une véritable autorité, il accorde bien peu d'importance aux textes postérieurement intégrés au canon juif ou au canon chrétien. Son œuvre fait bien référence à des pratiques religieuses et exégétiques de son temps, notamment dans une perspective polémique, mais cela ne dépasse jamais le stade de l'allusion indéchiffrable – pour autant qu'il se réfère à des personnes concrètes et non à des modèles abstraits.

5 www.biblindex.mom.fr. Le projet est porté par l'Institut des Sources chrétiennes au sein d'HiSoMA (UMR 5189), sous la tutelle du CNRS et de l'université Lyon 2.

6 *Biblia patristica, supplément : Philon d'Alexandrie*, Paris, Éd. du CNRS, 1982.

7 La Genèse rassemble à elle seule la moitié de ces citations.

οὐ δήπου τὴν πολυχρόνιον ἀλλὰ τὴν μετὰ φρονήσεως ζωήν· τὸ γὰρ εὐήμερον πο-
λυετίας κρεῖττον, ὅσῳ καὶ βραχύτερον φῶς σκότους αἰωνίου (μίαν γὰρ ἡμέραν
ὑγιῶς εἶπέ τις προφητικὸς ἀνὴρ βούλεσθαι βιῶναι μετ᾽ ἀρετῆς ἢ μυρία ἔτη ἐν
σκιᾷ θανάτου, θάνατον μέντοι τῶν φαύλων αἰνιττόμενος βίον)

non pas une vie qui dure beaucoup, mais une vie accompagnée de prudence : en effet, le bonheur est meilleur que l'abondance des ans, autant qu'une lumière plus courte qu'une obscurité éternelle (en effet un
homme prophétique a dit de belle façon que l'homme voulait vivre un
seul jour avec la vertu plutôt que des milliers d'années dans l'ombre de la
mort, voulant signifier par la mort la vie des personnes viles).

On ne peut qu'être frappé à première vue par la correspondance avec certaines
affirmations du Livre de la Sagesse, notamment celle-ci (Sg 4, 8-9) :

γῆρας γὰρ τίμιον οὐ τὸ πολυχρόνιον
οὐδὲ ἀριθμῷ ἐτῶν μεμέτρηται,
πολιὰ δέ ἐστιν φρόνησις ἀνθρώποις
καὶ ἡλικία γήρως βίος ἀκηλίδωτος

En effet la vieillesse digne d'estime n'est pas longueur de temps
Et on ne la mesure pas au nombre des années,
Mais les cheveux blancs des hommes, c'est la prudence
Et l'âge de la vieillesse, une existence immaculée.

Il semble y avoir de part et d'autre une semblable insistance pour relativiser
la durée de la vie au profit de la présence dans cette vie d'une même vertu, la
prudence (φρόνησις). La proximité est claire, jusqu'à l'usage d'un même adjectif
(πολυχρόνιον[8]) mais l'idée n'est en elle-même pas originale, puisqu'elle peut remonter à une source commune, les Psaumes, que Philon reformule justement
à la fin du passage que nous avons cité :

---

8 Le terme n'est pas scripturaire, ce qui pourrait conforter l'idée d'une convergence significative entre les deux œuvres, s'il n'était pas relativement courant depuis l'époque classique,
   avec de nombreux emplois chez Platon et surtout Aristote (40 occurrences) mais aussi dans
   le corpus hippocratique, puis chez divers auteurs de l'époque hellénistique, donc des historiens comme Polybe (18 occurrences), Diodore de Sicile (40 occurrences) ou encore Denys
   d'Halicarnasse (6 occurrences).

ὅτι κρείσσων ἡμέρα μία ἐν ταῖς αὐλαῖς σου ὑπὲρ χιλιάδας,
ἐξελεξάμην παραρριπτεῖσθαι ἐν τῷ οἴκῳ τοῦ θεοῦ
μᾶλλον ἢ οἰκεῖν ἐν σκηνώμασιν ἁμαρτωλῶν

Parce qu'un seul jour dans tes cours est meilleur que des milliers,
j'ai choisi d'être mis à l'écart, dans la maison de Dieu,
plutôt que d'habiter dans les quartiers des pécheurs (Ps 83, 11).

Si l'on prolonge l'examen en l'étendant à d'autres passages similaires, des différences peuvent toutefois commencer à apparaître. Ainsi, le Livre de la Sagesse a cette formule, dans le même passage : τελειωθεὶς ἐν ὀλίγῳ ἐπλήρωσεν χρόνους μακρούς (« Parvenu à la perfection en peu de temps, il a atteint le comble de longues périodes » ; Sg 4, 13). Il existe ainsi une longue durée qui constitue l'envers de la vie courte, mais parfaite, et en exprime en quelque sorte la qualité. Une dialectique de ce genre n'est pas absente chez Philon, mais elle se présente un peu différemment, lorsqu'il rappelle que, d'après Moïse, le magistrat observant reçoit « le pouvoir qui dure longtemps » (τὴν μακροχρόνιον ἡγεμονίαν),

... ἵνα ἀναδιδάξῃ τοὺς ἀγνοοῦντας, ὅτι ὁ νόμιμος ἄρχων, κἂν τελευτήσῃ, βίον ζῇ μακραίωνα διὰ τῶν πράξεων, ἃς ἀθανάτους ἀπολέλοιπε μνημεῖα καλοκἀγαθίας ἀκαθαίρετα

... pour enseigner aux ignorants que le magistrat observant, même s'il meurt, vit une existence d'une longue durée à travers les actions qu'il a laissées, immortelles, comme des mémoriaux inamovibles de sa perfection (*Spec.* IV, 169).

La vie longue apparaît chez Philon comme une compensation, *post mortem*, dans la mémoire des vivants, d'une vie trop courte ou même tout simplement conclue à son heure par la mort. Il est vrai que cette idée d'une gloire qui reste dans les mémoires, quelque chose comme le κλέος grec, se trouve également ponctuellement dans la Sagesse, lorsque le Pseudo-Salomon déclare à propos de la sagesse (Sg 8, 13) :

ἕξω δι' αὐτὴν ἀθανασίαν
καὶ μνήμην αἰώνιον τοῖς μετ' ἐμὲ ἀπολείψω.

J'aurai grâce à elle l'immortalité
Et je laisserai à ceux qui viendront après moi un souvenir éternel.

Mais lorsqu'il parle de la longue durée remplie par la vie du sage, même si celle-ci s'avère brève, il lui donne une autre acception qui ouvre sur des perspectives différentes (Sg 5, 15) :

Δίκαιοι δὲ εἰς τὸν αἰῶνα ζῶσιν,
καὶ ἐν κυρίῳ ὁ μισθὸς αὐτῶν

Les justes vivent pour l'éternité
Et leur gratification est dans le Seigneur

Autrement dit, celui qui est frappé et meurt alors qu'il est juste, vit en définitive de longs jours parce qu'il accède à une vie éternelle, dont la succession des stiques suggère qu'elle est leur récompense (ὁ μισθός) laquelle se trouve, d'une façon ou d'une autre, en Dieu. C'est donc bien leur existence qui se prolonge (l'emploi du verbe ζῆν est ici très significatif de ce qu'il s'agit la poursuite de la vie et non d'un simple souvenir) dans une éternité qui se trouve « en Dieu »[9].

Or, lorsque Philon évoque la vie des sages, c'est dans leur vie terrestre. Certes, il utilise αἰών à la fois pour parler de l'éternité en Dieu, par opposition au temps qui s'écoule (χρόνος)[10], et pour évoquer une temporalité humaine qui dure à jamais, mais c'est dans ce dernier cas sur un plan différent, pour décrire une condamnation sans fin, au sens que nous donnons aujourd'hui à l'expression « à perpétuité »[11]. De plus, il emploie également ce terme pour évoquer toute la durée du temps sensible ou historique[12], et surtout il ne l'emploie pas pour parler d'une éternité dans laquelle entreraient en personne les sages, mais au mieux seulement pour caractériser la continuité, au cours de l'existence, d'une forme de perfection[13]. Il ne manque ainsi pas de propos où Philon relativise

---

9   Nous renvoyons sur ce point à LEPROUX 2007, p. 282-308 à qui nous devons beaucoup, de façon générale, dans la perspective que nous adoptons concernant le livre de la Sagesse.

10   Il l'explique notamment de façon développée dans *Quod Deus sit immutabilis* (§ 30-32).

11   Voir par exemple *Leg.* III, 198, *Cher.* 2, *Deus* 115, etc.

12   Voir par exemple *Sacrif.* 76, avec l'idée de tout le temps écoulé jusqu'à présent, ou *Poster.* 119.

13   Trois exemples tirés du *De plantatione* permettent d'en rendre compte. On peut relever tout d'abord une prière : βασίλευε δὴ τὸν ἄπειρον αἰῶνα ψυχῆς τῆς ἱκέτιδος (« Règne donc pendant une éternité sans limite sur l'âme suppliante » ; *Plant.* 53). Il apparaît que celle-ci n'implique pas tant une vie éternelle en Dieu que l'espoir d'une providence continue qui ne connaisse pas un seul moment (ἀκαρές, *ibid.*) de rupture. Plus loin, c'est le « fruit de l'éducation » (ὁ τῆς παιδείας καρπός) qui peut espérer demeurer « sans connaître de corruption pour l'éternité » (δι' αἰῶνος φθορὰν μὴ δεχόμενος) à l'image de la « nature incorruptible du bien » (ἄφθαρτος γὰρ ἡ τοῦ ἀγαθοῦ φύσις ; *Plant.* 114), mais ce n'est pas le

la perfection d'un sage aussi exemplaire qu'Abraham, notamment lorsqu'il conclut le long exposé de la preuve la plus haute de sa perfection, le sacrifice d'Isaac, en exposant que Dieu « a voulu que [l'âme] des sages, même pendant la plus grande partie du temps de leur existence, jubile et trouve sa joie dans la contemplation du monde » (τὴν δὲ τῶν σοφῶν καὶ τὸν πλείω χρόνον τοῦ βίου γήθειν καὶ εὐφραίνεσθαι τοῖς τοῦ κόσμου θεωρήμασιν ἐβουλήθη ; *Abr.* 207). Aucune mention, ici comme ailleurs, n'est faite à propos du destin d'Abraham après sa mort[14].

Autrement dit, à la différence de Philon, le Livre de la Sagesse semble engager un paradoxe : une vie courte peut être qualifiée véritablement de longue et ouvrir à une forme de vie après la mort, se poursuivant en Dieu. Les sages philoniens, quant à eux, peuvent connaître Dieu et s'unir à lui autant qu'il est possible à un être corruptible[15], mais Philon s'intéresse avant tout à des modèles vivants. La destinée de l'âme après la mort semble pour lui d'un intérêt

---

sage lui-même. Enfin, à propos d'une figure royale capable de recevoir et de respecter les commandements de Dieu, Philon expose qu'il s'agit de quelqu'un « auprès de qui la sagesse a demeuré pour un temps très étendu, si ce n'est même qu'elle a vécu en lui pour toute la durée du temps » (πάμπολυν χρόνον παρῴκησεν, εἰ καὶ μὴ πάντ' ἐνῴκησε τὸν αἰῶνα, σοφία ; *Plant.* 169). Il s'agit ici de la durée d'une existence humaine, parfaite, et non d'une existence éternelle en Dieu.

14   Un traité comme le *De Abrahamo*, depuis son introduction sur l'existence des sages comme lois vivantes et modèles des lois promulguées ensuite par Moïse, jusqu'à sa conclusion qui reprend comme motif supérieur d'éloge le fait qu'Abraham ait obéi à tous les commandements divins, illustre à quel point ce qui préoccupe avant tout Philon est le respect et l'application de la Loi de Moïse et donc la manière de mener une existence juste, conforme aux lois édictées par Dieu dans sa Création et par l'intermédiaire de Moïse. L'enjeu de sa réflexion est de faire apparaître comment toute la Loi de Moïse, à condition de la lire de façon pertinente, conduit à mener la vie parfaite que les philosophes ont recherchée. L'enjeu est en quelque sorte d'abord éthique : toute réflexion métaphysique ne vise à qu'à éclairer les conditions d'une vie menée selon la volonté de Dieu et qui trouve en elle-même, par sa perfection intrinsèque (dans la mesure où elle est possible), sa justification et sa récompense.

15   Le sommet de la félicité que peut atteindre le sage est effectivement que Dieu se communique à lui, comme un don, de telle sorte que la contemplation de Dieu constitue le don ultime promis au sage, la Terre qui lui est véritablement promise. C'est ce que montre Philon notamment dans le *De migratione Abrahami* (§ 29-33) où le point culminant du parcours vers la Terre promise réside dans la promesse faite par Dieu à Isaac, celui des trois patriarches qui n'a pas quitté la Terre promise, contrairement à son père Abraham et son fils Jacob : « Je serai avec toi » (Gn 26, 3 ; 31, 3), qui est le cœur de l'héritage (κλῆρος ; *Migr.* 30) du sage. Une fois encore, l'expression n'est pas très éloignée de ce que l'on trouve dans le Livre de la Sagesse, avec l'idée d'une « récompense en Dieu », si ce n'est que le don que Dieu fait de lui-même au sage n'est pas l'accès à une présence auprès de Dieu après la mort, mais constitue le sommet de la contemplation intellectuelle du sage qui peut

secondaire : elle n'est que la conséquence logique de leur vie bonne et de la finitude de leur être sensible voué à la corruption. Ce qui prime en définitive, c'est d'identifier des vertus accomplies, c'est-à-dire incorruptibles, à travers la vie concrète de ces êtres qui, eux, passeront. Ce n'est qu'au niveau de lecture de l'allégorie, caractérisée par son idéalisme, que Philon peut envisager l'éternité des réalités ou des figures dont il parle.

On pourrait donner une idée de la différence de perspective entre les deux auteurs par le biais d'une fiction exégétique : quelle interprétation Philon et l'auteur du Livre de la Sagesse pourraient-ils donner, chacun de leur côté, des épreuves du serviteur dans Isaïe suivies de son exaltation, notamment aux chapitres 52 et 53[16] ? Pour Philon, il s'agirait d'évoquer une victoire du sage, comme il le fait par exemple pour Abraham, confronté aux quatre rois qui ont enlevé Lot et contre lesquels il remporte un éclatant succès militaire, figure d'une victoire sur le monde sensible (*Abr.* 225-244). La qualité du sage s'éprouve à la réussite qu'il manifeste dans ce qu'il entreprend et à la rectitude constante de ses actions. S'il paraît un temps échouer ou souffrir, ce n'est peut-être que pour manifester ses vertus héroïques, ou bien encore il s'agit d'une illusion sur le plan des réalités sensibles, qui se retourne en un succès véritable, dans l'allégorie : il n'y a pas de paradoxe qui n'ait une résolution claire et rationnelle. De façon analogue, c'est le cas, par exemple, du sacrifice d'Isaac, dans le *De Abrahamo* (167-207). Au sens littéral, Abraham témoigne de son héroïcité en obéissant malgré tout ce qu'il lui en coûte, au risque de pratiquer un acte dont Philon souligne lourdement l'atrocité, pour Abraham plus encore que pour quiconque – sachant que Dieu ne désire naturellement pas la mort d'Isaac en tant que telle, mais seulement une obéissance totale qui révèle une vraie piété. Au sens allégorique, ce passage montre selon Philon que la vraie joie (Isaac signifie « le rire ») ne peut venir que de Dieu, qui l'offre ainsi à Abraham. Le sacrifice barbare laisse la place à un échange parfaitement lumineux et joyeux entre le sage et Dieu.

Pour le Pseudo-Salomon, en revanche, le salut est paradoxal, sans aucune tentative de résolution de la difficulté qu'il pose. En effet, il évoque la reconnaissance par les injustes du salut conféré par Dieu au juste après sa mort en ces termes (Sg 5, 2) :

---

parvenir, ponctuellement, à s'abstraire de la corruptibilité de la création pour recevoir la vision de son Créateur.

16   En particulier au verset 52, 13 : « mon serviteur comprendra, et il sera élevé, et il sera fortement glorifié ».

138 MOREAU

Τότε στήσεται ἐν παρρησίᾳ πολλῇ ὁ δίκαιος
κατὰ πρόσωπον τῶν θλιψάντων αὐτὸν
καὶ τῶν ἀθετούντων τοὺς πόνους αὐτοῦ.
Ἰδόντες ταραχθήσονται φόβῳ δεινῷ
καὶ ἐκστήσονται ἐπὶ τῷ παραδόξῳ τῆς σωτηρίας.

Alors le juste se dressera avec une grande assurance
Devant la face de ceux qui l'auront accablé
Et de ceux qui auront nié ses peines.
En le voyant, ils seront troublés par un terrible effroi
Et ils seront stupéfaits devant le caractère paradoxal du salut.

Ce salut paradoxal intègre ainsi, comme chez Isaïe, la souffrance et même la mort, provoquant de façon semblable la stupéfaction de ceux qui y assistent (ἐκστήσονται : Is 52, 14).

Au-delà de points de rapprochement pour lesquels Philon et le Pseudo-Salomon emploient des tournures similaires pour décrire des réalités qui semblent voisines, des perspectives très différentes se dégagent en réalité. Philon cherche à éclairer de la façon la plus rationnelle possible les commandements divins et les épreuves des sages, sans considération d'une vie après la mort : la question semble ne pas se poser pour le sage dont l'intellect parvient à une connaissance parfaite des réalités intelligibles et éternelles, et à qui Dieu choisit de se manifester. Le Pseudo-Salomon, quant à lui, déploie la dramatique d'un salut paradoxal qui ne se manifeste qu'à travers et au-delà de la mort.

2   Abraham, Salomon et la Sagesse

Ces différences se confirment lorsque l'on considère de façon plus systématique les figures de sage. Nous retiendrons de façon privilégiée d'un côté Salomon, ou du moins celui qui se présente comme tel, et occupe naturellement une place privilégiée dans le livre qui porte son nom, et de l'autre, comme modèle du sage philonien, Abraham. Avec Moïse, qui lui est certes supérieur[17], c'est

---

17   Son statut de législateur et sa proximité avec Dieu font qu'il reçoit le titre de « sage accompli » (πάνσοφος) à de nombreuses reprises (*Deter.* 126 ; *Poster.* 28.169 ; *Gig.* 56 ; *Agric.* 20.43 ; *Plant.* 27 ; *Migr.* 45.76, *Abr.* 13, *Mos.* II, 204 ; *Spec.* II, 194 ; *Spec.* IV, 69.157.175 ; *Virt.* 60), bien plus fréquemment qu'Abraham, qui ne l'est qu'une fois, et pas même dans un traité qui lui soit consacré (*Cher.* 18).

le sage qui occupe la plus grande place dans les traités de Philon, mais la matière disponible est à plusieurs égards plus facilement utilisable, la figure de Moïse étant surtout développée pour elle-même dans la *Vie* qui lui est consacrée, alors que plusieurs traités et de nombreuses autres références renvoient à Abraham. De plus, la relation entre Abraham et la sagesse est particulièrement mise en avant par Philon, notamment à travers la figure de Sarah, comme cela apparaît de façon privilégiée dans le *De congressu eruditionis gratia*.

L'élément qui est naturellement le plus marquant, dans ce traité, est la manière dont Philon fait de Sarah une figure de la vertu souveraine et de la Sagesse. Le sage, Abraham, est l'époux de la Sagesse, dont il reçoit précisément sa vertu et sa qualité de sage. Cela est mentionné dès le début du traité :

τοὺς μὲν γὰρ εἰσάπαν ἀξίους ἔκρινε τῆς συμβιώσεως αὐτῆς, οἱ δ' οὔπω τὴν ἡλικίαν ἔδοξαν ἔχειν, ὡς ἐπαινετῆς καὶ σώφρονος οἰκουρίας ἀνέχεσθαι

S'il en est, en effet, qu'elle [la sagesse] juge tout à fait dignes de partager son existence, d'autres lui paraissent ne pas avoir encore l'âge de supporter cette vie retirée, digne et modérée[18].

Le sage est celui qui est reconnu digne d'une « communauté de vie » (συμβίωσις) avec la vertu. De façon très significative, le terme se retrouve aussi dans la bouche du Pseudo-Salomon, à deux reprises, dans le chapitre 8. La première est au verset 9 :

ἔκρινα τοίνυν ταύτην ἀγαγέσθαι πρὸς συμβίωσιν
εἰδὼς ὅτι ἔσται μοι σύμβουλος ἀγαθῶν
καὶ παραίνετις φροντίδων καὶ λύπης

Donc j'ai jugé bon de la prendre pour une communauté de vie,
Sachant qu'elle serait pour moi une conseillère sur ce qui est bon
Et une exhorteuse[19] contre les soucis et la tristesse (Sg 8, 9)

---

18   *Congr.* 5 (pour cette citation et les suivantes du traité, trad. Monique Alexandre, *Œuvres de Philon d'Alexandrie*, désormais OPA).

19   Qu'on veuille bien pardonner ce néologisme, à partir d'un masculin lui même presque inusité en français, pour rendre παραίνετις, également un quasi hapax en grec : nous corrigeons ici le texte reçu qui donne παραίνεσις, afin de poursuivre la personnification de la sagesse développée ici, en parallèle avec σύμβουλος. Le recours à un tel quasi-néologisme n'a rien d'invraisemblable dans un livre qui désigne par ailleurs la Sagesse au moyen du terme, très rare lui aussi, de τεχνῖτις (artisane).

tandis que la seconde est au verset 16 :

εἰσελθὼν εἰς τὸν οἶκόν μου προσαναπαύσομαι αὐτῇ,
οὐ γὰρ ἔχει πικρίαν ἡ συναναστροφὴ αὐτῆς
οὐδὲ ὀδύνην ἡ συμβίωσις αὐτῆς

Entrant dans ma demeure, je me reposerai à côté d'elle,
En effet, elle n'a pas d'amertume, sa fréquentation,
Ni de souffrance, la communauté de vie avec elle.

Il semble donc être question dans les deux livres d'une union conjugale. Néanmoins, quelques détails peuvent laisser penser à un autre intertexte concernant le Pseudo-Salomon, celui d'une conseillère au sens strict plus que d'une épouse. On lit en effet en Sg 6, 14 :

ὁ ὀρθρίσας πρὸς αὐτὴν οὐ κοπιάσει,
πάρεδρον γὰρ εὑρήσει τῶν πυλῶν αὐτοῦ

Celui qui s'est levé tôt pour elle ne connaîtra pas la fatigue,
En effet il la trouvera assise près de ses portes.

L'adjectif πάρεδρος signifie littéralement « qui est assis près de », mais il renvoie aussi par extension au conseiller, tandis que l'image assez étonnante d'une épouse qui attendrait à la porte avant l'aube entre en forte tension avec l'image conjugale. On peut trouver une semblable tension entre le vocabulaire amoureux et celui d'une conseillère dans une formule qui semblerait pourtant transparente, en Sg 8, 2 :

Ταύτην ἐφίλησα καὶ ἐξεζήτησα ἐκ νεότητός μου
καὶ ἐζήτησα νύμφην ἀγαγέσθαι ἐμαυτῷ
καὶ ἐραστὴς ἐγενόμην τοῦ κάλλους αὐτῆς

Je l'ai aimée et recherchée depuis ma jeunesse
Et j'ai cherché à la prendre pour moi-même comme fiancée
Et je suis devenu amoureux de sa beauté.

Le substantif νύμφη n'est normalement pas employé en grec pour parler du mariage (on emploie toujours γυνή, ou le verbe ἄγεσθαι sans complément d'objet). Le terme peut renvoyer à l'idée d'épouse légitime[20], mais peut aussi

---

20   C'est ce que propose de comprendre Scarpat 1993, p. 185.

suggérer qu'il ne s'agit pas tant d'une simple fiancée ou épouse que d'une nymphe, au sens premier du terme, à l'instar de ce que fut Égérie pour le roi Numa Pompilius, c'est-à-dire la conseillère privilégiée d'une figure royale. La figure féminine de la sagesse s'apparenterait ainsi à un maître de sagesse dont on s'efforce de partager la vie pour s'améliorer à son contact. En ce cas, les deux couples que forment Abraham et Sarah d'une part, Salomon et la Sagesse d'autre part, ne sont pas tout à fait superposables.

Quelques détails incitent encore à ne pas exagérer la ressemblance. Ainsi, alors que la Sagesse est qualifiée de conseillère par le Pseudo-Salomon, Philon parle surtout d'obéissance. Il expose ainsi, à propos d'Abraham, qu' « il est nécessaire en effet, pour qui apprend, d'être docile aux ordres de la vertu » (ἀναγκαῖον γὰρ τοῖς παραγγέλμασιν ἀρετῆς τὸν μανθάνοντα πειθαρχεῖν ; *Congr.* 63), littéralement d' « obéir à quelqu'un qui commande », de la même manière qu'il convient d'obéir à la Loi. Cela apparaît dans la suite du traité, lorsqu'il affirme que « la vie véritable, c'est de marcher en suivant les ordres et les commandements de Dieu » (ἡ πρὸς ἀλήθειαν ζωὴ περιπατοῦντός ἐστιν ἐν ταῖς τοῦ θεοῦ κρίσεσι καὶ προστάξεσιν ; *Congr.* 87).

Un second détail est le statut de la Sagesse vis-à-vis de Dieu : elle est en « communauté de vie » avec Dieu, selon le même passage du Livre de la Sagesse, en Sg 8, 3 :

> εὐγένειαν δοξάζει συμβίωσιν θεοῦ ἔχουσα,
> καὶ ὁ πάντων δεσπότης ἠγάπησεν αὐτήν

> Elle glorifie la noblesse, ayant une communauté de vie avec Dieu
> Et le maître de l'univers l'a chérie.

Sans pour autant assimiler le vocabulaire de l'ἀγάπη et celui de l'ἔρως[21], on voit comment l'idée d'attachement et de communauté de vie n'est pas à considérer trop rapidement comme une réalité amoureuse, même s'il y a une forme d'affection personnelle. Surtout, il est singulier de constater que tandis que Philon part d'une femme, Sarah, pour la transposer, dans l'allégorie, en une figure idéale de la Sagesse, le Livre du Pseudo-Salomon opère en quelque sorte dans l'autre sens, suivant en cela toute une tradition bien repérée dans les livres sapientiels du judaïsme : la sagesse se charge progressivement d'attributs qui la personnifient. La figure de la Sagesse est enrichie pour en faire quelque chose

---

21   Le verbe ἀγαπῶ se rencontre par exemple en Sg 1, 1 et 8, 7 pour désigner l'attachement de quelqu'un pour la justice, ou en Sg 6, 12 pour désigner, comme ici, un attachement envers la sagesse elle-même, mais de la part d'un homme. On retrouve encore cet attachement de la part de Dieu pour le juste en Sg 4, 10.

142 MOREAU

comme une personne, comme un véritable être, intermédiaire entre Dieu et les hommes. S'il y a donc bien, dans les deux cas, un rapport de figuration entre la Sagesse et une femme, le processus est en réalité inverse chez nos deux auteurs.

Une dernière distinction doit être faite, au sujet de l'accès à la Sagesse et du parcours qu'il est nécessaire de suivre pour l'atteindre. Le Pseudo-Salomon déclare en Sg 8, 10 :

ἕξω δι' αὐτὴν δόξαν ἐν ὄχλοις
καὶ τιμὴν παρὰ πρεσβυτέροις ὁ νέος

J'aurai grâce à elle la gloire devant les foules
Et l'honneur auprès des anciens, moi le jeune homme.

La sagesse n'apparaît donc pas comme une question d'âge, avec des préalables nécessaires. Chez Philon, au contraire, comme nous l'avons vu[22], il faut avoir un certain âge pour être au nombre de ses disciples, et tel avait d'ailleurs été son propre cas[23]. Le parcours à suivre est présenté dans le cadre général de son exégèse du chapitre 16 de la Genèse, à savoir le passage par des études prépara- toires, ou encycliques, figurées par Agar, qu'il est nécessaire de suivre avant de pouvoir connaître la maîtresse qu'est la philosophie, c'est-à-dire Sarah : « nous ne sommes pas capables de recevoir les enfants de la vertu avant d'avoir rencontré sa servante. Et la servante de la Sagesse, c'est la culture obtenue en parcourant le cycle des connaissances préparatoires (ἡ διὰ τῶν προπαιδευμάτων ἐγκύκλιος μουσική) »[24].

Philon semble employer un vocabulaire bien spécifique : il parle de la culture au sens large (μουσική) et expose que « les disciplines constituant le

---

22   *Congr.* 5, voir *supra*.

23   οὐ γάρ ἠδυνάμην πω νέος ὢν τὰ γεννήματα αὐτῆς παραδέχεσθαι, τὸ φρονεῖν, τὸ δικαιοπραγεῖν, τὸ εὐσεβεῖν, διὰ τὸ πλῆθος τῶν νόθων παίδων, οὓς ἀπεκύησάν μοι αἱ κεναὶ δόξαι (« je ne pou- vais, jeune comme j'étais, accueillir ce qu'elle procréait, les actes de sagesse, de justice, de piété, en raison de cette foule de bâtards qu'avaient mis au monde pour moi les vaines opinions » ; *Congr.* 6).

24   οὐ γάρ ἐσμεν ἱκανοὶ δέξασθαί πω γονὰς ἀρετῆς, εἰ μὴ πρότερον ἐντύχοιμεν αὐτῆς τῇ θεραπαινίδι· θεραπαινὶς δὲ σοφίας ἡ διὰ τῶν προπαιδευμάτων ἐγκύκλιος μουσική ; *Congr.* 9. En réalité, il y a une forme de dédoublement de la figure de Sarah, qui représente d'abord la philosophie atteinte au terme de la maîtrise des sciences encycliques, puis la vraie sagesse atteinte par la maîtrise de la philosophie (*Congr.* 79). VOIR ALEXANDRE 1967, p. 71-72, en particulier la n. 3 p. 72 qui récapitule les différentes interprétations de la figure de Sarah au cours du traité.

ABRAHAM ET SALOMON

cycle d'éducation précèdent la vertu : c'est la route qui mène vers elle »[25], ces disciplines étant précisément à peu de choses près les matières générales de l'enseignement classique : « la grammaire, la géométrie, l'astronomie, la rhétorique, la musique [μουσική au sens restreint du terme cette fois-ci], et tout ce qu'étudie la raison »[26].

Le Pseudo-Salomon évoque bien la nécessité d'un passage par l'éducation (παιδεία), mais le parcours vers la sagesse est tout différent :

> ἀρχὴ γὰρ αὐτῆς ἡ ἀληθεστάτη παιδείας ἐπιθυμία,
> φροντὶς δὲ παιδείας ἀγάπη,
> ἀγάπη δὲ τήρησις νόμων αὐτῆς,
> προσοχὴ δὲ νόμων βεβαίωσις ἀφθαρσίας,
> ἀφθαρσία δὲ ἐγγὺς εἶναι ποιεῖ θεοῦ·
> ἐπιθυμία ἄρα σοφίας ἀνάγει ἐπὶ βασιλείαν

> En effet son commencement, c'est le désir très véridique de l'éducation,
> Et le souci de l'éducation est la charité,
> Et la charité est l'observance de ses lois,
> Et l'attention aux lois est l'affermissement de l'incorruptibilité,
> Et l'incorruptibilité rend proche de Dieu :
> Le désir de la sagesse élève donc vers la royauté (Sg 6, 17-20)

L'un insiste donc sur une formation disciplinaire intégrale, l'autre sur un parcours plus complexe dont l'éducation en tant que telle n'est que la première marche. Le contenu de celle-ci n'est d'ailleurs jamais détaillé, même si l'injonction est clairement affirmée, d'abord en Sg 6, 1 :

> Ἀκούσατε οὖν, βασιλεῖς, καὶ σύνετε,
> μάθετε, δικασταὶ περάτων γῆς

> Entendez donc, ô rois, et comprenez,
> Apprenez, juges des extrémités de la terre

puis en Sg 6, 11 :

---

25   ἀρετῆς πρόκειται τὰ ἐγκύκλια· ταῦτα γὰρ ὁδός ἐστιν ἐπ' ἐκείνην φέρουσα ; *Congr.* 10.

26   γραμματική, γεωμετρία, ἀστρονομία, ῥητορική, μουσική, τῇ ἄλλῃ λογικῇ θεωρίᾳ πάσῃ ; *Congr.* 11. Pour une étude précise de cette liste des arts libéraux, nous renvoyons à ALEXANDRE 1967, p. 34 sq.

ἐπιθυμήσατε οὖν τῶν λόγων μου,
ποθήσατε καὶ παιδευθήσεσθε

Ayez donc le désir de mes paroles,
Brûlez de désir et soyez éduqués.

Le parallélisme entre les deux passages permet de voir qu'il ne s'agit pas d'éducation au sens intellectuel, mais bien d'un apprentissage dont rien n'indique qu'il s'agisse d'un savoir théorique. Au contraire, la tournure du passage, qui reprend l'injonction initiale du livre (« Chérissez la justice, vous qui jugez la terre » ; Sg 1, 1), donne à penser que les rois doivent apprendre ce qui a été développé entre le chapitre 1 et la fin du chapitre 5, à savoir où se trouve la véritable justice, ce qui nécessite de leur part de rechercher la sagesse.

À cet égard, le Livre de la Sagesse se présente comme une méditation scripturaire sur Ps 2, 10.12, à la lumière d'une réflexion sur la question de la justice :

καὶ νῦν, βασιλεῖς, σύνετε, παιδεύθητε, πάντες οἱ κρίνοντες τὴν γῆν
[...] δράξασθε παιδείας

Et maintenant, rois, comprenez, soyez éduqués, vous tous qui jugez la
    terre
[...] Saisissez-vous de l'éducation.

Plus largement, le Livre de la Sagesse fait écho aux deux premiers psaumes, qui présentent respectivement une figure de juste opposée aux impies qui subissent le jugement de Dieu, puis une révolte des rois de la terre auxquels Dieu oppose le roi qu'il s'est choisi. L'Écriture est ainsi reprise, méditée et, sans doute, actualisée (nous y reviendrons). Philon de son côté semble présenter un parcours vers la sagesse d'un grand classicisme et fondé de manière décisive sur une formation de type scolaire, où ne se ressent pas le caractère d'urgence du Livre de la Sagesse. Abraham apparaît comme un sage intemporel, et le traité de Philon comme un manuel descriptif, tandis que le Livre de la Sagesse apparaît comme un appel pressant à l'égard de figures royales[27].

---

27   Il ne s'agit pas pour autant d'opposer totalement deux visions antagonistes de la sagesse. On peut relever des correspondances singulières, par exemple dans l'utilisation de part et d'autre de l'adjectif εὐφυής (« naturellement doué ») pour désigner ceux que la sagesse recherche (*Congr.* 122 et Sg 8, 19). La quasi absence du terme dans la Septante peut signaler l'appartenance commune à un milieu philosophique et linguistique qui s'interroge sur les questions d'éducation, tandis qu'une même inspiration scripturaire (par exemple Pr 3, 11-12) peut se discerner dans la commune reprise de l'idée que Dieu réprimande ses enfants

3 La sagesse du roi

C'est sur ces figures royales que nous nous arrêterons dans un dernier temps, tant leur place est significative de l'orientation spécifique de chacune des œuvres. Le Livre de la Sagesse met en avant la question de la royauté, à travers la figure du roi-sage qu'est Salomon et celle des rois de la terre qui sont incités à suivre son exemple. Certes, chez Philon, il n'y a pas véritablement de figure royale de premier plan : les sages qu'il évoque de façon plus particulière n'ont jamais été rois comme Salomon l'a été. Toutefois, un certain nombre de points peuvent être envisagés.

Le premier relève d'une forme de coïncidence scripturaire, puisque Abraham lui-même est qualifié de « roi » par les fils de Nachor (Gn 23, 6), ce que Philon explique à plusieurs reprises, notamment dans le *De Abrahamo*, dans une perspective sapientielle :

> Ensuite, ne retenant pas en eux-mêmes les grandeurs et beautés de sa vertu – en effet, elles étaient toutes remarquables – ils s'approchèrent, ils déclarèrent : « tu es un roi de la part de Dieu, toi, parmi nous », disant très vrai ; en effet les autres royautés sont instituées par les hommes, par des guerres, des armées et des maux indicibles, que s'infligent réciproquement, en s'entretuant, ceux qui désirent le pouvoir, et ils placent comme rempart des puissances pédestres, hippiques et navales ; mais la royauté du sage, c'est Dieu qui la suscite, et l'ayant reçue l'homme de bien n'est cause de mal pour personne, mais pour tous ses sujets, il est cause de l'acquisition en même temps que de l'usage de biens, annonçant la paix et l'ordre civique[28].

Ce premier texte expose un thème qui revient à plusieurs reprises chez Philon : les royautés terrestres ne sont que le résultat de violences innombrables, elles sont donc illégitimes, la seule véritable royauté étant celle du sage. Dans le *De*

---

pour les faire progresser, idée qui court à travers tout le livre de la Sagesse, notamment dans les chapitres 11 et 12, et que Philon reprend également à son compte (*Congr.* 177). Enfin, les deux textes décrivent un semblable élan de la sagesse vers ceux qu'elle veut attirer à elle (*Congr.* 122 et Sg 6, 12-13).

28 εἶτ' οὐ στέγοντες ἐν ἑαυτοῖς τὰ τῆς ἀρετῆς αὐτοῦ μεγέθη καὶ κάλλη πάντα γὰρ ἦν ἐξαίρετα προσελθόντες ἐξεφώνησαν "βασιλεὺς παρὰ θεοῦ εἶ σὺ ἐν ἡμῖν", ἀληθέστατα λέγοντες αἱ μὲν γὰρ ἄλλαι βασιλεῖαι πρὸς ἀνθρώπων καθίστανται, πολέμοις καὶ στρατείαις καὶ κακοῖς ἀμυθήτοις, ἅπερ ἀντεπιφέρουσι ἀλληλοκτονοῦντες οἱ δυναστειῶν ἐφιέμενοι, πεζὰς καὶ ἱππικὰς καὶ ναυτικὰς δυνάμεις ἐπιτειχίζοντες· τὴν δὲ τοῦ σοφοῦ βασιλείαν ὀρέγει θεός, ἣν παραλαβὼν ὁ σπουδαῖος οὐδενὶ μὲν αἴτιος γίνεται κακοῦ, πᾶσι δὲ τοῖς ὑπηκόοις ἀγαθῶν κτήσεως ὁμοῦ καὶ χρήσεως, εἰρήνην καὶ εὐνομίαν καταγγέλλων (*Abr.* 261 ; trad. Jean Gorez, *OPA*).

mutatione nominum, Philon utilise le même verset sur la royauté d'Abraham pour commenter Gn 17, 16[29]. Il précise alors ce qu'il entend par le vrai roi, institué par un décret irrévocable de la nature :

> Et en effet, le véritable guide pour les insensés, c'est le sage, parce qu'il sait ce qu'il faut faire et ne pas faire ; pour les hommes sans retenue, c'est celui qui est maître de soi, puisqu'il a connaissance exacte et soigneuse de ce qui est à choisir ou à faire ; pour les lâches, c'est l'homme courageux qui a appris clairement ce dont il faut ou non soutenir le choc ; pour les injustes, c'est l'homme juste qui se propose, là où il y a un partage à faire, une égalité qui ne fléchit pas ; pour les impies, c'est l'homme saint, qui est rempli des pensées les meilleures qu'on puisse avoir sur Dieu[30].

Le propos emprunte au stoïcisme : le sage est roi car il possède un certain nombre de vertus qui contrebalancent les vices des hommes mauvais. La royauté chez Philon est la conséquence de la sagesse, mais elle n'est jamais royauté au sens institutionnel du terme : le sage ne monte pas sur un trône terrestre, il devient un guide pour les autres hommes, à l'image de ce qu'est un roi pour son peuple.

Une dernière qualité avancée par Philon, toujours à propos de ce passage, mais cette fois dans les *Quaestiones* (QG IV, 76-77) permet de le préciser : cette vertu est ce qu'il appelle χρῆσις ἀνθρώπων, c'est-à-dire le fait de savoir en user avec les hommes, d'avoir le sens des relations humaines dirait-on dans un vocabulaire moderne. De fait, lorsque Philon évoque des figures royales, il fait fréquemment référence, suivant en cela ses sources scripturaires, à des figures de pasteurs. On peut le voir en élargissant le regard aux deux figures les plus liées à la charge royale, tout en étant, à des degrés divers, des sages : Joseph et Moïse. Dans les deux cas, Philon souligne comment ils se sont préparés en étant tout d'abord bergers, comme cela apparaît par exemple dès le début du *De Iosepho* (*Ios.* 2) :

> Il s'y initia vers l'âge de dix-sept ans, en étudiant les principes de l'art pastoral, qui concordent avec ceux de la politique, puisque de là vient, je crois, la coutume, chez les poètes, d'appeler les rois « pasteurs de

---

29   « Des rois de nations sortiront de lui » (καὶ βασιλεῖς ἐθνῶν ἐξ αὐτοῦ ἔσονται).

30   καὶ γὰρ ὄντως ὁ μὲν φρόνιμος ἡγεμὼν ἀφρόνων ἐστὶν εἰδὼς ἃ χρὴ ποιεῖν τε καὶ ἃ μή, ὁ δὲ σώφρων ἀκολάστων τὰ περὶ τὰς αἱρέσεις καὶ φυγὰς ἠκριβωκὼς οὐκ ἀμελῶς, δειλῶν δὲ ὁ ἀνδρεῖος ἃ δεῖ ὑπομένειν καὶ ἃ μὴ σαφῶς ἐκμαθών, ἀδίκων δὲ ὁ δίκαιος ἰσότητος ἐν τοῖς ἀπονεμητέοις ἀρρεποῦς στοχαζόμενος, ὁ δ' ὅσιος ἀνοσίων ἐν ἀρίσταις ὑπολήψεσι ταῖς περὶ θεοῦ κατεσχημένος (*Mutat.* 153).

peuples ». En effet, celui qui a bien assimilé l'art pastoral peut être un excellent roi, car il s'est instruit à diriger le plus noble troupeau des êtres vivants, celui des hommes, sur une matière digne d'un moindre zèle[31].

Pour ces deux personnages, Philon souligne leur capacité à diriger des hommes, à exercer la charge de guide. Celle-ci se double pour Moïse notamment de la qualité de législateur : royauté et fonction législatrice vont de pair pour Philon, qui n'hésite pas à faire de Moïse, comme il l'avait fait pour les patriarches en ouverture du *De Abrahamo*, une « loi vivante » (*Mos.* II, 4), selon une expression empruntée à Platon et qui court dans toute la réflexion politique sur la monarchie pendant la période hellénistique[32]. De même, le fait que le philosophe devienne roi peut remonter à la *République* de Platon, où il est envisagé pour le bien de la cité ou bien que les philosophes deviennent rois, ou bien que les rois se mettent à philosopher[33] – chez Philon, toutefois, il n'est question réellement que de philosophes devenant rois, et encore d'une manière qui paraît presque métaphorique. En effet, Moïse doit précisément renoncer à ses prétentions monarchiques comme petit-fils adoptif de Pharaon pour pouvoir devenir le vrai guide de son peuple, la nation sacerdotale. Le pouvoir et la royauté qu'il reçoit (τὴν ἀρχὴν καὶ βασιλείαν ; *Mos.* I, 148) n'ont rien d'absolu mais sont ordonnés à la mission du peuple élu. Ainsi, la royauté au sens terrestre n'est jamais envisagée de façon positive pour elle-même, seulement

---

31   ἤρξατο μέντοι συγκροτεῖσθαι περὶ ἔτη γεγονὼς ἑπτακαίδεκα τοῖς κατὰ ποιμενικὴν θεωρήμασιν, ἃ συνᾴδει τοῖς περὶ πόλιν· ὅθεν οἶμαι καὶ τὸ ποιητικὸν γένος "ποιμένας λαῶν" τοὺς βασιλεῖς εἴωθεν ὀνομάζειν· ὁ γὰρ τὴν ποιμενικὴν κατωρθωκὼς ἄριστος ἂν εἴη καὶ βασιλεύς, τῆς καλλίστης ζῴων ἀγέλης, ἀνθρώπων, τὴν ἐπιμέλειαν ἐν ταῖς ἐλάττονος σπουδῆς ἀξίαις ἀναδιδαχθείς (trad. Jean Laporte, OPA). Le propos est identique dans le *De vita Mosis* : μετὰ δὲ τὸν γάμον παραλαβὼν τὰς ἀγέλας ἐποίμαινε προδιδασκόμενος εἰς ἡγεμονίαν· ποιμενικὴ γὰρ μελέτη καὶ προγυμνασία βασιλείας τῷ μέλλοντι τῆς ἡμερωτάτης τῶν ἀνθρώπων ἐπιστατεῖν ἀγέλης (« après son mariage, il menait paître les troupeaux, faisant ainsi l'apprentissage du gouvernement. Car le soin des troupeaux est aussi un exercice préparatoire à la royauté pour qui doit prendre la tête du troupeau des hommes » ; *Mos.* I, 60, trad. R. ARNALDEZ, C. MONDÉSERT, J. POUILLOUX, P. SAVINEL, OPA).

32   Nous renvoyons ici à MARTENS 2003, p. 165-174, tel que le présente CALABI 2008, p. 187, n. 10, et plus largement à son troisième chapitre, « The Living Law » (p. 31-66), sur la question de la « loi vivante » notamment appliquée aux rois hellénistiques. Voir aussi l'étude plus ancienne de MONSENGWO PASINYA 1973, p. 49-50 et, à propos de Philon précisément, p. 194. La question a été reprise plus récemment par MORE 2012, qui rappelle l'origine pythagoricienne de la réflexion sur la figure royale. Si aucun lien direct ne peut être établi avec la littérature pythagoricienne elle-même, la dépendance de nos deux auteurs à ce thème, médiatisé largement, est évidente (NEWMAN 2012, p. 425).

33   Philon reprend lui-même dans le *De vita Mosis* (*Mos.* II, 2) cette formule de Platon (*Resp.* V, 473 c-d), sous une forme légèrement ramassée. Cette figure du philosophe-roi chez Platon est néanmoins à prendre avec grande prudence comme l'a montré COLRAT 2019.

dans ses effets négatifs[34], et elle est toujours remplacée par une royauté fondée sur les vertus du sage comme pasteur et un don de Dieu. Seul Joseph devient, « s'il faut dire la vérité, roi » (εἰ χρὴ τἀληθὲς εἰπεῖν, βασιλέα ; *Ios.* 119) à la place de Pharaon, dans l'interprétation que livre Philon de Gn 41, 41-43 – mais on sait combien Joseph est une figure très ambivalente aux yeux de Philon précisément en tant que figure de l'homme politique.

Le contraste est ainsi évident avec le Livre de la Sagesse où il n'est question, au contraire, que de figures royales censées acquérir la sagesse. Ce qui frappe en considérant la figure de Salomon ou celles des autres rois qui sont visés, c'est l'absence de mention de ce qui chez Philon apparaît premier : la relation entre l'art du berger et celui du roi, meneur d'hommes. Tout se passe comme si Philon restait attaché à un modèle scripturaire qui court en mode mineur d'un patriarche à l'autre, et s'incarne définitivement dans la figure du roi David, ancien berger, tandis que le Livre de la Sagesse s'attache à Salomon, dont les particularités essentielles sont la sagesse et, avec elle, la justice[35].

Cette dernière constitue précisément un point central : c'est par elle que s'ouvre le livre, et non par la sagesse : « Chérissez la justice, vous qui jugez la terre » (Ἀγαπήσατε δικαιοσύνην, οἱ κρίνοντες τὴν γῆν ; Sg 1, 1). L'enjeu de l'acquisition de la sagesse est de permettre au roi, devenu sage, d'exercer un bon jugement. Le sage philonien conduit les hommes, mais il n'est pas roi de façon essentielle, cela apparaît le plus souvent comme une conséquence de sa sagesse, appliquée au gouvernement des hommes. Les rois du Livre de la Sagesse, eux, sont déjà reconnus comme rois, mais ils sont appelés à exercer leur charge avec sagesse.

Alors qu'il est question à 30 reprises de la sagesse (σοφία) dans ce livre, l'adjectif σοφός apparaît à peine (3 fois). En revanche, l'adjectif δίκαιος apparaît à 27 reprises : c'est bel et bien la qualité qui se trouve au centre de la réflexion. La tâche des rois est de savoir discerner la véritable sagesse, pour ne pas tomber, frappés comme les injustes qui s'en sont pris au juste et l'ont humilié et tué pour vérifier la véracité de ses affirmations quant à sa proximité avec Dieu. Pour reprendre les termes d'Alexis Leproux,

---

34 Outre le passage du *De mutatione nominum* déjà cité, on peut encore mentionner la suite du passage sur la royauté de Moïse : *Mos.* I, 150-154, où Philon expose la différence radicale entre Moïse et les autres rois, qui ne visent que leur propre intérêt.

35 MORE 2012 (p. 423-424) souligne également que tandis que le sage philonien, nous l'avons vu, s'identifie à la Loi, en tant que loi vivante, le roi du Livre de la Sagesse est en relation avec la Sagesse, mais demeure de ce fait bien distinct d'elle.

l'amitié entre le Sage et la Sagesse constitue le fondement d'une vie commune sans ombre ni trouble. Le souffle communiqué au Sage fait de lui un roi au sens plein du terme, un roi capable de gouverner par la force de sa parole et non par l'absurde des armes. La Sagesse, telle la Muse Calliope, inspire le roi dans l'exercice de sa fonction et lui accorde de ne rendre que de justes sentences[36].

La construction en deux parties du Livre de la Sagesse, la première centrée sur la figure du juste persécuté, et la seconde sur l'exode du peuple hébreu, peuple des justes, permet de comprendre comment se joue l'actualisation d'une méditation sur l'Écriture. L'appel pressant aux rois ne concerne pas forcément un juste énigmatique, mais peut avoir une double application. La première est celle de toute personne recherchant la sagesse et s'identifiant par là à cette figure royale exemplaire. C'est ce que rappelle Jonathan More :

Kingship is thus not limited to a unique and superior human being, but is available to all who are righteous and who call upon God in order to receive Wisdom : « the book affirms the democratization of kingship : "everyman" can be a king, to the degree that it is possible for all to gain wisdom »[37].

Sans exclure la possibilité que ce texte s'adresse à toute personne désireuse de rencontrer la sagesse, le public visé est celui d'un membre du peuple juif, capable de trouver cette sagesse à la lumière de la récapitulation de l'histoire sainte présentée dans la deuxième partie du livre[38]. De façon plus probable, la figure visée est celle de la figure collective précisément dévoilée dans cette seconde partie : le peuple juif, qui est ce peuple persécuté. Tout le Livre de la Sagesse apparaît comme une réflexion autour du destin du peuple juif, à la fois frappé et sauvé par Dieu, le salut de l'Exode préfigurant un nouveau salut,

---

36 LEPROUX 2007, p. 325.
37 MORE 2012, p. 423. La citation provient de NEWMAN 2004, p. 327. Notons que MORE 2012 va plus loin, en affirmant : « The ideal king and sage has been relegated to the background as Wisdom has moved to the fore » (p. 424), relativisant en partie la possibilité de s'identifier à cette figure royale en tant que telle. Il semble négliger ici la manière dont l'éloge de la sagesse et celui du sage sont véritablement conjoints dans le livre. C'est l'objet de l'analyse d'ensemble des chapitres 7-8 de LEPROUX 2007.
38 C'est ce qu'expose NEWMAN 2004, p. 310-311 : « Elevation to the throne of monarch is as simple as offering a prayer for wisdom, avalaible to all who are sincere in faith and righteous in their behavior ».

qui doit passer par les rois, eux qui jugent et peuvent mettre à mort, mais qui repose en définitive dans les mains de Dieu[39].

Or, figure dans le Livre de la Sagesse une notion totalement absente chez Philon : celle de visite, d'ἐπισκοπή, en un sens scripturaire bien attesté qui renvoie à un moment de manifestation divine et de jugement, et qui s'applique ici aux justes. Ce qu'exprime le Livre de la Sagesse, c'est l'idée d'un salut certes paradoxal, certes lié en définitive à la vie en Dieu dans l'éternité, mais qui se joue dans l'histoire, lors d'une « visite » de Dieu qui est un jugement de salut pour les justes (Sg 3, 7-8) :

καὶ ἐν καιρῷ ἐπισκοπῆς αὐτῶν ἀναλάμψουσιν
καὶ ὡς σπινθῆρες ἐν καλάμῃ διαδραμοῦνται,
κρινοῦσιν ἔθνη καὶ κρατήσουσιν λαῶν,
καὶ βασιλεύσει αὐτῶν κύριος εἰς τοὺς αἰῶνας.

Et au moment de leur visite ils brilleront
Et comme les étincelles sur le bâton ils virevolteront,
Ils jugeront des nations et ils domineront des peuples
Et le Seigneur régnera sur eux pour les siècles.

Il y a une véritable dimension eschatologique, qui n'est pas réservée à la fin des temps, mais à un moment de dévoilement et de retournement : ceux qui sont jugés par les hommes deviennent les juges, et c'est pourquoi les rois sont invités à devenir sages, pour ne pas faire partie de ces impies qui prennent conscience de la vanité de leur existence et s'en prennent aux justes[40].

---

39   NEWMAN 2004 laisse la question ouverte dans sa conclusion : « Is Israel, the people as a whole, the adopted children of God, the son who will be heir to the kingship, or is a Davidide of the House of Judah to be so designated ? Pseudo-Solomon provides an answer by speaking in a forked tongue, in words with hidden, or double, meaning » (p. 328). Il nous paraît plus fidèle au texte d'insister sur la dimension collective, sans exclure une interprétation plus individuelle. C'est, en réalité, tout l'enjeu de l'interprétation de l'articulation entre les deux parties du texte, celle qui renvoie à la figure singulière d'un juste, et celle qui reprend l'histoire sainte d'un peuple entier.

40   Reste la question, que l'on retrouve par exemple dans la littérature chrétienne avec la *Grande apologie* de Justin, de savoir si le texte a vraiment été conçu comme une adresse à des rois (voire ici à l'empereur). En effet, l'adresse aux rois peut relever d'une forme de convention littéraire ou, comme nous l'avons vu, de méditation à partir du langage des Psaumes. Dans cette perspective, le passage peut alors s'adresser au peuple juif, à deux niveaux. Le premier est de constituer un motif d'espérance : Dieu agit pour lui, contre le pouvoir tyrannique que des puissants peuvent exercer contre lui, parce qu'ils ne connaissent pas la sagesse. Le deuxième niveau de lecture est celui d'un enseignement et d'une exhortation : en contemplant son propre sort comme celui des injustes, le peuple

4 Conclusion

Les deux œuvres, quoique proches dans l'espace et le temps, comme dans leurs thèmes et leurs préoccupations, proposent donc deux modèles de sagesse diamétralement opposés face aux enjeux dramatiques affrontés par la communauté juive d'Alexandrie, qu'il s'agisse précisément dans les deux cas de la persécution de Caligula, ou plus largement des épreuves traversées au 1er s. par la communauté.

Philon a bel et bien été un acteur politique de premier plan, en prenant la tête d'une ambassade à Rome auprès de Caligula, comme il l'évoque lui-même ultérieurement dans son récit adressé à l'empereur Claude, la *Legatio ad Caium*. Mais son œuvre exégétique ne paraît pas s'en nourrir : on sait comment, au contraire, il confie son bonheur de pouvoir échapper aux contraintes de la politique pour retrouver son travail d'exégèse et de contemplation, au début du livre III du *De specialibus legibus*. Il se livre alors à une recherche dont nous avons vu le caractère en quelque sorte anhistorique : le sage est celui qui se forme par l'acquisition des disciplines classiques de l'éducation grecque, et se détache des contingences sensibles pour s'élever jusqu'aux réalités intelligibles et, au-delà, à Dieu.

Le Livre de la Sagesse se positionne également face à ces épreuves, mais la démarche de son auteur est toute différente. Chez lui, c'est la lecture des Écritures qui le conduit à méditer sur les événements en cours. Il s'adresse aux rois, c'est-à-dire à ceux qui sont en position d'exercer un pouvoir, notamment de jugement, et aux juifs pour leur faire prendre conscience de la manière dont la providence divine s'exerce à leur égard, y compris en les frappant pour les corriger, même si cela doit toujours être en vue d'un bienfait[41].

Philon écrit dans une visée qui semble universelle, définissant le sage et la sagesse *sub specie aeternitatis*, ce qui ne l'empêche pas d'agir en homme politique lorsque cela est nécessaire, mais dans un registre largement autonome. L'auteur du Livre de la Sagesse tente quant à lui de réunir ces deux approches en se livrant à un plaidoyer complexe, adressé, fictivement ou non, aux monarques qui sont invités à discerner le sens de l'histoire en relisant l'histoire

---

est incité à reconnaître pour lui-même le modèle de sagesse et de jugement que constitue l'action divine, entre puissance et mesure, et à s'y conformer lui-même dans son action de gouvernement des réalités terrestres qui dépendent de lui.

41 Sur la question de Dieu éducateur, nous renvoyons à POUCHELLE 2015. Le livre de la Sagesse, ayant été écrit directement en grec, ne fait pas partie de cette étude qui aborde les traductions de l'hébreu au grec. Nous avons abordé cette question avec Alexis Leproux dans une conférence donnée au groupe d'étude de la Bible grecque des Septante (2013).

passée du peuple juif pour reconnaître dans le présent la responsabilité qui leur incombe.

Si la sagesse est bien, pour reprendre la reformulation de Philon de la définition stoïcienne, la « science des choses divines et humaines et de leurs causes », on voit comment Philon et la sagesse déterminent, au sein même du judaïsme alexandrin, deux options fortement divergentes malgré de nombreux points communs. Philon insiste sur les lumières de la rationalité philosophique pour développer la figure d'un sage philosophe attaché à la connaissance intellectuelle du monde et de Dieu, à des lois physiques dont la Loi de Moïse est une copie, l'essentiel étant, en juif comme en philosophe, d'obéir à tous les commandements formulés par Dieu dans l'Écriture ou dans la Création. Ce faisant, il insiste sur des figures de sages exemplaires, si ce n'est idéaux, à savoir des archétypes, qu'il faut tenter d'imiter. Le Pseudo-Salomon invite quant à lui à comprendre les choses divines et humaines sur le mode de leur accomplissement historique : il y a une providence à l'œuvre, qui s'exerce aussi bien à l'égard du peuple des justes qu'à l'égard de leurs adversaires, et la sagesse consiste à pénétrer le sens des événements contemporains à la lumière des événements passés pour discerner la volonté divine et porter un jugement authentique sur le réel. Il s'agit non pas tant d'imiter une figure parfaite que d'entrer dans le même type de relation personnelle à la sagesse que la figure centrale du livre, individuelle ou collective.

D'une même religion, confrontée dans les mêmes conditions à la même culture grecque et à une même rationalité philosophique, ce que Jonathan Newman qualifie de « même matrice conceptuelle »[42], émergent deux options. Sans préjuger de l'existence à la même époque d'autres options dans la communauté juive d'Alexandrie, notamment plus proches de ce qui deviendra le judaïsme rabbinique, force est de reconnaître que se dessinent deux attitudes à peu près opposées l'une à l'autre, sans qu'aucune puisse paraître moins légitime ou moins fidèle que l'autre, moins religieuse ou moins rationnelle.

Bibliographie

ALEXANDRE M. (éd.) 1967, Philon d'Alexandrie, *De congressu eruditionis gratia*, Paris.
CALABI F. 2008, *God's Acting, Man's Acting. Tradition and Philosophy in Philo of Alexandria*, Leiden/Boston.

---

42   « the same conceptual matrix » (NEWMAN 2012, p. 426).

COLRAT P. 2019, *Le mythe du philosophe-roi. Savoir, pouvoir et salut dans la philoso-phie politique de Platon*, thèse de doctorat, sous la direction du Professeur Jérôme Laurent, université de Caen Normandie, mai 2019.

LEPROUX A. 2007, *Un discours de sagesse. Étude exégétique de Sg 7-8*, Rome.

MARTENS J. W. 2003, *One God, one Law. Philo of Alexandria on the Mosaic and Greco-Roman Law*, Studies in Philo of Alexandria and Mediterranean Antiquity, 2, Boston-Leiden.

MONSENGWO PASINYA L. 1973, *La notion de* nomos *dans le Pentateuque grec*, Rome.

MORE J. 2012, « On kingship in Philo and the Wisdom of Solomon », dans COOK J. – STIPP H.-J. (dir.), *Text-critical and hermeneutical studies in the Septuagint*, Leiden-Boston, p. 409-425.

NEWMAN J. H. 2004, « The democratization of kingship in Wisdom of Solomon », dans NAJMAN H. – EAD., *The Idea of Biblical Interpretation. Essays in Honor of James L. Kugel*, Leiden-Boston, 2004, p. 309-328.

NIEHOFF M. 2018, *Philo of Alexandria : An Intellectual Biography*, New Haven.

POUCHELLE P. 2015, *Dieu éducateur. Une nouvelle approche d'un concept de la théologie biblique entre Bible hébraïque, Septante et littérature grecque classique*, 2015.

RUNIA D. T. 2011, art. « Philon d'Alexandrie », dans GOULET R. (dir.), *Dictionnaire des philosophes antiques*, Paris, t. V a, p. 362-390.

SCARPAT G. 1967, « Ancora sull'autore del libro della Sapienza », *Rivista Biblica Italiana*, 15 (1967), p. 171-189.

SCARPAT G. 1993, *Libro della Sapienza*, vol. 2, Brescia.

WINSTON D. 1979, *The Wisdom of Solomon*, New York.

PARTIE 3

Philon dans l'histoire de la philosophie et de l'exégèse

∴

CHAPITRE 7

Images de l'âme et de l'intellection dans le *Quis rerum divinarum heres sit* de Philon d'Alexandrie

Anca Vasiliu

Les images sont inséparables du langage. C'est une réalité indéniable et universelle, dont seule la proportion varie avec les idiomes des langues et selon le genre de discours. Cependant, un langage truffé d'images créées de toutes pièces ou empruntées à l'expérience visuelle ne s'identifie pas d'emblée à un discours qui utilise les images à des fins argumentatives pour persuader son auditoire ou pour le ravir. Depuis l'Antiquité classique, les discours et les traités dévolus à l'analyse du langage abordent nécessairement son rapport à l'image et s'accordent le plus souvent sur le fait que le langage entretient avec les images un rapport à la fois foncier et spécialisé. On ne confond pas les images mentales, les images verbales et les images visuelles ni sur le plan du référent ni sur celui de leur constitution. La philosophie et la rhétorique mettent à l'œuvre ce rapport foncier et spécialisé du langage avec les images dans des pratiques qui agissent précisément sur l'entrelacement entre les figures de la langue et les images eidétiques dont se sert l'intellection. Si dans certaines de ces pratiques comme l'exégèse l'image arrive à jouer un rôle de pièce maîtresse, c'est précisément en raison d'une attention particulière qui est dans ce cas portée à son statut de *bien commun* de la pensée et de la langue. L'image sert dans ce cas à montrer la condition à la fois créatrice et révélatrice du langage dans son rapport avec l'acte noétique. Particulièrement concernée par ce jeu à trois termes – langue, image, pensée – l'exégèse a cependant un prix à payer. Elle fait travailler ensemble les vertus de l'image et du langage afin de ne laisser rien d'étranger se produire en vue de l'intellection : ni une subordination de la pensée à une représentation donnée, ni une objectivation de la parole métamorphosée en signe et signification figée. Travaillant principalement sur le langage, l'exégèse doit envisager en même temps la simultanéité de la vision produite par le langage et la séquentialité propre au langage donné, de même que la transitivité qui définit ce rapport foncier reliant le langage à l'image dans le processus de l'intellection. Or ce rapport fait aussi de l'image l'équivalent de l'évidence, lieu où la convergence entre intellection et expression déborde la lettre et s'offre d'elle-même au récepteur d'un texte ou d'un discours.

© ANCA VASILIU, 2021 | DOI:10.1163/9789004443952_009

Évidemment, c'est de ce même statut que se réclame aussi le langage qui s'approprie des images dans un but persuasif. Maître du discours savant, le sophiste est le plus souvent crédité d'une pratique détournée du rapport entre parole et image, bien que, nous le savons depuis Platon, les frontières soient très souples entre ces trois arts du langage – philosophique, rhétorique, sophistique – qui s'emploient à mettre des images au service de la pensée. Si l'utilisation des images semble être une pratique commune aux trois, les images ne sont toutefois pas les mêmes, ni leur statut à l'égard du *logos* n'est semblable chez le philosophe, le rhéteur et le sophiste. On n'en dira pas plus sur le plan théorique, comme on ne prendra pas non plus pour critère de jugement la critique convenue de la sophistique en tant qu'art du faux ou du mensonge. Philon est dans le devoir de son temps de s'exprimer à cet égard avec des formules qui relèvent de cette polémique conventionnelle[1], en usage chez des auteurs qui abordent des textes de la foi. Retenons, cependant, que l'appel à l'image, bien que relevant d'une pratique commune des arts du langage, constitue en même temps un marqueur de la différence qui sépare les registres de parole entre (1) les usages de l'image au sein d'une approche démonstrative d'ordrc philosophiquc, (2) les usages qui relèvent de l'exégèse, l'image s'associant au langage pour prendre dans ce cas la relève des médiations par lesquelles opère un texte dit « révélé », et, enfin, (3) les usages qui tiennent plus spécifiquement d'une approche persuasive, rhétorique ou sophistique.

Nous analyserons ici différents usages de l'image dans quelques passages d'un traité de Philon dévolu en grande partie à l'exégèse d'objets et pratiques du sanctuaire. Dans des situations spécifiques de médiation comme celles des objets du rituel dans le rapport au divin, la médiation du langage s'appuie sur la médiation des images ; or l'exégèse philonienne s'évertue à distinguer les deux dans leur articulation afin de s'y substituer, en faisant de l'exégèse une autre médiation, mais une médiation qui ne dit pas son nom puisqu'elle prétend, au contraire, ouvrir une voie directe, adéquate à la compréhension et donc prête à servir le but du texte, en l'occurrence : la mise en place de la connaissance divine et de ses conditions. Précisons que nous analyserons aussi bien des objets désignés comme « images » que des images proprement dites empruntées par Philon au texte biblique[2], de même que les fonctions spécifiques assignées

---

1 Voir la critique des « paroles sophistiques », séductrices et créatrices d'apparences mensongères, dans *Her.* 304-305. Un autre exemple philonien de critique convenue du discours appelé « flot du langage » (τοῦ λόγου ῥεῦμα), dans *Confus.* 33-35, où sont opposés les discours des hommes de bien à ceux des hommes qui détestent la vertu et chérissent les passions en faisant de la parole (*logos*) leur alliée ; c'est l'éristique qui est ici visée.

2 Les images dont il sera ici question sont celles qui figurent dans le texte biblique ou, pour certaines, dans des textes de Platon sur lesquels s'appuie Philon. Elles y sont présentes soit par

IMAGES DE L'ÂME ET DE L'INTELLECTION

aux images. Nous les examinerons tant dans l'exégèse textuelle que dans la démarche philosophique qui soutient l'exégèse, en mettant l'accent sur la typologie des images évoquées en même temps que sur leurs liens réciproques lorsque deux sortes d'images construisent un rapport spécifique : dédoublement, emboîtement, procession[3]. En revanche, nous n'entrerons ni dans le vaste champ de l'allégorie ni dans celui de la métaphore.

Avoisinant l'usage philosophique des images jusqu'à s'y confondre parfois, l'allégorie ne procède toutefois pas comme celui-ci. S'en distinguant par le mode selon lequel elle opère avec et à travers le langage, l'allégorie travaille en effet dans l'épaisseur d'une réalité de parole qu'elle cherche à dissocier (souvent par des effets rhétoriques de surprise et d'obscurcissement) de la réalité ontique des choses énoncées. Censée montrer ce qui n'est pas évident, elle crée des figures qui *enveloppent* la parole ; *involucrum* est bien le terme utilisé par les latins médiévaux pour désigner la manière dont l'usage des allégories et des fables voile le langage pour réserver aux initiés la possibilité d'en dévoiler les secrets. Par contre, les différentes sortes d'images, copies et empreintes qui émaillent le discours philonien ont toutes en commun la référence à une réalité qui se trouve, certes, hors du langage, une réalité ontique, sensible, mais que le *logos* tend à s'approprier jusqu'à en faire corps commun. Le langage devient

---

l'entremise de références à des objets précis décrits, soit par la désignation d'un être ou d'une chose comme « image » d'un autre être ou d'une autre chose. Mais nous n'entendons nullement faire allusion à de possibles illustrations du texte biblique (des Bibles enluminées) ou à des décorations figuratives de synagogues, une pratique qui semble avoir vu le jour bien plus tard et pour lesquelles certains historiens ont proposé comme source d'inspiration des exégèses de Philon. Voir les différentes positions à cet égard résumées par SIMON 1967, p. 17-33 (en particulier p. 27-29). Plus récemment, FELLOUS 2016 (p. 143-166) présente une analyse comparative de l'iconographie biblique de la synagogue et du baptistère de Doura-Europos. Vraisemblablement inspirée de sources rabbiniques dont il n'y a plus de traces écrites, l'iconographie de la synagogue présente un programme figuratif complexe dans lequel des éléments empruntés aux religions païennes s'entrelacent avec les objets rituels juifs et les figures bibliques (FELLOUS 2016, p. 148-150 et 153-154), l'auteure évoquant comme source possible de certaines parties de cette iconographie les exégèses de Philon (en particulier *Mos.* I, II). Mais le plus frappant est de constater dans le sillage de cette analyse iconographique comparative le parallélisme entre le judaïsme rabbinique et le christianisme naissant. C'est dans ce même esprit de proximité, et parfois de convergence, que les exégèses de Philon trouvent un écho chez des auteurs chrétiens du IVe s., comme Grégoire de Nysse par exemple.

3   « La notion d'image est l'une des plus complexes de la pensée philonienne » selon LÉVY 2007 (p. 11-28, occ. p. 21). Nous tenterons de la surprendre à l'œuvre dans quelques passages cosmologiques et noétiques analysés dans cette étude, mais sans prétendre à une théorie générale de l'image chez Philon. Le terme le plus fréquent et emblématique est celui d'*eikôn*, mais nous prendrons en compte également certaines autres appellations grecques de l'image. HARL 1966 (p. 151) affirme elle aussi l'importance d'une étude des images qui « pourrait donner une connaissance plus fine de Philon … ».

dès lors démiurgique et épiphanique en même temps. Ainsi, l'usage philosophique de l'image cherche à mettre en lumière le rapport foncier de la parole avec la distinction entre vérité ontique et vérité eidétique des choses, tandis que l'allégorie cherche au contraire à voiler ce rapport pour établir une relation instrumentale du texte, déterminée par un usage qui consiste à lire ce que la parole ne donne pas à voir d'emblée, mais qu'elle montre et signifie toujours *autrement* et *ailleurs*[4]. Quant à la métaphore, elle constitue elle aussi une figure du langage dont ni l'appui visible ni la référence visuelle ne sont prioritaires, et dont la relation mise en œuvre ne se construit pas non plus sur les actes spécifiques d'une image, telle que la ressemblance, le dédoublement ou la représentation. Allégorie et métaphore mises donc à part, de quelles images est-il question dans les textes exégétiques et philosophiques de Philon ?

1   Analyse de cas

Empruntons deux exemples au *Quis rerum divinarum heres sit*. Dans les deux nous avons affaire d'une part à une image source qui se trouve dans le passage biblique interprété par Philon, et de l'autre à l'image dont se sert l'Alexandrin et qui est le noyau restant de l'image initiale à la suite d'une exégèse qui s'emploie à déshabiller l'image source, à la défaire de tout rapport avec la saisie sensible d'un objet, de tout ce qui faisait d'elle une image visuelle en la soumettant implicitement à une relation mimétique avec un référent pris dans la réalité immanente du contexte évoqué. Le but de cette opération d'abstraction consiste à utiliser l'art du langage (l'analyse, l'argumentation par division et la

---

4   L'allégorie chez Philon constitue un immense champ de recherche. Nous n'entrerons pas ici dans les rapports complexes que l'allégorie entretient avec l'image, bien que ces rapports soient particulièrement éclairants aussi pour les travaux exégétiques menés par Philon. Nous renvoyons à une seule étude parmi les nombreux titres de la littérature secondaire consacrée à ce sujet, car cette étude, bien que très controversée, propose une approche systématique et diachronique de l'allégorie philonienne qui peut servir de base pour la discussion : GOULET 2005, p. 59-87. Dans le même volume, notre contribution, portant sur l'opposition entre allégorisme et littéralité dans l'exégèse chrétienne au IVᵉ s., tente d'esquisser quelques grandes lignes de séparation entre le caractère figuratif du langage allégorique et l'iconisme (ou la « réalité d'image ») dont s'empare le langage philosophique lorsqu'il utilise des images tout en réfléchissant sur leur usage rhétorique et théologique. L'opposition se présente comme étant celle entre un langage obscur, volontairement voilé, cherchant à frapper à travers le caractère surprenant des figures (fables ou fictions) utilisées, et un langage qui cherche au contraire la clarté immédiate, l'évidence, à travers une référentialité explicite à des objets, lieux ou êtres dont la parole s'approprie l'image et les relations afférentes de ressemblance (homotétique ou mimétique) en les utilisant comme moyens propres à l'intellection. Voir VASILIU 2005, p. 149-193 (en particulier, p. 149-157 et 165-179).

definition) pour déplacer l'attention depuis l'expérience vers le sens donné à celle-ci, puis du registre exégétique vers le registre philosophique dont le langage de Philon relève de manière programmatique. Deux mutations successives creusent donc l'écart entre les deux images (source et cible), et le discours s'installe dans cet écart pour analyser de manière séquentielle et argumentative ce que la pensée (comme les yeux, d'ailleurs) saisit d'emblée, sans prendre toutefois la mesure exacte de l'acte dans un cas, et de la réflexion induite par l'acte dans l'autre cas. Précisons que l'acte dont il est ici question est celui du don et que l'image de départ est celle d'une chose donnée. Le discours de l'exégète illumine, pourrait-on dire, la lumière contenue dans l'image biblique ; il révèle la lumière que la visibilité immédiate offerte par le langage de la révélation tend paradoxalement à obscurcir par son association avec un objet particulier et avec un acte qui le met en scène à la manière d'une pratique ritualisée. Philon tend ainsi à récupérer la dimension réflexive de l'image en même temps que le pouvoir contemplatif de l'intellection qui transcende par le retour à l'image la condition immanente du langage. En rendant l'image *parlante*, son but est d'éviter l'inévitable clôture de la parole sur elle-même. Philon cherche, autrement dit, à casser l'idolâtrie immanente au pouvoir de représentation inscrit dans le langage, et se sert à cette fin des vertus intellectives de l'image qui peuvent libérer, selon lui, l'accès à la révélation induite par la lettre mais irréductible à celle-ci.

Soulignons aussi, avant d'entrer dans le texte philonien, la condition requise par cette prémisse, à savoir que la révélation serait obscurcie dans le langage biblique par la présence d'images d'objets ou de vivants. Travaillant sur le texte biblique avec les instruments et les repères de la philosophie grecque, Philon sait que la révélation ne concerne pas le dévoilement du sens donné à un objet particulier et à une pratique rituelle, mais qu'elle vise la transcendance radicale à l'égard de tout objet, de toute pratique et de toute parole écrite ou prononcée ; en un mot, la transcendance du religieux. Le soin qu'il accorde à l'exégèse non seulement du langage proprement dit, mais aussi des objets du culte et des images dont le langage biblique est truffé, relève de la nécessité qu'il s'impose de libérer la révélation biblique du caractère foncièrement épiphanique du langage (tout langage est censé montrer ce qu'il dit), en séparant ainsi ce qui tient de l'épiphanisme foncier de la parole humaine et ce qui serait une parole divine *à proprement parler*, libre de toute contrainte référentielle et de toute règle discursive.

Les objets et les gestes évoqués sont des existants dont l'intérêt est de constituer des médiations ou des ponts vers l'immédiat ; ils fonctionnent comme des référents dont l'évidence ne soulève aucune barrière de compréhension et aucun doute sur leur identité (des oiseaux familiers, des pièces de monnaie courante, des chandeliers en métal, des tables en bois, etc.). Des objets et des vivants peuvent en effet être toujours là, à la portée de la main, du regard, de l'ouïe – bien qu'il s'agisse de semblables, jamais des mêmes. Cependant, évoqués dans le texte de départ pour Philon (le texte de la Septante), ces objets, de même que les gestes rituels qui les emploient, ne sont que des « concrétions imagées » du langage. Le langage s'exprime avec et à travers eux, transforme leur concrétude en réalité d'image propre à l'expression, et s'appuie en outre sur le pouvoir des choses d'être à leur tour des expressions de la perception et des actions propres au monde immanent. Cette communauté de statut entre le langage et les choses, cette communauté de l'immanence de la manifestation qui relie la parole et les choses relève toutefois d'un fond qui échappe à l'enclos et qui, en silence, les soutient. La parole, autant que les choses qu'elle évoque, forment ensemble des médiations qui recouvrent dans leur relation mutuelle d'expression le fond qui les soutient et nourrit leur pouvoir de manifestation. Or c'est ce fond que la révélation *révèle* (si l'on peut dire) et, le révélant, elle en montre la transcendance. Qu'il s'agisse d'un fond *unique* et qu'il soit donné comme *ontique*, ces deux déterminants ne peuvent pas être mis en cause par Philon puisque sa réflexion subordonne la philosophie à la parole de Moïse. L'Alexandrin vise cependant les dangers potentiels de ces déterminants, et mène à travers son exégèse une approche de cette unicité divine fondée sur l'être qui transcende sciemment, i.e. théologiquement, à la fois l'ancrage linguistique et l'usage religieux de ce qui se donne, en l'occurrence de la révélation prise *à la lettre*.

Des deux exemples empruntés au *Her.*, le premier cas évoqué est celui du didrachme et de ses deux moitiés (Ex 30, 11-15), tandis que le second est celui du don des deux oiseaux qui ne sont pas partagés par le milieu comme les autres offrandes d'animaux sacrifiés (Gn 15, 10)[5]. Ces deux exemples font partie d'un « exposé ample », dit Philon, qui vise à démontrer la structure duale de la création, la « théorie des contraires » et le rôle « diviseur » du *logos*[6]. Ce n'est pas la pensée dualiste dont semble faire preuve ici Philon qui nous intéresse, mais l'articulation surprenante qu'il propose entre les figures bibliques

---

5   *Her.* 186-190 et 230-236.

6   *Her.* 133 : « C'est un exposé long (πολὺν … λόγον) mais indispensable que celui qui touche à la division en parts égales et à la théorie des "contraires" (περὶ τῆς εἰς ἴσα τομῆς καὶ περὶ ἐναντιότητων) : nous ne voulons ni le laisser de côté, ni l'exposer trop longuement ; en l'abrégeant autant que possible nous nous limiterons à l'essentiel. De même que l'artisan (ὁ τεχνίτης) partagea par le milieu notre âme et nos membres (ἡμῶν τὴν ψυχὴν καὶ τὰ μέλη μέσα διεῖλεν), de même fit-il pour la substance de l'univers, lorsqu'il créait le monde (οὕτως καὶ τὴν τοῦ παντὸς οὐσίαν, ἡνίκα τὸν κόσμον ἐδημιούργει) » (trad. M. HARL). C'est d'ailleurs cette partie du traité qui justifie le second titre donné à ce texte : « Sur la division en parts égales et contraires ».

IMAGES DE L'ÂME ET DE L'INTELLECTION   163

(les objets et les vivants) et la théorie de la connaissance, de l'intellection et de l'âme qu'il développe à partir de ces figures. Cette articulation est exemplaire pour son exégèse philosophique de la parole biblique et, au fond, pour l'accès qu'il tente ainsi d'ouvrir à la révélation. Dans ce contexte, l'exemple de la drachme et du didrachme relève de l'analyse théorique du rapport proportionnel entre les parties, tandis que celui du partage des dons par le milieu, et en l'occurrence du non partage des deux oiseaux, relève de l'analyse théorique des parties égales et des significations assignées au rapport d'égalité. Dans les deux cas, l'exégèse philonienne repose sur des questions qui relèvent de la métaphysique. Cet exposé théorique vise à élaborer une exégèse philosophique de la parole biblique, une exégèse selon laquelle le *logos* dans son hypostase de créateur exerce une fonction éminemment dialectique et s'appuie pour ce faire sur les ressorts structurels de l'analogie de la même manière que les théories cosmologiques ou ontologiques platonicienne et stoïcienne s'appuient sur les principes communs de l'analogie et/ou de la ressemblance homothétique. Regardons cependant, au-delà de l'horizon historique de cette approche théorique indiquée par Philon, le jeu que mène le texte philonien avec les images des objets et des êtres empruntés aux passages bibliques commentés. Essayons, autrement dit, de saisir, au-delà des intentions herméneutiques déclarées par Philon, les procédés logiques et rhétoriques par lesquels il tente d'asseoir la parole dite « révélée » dans le cadre des dispositions noétiques et des théories cognitives qui sont celles de la pensée rationnelle de son temps et de son école.

La première image, celle du didrachme, a pour but de donner à l'homme une *image de Dieu*, tandis que la seconde, celle des deux oiseaux non partagés par le milieu, vise à saisir l'image du *propre de l'homme*. Mais notons que dans les deux cas l'image qui ressort de l'exégèse de ces passages bibliques ne dispose pas d'un seul référent, soit Dieu soit l'homme. Chacune a en réalité deux référents simultanés : d'une part Dieu à l'égard de l'homme, pour la drachme monade, appelée « rançon de notre âme » ; de l'autre, le divin dans l'homme, pour l'oiseau symbole de l'esprit qui est dans l'homme « l'empreinte de l'image » de Dieu. Ces deux exemples ont en commun, outre le fait de mettre en scène des offrandes et l'acte même du don, la dualité dont s'extrait la chose donnée et le partage ou le non-partage d'un tout par cette dualité qui ne provient pas d'une division mais est inhérente à la nature composite du tout. Si l'image qui ressort de chacun de ces exemples est une image à double référent, cette situation est la conséquence à la fois de la relation impliquée par le don et de la dualité dont relève l'objet mis en jeu, dualité montrée pour signifier dans ce contexte que le décalage entre l'immanent et le transcendant s'accompagne nécessairement de la modalité de réduction à l'unité. C'est l'unité qui est la finalité inscrite dans la dualité et, ici en particulier, dans l'acte de sa reconnaissance par l'offrande.

164 VASILIU

L'exégèse philonienne est non seulement argumentée philosophiquement et située dans une perspective à l'évidence platonicienne, mais s'appuie en outre sur ce qu'est structurellement la fonction de l'image dans le rapport réflexif entre la pensée et l'expression, comme si Philon préparait en quelque sorte le terrain pour la future noétique de Plotin.

2   Les transformations successives des images

Analysons le traitement subi par un des exemples d'image biblique annoncés plus haut, celui des deux oiseaux offerts au temple et qui ne sont pas partagés par le milieu comme les autres offrandes (Gn 15, 10)[7]. De nombreuses autres

---

7   *Her.* 230-236 : « [230] Après avoir dit ce qui convenait sur ces sujets, Moïse ajoute : "Mais les oiseaux, il ne les partagea pas" (Gn 15, 10). Il appelle "oiseaux" les deux esprits doués d'ailes et faits pour circuler (ὄρνεα καλῶν τοὺς πτηνοὺς καὶ πεφυκότας μετεωροπολεῖν δύο λόγους), dans les hauteurs, l'un archétype qui est au-dessus de nous, l'autre copie qui se trouve en nous (ἕνα μὲν ἀρχέτυπον ⟨τὸν⟩ ὑπὲρ ἡμᾶς, ἕτερον δὲ μίμημα τὸν καθ᾽ ἡμᾶς ὑπάρχοντα). [231] Moïse appelle celui qui est au-dessus de nous "image de Dieu" (καλεῖ δὲ Μωυσῆς τὸν μὲν ὑπὲρ ἡμᾶς εἰκόνα θεοῦ) et celui qui est en nous "empreinte de l'image" (τὸν δὲ καθ᾽ ἡμᾶς τῆς εἰκόνος ἐκμαγεῖον). Il dit en effet : "Dieu fit l'homme" non pas image de Dieu, mais "selon l'image" (Gn 1, 27) (οὐχὶ εἰκόνα θεοῦ, ἀλλὰ "κατ᾽ εἰκόνα") ; en conséquence, l'intellect de chacun de nous (ὥστε τὸν καθ᾽ ἕκαστον ἡμῶν νοῦν), qui est vraiment l'homme au sens plein et véritable, est une reproduction du Créateur (ὃς δὴ κυρίως καὶ πρὸς ἀλήθειαν ἄνθρωπός ἐστι), et il vient en troisième lieu (τρίτον εἶναι τύπον) ; l'intellect intermédiaire est son modèle (τὸν δὲ μέσον παράδειγμα μὲν τούτου), lui-même étant une reproduction de l'intellect suprême (ἀπεικόνισμα δὲ ἐκείνου). [232] Or donc, de nature, notre intellect est indivisible (φύσει δὲ ἄτμητος ὁ ἡμέτερος γέγονε νοῦς), car si le démiurge a partagé la part irrationnelle de l'âme (ἄλογον ψυχῆς) par six divisions (μοίρας) qui font sept portions – la vue, l'ouïe, le goût, l'odorat, le toucher, la voix, la faculté d'engendrer (γόνιμον) –, il laissa au contraire la part raisonnable, que nous appelons intellect (ὁ δὴ νοῦς ὠνομάσθη), sans division, et cela à la ressemblance du ciel entier (ἄσχιστον εἴασε κατὰ τὴν τοῦ παντὸς ὁμοιότητα οὐρανοῦ). [233] En celui-là, en effet, la sphère supérieure, sphère fixe, est laissée, nous dit-on, sans division : la sphère intérieure, au contraire, six fois divisée, donne les sept cercles des astres appelées "planètes". Ce que l'âme est en l'homme, le ciel, me semble-t-il, l'est pour l'univers (ἐν ἀνθρώπῳ ψυχή, τοῦτο οὐρανὸς ἐν κόσμῳ). Et ces deux natures intelligentes et raisonnables (νοερὰς καὶ λογικὰς δύο φύσεις), celle de l'homme et celle du Tout (τήν τε ἐν ἀνθρώπῳ καὶ τὴν ἐν τῷ παντί), il faut donc qu'elles soient entières et sans partage (συμβέβηκεν ὁλοκλήρους καὶ ἀδιαιρέτους εἶναι). Aussi est-il dit : "Mais les oiseaux, il ne les partagea pas". [234] Notre intellect est comparé à une colombe, car cet animal nous est apprivoisé et nous est familier ; l'intellect qui en est le modèle est représenté, lui, par la tourterelle ; le Logos de Dieu, en effet, aime le désert et la solitude ; il ne se mêle jamais à la foule des êtres créés et destinés à se corrompre ; il est habitué à vivre toujours en haut ; il ne se soucie que de se faire le suivant de l'Un (ἑνὶ ὀπαδὸς εἶναι μόνῳ μεμελετηκώς). Ces deux natures sont donc non partagées : celle du raisonnement en nous (ἐν ἡμῖν τοῦ λογισμοῦ), celle du Logos divin au-dessus de nous (καὶ ἡ ὑπὲρ ἡμᾶς τοῦ θείου λόγου) ; mais, non-partagées elles-mêmes, elles en partagent des milliers d'autres ; [235] en effet, le logos divin a divisé

images bibliques pourraient illustrer cette lecture philonienne qui opère deux transformations successives des figures du texte de départ : depuis le référent immédiat de l'image sensible vers l'appropriation d'un sens soit éthique soit logique qui y serait logé ; ensuite, depuis ce sens philosophique devenu lui aussi immédiat par référence au symbole ou au rituel, vers une appropriation seconde qui revient à l'image mais comme si celle-ci n'était plus qu'un miroir sans figures, un miroir de l'abstraction pure ou de la lumière intelligible qui seule s'y reflète désormais et se donne à la contemplation. Cette seconde mutation au cours de laquelle Philon revient à l'image, mais à une image nommée ainsi par lui-même et qui demeure générique puisque sans référent immanent, vise à retrouver au-delà de la lettre du texte la capacité réflexive d'une intellection détachée de tout appui discursif, une intellection dont la visée est théorique, sortie de la détermination induite par le langage et identifiée maintenant à la fonction réflexive, la fonction première propre à l'intellect.

Ces deux mutations ne relèvent pas de la même démarche exégétique, même si toutes les deux opèrent à travers la relation entre le langage et l'image. La première est herméneutique et tient des ressorts de cet art de la parole qu'est la rhétorique, tandis que la seconde est philosophique et relève, au-delà des règles propres au discours philosophique, au-delà donc de la dialectique, de la nécessité qui s'impose à Philon de fonder une théologie sur des bases de « philosophie première », en l'occurrence sur les bases d'une métaphysique. Les deux exemples choisis dans *Her.* sont des plus suggestifs pour ce glissement de l'herméneutique vers la philosophie entendue comme moyen pour fonder la théologie en tant que science au sein même de la cosmologie et de l'anthropologie biblique. Il ne s'agit pas de faire de l'exégèse biblique le terrain de la recherche par Philon d'une harmonie entre les sagesses juive et hellénique. L'Alexandrin déploie un effort constant et explicite pour dépasser un tel clivage aussi bien entre les registres de parole (narratif ou dialectique, analytique ou herméneutique, réflexif ou persuasif, logique ou éthique), qu'entre les moyens du travail intellectuel par la raison ou par la foi, moyens considérés

---

et partagé tout ce qui est dans la nature (ὅ τε γὰρ θεῖος λόγος τὰ ἐν τῇ φύσει διεῖλε καὶ διένειμε πάντα) ; notre intellect (ὅ τε ἡμέτερος νοῦς), pour tout ce qu'il peut saisir intellectuellement des choses et des corps (ἅττ᾽ ἂν ἀπαραλάβῃ νοητῶς πράγματά καὶ σώματα), procède à l'infini à des divisions infinitésimales de parties (εἰς ἀπειράκις ἄπειρα διαιρεῖ μέρη), et ne cesse jamais de couper. [236] Cela résulte de sa ressemblance (ἐμφέρειαν) à l'égard du Créateur et Père de l'Univers ; le divin, qui est chose sans fusion, sans mélange, absolument sans parties, est pour le monde entier cause (αἴτιον) de fusion, de mélange, de division, de morcellement ; en conséquence, ceux qui lui ressemblent (τὰ ὁμοιωθέντα), l'intellect qui est en nous et celui qui est au-dessus de nous (νοῦς τε ὁ ἐν ἡμῖν καὶ ὁ ὑπὲρ ἡμᾶς), eux aussi sans partie et non-coupés, pourront vigoureusement partager et distinguer (διαιρεῖν καὶ διακρίνειν) chacune des choses existantes (ἕκαστα τῶν ὄντων). »

habituellement comme distincts, voire comme irréconciliables. Or le dessein de cet effort de Philon me semble être celui de situer l'exégèse au sein d'une théologie qui fait de l'acte du langage un vrai acte de révélation, non seulement un acte discursif visant une vérité dans la signification, avec un objet précis et des règles déterminées par le genre[8].

Le projet philonien porte à cet égard un pari et ouvre une voie qui lui vaudront nombre de mécompréhensions et de critiques, mais qui connaîtront aussi des relèves importantes sur le plan du rapport constitutif de la théologie à partir de ses pôles traditionnels, la mythologie d'un côté, la métaphysique de l'autre. Ces relèves, bien que le plus souvent sans référence explicite à Philon, se retrouvent dans l'Antiquité tardive autant dans la démarche théologique propre aux représentants du moyen et du néo-platonisme, que dans le dialogue et parfois la querelle des Pères et des théologiens chrétiens avec la philosophie, ses méthodes et ses concepts, dont Pères et théologiens se servent pourtant comme d'une « boîte à outils ». Hormis la connaissance certaine attestée par la citation de Philon chez quelques auteurs chrétiens (d'Origène à Némésius, en passant par Basile de Césarée et Grégoire de Nysse), ou présumés chrétiens, comme Calcidius, il est difficile d'établir, historiquement parlant, jusqu'à quel point des écrits de Philon ont pu être connus par des penseurs platoniciens des IIe, IIIe, IVe, voire Ve siècles (Numénius, Plotin, Porphyre présentent des proximités mais sans offrir l'attestation claire d'une transmission textuelle ou de doctrine)[9]. Cependant, avec ou sans impact direct sur ce qui allait suivre, on

---

8   Que l'herméneutique se rattache chez Philon à la rhétorique, tenant autant de l'interprétation du sens des mots et de la recherche d'expression adéquate, que de la réflexion théorique sur le langage, l'article d'Alain Michel le démontre de manière inaugurale, en faisant de Philon un descendant d'Isocrate et un frère d'esprit de Cicéron : MICHEL 1967, p. 81-103 (en particulier p. 84-88 et 99-101). Or, en poursuivant les conséquences de cette extension de la rhétorique au-delà d'une application des recettes de l'éloquence, non seulement on déborde l'art du langage mais on récupère aussi la perspective philosophique dans laquelle Philon place sa réflexion sur le langage, en saisissant ainsi son but, à savoir la fondation logique et dialectique d'une théologie savante du Dieu biblique. Plus récemment, les travaux de M. ALEXANDRE Jr. sur la dimension rhétorique de l'herméneutique de Philon ont très justement replacé le lien organique entre argumentation, heuristique et interprétation dans le contexte de la philosophie ancienne du langage et de l'intellection, qui comprend à la fois la dimension énonciative, le pouvoir séminal et la fonction rationnelle du *logos* (la théorie stoïcienne des *logoi*, les théories noétiques héritées de Platon et d'Aristote). Voir plus spécialement ALEXANDRE Jr. 2015, p. 37-59 (en particulier, p. 56-57). Pour une interprétation plus traditionnelle, mythologique et symbolique, des pouvoirs épiphaniques attribués par Philon au *logos* sous son double rôle cosmologique et individuel, voir DECHARNEUX 1994, en particulier chap. IV-V et XII (p. 49-65 et 127-136).

9   Pour les rapprochements entre les exégèses philoniennes et la patristique grecque, voir KANNENGIESSER 1967, p. 277-297 et DANIÉLOU 1967, p. 333-346, ainsi que plusieurs études

IMAGES DE L'ÂME ET DE L'INTELLECTION

peut voir dans ce judéo-alexandrin l'un des premiers représentants, et à cette date le plus symptomatique peut-être, de ce que l'on pourrait appeler, malgré le caractère galvaudé de l'expression, l'amorce du « tournant théologique » de la philosophie antique, un tournant à l'évidence monothéiste.

3   Les oiseaux et le chandelier à sept luminaires

Revenons aux textes. L'image des deux oiseaux, la colombe et la tourterelle, s'inscrit dans un long passage du *Her.* consacré à la lecture et à l'interprétation de plusieurs images figurant dans les livres du Pentateuque (*Nombres, Genèse, Exode, Deutéronome*) qui comportent une dualité conséquente au partage de l'unité par l'intervention du *Logos* sacré[10]. Au premier abord ces images sont interprétées par Philon comme des symboles, tandis que la dualité est considérée sous l'espèce des réalités naturelles contraires énumérées par paires d'éléments et de principes[11], rappelant la manière dont Aristote dresse en *Métaphysique* A, 5 (986a-b) une liste des principes contraires en attribuant la doctrine dualiste à Alcméon de Crotone, et, au fond, aux Pythagoriciens. Philon, pour sa part, attribue au « grand et glorieux Héraclite » la doctrine des contraires et mentionne Moïse comme ayant précédé Héraclite et expliqué

---

de RUNIA 1995. Pour les proximités entre Numénius et Philon, voir CALABI 2011 (p. 192 n. 32) et LÉVY 2007, autour de l'idée de la divinité de l'homme qui serait héritée par Philon du pythagorisme de l'Ancienne Académie (p. 16-17) et qui serait attestée aussi chez Numénius. Parmi les recherches concernant les rapprochements possibles entre Philon et Plotin (en particulier sur le destin de l'âme), voir ALEKNIENÉ 2007, p. 1-46.

10   *Her.* 201 et sq. J'ai cité uniquement les livres auxquels réfère ici Philon. Voici le début : « [201] J'admire (θαυμάζω) également, le Logos sacré (ἱερὸν λόγον) qui [...] soutient l'élan de sa course "pour se tenir au milieu (ἵνα στῇ μέσος) entre les morts et les vivants [...]" ». Plus loin (205-206), le Logos « très vénérable » (πρεσβυτάτῳ) est identifié au Chef des anges, à l'Archange, défini comme « l'intercesseur du mortel toujours inquiet auprès de l'incorruptible et l'ambassadeur du souverain auprès du subordonné » ; il n'est ni incréé comme Dieu ni créé « comme vous (ὡς ὑμεῖς), mais au milieu (ἀλλὰ μέσος) de ces extrêmes ».

11   *Her.* 207-214. Voici le début de ce long passage d'énumération des contraires qui caractérise le monde immanent : « [207] Nous ayant donc enseigné la division en parts égales, le texte sacré passe maintenant à la science des contraires (τῶν ἐναντίον ἐπιστήμην) ; il déclare qu'"il posa" les parties coupées "chacune vis-à-vis de sa moitié" (ἔθηκεν ἀντιπρόσωπα ἀλλήλοις) (Gn 15, 10). En réalité, à peu près tout ce qui existe au monde possède naturellement un contraire (Τῷ γὰρ ὄντι πάνθ' ὅσα ἐν κόσμῳ σχεδὸν ἐναντία εἶναι πέφυκεν). Prenons d'abord l'exemple des choses élémentaires [...] ». Philon décline par la suite une longue liste de contraires : le chaud et le froid, l'humide et le sec, le jour et la nuit, l'eau douce et l'eau salée, les corps et les incorporels, les animés et les inanimés, les mortels et les immortels, les sensibles et les intelligibles, la vie et la mort, la santé et la maladie, le blanc et le noir, la vertu et le vice, etc.

l'existence des contraires (« qui sont en nombre infini, illimité » : ἀπερίγραφα καὶ ἀπέρατ' ὄντα) par la division à chaque fois d'une seule et même chose en deux parties situées chacune vis-à-vis de l'autre[12]. À partir de l'établissement du principe qui fait de la dualité un dualisme responsable de la confrontation des parties séparées en raison ou en vue de leur opposition, Philon attribue cette œuvre au *logos* diviseur (τὸν τομέα εἶναι λόγον, § 215), passe en revue les objets sacrés du temple et interprète leur composition en fonction d'une division par le nombre, en stipulant en même temps que celle-ci est secondaire par rapport à l'unité transcendante assurée par le principe des nombres, la monade.

Ainsi consacre-t-il un assez long passage au symbolisme du chandelier avec ses six branches symétriques par rapport au porte-flambeau central (§ 216-225)[13]. La matière (l'or) et la composition de cet objet sont analysées et interprétées en parallèle avec une analyse des sept planètes et du système cosmique (le « chœur céleste ») dont le chandelier est considéré être la copie (μίμημα)[14]. Deux fois Philon appelle le chandelier la « copie mimétique » de l'univers ordonné et composé de sept planètes : une première fois avant la description parallèle du chandelier et du cosmos, une seconde fois à la fin du passage cosmologique, avant que le chandelier ne soit comparé aussi à l'âme et considéré comme « ressemblant à celle-ci » (ἡ πρὸς ψυχὴν ἐμφέρεια αὐτῆς). L'âme est en effet tripartite, dit Philon en répétant la leçon platonicienne bien connue, mais chaque partie est divisée selon lui en deux, et aux six parties résultant de la division s'ajoute au centre, comme dans l'image du chandelier,

---

12   *Her.* 212 et 214.

13   Citons juste le début de la longue exégèse de la forme et des détails de fabrication du chandelier : « [216] Il semble que cela [la position médiane du Logos diviseur séparant deux triades, cf. § 215] nous donne très clairement (σαφέστατα) une signification analogue (τὸ παραπλήσιόν) à celle du chandelier sacré : celui-ci est fabriqué avec six branches, trois de chaque côté, la septième au milieu, divisant et distinguant les triades (διαιροῦσα καὶ διακρίνουσα τὰς τριάδας). [...] »

14   *Her.* 221 et 225. « [221] [...] le chandelier sacré avec les sept lampes qu'il porte est la reproduction du chœur céleste des sept planètes (τῆς κατ' οὐρανὸν τῶν ἑπτὰ πλανήτων χορείας μίμημά ἐστιν ἡ ἱερὰ λυχνία καὶ οἱ ἐπ' αὐτῆς ἑπτὰ λύχνοι). [222] Comment cela ? demandera-t-on peut-être. Voici, dirons-nous : comme les branches du chandelier, chacune des planètes porte une lumière ; elles sont très brillantes et envoient jusqu'à la terre des rayons tout à fait lumineux, mais celle qui est au milieu des sept, le soleil, l'emporte sur toutes. [...] [225] Voulant que, sur terre, il y ait une reproduction (μίμημα) de la sphère céleste, archétype qui comprend sept lumières, l'artisan ordonna que soit fabriquée une œuvre très belle, le chandelier. Or, nous avons également indiqué la ressemblance de cet objet avec l'âme (ἡ πρὸς ψυχὴν ἐμφέρεια αὐτῆς). L'âme est composée de trois parties et chacune de ces parties, comme on l'a montré, est à son tour divisée en deux ; aux six parties ainsi constituées s'ajoute en septième, c'était naturel, le diviseur de toutes choses, le Logos sacré et divin (τομεὺς ἦν ἁπάντων ὁ ἱερὸς καὶ θεῖος λόγος). »

la septième partie qui, dit Philon, est le diviseur du tout, le *logos* sacré et divin (τομεὺς ἦν ἀπάντων ὁ ἱερὸς καὶ θεῖος λόγος)[15]. Si de l'univers le chandelier est la *copie mimétique*, à l'égard de l'âme, en revanche, il ne présente qu'une *ressemblance*. Or la différence entre constituer une *copie* (μίμημά) et *être ressemblant à ...* (ἐμφέρεια αὐτῆς) est parlante. Contrairement à la copie qui s'appuie sur les qualités immanentes d'un objet existant en les reproduisant à l'échelle ou par des modifications proportionnelles (ce qui n'est pas sans rappeler la description des techniques mimétiques dans *Sophiste* 235d-236c), la ressemblance comporte, elle, un rapprochement, affirme donc une relation, et acquiesce en même temps à l'existence d'une non-identité, d'une différence qu'elle montre par défaut[16]. L'âme et le chandelier sont essentiellement distincts. Considérer qu'il y a une ressemblance entre la structure de l'âme et la composition du chandelier signifie dans ce cas la possibilité de s'appuyer sur ce dernier pour connaître l'âme, tout en reconnaissant que l'âme ne se montre jamais comme un chandelier, ni même comme une structure composée de six ou sept parties. Il ne s'agit cependant pas de parler selon une analogie. Dans la description de la structure de l'âme, Philon mentionne une partie, celle qui occupe selon lui le milieu ; il l'appelle *logos* et qualifie ce dernier de *hieros* et de *theios*. Si le chandelier est lui aussi *hieros*, sacré, puisqu'il est la pièce maîtresse du temple, il n'est cependant pas divin, *theios*, comme l'âme qui comporte le *logos* moyen et diviseur. Philon prend donc le soin d'indiquer à la fois le terme commun et celui de la différence, en dressant ainsi les contours de la relation mise en place par l'affirmation de la ressemblance et en dévoilant aussi le lieu où nous pouvons la trouver.

À la différence de la démarche exégétique linéaire, résultant des abstractions successives par lesquelles Philon avait mené, comme par déduction, son interprétation de la drachme payée au sanctuaire au moment du recensement, ici l'Alexandrin procède, en vrai rhétoricien, par emboitement de figures, croisement d'images et contrastes affirmés. Le chandelier est la copie de la sphère céleste et il ressemble en même temps à l'âme. Mais la sphère céleste est elle-même pourvue d'une âme. De quoi le chandelier est-il alors la copie,

---

15   *Her*. 225 (*supra*). Pour les sources et les références complémentaires de la division de l'âme en six, sept et même huit parties, de même que pour le rapprochement avec la structure du cosmos, voir HARL 1966, p. 331-332 (n. compl. 7). Au sujet du *logos* diviseur, voir aussi HARL 1967, p. 189-205.

16   On retrouvera chez Numenius (fragm. 16) un soin semblable dans l'usage d'un vocabulaire spécialisé de l'image, de la copie et de la ressemblance, en distinguant les régimes spécifiques de l'image (*eikôn*) et de la copie (*mimêma*) et en établissant des analogies au sujet de la démiurgie et du produit. Mais pour Numénius la référence platonicienne majeure pour ce lexique est le *Timée*.

lorsqu'il est dit qu'il reproduit la sphère céleste ? Des qualités et de l'harmonie de l'ensemble composé, répond Philon, puisque c'est sur celles-ci qu'il avait insisté dans la description de la sphère céleste[17]. Mais le chandelier n'est pas et ne peut pas être la copie de l'âme universelle qui ne constitue pas un composé ni n'est immanente à un objet, fut-il sacré. L'âme est divine ; d'elle, par conséquent, seule une « ressemblance » peut parler. Le mot qui désigne cette ressemblance (*empherês*) est le même que celui employé par Philon dans l'interprétation de Gn 1, 26, dans *De opificio mundi*, lorsqu'il s'agit d'établir ce que signifie pour l'homme d'être « à l'image de Dieu »[18]. Philon va d'ailleurs encore s'y référer quelques paragraphes plus loin dans *Her.*, à propos du don des deux oiseaux. Le chandelier fait donc double office, de « copie » et d'objet « ressemblant », signifiant ainsi, selon chacune de ces deux conditions, la nature précise de son référent et le rapport spécifique dans lequel il se trouve à l'égard de ce référent pour jouer le rôle qui est le sien. Philon déploie ensuite son analyse au sujet des autres objets du sanctuaire : l'autel des parfums et la table (Ex 30).

Ces objets « font remonter » par leur simple présence vers un office perpétuel, vers une action de grâce qu'ils rendent possible par leur composition et qui, comme Philon l'avait montré plus haut, s'élève comme « eucharistie » à partir des éléments mêmes dont ils sont composés (εἰς τὴν ὑπὲρ τῶν στοιχείων εὐχαριστίαν ἀνάγεται)[19]. Ces objets sont donc des images sensibles (visuelles et olfactives) qui conduisent, comme un discours bien tourné, vers ce qui n'est en réalité contenu dans aucun objet, ni saisi par aucune parole directement. Quel est le statut de ces images ? Philon les appelle ici des symboles : le parfum par sa composition devient un « symbole des éléments » (τῶν στοιχείων σύμβολον), tandis que le chandelier lui-même est maintenant appelé « symbole du ciel » (ὁ δ' οὐρανός, οὗ σύμβολόν ἐστιν ἡ λυχνία)[20]. Le statut de « symbole » permet aux

---

17   *Her.* 222-225.

18   *Opif.* 69 : « [...] il n'y a rien de sorti [né] de la terre qui ressemble plus à Dieu que l'homme (ἐμφερέστερον ... ἀνθρώπου θεῷ). Mais cette ressemblance (δ' ἐμφέρειαν), que personne ne se la représente (μηδεὶς εἰκαζέτω) par les traits du corps (σώματος χαρακτῆρι) ... » (trad. R. Arnaldez, 1961). Sur l'usage du terme *empherês* en marge des termes *eikôn* et *homoiôsis* employés dans le passage biblique de référence, voir Vasiliu 2015, étude reprise avec de nombreuses modifications dans Vasiliu 2018, p. 63-109.

19   *Her.* 226 ; voir aussi § 196-200 (à propos de la composition des parfums). Le mouvement anagogique qu'entraînent ces objets s'apparente au mouvement vers le bien que doit produire un discours – lexique et *topos* platoniciens bien connus.

20   *Her.* 226-227 : « [226] Voici encore une question qu'il est bon de ne pas passer sous silence : des trois objets qui sont dans le sanctuaire, le chandelier, la table, l'autel des parfums, l'un, l'autel des parfums, représente l'action de grâces pour les éléments, comme on l'a montré plus haut (εἰς τὴν ὑπὲρ τῶν στοιχείων εὐχαριστίαν ἀνάγεται) [...] par le parfum, à l'air, et au feu par ce qui brûle ; et le mélange d'encens, de galbanum, d'onyx, et d'huile

IMAGES DE L'ÂME ET DE L'INTELLECTION

objets du temple, aux objets sacrés, non seulement de conserver leur identité à travers le culte auquel ils servent, mais de signifier par eux-mêmes et de porter ainsi une action de grâce à partir de tout ce que comporte leur statut d'objet spécifique. Leur matière, leur forme, leur composition comptent en elles-mêmes ; par elles ces objets sont des images de choses radicalement distinctes d'eux (le cosmos ou les éléments), mais des choses avec lesquelles ces objets partagent une condition ontique commune, celle d'être des existants et des créés. Bien que passant par les mots, la rhétorique du discours philonien travaille dans ce contexte avec les choses elles-mêmes, non avec les seules figures du langage.

Mais il n'en va pas de même quand le référent de l'image est quelque chose d'infini, d'illimité ou se trouve au-delà de toute limite, comme Dieu. C'est là que la parole et ses figures doivent prendre la relève des choses et entrer en jeu pour mener la bataille pour une science possible de l'infini, de l'illimité, de l'inconditionnel, de Dieu. C'est là aussi que la parole doit prendre la mesure de la révélation, en mettant en œuvre tout autant la distinction formelle de l'expression que le partage d'une communauté de fond, celle de la puissance épiphanique du *logos*. Bien que revêtant le statut de symbole, le chandelier indique qu'il y a aussi un autre degré de proximité possible lorsqu'il s'agit de signifier par la ressemblance une approche de l'âme. Le chandelier a en effet pour mission de porter son sens vers le haut (ἀνάγεται), comme tous les objets du sanctuaire, et d'indiquer en même temps l'illimité, en faisant se découvrir ainsi ce que l'âme elle-même produit comme acte : ramener la réception sensible vers le haut et ouvrir l'entendement vers l'illimité. Philon trouve argument dans le texte biblique : Moïse n'indique pas des mensurations pour le chandelier, comme il le fait pour la table et l'autel des parfums, car le chandelier réfère à la grandeur infinie de l'univers, alors que les autres objets du sanctuaire sont les symboles des éléments immanents au monde limité par le ciel et soumis aux lois de ce monde qui naît et qui périt[21]. Or la réflexion sur le caractère

---

de myrrhe (Ex 30, 34), est symbolique des éléments (τῶν στοιχείων σύμβολον) [...] [227] On peut se demander pourquoi, pour la table et l'autel des parfums, il nous a indiqué les dimensions, tandis qu'il n'a rien précisé pour le chandelier ; peut-être est-ce parce que les éléments et les êtres achevés et mortels, dont la table et l'autel des parfums sont symboliques, se mesurent, étant limités par le ciel – la mesure du contenu, c'est toujours le contenant – tandis que le ciel, dont le chandelier est symbolique (ὁ δ'οὐρανός, οὗ σύμβολόν ἐστιν ἡ λυχνία), est de grandeur infinie. »

21 *Her.* 228-229 : « [228] Il [le ciel] n'est contenu par aucun corps – que ce soit un corps égal à lui en grandeur, que ce soit un corps infini – que dis-je ? Pas même le vide, comme nous l'enseigne Moïse, ce vide que suppose le mythe fantastique de la conflagration universelle (ἐκπυρώσει μυθευομένην τερατολογίαν). Sa limite c'est Dieu, qui est aussi son cocher et son pilote. [229] De même que l'Être est impossible à circonscrire (ὥσπερ οὖν ἀπερίληπτον τὸ

illimité du cosmos, outre l'allusion stoïcienne à la cyclicité sous le mode de la conflagration universelle et la référence explicite au *Phèdre* pour le rôle de cocher et de pilote assigné à l'âme qui dirige le monde en étant au-dessus du monde (à la fois participante et non-participante de celui-ci), permet à Philon de sortir du registre proprement herméneutique et d'amorcer l'étape seconde dans le travail exégétique qu'il impose aux objets et aux images empruntées à la lettre du texte biblique.

Comme dans le cas de la drachme devenue monade et principe de tous les nombres, l'exégète alexandrin réinvente ici aussi (au sujet du caractère illimité du cosmos) des images qui font glisser le discours vers une réflexion proprement philosophique. La première image évoquée est tout naturellement celle de la sphère, dont la circularité se prête à signifier l'illimité et à donner ainsi une image de l'être comme incirconscriptible (ὥσπερ οὖν ἀπερίληπτον τὸ ὄν). Mais de quel ordre serait cette image ? Pour « nous », dit Philon, la sphère et les mensurations sont des *epinoiai*, des images intellectives ou des projections noétiques (εἰς τὴν ἡμετέραν ἐπίνοιαν)[22]. Ce n'est qu'après avoir précisé l'ancrage noétique et la fonction intellective assignée à ces images conceptuelles (qui ne sont pas des idées mais une sorte d'impressions mentales, différentes aussi des *phantasiai* puisqu'elles semblent reçues et non produites), que Philon évoque le don des deux oiseaux (Gn 15, 10). À ce point du discours l'enchaînement étroit des références bibliques et des propos philosophiques sème l'ambiguïté : il n'est pas clair si Philon se sert de l'image biblique pour tenir un discours philosophique orienté vers l'établissement d'une science théologique, ou si la philosophie lui fournit simplement les connaissances, les instruments du savoir et les figures du langage nécessaires à la compréhension du texte biblique.

4 Les deux hypostases de l'âme, les trois intellects et les deux *logoi*

Revenons à la suite immédiate du texte philonien. Ni sacrifice sanglant, ni induction d'une structure dualiste et donc d'une pensée par opposition de contraires, le don des deux oiseaux non partagés par le milieu fournit à l'exégète l'occasion de parler à nouveau de l'âme. Il ne s'agit plus de l'âme du cosmos, comme dans l'interprétation du chandelier, mais cette fois-ci de l'âme individuelle, du *logos* et de l'image de Dieu dans l'homme. L'envol de la parole

---

ὄν), de même celui qu'il limite ne peut se mesurer par les mesures qui sont du domaine de notre esprit (εἰς τὴν ἡμετέραν ἐπίνοιαν) ; peut-être aussi parce qu'il est circulaire et que, étant parfaitement tourné de façon à former une sphère, il n'a ni longueur ni largeur. »

22   *Her.* 229.

IMAGES DE L'ÂME ET DE L'INTELLECTION   173

hors de la lettre biblique frappe ici par son caractère soudain. À peine citée la brève indication de Gn 15, 10 au sujet de ce don, Philon dévoile l'identité assignée aux deux vivants ailés : δύο λόγους. Ce sont, dit-il, les deux *logoi* dont l'homme est pourvu : « l'un archétype, situé au-dessus de nous, l'autre, copie du premier, se tenant en nous (ἕνα μὲν ἀρχέτυπον ⟨τὸν⟩ ὑπὲρ ἡμᾶς, ἕτερον δὲ μίμημα τὸν καθ' ἡμᾶς ὑπάρχοντα) »[23]. L'implication pronominale (répétée avec insistance dans les paragraphes 229-231) frappe elle aussi, non sans rappeler le « nous » des Dialogues platoniciens dont l'usage attire toujours l'attention sur la nécessite de distinguer le plan dramatique du plan sémantique et de la visée philosophique du langage adressé[24]. Les sources de l'imagerie de l'oiseau, de l'aile, du vol et du ciel (ou des hauteurs), d'inspiration platonicienne et stoïcienne évidente, ont été longuement scrutées ; il y aurait peu de profit à s'étendre sur ce point[25]. Il y aurait en revanche intérêt à regarder de plus près la collision entre l'image biblique, avec son référent immédiat (les deux oiseaux), et ce que Philon appelle lui-même des « images », en utilisant un lexique varié et précis, et en faisant aussitôt basculer l'interprétation ponctuelle du référent sensible en réflexion philosophique fondée sur une plus grande étendue du texte de référence, le premier livre du Pentateuque. Les deux oiseaux ne sont ni des symboles ni des métaphores, mais le nom (générique) par lesquels Moïse, selon Philon, *appelle* les deux *logoi* (ὄρνεα καλῶν τοὺς πτηνοὺς καὶ πεφυκότας μετεωροπολεῖν δύο λόγους)[26]. Il les *appelle* ainsi, répète Philon, en qualifiant par

---

23   *Her.* 230 (cité *supra*).

24   « Nous » et « notre » reviennent sept fois dans les trois paragraphes philoniens où il est question de l'intellect (*noûs*), de l'image de Dieu dans l'homme et du *logos*. On retrouvera chez Plotin un usage semblable, lourd de sens et symptomatique, de ce « nous » réflexif du discours philosophique platonicien. Voir, *inter alia*, MORTLEY 2000, p. 131-149.

25   Dans l'introduction à ce texte, HARL 1966 (p. 92-100 et 119-129) consacre une longue étude à ce passage, en évoquant les quasi citations du *Phèdre* et des références présumées à Posidonius, de même que les parallèles avec d'autres textes philoniens et la bibliographie secondaire. Elle appelle cette image des oiseaux une « métaphore ». Remarquons toutefois que la référence platonicienne indique qu'il ne s'agit pas d'une figure du langage mais de l'inscription de cette image dans une démarche cognitive qui s'appuie sur les vertus intellectives de l'âme (mémoire, imagination, intellection), elles-mêmes appuyées au départ sur les facultés sensibles (la vue, en l'occurrence). Cet usage de l'image influe sur son statut et le définit comme étant celui d'une condition et d'un instrument propre à la pensée, en marge des formes et pouvant ouvrir un accès à celles-ci.

26   *Her.* 230. Si le contexte biblique est clairement celui du rituel, Philon fait ici complètement l'impasse sur le rituel et ne s'intéresse qu'aux enjeux philosophiques de la question soulevée par le non partage (οὐ διεῖλεν). Voir à ce propos *La Bible d'Alexandrie LXX*, 1994, p. 164, note (15, 10). L'intérêt pour la division et la non-division qui parcourt une bonne partie du *Her.*, fait ici suite au propos de Philon sur le *logos* diviseur du tout, « *logos* sacré et divin » dont le flambeau central du chandelier montre la ressemblance. L'insistance sur l'art de la division fait du *logos* le maître de la dialectique. Une fois de plus Philon assigne

le même terme (*kaleî*) l'affirmation de Moïse que l'homme fut créé à l'image de Dieu[27]. Il s'agit d'*appeler*, de *dire*, d'*énoncer* – en fixant ainsi, dans la parole, une expression de ce qui se montre à la fois en présence et à l'esprit. Par conséquent, l'aile, le vol, le ciel, évoqués par l'Alexandrin, ne proviennent pas de l'habitude banale de filer une métaphore initiale, mais décrivent l'acte propre des *logoi* dans sa manifestation, son déroulement et son lieu. Que tout ce passage, de même que les paragraphes qui suivent (§ 232-243), empruntent des *topoi* au *Phèdre*, et que le ton même rappelle la description inspirée du trajet des âmes dans la palinodie de Socrate, c'est chose évidente, sans pour autant enlever à Philon l'originalité de son propos. L'Alexandrin travaille avec les deux fers qu'il a mis au feu de sa passion : l'expression qui monte à la surface lorsqu'il exploite sciemment le pouvoir de dire propre aux mots, et la réflexion qui s'approfondit à mesure qu'il restitue au langage le pouvoir réflexif des images.

Le lexique des images est en effet élargi et travaillé dans ce contexte à la faveur d'une articulation qui doit pallier la division qu'opère en tout le *logos* divin et sacré. Le dédoublement induit par l'image à l'égard de son modèle est contrebalancé par une autre relation, celle de la sérialité provenant d'une procession, ainsi que par la ressemblance et la médiation implicites au statut des images. Comme dans la démonstration, dans la pratique des images aussi Philon fait montre de sa maîtrise de la dialectique. Il commence par assigner aux deux *logoi* le statut d'archétype à l'un et de copie (*mimêma*) à l'autre. La copie, nous l'avons vu, partage pour le platonicien la nature et les qualités de son modèle (tel le chandelier à l'égard du cosmos). Cette distinction sert à établir la différence entre deux sortes d'images, correspondant aux deux *logoi*. Comme les *logoi*, l'une des images se trouve « au-dessus de nous » et s'identifie à ce que Moïse appelle l'image de Dieu (καλεῖ δὲ Μωυσῆς τὸν μὲν ὑπὲρ ἡμᾶς εἰκόνα θεοῦ), tandis que l'autre, étant « en nous », constitue *l'image imprimée de cette image première* appelée image de Dieu (τὸν δὲ καθ' ἡμᾶς τῆς εἰκόνος ἐκμαγεῖον)[28]. Le rappel de Gn 1, 26 ne doit pas cacher sous l'autorité de sa lettre la percée opérée par Philon au sein de cette relation d'image à image. En établissant une telle relation – par l'empreinte d'une image (τῆς εἰκόνος ἐκμαγεῖον) – ce n'est pas le statut de l'image elle-même qui mobilise l'attention. Au contraire, l'image se décentre par ce dédoublement pour faire la lumière sur le statut qui revient au produit d'une telle relation, et pour signifier en outre le rôle noétique que joue ici l'image en relation avec les *logoi*.

---

une place centrale à la philosophie et fait du philosophe, ici sous la figure du *logos*, ailleurs sous le nom du *noûs*, le roi ou le gouverneur de l'univers.

27   *Her.* 231 et *Opif.* 69.

28   *Her.* 231.

IMAGES DE L'ÂME ET DE L'INTELLECTION 175

Dans son interprétation, qui porte maintenant sur Gn 1, 26 et plus sur Gn 15, 10, Philon insiste sur le sens de la préposition « selon » : οὐχὶ εἰκόνα θεοῦ, ἀλλὰ « κατ᾽ εἰκόνα ». Cette préposition (*kata*) indique ici un rapport d'intériorité dans la réception de l'image, en même temps qu'une distance qui sépare le récepteur de ce dont provient ce qu'il reçoit en son sein. Or l'intériorité suppose que ce qui reçoit l'image et devient donc lui-même « image » en la recevant, comporte une corporéité en même temps qu'une puissance commune avec celle de l'image reçue, puissance qui renvoie au modèle unique dont provient cette image démultipliée. L'usage, à peine deux lignes plus haut, du terme « empreinte », de souche platonicienne lui aussi[29], confirme et permet d'éclaircir cette compréhension. L'image *touche* ce qui la reçoit et ce qui reçoit l'image la *touche* en retour également, c'est-à-dire atteste le partage d'une condition commune qui rend possible cet acte : toucher, laisser une empreinte, déposer une trace. Avant de faire montre d'une médiation, la trace constitue la preuve d'une condition ontique commune. Elle renseigne ainsi sur un plan double, formel et existentiel à la fois. À son tour l'image, en tant que trace, comporte une sorte de corps à elle, tel un sceau, outre le corps qui devient à son tour image en recevant le sceau de l'image en lui, dans sa matérialité, son *ousia*, sa chair[30]. Par conséquent, le *logos* qui « en nous » est la copie de celui qui est « au-dessus de nous », comporte lui aussi une sorte de corps, en même temps qu'il partage ses qualités essentielles avec le *logos* archétype dont il est précisément la copie. Cependant, ce qui provient d'une image étant image aussi, n'alourdit pas la relation, ne la leste pas du poids d'un corps et d'une existence soumise à l'imperfection. L'engendrement sous-jacent à une relation d'image à image ne risque pas de pervertir ainsi la perfection d'un modèle ou de fausser

---

29   *Tht.* 191c7, *Ti.* 72c5. Ce lexique de l'empreinte et de l'impression est utilisé aussi par les Stoïciens au sujet de l'âme et connaîtra une belle postérité chez Numénius et chez Plotin, toujours dans le contexte des réflexions sur l'âme. Philon revient avec un autre terme, *tupos*, à la même signification d'impression d'une image dans un contexte similaire, référant toujours à Gn 1, 26, dans *Leg.* I, 31 : κατ᾽ εἰκόνα δὲ τετυπῶσθαι θεοῦ, « [l'homme céleste] frappé à l'image de Dieu » (trad. C. Mondésert, Paris, Cerf, 1962). HARL 1967 (p. 197-198) cite aussi d'autres passages (*Spec.* I, 47-48 et *Sacrif.* 59) où Philon utilise *tupos* avec le sens de « sceau » dont se sert Dieu pour imprimer les images de son *logos*. Sur les enjeux du rapport de dédoublement signifié par une relation d'image à image (ou d'impression d'une image) dans le contexte hellénistique et tardo-antique, avec des références aussi à Philon, voir VASILIU 2017, p. 35-65.

30   Cette capacité d'impression spécifique des images serait peut-être la relique tenace d'une théorie optique, telle la théorie épicurienne des *eidôla* qui circulent dans l'espace et s'impriment dans l'œil et dans la faculté correspondante de l'âme. Mais nous n'entrerons pas ici dans le débat sur cette hypothèse d'interprétation, ni dans le vaste champ du parallélisme, platonicien et aristotélicien, entre l'optique et la vision noétique.

la relation. L'image est essentiellement épiphanique ; mais, outre le modèle qui se dévoile dans et par l'image, celle-ci révèle en même temps qu'elle garde une distance et qu'elle assure une médiation par son propre statut, mimétique ou réflexif d'une part, médiateur d'une réciprocité (ou d'une complémentarité) de l'autre. Cette leçon platonicienne, établie en particulier au sujet de l'âme, Philon la connaît bien et la fait sienne pour établir à son tour un savoir au sujet du Logos de Dieu qui se révèle à travers l'acte dédoublé de création d'une part, et d'engendrement de l'autre.

C'est par l'insistance sur la préposition *kata* que l'on signifie ici la distance. Philon la qualifie de distance de troisième lieu ou degré, et en décrit avec précision la teneur. Après avoir pris le soin d'indiquer la nature de la relation d'image à image et d'appeler empreinte le terme de la relation, l'exégète dévoile l'identité de ce terme : il s'agit de l'intellect, en l'occurrence de l'intellect singulier de chaque homme (ὥστε τὸν καθ' ἕκαστον ἡμῶν νοῦν). Cet intellect occupe en effet une troisième place (τρίτον εἶναι τύπον) par rapport à un intellect médiateur qui est son modèle (τὸν δὲ μέσον παράδειγμα μὲν τούτου) et qui est lui-même qualifié d'image issue d'un intellect supérieur (ἀπεικόνισμα δὲ ἐκείνου). La leçon platonicienne reçoit maintenant un prolongement et comme un contrepoint aristotélicien. Philon décrit la succession de trois intellects : le dernier est celui de chaque homme (ce qui pourrait correspondre à l'intellect pratique du *De anima*), intellect qui fait de chaque homme ce qu'il est proprement et véritablement (ὃς δὴ κυρίως καὶ πρὸς ἀλήθειαν ἄνθρωπός ἐστι) ; suit l'intellect qui sert de modèle (*paradeigma*) pour l'intellect de chaque homme (l'intellect agent, en termes aristotéliciens) et qui est intermédiaire (μέσον) ; en premier, enfin, se tient un intellect qui n'est pas nommé comme tel, mais dont celui qui est médiateur s'en approche comme une image de type iconique (ἀπεικόνισμα) et nous permet de le qualifier ainsi ; il s'agit donc, par la preuve de l'image, d'un intellect aussi, mais premier, suprême et à l'évidence séparé[31]. Il résulte que l'image de Dieu dont il est question dans Gn 1, 26 est bien le *noûs* divin qui s'imprime dans ce qui fait d'un homme *l'homme* à proprement parler, à savoir son intellect particulier à l'image de l'intellect universel, lui-même à l'image du *noûs* divin[32]. Il résulte également que la « corporéité » dont sont pourvues l'image et son empreinte relève en réalité d'une *ousia* noétique. Et,

---

31 *Her.* 231 (tout le développement qui va de l'image de Dieu à celle de l'intellect tient dans ce paragraphe). L'attestation d'une possible interprétation philonienne de la théorie noétique d'Aristote est d'autant plus intéressante qu'elle semble se rallier à une définition de trois intellects qui n'est attestée, à proprement parler, que bien plus tard, d'une part chez Numénius (Frg. 22), d'autre part chez Alexandre d'Aphrodise. Plotin en sera l'héritier, tout comme d'ailleurs Proclus.

32 C'est bien l'interprétation que Philon donne du même verset dans *Opif.* 69.

en fin de compte, il résulte aussi que les deux oiseaux non partagés de Gn 15, 10, identifiés aux deux *logoi*, ont partie liée, selon Philon, avec cette identité noétique double, divine et humaine, déterminée sous l'espèce de l'image, de l'intermédiaire et du modèle ; qu'il y a, autrement dit, non une similitude ou une relation métaphorique, mais bien un lien structurel et un fondement commun, ousiologique, entre *noûs* et *logos* ou pensée et raison. Cependant, la question précise que Philon poursuit dans ce contexte ne concerne pas l'homme à l'image de Dieu, ni le symbolisme du don et du sacrifice au temple, mais vise à déterminer le partage et le lien ou la division et l'unité comme des problèmes véritablement théologiques posés par le texte biblique et auxquels une exégèse faisant fond sur la philosophie pourrait apporter des réponses. Cette question de la division et du lien s'impose dès lors, et pèse d'autant plus qu'au centre du débat théologique se tient, à jamais inconciliable avec la perfection divine, le problème de la matière et du corps.

La distance indiquée par l'usage de la préposition *kata* (*kat'eikona, kath'hê-mas*) comporte donc un double sens : elle marque la différence et l'installe de manière topologique dans la langue. Traversé par ce qui descend pour être reçu, le *topos* de la différence est aussi le lieu où la relation se noue en révélant une potentialité commune. Mais comment le schéma des trois intellects se reflète-t-il dans l'image des deux *logoi* représentés par les deux oiseaux ? Philon passe en régime descriptif et s'applique à déployer à sa manière la leçon bien connue de la tripartition de l'âme, avant de reprendre appui sur la figure biblique des deux oiseaux et de s'en servir pour étendre la description aux actes qui incombent à l'âme et au *logos*. Il commence par affirmer le caractère naturellement non divisé ou non-partagé de « notre intellect » (φύσει δὲ ἄτμητος ὁ ἡμέτερος γέγονε νοῦς). Celui-ci se distingue par son indivisibilité de la part non rationnelle de l'âme (ἄλογον ψυχῆς), laquelle se divise en six parties (μοίρας) : vue, ouïe, goût, odorat, toucher, voix (selon l'énumération de Philon), auxquelles s'ajoute une septième partie : l'engendrement (γόνιμον). De ces sept parties, qui correspondent aux facultés du vivant, se distingue le *logikon* (la faculté de la raison), nommé *noûs* (ὃ δὴ νοῦς ὠνομάσθη), qui ne comporte aucune séparation et qui, en raison de sa non-séparation, se trouve être structurellement ressemblant à la totalité du ciel (ἄσχιστον εἴασε κατὰ τὴν τοῦ παντὸς ὁμοιότητα οὐρανοῦ)[33].

Remarquons la série de négations qui s'enchaînent dans ce bref passage : apparaissent sous la forme privative des attributs théologiquement négatifs – la rupture, la séparation, l'irrationnel – qui, renversés par la privation de leur négativité, servent ici à montrer ce par quoi le supérieur se distingue de ce qui

---

33   *Her.* 232 (cité *supra*).

ne l'est pas. Le supérieur est en effet privé de toute aliénation, demeurant ainsi toujours lui-même et en lui-même puisqu'il n'est jamais privé de raison et qu'il fait de surcroît corps commun avec celle-ci. Mais la modalité choisie indique aussi une réversibilité dès lors que la privation ne constitue pas une opposition essentielle, un contraire réel, mais indique plutôt une distinction d'états différents dans le « même ». Le « même » demeurerait donc toujours identique à lui-même s'il était privé de rupture, de séparation, et surtout s'il n'était jamais privé de la raison, car c'est elle qui maintient son unité et le rend ainsi semblable au ciel entier (l'enveloppe du monde, selon la cosmologie ancienne). Le « même » s'identifie ici à l'entité commune de l'intellect et des autres parties de l'âme, tandis que la différence au sein du « même », c'est-à-dire la distinction entre l'intellect et les sept parties de l'âme, se signale par la divisibilité et par le mouvement. Philon illustre cette structure conceptuelle en faisant appel à l'image cosmique de la sphère supérieure, sphère fixe et sans division, et de la sphère dite intérieure, composée de sept cercles sur lesquels se meuvent les planètes. La séquence se clôt sur une analogie – « ce que l'âme est en l'homme, le ciel [...] l'est pour l'univers » (ἐν ἀνθρώπῳ ψυχή, τοῦτο οὐρανὸς ἐν κόσμῳ) – d'où s'ensuivent deux conclusions : à savoir qu'il y a deux natures, une intelligente, l'autre raisonnable (νοερὰς καὶ λογικὰς δύο φύσεις), tant pour l'homme que pour le tout (τήν τε ἐν ἀνθρώπῳ καὶ τὴν ἐν τῷ παντί), et que ces deux natures sont nécessairement entières et indivisibles (συμβέβηκεν ὁλοκλήρους καὶ ἀδιαιρέτους εἶναι). C'est ce qui est dit d'ailleurs dans Gn 15, 10 : les deux oiseaux n'ont pas été partagés, conclut brutalement Philon[34].

Si le raisonnement de l'Alexandrin apparaît comme vif et passablement surprenant, l'effet tient à la juxtaposition des trois registres de parole sur lesquels il se déroule simultanément : (i) le suivi d'une démonstration conceptuelle serrée, (ii) l'appel aux images et aux figures empruntées à la philosophie ancienne, et (iii) les références bibliques qui surgissent le plus souvent de manière inattendue. L'herméneutique est ici tout autant que la rhétorique au service de la théologie. Mais voyons encore comment Philon justifie son cheminement et dévoile sa fin. Il provoque d'abord son lecteur par la surprise. Que le non partage de la colombe et de la tourterelle corresponde à l'indivisibilité de l'intellect et de la raison, ceci, il va de soi, n'est nullement évident. Il n'avait pas été non plus évident lorsque les deux oiseaux avaient été initialement relégués à la représentation des deux *logoi*, non à l'intellect et à la raison, comme dans le second temps de l'exégèse. Après la conclusion de la section noétique

---

34   *Her.* 233.

IMAGES DE L'ÂME ET DE L'INTELLECTION 179

et cosmologique de la démonstration, Philon reprend donc le fil en partant maintenant de la réception sensible de l'image biblique[35].

Il décrit ainsi, par petites touches, les oiseaux (l'un apprivoisé et familier, l'autre aimant le désert et la solitude), pour pouvoir comparer leurs apparences et leurs habitudes de vie à ce qu'ils sont censés signifier et pour justifier ainsi la thèse d'une théologie, et au fond d'une théophanie aussi, inscrite à même la lettre de la parole de Moïse. L'homogénéité du genre et l'unicité de l'espèce (à laquelle appartiennent la colombe et la tourterelle selon Philon) d'une part, la division des qualités ou des attributs d'autre part, sont en ligne de mire à travers cet exemple précis d'unité et de différence au sein du « même ». Mais la juxtaposition frappe par son étrangeté tout autant que par l'appel aux apparences, aux manifestations communes à l'espèce, aux comparaisons animales qui paraissent superficielles. Non partagés en leurs êtres, les oiseaux sont néanmoins des vivants étrangers à la sphère de l'intellect et de la raison. Ils volent en revanche, parcourant les hauteurs et le ciel ou descendant pour se poser à terre. L'un se tient toujours en haut, comme le *logos* divin, l'autre descend et se pose comme le raisonnement « en nous ». L'exégète décrit sans plus appeler « image » l'être ou l'objet visé, mais en tenant ce qu'il énonce comme un diptyque sous les yeux. Il décrit et compare ainsi les causes et les principes aux formes visibles, aux actes et aux effets : d'une part les vivants ailés sous la forme des deux oiseaux de la même espèce nommés et caractérisés, de l'autre le *logos* divin et le *logismos* de l'homme, l'intellect divin et le nôtre, et même le créateur et le père de l'univers. Ni l'intellect ni le *logos* ne sont en eux-mêmes divisés, dit Philon. En revanche la division constitue leur acte, qu'il s'agisse de la division de tout ce qui existe dans la nature, propre au *logos* divin, ou de la succession infinie de divisions possibles par lesquelles l'intellect de l'homme procède lui-même pour saisir aussi bien les réalités intelligibles que les corps eux-mêmes. « En effet, le logos divin a divisé et partagé tout ce qui est dans la nature (ὅ τε γὰρ θεῖος λόγος τὰ ἐν τῇ φύσει διεῖλε καὶ διένειμε πάντα) ; notre intellect (ὅ τε ἡμέτερος νοῦς), pour tout ce qu'il peut saisir noétiquement des choses et des corps (ἅττ' ἂν ἀπαραλαβῇ νοητῶς πράγματά καὶ σώματα), procède à l'infini à des divisions infinitésimales de parties (εἰς ἀπειράκις ἄπειρα διαιρεῖ μέρη), et ne cesse jamais de couper. »[36] La division est donc commune aux deux intel-

---

35 *Her.* 234-236 (cités *supra*).

36 *Her.* 235, cité *supra* (traduction un peu modifiée). Au-delà de l'effet d'écho des mots ἀπειράκις ἄπειρα, sorte d'allitération très suggestive (mais intraduisible) pour exprimer la possibilité infinie de la division, ne serait-ce pas là une allusion transparente à la logique platonicienne de la distinction des dualités ? Logique qui a d'ailleurs valu à Platon la critique d'Aristote et l'accusation de prôner une philosophie dualiste.

lects, divin et humain, et constitue de surcroît l'acte par lequel l'homme ressemble (*emphereian*) à son créateur et père universel.

La référence aux vivants et aux objets du rituel juif selon les indications de la Septante, d'un côté, les rappels platoniciens et aristotéliciens de l'autre, construisent ensemble un scénario exégétique unique, scénario qui vise à produire lui-même une révélation : celle des conditions intellectives et discursives requises pour recevoir la théophanie et donner ainsi la connaissance que recèle le texte biblique. Détachée de la lettre et ouverte à la possibilité de produire un sens à partir d'associations surprenantes, l'exégèse de Philon semble poursuivre un but philosophique à la fois pratique et spéculatif, ouvrant au lecteur plusieurs voies convergentes pour s'approprier un texte obscur et passablement semé d'embûches pour l'esprit. Mais l'exégèse philonienne ne se présente pas comme un dévoilement de vérités cachées. Elle nous apparaît plutôt comme cherchant à donner un sens commun à des expressions différentes de la sagesse et agissant, en vue de ce dessein, par des voies subtiles de convergence, dans cet esprit d'harmonie qui caractérise la position universaliste d'un platonicien. Ainsi, ce qui est unique et unitaire, sans mélanges et sans parties, est cause de la division des parties et du mélange, puisque la cause est toujours supérieure à son effet. Les *logoi*, pas plus que les intellects ou les oiseaux en guise de don, ne sont donc partagés. C'est eux qui opèrent en revanche le partage et les distinctions de tout ce qui est, y compris la séparation dans laquelle ils se tiennent eux-mêmes par rapport à tout le reste. La juxtaposition surprenante que présente le texte fait elle-même partie du tableau ; elle participe de cette distinction-division qui se montre à l'œuvre pendant que nous lisons les paroles de Philon. Quant à l'image, elle est elle-même double, comme il se doit, et performative de surcroît dans ce cas précis. D'une part elle s'identifie à la réalité sensible des deux oiseaux (mêmes et différents, volant tantôt vers le haut, tantôt vers le bas) qui sont présentés à nos yeux comme des oiseaux et qui n'ont à partir de là aucun pouvoir d'indiquer, ne serait-ce que métaphoriquement, les *logoi* ou le *noûs* et le *logismos*. Ces vivants ailés ne servent, en effet, que de repère du langage pour opérer le grand écart entre la parole et ce qui s'y reflète, et pour signifier de cette manière le pouvoir d'intelliger et de maîtriser par la raison ce qui se donne aux sens et que les paroles montrent à travers l'appellation et révèlent par leur argumentation. Pour cette raison Philon se garde d'appeler dans ce contexte les oiseaux des « symboles », et n'interprète donc pas leur don dans la perspective d'une pratique sacrée à proprement parler.

Mais, d'autre part, l'image induit les relations de ressemblance (*homoiôsis*, *empheria*), de conjecture (*eikazô*) et de similitude (la copie, *mimêma*)[37], en te-

---

37   Je cite les termes mêmes utilisés dans les § 234-236 analysés.

IMAGES DE L'ÂME ET DE L'INTELLECTION   181

nant par ces relations qui incombent à sa nature le rôle de cheville-ouvrière
de ce diptyque d'êtres *en présence* et de réalités *dans l'esprit* (figures de l'intellection et du langage). Or cette cheville-ouvrière constitue, pour le platonicien
Philon, l'indicateur en même temps que l'opérateur de l'unité qui subsiste à
travers la division et qui empêche de considérer la division et le pouvoir diviseur du *logos* comme responsables d'un dualisme structurel, un dualisme de
principes égaux opposés. De ce point de vue, l'image est la partenaire privilégiée du *logos* dans sa fonction noétique unitive qui fait pendant au pouvoir de
division par lequel agit le *logismos*.

5   Concluons

Il reste beaucoup à dire sur cette pratique philonienne de l'image, et au fond
sur la pensée de l'image qui est centrale dans l'œuvre de Philon puisqu'elle relie
la démarche exégétique au but philosophique recherché par l'Alexandrin. Que
peut-on toutefois retenir du traitement de ces quelques images empruntées au
Her. ? La nature foncièrement exégétique de l'œuvre philonienne n'est pas seule
responsable des usages multiples de l'image, et ces usages ne sont pas, eux non
plus, des indices d'un genre rhétorique particulier, privilégié par l'Alexandrin.
S'appuyant sur la relation parentale qui unit philosophie et rhétorique pour
tout lecteur des Dialogues de Platon, Philon développe une réflexion originale
puisque son terrain d'application n'est pas celui de la philosophie *stricto sensu*,
et sa quête n'est pas non plus celle d'un savoir censé maîtriser la nature du
monde et les passions de l'homme. Rassembleur hors pair des savoirs, Philon
n'est toutefois pas dominé par un esprit d'encyclopédisme, ni par l'éclectisme
qui caractérisait, semble-t-il, le milieu intellectuel alexandrin. Il cherche à établir une science, la théologie rationnelle, fondée sur des bases métaphysiques,
et explore pour ce faire les moyens idoines pour son expression, en analysant
les vertus du langage à travers l'exégèse qu'il propose du texte biblique. Or la
première de ces vertus est le pouvoir épiphanique du langage, le pouvoir de révéler, de montrer et de signifier simultanément, en donnant être, corps et vie à
ce qu'il révèle, montre et signifie. Mais Philon ne s'arrête pas à cette vertu, car il
a affaire à quelque chose de plus grand que la capacité des mots à nommer les
choses et le pouvoir du langage à produire des jugements, de beaux discours
et des mythes.

Au-delà de la félicité que lui procure la possibilité de penser et de dire ce
qui est[38], Philon vise celui qui procure à l'homme cette félicité : celui qui est

---

38   *Opif.* 150 : « [...] qu'en même temps la nature des choses soit énoncée et pensée ; ainsi
      excellait-il en tout ce qui est beau, atteignant aux limites de la félicité humaine (ὡς ἅμα

innommable et dont seul l'intellect de l'homme dispose d'une image qui le relie à, tout autant qu'il le distingue *de* celui dont il est dit à la fois *être* et *avoir* l'image. C'est sur cette capacité réflexive de l'intellect et sur son moyen privilégié d'expression que Philon s'appuie. L'exégèse du langage biblique qu'il pratique creuse dans la langue, à travers les figures comme à travers les mots, des accès vers un raisonnement qui puisse saisir dans les reflets et les signes qui y sont inscrits la logique qui les maintient ensemble et la source vers laquelle ils remontent, en y renvoyant implicitement le lecteur. Sa démarche n'est pas constitutive d'une herméneutique des degrés de signification dans la langue, ni ne relève d'un structuralisme *avant la lettre* dominé par la dialectique des références et par la possibilité ou la faillite pour le langage d'assurer la transitivité et de produire démonstrations et certitudes. Philon ne cherche pas non plus à persuader, comme il ne qualifie pas de « vérité » l'affirmation que la tourterelle et la colombe sont deux *logoi*. À l'égard de ce qu'il y aurait à dire, le langage reste pour Philon toujours en-dessous de la vérité, si tant est que celle-ci soit pour lui un « nom », ou du moins qu'elle soit dite *au nom* de Dieu. Mais même décalé, dominé par sa faiblesse (pour rappeler encore un autre *topos* platonicien), le langage reste néanmoins le révélateur seul de la révélation. La révélation est la seule condition qui ouvre au langage le droit d'accès à la vérité. Le langage n'est que médiateur dans ce cas : il est le médiateur épiphanique de quelque chose qui le dépasse et dont il reçoit le pouvoir d'ouvrir un accès et de construire une certitude qui ne repose pas sur lui uniquement. S'il est beau, malgré sa faiblesse, ce n'est pas en raison d'un art spécifique (philosophique, rhétorique, sophistique), mais principalement en raison de sa puissance épiphanique. Car, en recevant et en faisant entendre une parole venue d'ailleurs, le langage découvre sa puissance et sa nature portées vers l'autre, jamais vers soi-même. Or l'altérité dont le langage est témoin apparaît d'emblée comme beauté, ornement surprenant, étrangeté attrayante. En la reflétant, en essayant d'en saisir une image, le langage affirme alors, implicitement, l'impossible fermeture monadique de ce qui, se révélant à travers lui, garde toutefois son absolue transcendance.

λεχθῆναί τε καὶ νοηθῆναι τὰς φύσεις αὐτῶν, οὕτως μὲν ἐν ἅπασι τοῖς καλοῖς διέφερεν ἐπ' αὐτὸ τὸ πέρας φθάνων τῆς ἀνθρωπίνης εὐδαιμονίας) » (*op. cit.*, p. 242-243). Le passage est extrait de la fin du commentaire de Gn 2, 19 concernant le pouvoir donné à Adam de nommer les vivants créés. La simultanéité des deux actes, de l'intellection et du langage, correspond à cette faculté pure, « non-corrompue », de la raison dont est douée l'âme d'Adam : Ἀκράτου γὰρ ἔτι τῆς λογικῆς φύσεως ὑπαρχούσης ἐν ψυχῇ... (*ibid.*).

IMAGES DE L'ÂME ET DE L'INTELLECTION   183

Acknowledgments

Cette étude a bénéficié des lectures critiques et d'un généreux encouragement de la part de Francesca Calabi et de Francesca Alesse. Je leur adresse mes plus vifs remerciements.

Bibliographie

ALEKNIENÉ T. 2007, « L'énigme de la "patrie" dans le Traité 1 de Plotin : héritage de l'exégèse philonienne ? », *Recherches augustiniennes et patristiques*, 35, p. 1-46.

ALEXANDRE Jr. M. 2015, « Twofold Human Logos in Philo of Alexandria : The Power of Expressing Thought in Language », dans CALABI F. – MUNNICH O. – REYDAMS-SCHILS G. – VIMERCATI E. (dir.), *Pouvoir et puissances chez Philon d'Alexandrie*, Turnhout, p. 37-59.

CALABI F. 2011, « Le repos de Dieu chez Philon d'Alexandrie », dans INOWLOCKI S. – DECHARNEUX B. *Philon d'Alexandrie, un penseur à l'intersection des cultures gréco-romaine, orientale, juive et chrétienne*, (dir.), Turnhout, p. 185-204.

DANIÉLOU J. 1967, « Philon et Grégoire de Nysse », dans *Philon d'Alexandrie. Colloque de Lyon 1966*, Paris, p. 333-346.

DECHARNEUX B. 1994, *L'ange, le devin et le prophète. Chemins de la parole dans l'œuvre de Philon d'Alexandrie dit « le Juif »*, Bruxelles.

FELLOUS S. 2016, « Les premières images du dialogue judéo-chrétien. Les peintures murales de la synagogue (c. +150–245-246) et du baptistère de Doura Europos (c. 232) », *Semitica et Classica*, 9, p. 143-166.

GOULET R. 2005, « Allégorisme et anti-allégorisme chez Philon d'Alexandrie », dans DAHAN G. – GOULET R. (dir.), *Allégorie des poètes. Allégorie des philosophes. Études sur la poétique et l'herméneutique de l'allégorie de l'Antiquité à la Réforme*, Paris, p. 59-87.

HARL M. (éd.) 1967, Philon, *Quis rerum divinarum heres sit*, Paris.

HARL M. 1967, « Cosmologie grecque et représentation juives dans l'œuvre de Philon d'Alexandrie », dans *Philon d'Alexandrie. Colloque de Lyon 1966*, Paris, p. 189-205.

KANNENGIESSER Ch. 1967, « Philon et les Pères sur la double création de l'homme », *Philon d'Alexandrie. Colloque de Lyon 1966*, Paris, p. 277-297.

LÉVY C. 2007, « La question de la dyade chez Philon d'Alexandrie », dans BONAZZI M. – LÉVY C. – Steel C. (dir.), *A Platonic Pythagoras. Platonism and Pythagoreanism in the Imperial Age*, Turnhout, p. 11-28.

MICHEL A. 1967, « Quelques aspects de la rhétorique chez Philon », dans *Philon d'Alexandrie. Colloque de Lyon 1966*, Paris, p. 81-103.

MORTLEY R. 2000, « "Nous aussi nous sommes des rois", Plotin, *Enn.* V. 3, 4 », *Kairos*, 15, p. 131-149.

RUNIA D. 1995, *Philo and the Church Fathers. A Collection of Papers*, « Vigiliae Christianae », Suppl· 32, Leiden.

SIMON M. 1967, « Situation du Judaïsme alexandrin dans la Diaspora », dans *Philon d'Alexandrie. Colloque de Lyon 1966*, Paris, p. 17-33.

VASILIU A. 2005, « Entre *Muses* et *Logos* : invention de l'allégorie et naissance de l'icône (*Sophistes* et *Pères* à la fin de l'Antiquité) », G. DAHAN – R. GOULET (dir.), dans *Allégorie des poètes. Allégorie des philosophes. Études sur la poétique et l'herméneutique de l'allégorie de l'Antiquité à la Réforme*, Paris, p. 149-193.

VASILIU A. 2015, « *Penser Dieu.* La condition de réciprocité (Noétique et théologie rationnelle à partir d'une page de Philon d'Alexandrie) », *Phantasia*, 1 (Univ. Saint-Louis, Bruxelles) <http://popups.ulg.ac.be/07747136/index.php ?id=357>.

VASILIU A. 2017, « L'image divine et son reflet : quelques usages antiques du dédoublement », dans MITALAITÉ K. – VASILIU A. (dir.), *L'icône dans la pensée et dans l'art. Constitutions, contestations, réinventions de la notion d'image divine en contexte chrétien*, Turnhout, p. 35-65.

VASILIU A. 2018, *Penser Dieu. Noétique et métaphysique dans l'Antiquité tardive*, Paris.

CHAPITRE 8

La métaphysique de l'orgueil : quelques affinités entre Philon et les néoplatoniciens grecs

Adrien Lecerf

Les comparaisons entre le corpus néoplatonicien et celui des œuvres de Philon sont presque inexistantes dans la littérature, qui se concentre surtout sur la période médio-platonicienne. L'objet de la présente étude est de proposer des rapprochements entre ces deux ensembles à propos de la conception de Dieu et de l'être humain, avec pour idée sous-jacente de contribuer à l'histoire de la philosophie antique à l'âge impérial prise comme un tout, en saisissant l'œuvre de Philon moins dans son « influence » à proprement parler (puisque les néoplatoniciens païens ne l'ont pas connu directement, ni même sans doute indirectement[1]) que dans ce qu'elle nous révèle des mutations contemporaines

---

1 Les arguments de Wolfson en faveur de la lecture de Philon par les penseurs païens, dont RUNIA 1991, p. 37-38 donne un résumé, ne sont pas probants. L'erreur consiste à discuter de parallèles textuels à propos de thèmes tels que l'incognoscibilité de Dieu (théologie néga-tive), l'emploi de l'arithmologie pythagoricienne, la valeur de l'homme, l'opposition Être – Devenir etc. qui, à partir du début de l'ère chrétienne, sont très répandus. Il faut prendre son parti et soit discuter de parallèles textuels et doctrinaux très précis, ce que tente RUNIA, *art. cit.* p. 49-51 à propos du mot ἑστώς chez Philon, Numénius et Plotin, un parallèle inté-ressant mais sans doute pas décisif : le terme peut renvoyer au caractère hiératique de l'Être parménidéen, εὐκύκλου σφαίρης ἐναλίγκιον ὄγκωι « semblable à la masse d'une sphère au beau tour » [Parménide, Frg. B. 8 D. K., v. 43], qu'un témoignage décrit « établi au centre à la façon d'un foyer » [Test. A. 44 D. K.], et plus encore à *Parm.* 146a comme souligné par Runia lui-même ; il faut également prendre en compte le titre ἑστώς que s'attribue Simon le Mage dans les *Homélies ps.-clémentines*, ii, 22 (sur ἑστώς, voir MAJERCIK 2001, p. 290 n. 117), soit – ce que nous ferons pour notre part – discuter de parentés générales d'idées et de structures, mais en abandonnant le projet d'établir des influences d'auteur à auteur et en rappelant l'état très fragmentaire de notre information. Nous souscrivons donc à l'opinion de M. Baltes (RUNIA, *art. cit.* p. 39), et c'est à dessein que nous employons le terme « témoin » : pour la quasi-totalité des thèmes qu'il aborde, Philon est un témoin, parfois un relais actif (essentiel-lement pour les Pères chrétiens), mais rarement, pensons-nous, un innovateur. L'expression la plus fréquente dans les pages consacrées par FESTUGIÈRE 1949, p. 519-585 à Philon est probablement « lieu commun » et, même si le savant dominicain a témoigné ici d'une sévé-rité confinant à la cruauté (sans compter quelques incompréhensions réelles), force est de constater que le constat général est exact. Mais, à considérer les choses sans préjugé, dire cela n'enlève rien à la qualité de l'œuvre de Philon et à la valeur de son témoignage, et ce n'est pas

---

© ADRIEN LECERF, 2021 | DOI:10.1163/9789004443952_010

de la philosophie, dont païens, juifs et chrétiens sont tous héritiers. Par l'ampleur et la qualité remarquable de son œuvre, Philon est à cet égard un témoin extrêmement précieux, y compris pour ceux dont les recherches portent sur une époque plus tardive. Le risque posé par ce type d'analyse est la commission d'erreurs de perspective, dont l'auteur – qui n'est pas spécialiste de Philon – prie par avance son lecteur de l'excuser.

1 Dieu comme absolu et fondement de tout

1.1 *La transcendance et ineffabilité de Dieu*
La pensée de Philon, cela va de soi, est théocentrique. Elle fait de Dieu la référence absolue de toutes choses, tant de l'Homme que de l'Univers[2].

Le point le plus intéressant dans ce théocentrisme est peut-être que nous retrouvons chez Philon, à propos de Dieu, le même complexe d'immanence et de transcendance que dans le platonisme contemporain (« médio-platonisme ») et le néoplatonisme (défini, à partir de Plotin, par l'introduction de l'Un au-delà de l'être et des Idées et par la priorité du *Parménide* sur le *Timée*). Pour Philon, Dieu est une entité absolue, transcendante et même ineffable, mais son pouvoir se fait aussi ressentir absolument partout, pénètre tous les recoins de l'Univers. De même, selon les néoplatoniciens, l'origine de toutes choses est l'Un, un principe absolument simple, qui comme tel n'offre pas de prise à notre pensée et est donc transcendant, mais ce principe se déploie dans une puissance infinie qui se ressent partout, et dont chaque chose possède une « trace » : c'est parce qu'il n'est aucune chose en particulier qu'il peut être tout en bloc (concept d'« Un-Tout », ἓν πάντα[3]). Dieu – qui ne dépend évidemment de personne[4] – est à la fois absent d'un monde qui est radicalement différent

---

non plus lui nier toute originalité dans l'agencement des thèmes : il est au contraire tout à fait patent que la culture philosophique de Philon est mise au service d'un projet conscient, dont les omissions et les insistances – l'orgueil, objet de ce texte, en est une – dessinent une figure unique en son genre.

2 Sur toute cette première partie, et en particulier sur l'opposition immanence – transcendance et le problème des Idées comme pensées de Dieu, cf. Calabi 2008, p. 3-69. Sur les relations de Philon avec le platonisme pythagorisant contemporain, qui évoluait vers une théologie transcendante, cf. Bonazzi 2008.

3 C'est ainsi que les néoplatoniciens tardifs, notamment Damascius (voir *De Princ.* II, 39.12), nomment le Premier principe conçu comme préfiguration sous un mode simple de l'ensemble du réel.

4 *Cher.* 46 ; *Mos.* I, 111 (mais c'est toute l'œuvre de Philon qu'il faudrait citer). Les néoplatoniciens païens ont cherché à répondre aux polémiques – parfois issues de leur propre

LA MÉTAPHYSIQUE DE L'ORGUEIL 187

de et inférieur à lui[5], et partout présent dans la mesure où le devenir est en totale dépendance ontologique par rapport à lui. Les méthodes, images et raisonnements employés pour décrire cela sont souvent très similaires ; dans les deux cas, le modèle de référence principal semble être la monade mathématique, objet des attentions de la philosophie pythagoricienne dont la renaissance (« néo-pythagorisme ») est à situer peu ou prou à l'époque de Philon : la monade est principe de tous les nombres, tout en n'étant pas elle-même un nombre. Donnons quelques exemples.

1.1.1 Inconnaissabilité de l'essence de Dieu

On montrera d'abord le premier point, à savoir la transcendance divine. Selon Philon, nous ne connaissons pas l'essence même de Dieu, ce qu'il est, c'est-à-dire son οὐσία, mais seulement qu'il est (son ὕπαρξις ou « existence »), ainsi que ses puissances, ce que Philon identifie à « ce qui est derrière » Dieu, auquel Moïse a uniquement accès :

---

camp – présentant leurs dieux comme dépendant des hommes : ex. Saloustios, *De diis et mundo* XV, 1 ; Porphyre, *Epist. ad Aneb.* Frg. 13a-15, 17, 46, etc. Saffrey – Segonds.

5 Virulence de Philon envers ceux qui divinisent le monde, cf. *Opif.* 7 et 171 et RUNIA 2002, p. 289-292 ; dans le néoplatonisme, critique du panthéisme stoïcien et subordination du Démiurge créateur du monde à l'ordre intelligible et à celui de l'Un (position que Philon ne pouvait évidemment partager, mais à laquelle il n'est pas entièrement étranger, dans la mesure où Dieu pris en lui-même se distingue pour lui de sa puissance démiurgique). On trouverait bien sûr de très nombreux textes exaltant la beauté du Monde, tant chez Philon (*Leg.* III, 162 ; *Spec.* I, 66 ; *Abr.* 57) que dans le platonisme païen, dans la lignée de Platon, *Tim.* 30b dans les deux cas (ex. *Asclépius* 25). Il ne peut en être autrement dès lors que l'existence du Monde sert ici comme là le dessein de la Providence. Mais le point essentiel est que cette beauté, toute réelle qu'elle soit, n'est pas autonome : elle n'est que le reflet et le résultat de l'action d'une divinité d'ordre supérieur. Rappelons que lorsque les néoplatoniciens soutiennent, contre les chrétiens, la thèse d'un monde inengendré, ils n'affirment pas par là que le Monde serait indépendant de Dieu, mais que le temps n'existait pas avant qu'existe le Monde, de sorte que le concept de « génération » temporelle ne peut avoir cours (cf. Proclus, *In Tim.* I, 276.30 sq.). Pour eux, c'est un Démiurge bon et provident qui a réalisé le Monde, gratifié des plus beaux dons, en contemplant un Modèle intelligible ; le Philon interprète de la cosmogonie de la *Genèse* relève de la même tradition platonicienne (voir NOCK 1926, p. lxii ; DILLON 1977, p. 157), même si pour lui le modèle suivi n'est pas supérieur mais inférieur à Dieu (*Leg.* I, 21-23, Dieu crée – ποιεῖ, ἀποτελεῖ – l'idée de l'Intellect et l'intelligible générique ; cf. aussi *Spec.* I, 48 et 327-329 ainsi que *Opif.* 20-22, le « lieu des Idées » est le Logos divin, et la supériorité de la cause finale dans la constitution du monde est affirmée avec Platon), contrairement à la position néoplatonicienne « orthodoxe », telle que donnée par Proclus, *In Tim.* I, 431.14-433.11 (doxographie sur le rang du Modèle).

Par conséquent, [Moïse], se hissant par désir de la science au-dessus de tout l'Univers, recherche à propos de son Auteur quel il peut être, lui si difficile à voir et à deviner, s'il est corps ou incorporel ou au-dessus de cela ou bien nature simple, telle qu'est la monade, ou encore un ensemble ou quelqu'un des êtres. Et voyant que ce point était difficile à poursuivre et à circonscrire par la pensée, il prie d'apprendre de Dieu lui-même qui est Dieu : car il n'avait pas l'espoir de pouvoir l'apprendre d'un autre des êtres qui venaient après lui. [165] Pourtant il ne fut pas apte à découvrir quoi que ce soit au sujet de l'essence de l'Être : car il est dit, « C'est ce qui est derrière moi que tu verras, mais ma face, il n'est pas moyen que tu la voies » (Ex 33, 23). En effet, pour le sage il suffit de connaître les consé-quences, les suites et tout ce qui vient après Dieu, tandis que l'essence souveraine, celui qui voudrait la contempler tombera infirme avant de la voir, en raison de l'éclat abondant de ses rayons[6].

Philon pose ainsi une distinction très nette entre l'essence intime de Dieu, par-faitement inconnaissable, et les êtres qui en sont issus, ce qui correspond dans l'allégorie à la distinction faite par le texte biblique entre « la face » de Dieu et « ce qui est derrière » Dieu. Ce faisant, il n'est d'ailleurs pas sans récupérer cer-tains aspects de la pensée grecque, du mythe de Sémélé (caractère éblouissant de l'essence divine[7]) au *Timée* (le Démiurge « difficile à connaître »[8]). Selon lui, la Révélation biblique établit une fois pour toutes l'existence d'un Dieu agissant et provident, mais il nie qu'il soit possible à l'homme de comprendre l'essence divine, en raison de ses limitations[9]. Se produit ainsi une fracture fondamen-tale ou une asymétrie (caractéristique des théologies antiques-tardives) dans

---

6 Philon, *Fug.* 164-165 ; voir aussi *Deus* 55 ; *Mut.* 7-9, *Spec.* I, 32-35 et 41 ; *Virt.* 215. Pour des réfé-rences sur la « théologie négative » de Philon, voir FEUER 1965, p. 74 n. 2 et 76 n. 1. L'homme ne peut s'élever à l'« être réel » ou « véritable », identifié à Dieu suite à *Exode* 3, 14 (cf. *Somn.* I, 230-231). – Œuvres de Philon citées selon les conventions des *Studia Philonica* ; références données selon le texte et la division en paragraphes des volumes des *Œuvres de Philon d'Alexandrie*, au Cerf. Toutes traductions personnelles sauf mention contraire.

7 Sur quoi voir aussi la puissance terrible de Dieu rendant nécessaire des conciliateurs (*Somn.* I, 142-143). Comparer *Traité tripartite* (NHC I, 5), 64, 28 sq. et Julien, *Contre Héracleios* 220b (chap. 15 Rochefort).

8 *Tim.* 28c ; commenté par Proclus, *In Tim.* I, 300.28-303.23. L'opposition entre l'existence évidente de Dieu et son essence incompréhensible est un thème récurrent au tournant de l'ère chrétienne : on trouvera plusieurs références dans RUNIA 2008, p. 299-300. Pour une réflexion sur la problématique de l'évidence de Dieu chez Philon, voir DECHARNEUX 1997.

9 Sur l'emploi par Philon des raisonnements analogiques des Grecs pour conclure à l'existence de Dieu, voir WEISSER 2018.

l'appréhension que l'être humain peut avoir du réel : la part la plus importante lui échappera toujours, par la nature même des choses.

De façon très similaire à Philon, nous trouvons chez Saloustios, un auteur néoplatonicien du milieu du IVe s. dépendant essentiellement de Jamblique[10], une distinction entre l'essence de Dieu et son existence, même si pour sa part il pense qu'on peut accéder par un mode indirect (les mythes) à l'essence[11]. Il faut concevoir, selon Saloustios, une double utilité des mythes : révélation de *l'existence* de Dieu à tous (de même que pour Philon l'existence de Dieu est de l'ordre de l'évidence), mais accès à *l'essence* réservé aux seuls bons exégètes. Sur ce point, les néoplatoniciens, en tout cas à partir de Jamblique, sont plus confiants que Philon sur la possibilité d'une théologie cataphatique. Les dieux ont une essence, et elle est appréhensible d'une certaine manière (même si cette connaissance n'est jamais un privilège que l'être humain aurait de droit) : par le mythe, l'analogie et la dialectique. Mais il faut toutefois se garder d'un effet de perspective. Saloustios parle de la pluralité des dieux issus du Premier principe, bref de dieux dérivés : or, tandis que tout ce qui est issu du Premier principe peut être connu plus ou moins facilement, le Premier demeure, tout au long du néoplatonisme, dans l'ineffabilité absolue, parce que sa simplicité ne donne pas prise à la pensée, et ici nous retrouvons la transcendance philonienne[12]. La théologie cataphatique des néoplatoniciens ne concerne que les dieux dérivés : et ainsi Philon et les néoplatoniciens partagent dans l'ensemble une même conception de la théologie négative où Dieu pris au sens absolu est conçu comme l'objet d'une recherche qui ne *peut pas* aboutir, parce qu'elle est menée par un sujet relatif.

Dans les deux cas, la connaissance de Dieu se situe à un niveau extra-rationnel. Du moins pouvons-nous partir de la certitude de fait que Dieu et la Providence existent : cette certitude nous est conférée par les « notions communes » sur

---

10 La meilleure étude sur Saloustios est encore aujourd'hui la riche introduction d'A. D. Nock à son édition (NOCK 1926) : la dépendance de l'auteur vis-à-vis de Jamblique est clairement établie.

11 *De diis et mundo* III, 3. La distinction se trouve ailleurs : ainsi dans la gnose, *Traité tripartite* 61, 25-8 : « percevant qu'un Père existe et désirant trouver qui il est » (trad. Painchaud – Thomassen ; selon cette œuvre, l'ignorance invétérée qu'ont les créatures de l'essence de Dieu – le « Père » – est toutefois destinée à être résorbée à la fin des temps, cf. 126, 13-20).

12 Dans les deux traditions, on retrouve l'idée que c'est la solitude du Premier principe qui le rend incompréhensible : la compréhension ne peut apparaître qu'avec la pluralité, qui permet l'application d'une pensée discursive et attributive. Philon comme le néoplatonisme acceptent la loi pythagoricienne selon laquelle « l'inférieur en nombre » est « supérieur en puissance » (*Deus* 85 ; comparer Proclus, *In Tim.* I, 77.1 ; Ammonius, *In Isag.* 87.20) : l'absolument unique s'en trouve ainsi défini comme absolument surpuissant.

la divinité partagées par tous les hommes[13]. Elle est d'ordre intuitif et a pour conséquence un désir instinctif de Dieu, que le vocabulaire technique néoplatonicien nommera ἔφεσις, la tendance au retour de la créature au Créateur[14]. Aller vers Dieu n'est donc jamais entièrement une démarche rationnelle : ce processus prend toujours la forme d'une nostalgie, de la reconnaissance de notre origine véritable, bref la connaissance de Dieu suppose la compréhension et l'acceptation de notre dépendance vis-à-vis de lui.

1.1.2 La « réceptivité » ou ἐπιτηδειότης

La conviction de Philon – partagée elle aussi avec d'autres platoniciens – est que la différence de nature entre Dieu et ses créatures ne rend pas celles-ci aptes à « recevoir » la révélation de l'essence divine. En cela, Philon préfigure une théorie qui deviendra centrale dans le néoplatonisme, à savoir celle de l'ἐπιτηδειότης, de la « réceptivité ». L'idée est que la puissance et la bonté de Dieu ne connaissent pas de failles, mais que c'est au sujet individuel qu'il faut imputer la « faute » qui consiste en l'impossibilité d'une participation totale à cette puissance et à cette bonté infinies. En ce sens, le mal s'explique par le fait que Dieu est « trop bon » pour ses créatures, qui reçoivent cette bonté pure comme un bien relatif, où s'insinue le mal (ou, mieux : c'est précisément cette relativité du bien reçu qui est le mal). Chez Philon :

> C'est pourquoi il est dit ailleurs : « une coupe est dans la main du Seigneur, pleine d'un mélange de vin pur » (Ps 74, 9). Pourtant, ce qui est mélangé n'est assurément pas pur. Mais c'est que ces paroles ont une justification en plein accord avec la nature des choses, et conforme à ce qui précède : Dieu fait usage de puissances qui sont, pour lui-même, sans mélange, mais mélangées relativement au devenir : car quant aux puissances pures, une nature mortelle ne saurait aucunement les accueillir. [78] Ou bien croirais-tu que la flamme pure du Soleil puisse être impossible à contempler (de fait le regard, affaibli par l'éclat de ses rayons, aura plus

---

13   Chez Philon : *Leg.* I, 37-8 et III, 97-9. Dans la tradition néoplatonicienne : Jamblique, *Réponse à Porphyre* (*De Mysteriis*), 5.13-20 ; Saloustios, *De diis et mundo*, I, 2 ; Julien, *Contra Gal.* Frg. 7. Pour la certitude de l'existence de la Providence jointe à l'incapacité d'en comprendre le fonctionnement, voir Origène, *De Princ.* IV, 1, 7.

14   Plotin, *Traité* 13 (*Enn.* III, 9), 9 (distinction du mouvement de l'Un, qui est στάσις, et de celui de l'Intellect, qui est ἔφεσις car il tend vers l'Un) ; *Traité* 47 (*Enn.* III, 2), 3.31-6. L'image, implicite ou non, est celle de la plante qui s'ouvre au Soleil : Jamblique, *Protr.* 150.21-151.1 (ici διάτασις) et Proclus, Περὶ τῆς ἱερατικῆς τέχνης 149.12-5. Le thème est déjà prépondérant chez Philon : *Leg.* III, 47 (αἱ ἐπὶ τὰ καλὰ ὁρμαί) ; *Spec.* I, 36-40 ; *Abr.* 87. Dans un passage fameux des *Confessions* (XIII, IX, 10), saint Augustin appelle cette tendance le « poids » de l'âme : *pondus meum amor meus*.

LA MÉTAPHYSIQUE DE L'ORGUEIL   191

tôt fait de s'éteindre que de l'appréhender et de le circonscrire ; et pourtant le Soleil n'est qu'une parmi les œuvres de Dieu, une partie du Ciel, un
tas d'éther !), tandis que ces merveilleuses puissances inengendrées, qui,
étant proches de Lui, irradient une lumière à l'éclat sans égal, pourraient
être circonscrites par l'intellect dans leur pureté ? [79] De même donc
que pour étendre les rayons du Soleil depuis le Ciel jusqu'aux confins de
la Terre, il a dû relâcher et atténuer l'intensité de leur chaleur au moyen
d'air froid [...], de même, la science de Dieu, Sa sagesse, Son intelligence,
Sa justice et chacune de Ses autres vertus, qui donc pourrait les recevoir
dans leur intégrité, s'il est mortel ? mais pas même le Monde tout entier
et le Ciel ne le pourraient[15].

Nous retrouvons ici la métaphore du soleil qui est lieu commun dans toute
la tradition platonicienne, depuis *République* VI, afin d'exprimer la différence
entre l'Être absolu (l'astre solaire) et sa trace (les rayons). L'idée forte est celle
du mélange : Dieu alias l'Absolu a fait en sorte que dans le sensible sa puissance
soit « mêlée » pour devenir supportable par les créatures, qui sont insuffisam-
ment réceptives, non par une quelconque « méchanceté » mais par leur nature
même (c'est un fossé impossible à combler)[16].

Cette théorie était promise à une destinée brillante dans l'Antiquité tardive,
âge soucieux de ménager la transcendance divine tout en affirmant la réalité
et l'absoluité de la Providence. En effet, elle présentait le double avantage de
dédouaner Dieu du mal (qui ne se trouve pas en lui mais dans la dissymétrie
intrinsèque de la créature par rapport à lui) tout en affirmant que la bonté de
Dieu était bien là, toujours disponible, pour qui se rendrait capable de la saisir.
Le nouveau modèle de Providence fondé sur cette théorie est superbement
résumé, sous une forme paradoxale, par Plotin dans un passage du *Traité* 48, le
deuxième traité qu'il consacre à la Providence :

Considère donc combien s'est éloigné le produit ... et pourtant, quelle
merveille ! Or, de ce que le produit est tel, il ne s'ensuit pas que tel soit
aussi ce qui le précède : car il est meilleur que tout ce qu'il produit : il faut
l'exonérer de l'accusation, et bien plutôt s'émerveiller de ce qu'il ait prodigué quelque chose après lui, ces traces de lui telles que nous les voyons.

---

15   *Deus* 77-79. Pour Dieu comme « rayon archétype » de tout éclat lumineux, *Cher.* 97 ;
      comme « soleil intelligible », *Virt.* 164. Le thème est traité par CALABI 2008, p. 57-69.
16   Cf. les développements de RUNIA 2002, p. 296-302. Voir encore *Opif.* 23 : « ce qu'il dis-
      pense n'est pas proportionné à l'immensité de ses grâces (car elles sont sans limite et sans
      terme), mais aux capacités de qui se les voit dispenser » ; *ibid.* 31 ; *Poster.* 144-145.

Et s'il a prodigué plus qu'on ne peut acquérir, c'est une raison de plus pour accepter le don. Dans ces conditions, la faute semble échoir à ceux qui ont été engendrés : la Providence, elle, relève d'un ordre meilleur[17].

Philon approuverait le raisonnement de Plotin. Il explique de façon analogue les passages anthropomorphiques de la Bible, qui doivent être entendus διδασκαλίας χάριν, c'est-à-dire « pour des raisons pédagogiques », parce que Dieu souhaite s'adapter à la compréhension limitée des créatures[18].

1.1.3 Des intermédiaires entre Dieu et l'homme

Philon annonce encore le néoplatonisme par sa position de plusieurs degrés intermédiaires entre Dieu et les créatures. On passera rapidement sur ce point qui comporte trop de matière. Comme on le sait, par exemple, Philon a développé toute une théorie du Logos divin intermédiaire entre Dieu et le monde, théorie proche de celle de Plotin qui soutient l'idée d'un Logos issu de l'Intellect (cette instance, héritée du stoïcisme, sera en revanche marginalisée dans le néoplatonisme postérieur – É. Bréhier a judicieusement noté que ses attributions recoupaient celles des trois hypostases principales, qui finirent par la supplanter[19]). Ce Logos semble remplir chez Philon les fonctions du « monde intelligible » platonicien, intercalation qu'il juge nécessaire afin d'éviter une création immédiate du Monde par Dieu[20] ; une autre intercalation nécessaire

---

17 Plotin, *Traité* 48 (*Enn.* III, 3), 3.30-37. Voir aussi *Traité* 47 (*Enn.* III, 2), 4 : seul le Bien se donne, existe réellement et est recherché, mais tout le monde n'est pas capable de le recevoir et ainsi naît le mal, et le désordre naît de l'ordre. Pour Jamblique, voir *Réponse à Porphyre* 18.8-9, « [les genres supérieurs] donnent aux corps, de leur fonds propre, tout le bien que ces derniers sont capables de recevoir » ; 21.25-22.1, « lorsque [les êtres terrestres] deviennent réceptifs (ἐπιτήδεια) à la participation des dieux » ; 188.12-14 : « les récepteurs se comportent chaque fois différemment par rapport au don indivisible du dieu » ; Saloustios, *De diis et mundo* IX, 5. Cette réceptivité est définie, en accord avec le platonisme, comme une « puissance de participation », cf. *Réponse à Porphyre* 24.5-6 τοῖς δυναμένοις ... μετέχειν ; 131.8, ἣν δύναται δέχεσθαι διαμονήν.

18 *Somn.* I, 234 sq. ; Proclus, *In Tim.* I, 290.9-10 cite également des interprètes expliquant *Tim.* 28b (le Monde γέγονε, « est engendré ») par un souci pédagogique de Platon, même si cette exégèse ne le convainc pas vraiment, sans qu'il la condamne.

19 BRÉHIER 1925, p. 18.

20 *Opif.* 24. Sur la place du Logos dans l'opposition transcendance-immanence, cf. RUNIA 2002, p. 295-296. Sur les Idées, considérées par Philon comme inférieures au Dieu créateur, à l'inverse de la majorité des platoniciens, références *supra*, n. 5. Comme on sait, Philon est le premier auteur à parler de « monde intelligible », expression probablement héritée par lui d'une tradition scolaire. À propos du rapport entre Logos plotinien et philonien, voir déjà ARMSTRONG 1940, p. 107-108.

LA MÉTAPHYSIQUE DE L'ORGUEIL

est celle des différentes Puissances divines[21]. D'autres exemples pourraient être pris, par exemple lorsque Philon affirme que l'homme n'est pas « image de Dieu », mais « image de l'image » ou modèle de troisième rang (τρίτος τύπος) car il n'est pas issu de Dieu lui-même mais de son souffle[22] : là encore c'est un moyen de marquer subtilement une distinction entre Dieu en soi et par soi, et ses créatures de l'autre côté. Le raisonnement s'appuie sur l'opposition platonicienne du modèle et de l'image, mais dans des formulations assez systématiques qui laissent entrevoir la dépendance de Philon vis-à-vis d'une tradition scolaire désireuse de donner une représentation hiérarchisée du réel, déjà bien rodée et qui ne fera que se développer et affiner jusqu'au néoplatonisme[23]. On pourrait également mentionner des développements reposant sur l'idée de la *scala naturae* : mais ici, Philon comme les néoplatoniciens païens paraissent travailler dans le prolongement de traditions antérieures, en particulier le stoïcisme[24].

---

21   Voir Dillon 1977, p. 161-6 ; Calabi – Munnich *et al.* 2015. Par ce moyen, Philon peut prêter à Dieu action et dessein providentiel sans avoir à les poser directement dans l'essence divine, ce qui y introduirait un fractionnement. Sur la puissance bénéfique, cf. *infra*, n. 99.

22   *Deter.* 83 avec Feuer 1965, *ad loc.* (puis *Her.* 230-231, *Opif.* 25 – où l'on notera que le Monde est dit image « meilleure » que l'être humain en raison de son caractère total : le Monde lui-même apparaît parfois comme intermédiaire entre Dieu et l'homme, cf. *Mos.* II, 133-135 –, etc.). Pour un raisonnement approchant, voir l'opposition entre Moïse et Béçaléel en *Somn.* I, 206 ; Philon opère aussi une distinction entre « le Dieu » et « le lieu de Dieu » (*Somn.* I, 227-9), qui plus tard servira au ps.-Denys pour exprimer la distinction entre Dieu transcendant et ce qui de lui est contemplé : cf. *Théologie mystique* 144.4-5.

23   Ainsi semble en germe chez Philon (*Opif.* 141 puis 145) ce qu'on pourrait appeler une « loi de dégradation progressive » : l'éloignement par rapport au modèle provoque l'effacement de la qualité du modèle, ainsi que dans une chaîne d'aimants qui perdraient progressivement leur puissance magnétique. Dans le néoplatonisme, une réalité inférieure est toujours irrémédiablement inférieure, et les efforts qu'elle déploie pour combler ce manque sont vains, par la force des choses : cf. Simplicius, *In Phys.* 613.36-8, citant Proclus. Ce n'est pas tant ici l'idée en elle-même qui importe, puisqu'elle est tirée de Platon, que le caractère naturel d'un tel développement chez Philon déjà : on a le sentiment d'un argument d'école.

24   En *Somn.* I, 143, les anges intercèdent entre Dieu et nous et Philon affirme explicitement que cette médiation est nécessaire pour tempérer l'immense puissance de Dieu, dont les bienfaits mêmes nous détruiraient s'ils étaient administrés directement ; *ibid.* I, 232, l'ange est la forme prise par Dieu pour se révéler aux âmes encore incarnées, forme qui ne correspond pas à la nature divine ; selon *Leg.* III, 177, il faut distinguer les bienfaits de l'Être et ceux des anges. Une étude plus approfondie devrait également prendre en compte le rôle des âmes désincarnées (le *De Gigantibus*, en part. 6-15, est à ce propos assez proche de la démonologie païenne contemporaine de Philon), et celui de la Nature, instance qui joue chez Philon un rôle plus positif que dans le néoplatonisme (comparer *Sacrif.* 98-102 et, par ex., Jamblique, *Réponse à Porphyre* 124.9-10). Pour toute la question des intermédiaires

194   LECERF

L'idée de médiation est récurrente chez Philon, penseur très attentif à l'idée de hiérarchie et de progrès[25]. On se contentera de citer un seul exemple d'intermédiaire, à savoir le « grand-prêtre » de Lv 16, 17 :

> Car l'intellect humain vulgaire est secoué et ballotté par les infortunes, tandis que celui [du sage] n'a pas part aux maux, étant béni et bienheureux. Quant à l'honnête homme, il est à la frontière : à proprement parler, il n'est ni Dieu ni homme, mais touche aux extrêmes : l'espèce mortelle, par son caractère d'homme, l'immortelle, par sa vertu. [231] Quelque chose d'approchant est constitué par l'oracle rendu sur le grand prêtre : « Lorsque », est-il dit, « il pénètre dans le Saint des Saints, il ne sera plus homme, jusqu'à ce qu'il en sorte ». Si à ce moment-là il n'est pas homme, il n'est pas Dieu non plus, c'est évident : c'est qu'il est serviteur de Dieu, assimilé au devenir par son aspect mortel, et à l'Inengendré par son aspect immortel. [232] Et ce rang médian lui échoit jusqu'à ce qu'il sorte pour retrouver l'ordre du corps et de la chair. Il est naturel qu'il en soit ainsi : lorsque l'intellect, possédé d'un amour divin, s'efforçant de rejoindre le sanctuaire, met toute son ardeur et ses efforts à avancer, habité qu'il est par Dieu, il oublie le reste et jusqu'à lui-même : il ne se souvient et ne s'attache qu'à Celui seul qu'il défend et sert : l'encens qu'il Lui consacre s'accompagne du sacrifice des saintes et impalpables vertus. [233] Mais lorsque l'enthousiasme retombe et que s'apaisent les vagues de son désir, il retourne à toute vitesse du domaine divin : et le voilà homme, confronté aux réalités humaines qui assiègent les propylées pour l'arracher à l'enceinte, s'il tend ne serait-ce que la tête à l'extérieur[26].

---

chez Philon, on renvoie le lecteur à DILLON 1977, p. 171-174 et CALABI 2008, p. 73-125. Les néoplatoniciens avaient notamment mis en rapport l'échelle des êtres avec leur triade Être – Vie – Pensée : les minéraux « sont » uniquement, les plantes et animaux irrationnels vivent également, tandis que seuls les hommes ont en outre la pensée : sur ce sujet et sur la convergence qu'on voit ici entre platonisme et stoïcisme via la doctrine des différentes tensions du *pneuma* (dont Philon, *Deus* 35-47 et *Her.* 137 sont de clairs témoins), voir P. HADOT 1957, p. 120-122. La forme la plus achevée de la représentation scalaire du réel est constituée par les *Éléments de théologie* du néoplatonicien Proclus.

25   Dans le *De Congressu*, Agar, les études préliminaires, est ainsi un passage obligé avant qu'Abraham n'accède à Sara, la vertu achevée. Sur l'idée de cursus en général, voir I. HADOT 2006 ; sur l'organisation des études dans le néoplatonisme, voir HOFFMANN 2014. Le cursus promu par Philon est proche de celui défendu par les néoplatoniciens, même s'il faut plutôt reconnaître ici une commune dépendance envers les traditions scolaires antérieures, particulièrement le stoïcisme et la figure du « progressant » (προκόπτων).

26   *Somn.* II, 230-233. Cf. aussi *Spec.* I, 113-116 ; *Her.* 68-70 et 84 (la sortie de soi est entrée en Dieu et inversement), *Contempl.* 11-12.

LA MÉTAPHYSIQUE DE L'ORGUEIL

On trouverait des pages similaires par exemple chez Jamblique, décrivant l'enthousiaste comme un homme qui littéralement « ne s'appartient plus » et qui dépasse la condition humaine[27]. Mais évidemment il y a ici influence plus large de la tradition platonicienne, avec les « folies » du *Phèdre* et, pour l'idée de médiation en général, la représentation de l'homme comme μεθόριον[28]. Reste en tout cas que le grand-prêtre philonien n'est pas au même niveau que Dieu, ou même que le Logos, appelé « grand-prêtre du monde » (*Somn.* I, 215 ; voir aussi II, 45) : ils sont tous deux des intermédiaires privilégiés entre la divinité absolue[29] et nous. On peut rappeler ici que la christologie subordinatianiste des Pères apologistes, particulièrement Justin Martyr, s'inscrit dans le prolongement du Logos de Philon, tout en la raidissant en un sens hiérarchique[30]. Ces réflexes interprétatifs relèvent du platonisme de Philon, comme le montre le traitement qu'il réserve à l'intellect[31].

---

27 Jamblique, *Réponse à Porphyre* 82.12-83.17 ; cf. *ibid.* 31.19-20.

28 Ex. Hiéroclès, *In Carmen aureum* 24, 1. Voir HARL 1962 ; le thème persiste jusqu'au *Discours sur la dignité de l'homme* de Pic de la Mirandole, et au-delà. Μεθόριος est le terme que nous traduisons par « frontière » dans le texte cité de Philon. L'idée renvoie plus largement à la double nature de l'homme : intellectuelle et corporelle, thème fondateur du platonisme et illustré par l'*Asclépius*, 6-7.

29 Pour décrire celle-ci se développe un vocabulaire spatial ou topographique : Philon situe le dieu suprême au-dessus du sommet de la voûte intelligible, cf. LEWY 2011, p. 328 n. 58 ; on peut ajouter les *Oracles chaldaïques* eux-mêmes (qui nomment les dieux suprêmes ἅπαξ et δὶς ἐπέκεινα, soit « une fois » et « deux fois au-delà »). Plus tard, les néoplatoniciens systématiseront ce vocabulaire en parlant par exemple d'ἀκρότης, c'est-à-dire de « sommité » d'une faculté ou d'un ordre (Jamblique, cité par Damascius, *De Princ.* II, 36.11-2, parle ainsi d'ἀκρότης τῶν νοητῶν).
    Pour la transcendance de Dieu chez Philon, voir encore HARL 1966, p. 101-102, ainsi que les p. 122-127 qui font le point sur l'emploi par Philon des images platoniciennes du Dieu-cocher et du Dieu-pilote (cette dernière image est retrouvée par Jamblique, *Réponse à Porphyre* 187.14-25 dans les symboles égyptiens ; pour Philon, voir *infra*, p. 206).

30 RUNIA 1993, p. 97-105, en part. 99-100.

31 L'intellect est en effet conçu comme faculté éminente en l'homme, intermédiaire entre Dieu et les autres facultés constituant l'être humain : il est à l'âme ce que l'œil est au corps (*Opif.* 53), il est l'âme de l'âme (*ibid.* 66). On sait que dans l'exégèse philonienne de la *Genèse*, nettement hiérarchique, Adam incarne l'intellect et Ève la sensation (ex. *Leg.* II, 24). Nous avons ici un autre exemple de thème platonicien banal (issu du *Premier Alcibiade* 133b-c : la partie la plus divine de l'âme est comme un œil, car l'âme peut y voir son reflet) dont le témoignage de Philon montre la systématisation et bientôt la dénaturation à partir de l'époque impériale : la description philonienne de l'intellect comme âme de l'âme, qui n'est déjà plus platonicienne, annonce les spéculations médio-platoniciennes puis néoplatoniciennes sur la « fleur de l'Intellect » (*Oracles chaldaïques* Frg. 1.1 et 49.2, expression qui fait les délices de Proclus, *In Tim.* III, 14.5 sq.) ou l'« Un de l'âme » (Jamblique, Frg. 6 *In Phaedrum* Dillon = Hermias, *In Phaedr.* 150.24-8), soit autant de facultés toujours plus éminentes que la psychologie de l'époque s'évertue à découvrir.

1.2 *L'immanence de Dieu*

1.2.1 Essence – Puissance – Activité

Plusieurs points de convergence tout à fait intéressants se révèlent aussi quand nous passons au second terme de l'opposition, à savoir l'immanence divine. Même si l'essence de Dieu (en tout cas du Dieu premier), est enveloppée dans les deux cas par l'ineffabilité, toutefois il semble possible d'accéder à une connaissance indirecte de Dieu à travers ses effets et ses œuvres dans le monde. Ici l'effort philonien poursuit l'œuvre des Stoïciens ainsi que des poètes[32], mais avec un vocabulaire davantage rodé et frappé au sceau de la métaphysique. Un texte du *De Posteritate* est très précieux de ce point de vue, en ce qu'il semble préfigurer la thématisation néoplatonicienne définitive de la triade Essence – Puissance – Activité, tout en prolongeant l'opposition vue un peu plus haut de l'essence et de l'existence de Dieu :

> Que « l'Être soit visible » n'est pas dit au sens propre, mais c'est un emploi impropre en référence à chacune de ses Puissances. De fait, ici, il ne dit pas « Voyez, c'est moi » – car il n'y a absolument pas moyen que le Dieu qui est soit perçu par (les moyens) de la génération –, mais « Voyez, je suis », c'est-à-dire « Contemplez mon existence » (ὕπαρξις). Car il suffit à la raison de l'homme de procéder jusqu'à la compréhension du fait qu'est et existe la cause de l'Univers, tandis que s'échiner à avancer plus loin, en cherchant l'essence ou la qualité, c'est une folie de primitifs. [169] Même à Moïse le très-sage, Dieu n'a pas accordé cela, alors même qu'il en avait fait maintes et maintes fois la prière : et cet oracle lui a été adressé, « Tu contempleras ce qui est derrière, mais la face, tu ne la verras pas » : ce qui voulait dire : absolument tout ce qui est après Dieu est appréhensible par le sage, mais Dieu lui-même n'est pas appréhensible ; il ne l'est pas, du moins, par intuition directe et immédiate (moyen par lequel il serait révélé), mais ⟨il l'est⟩ à partir des puissances qui suivent et découlent de lui : car ces dernières ne présentent pas son essence, mais son existence, à partir des choses accomplies par Lui[33].

---

32 Aratos, *Phaen.* v. 2-4 : μεσταὶ δὲ Διὸς πᾶσαι μὲν ἀγυιαί, / πᾶσαι δ' ἀνθρώπων ἀγοραί, μεστὴ δὲ θάλασσα / καὶ λιμένες· πάντη δὲ Διὸς κεχρήμεθα πάντες ; Virgile, *Buc.* III, 60 : *Iovis omnia plena*. Pour les auteurs philosophiques et les Pères, voir QUISPEL 1949, p. 75 (comm. sur 3, 6 « Προνοίας » ; évidence de la Providence, qui révèle un Dieu partout présent).

33 *Poster.* 168-169. Voir aussi *Spec.* I, 47.

LA MÉTAPHYSIQUE DE L'ORGUEIL

On voit à l'œuvre cette triade, désormais parfaitement constituée, par exemple chez Jamblique dans le commentaire sur le *Premier Alcibiade*, tel que cité par Proclus :

> Il faut, en premier lieu, dire, comme le fait le divin Jamblique, que contempler l'essence des démons et généralement des êtres qui nous sont supérieurs est extrêmement difficile pour ceux qui n'ont pas totalement purifié l'intellect de leur âme, dès là que voir simplement l'essence de l'âme n'est pas facile pour tout le monde (en tout cas Timée lui seul a révélé en totalité son essence : *Dire ce qu'elle est, c'est l'affaire d'une exposition entièrement, absolument divine et fort étendue*, comme le dit aussi Socrate quelque part dans le *Phèdre*), mais que saisir et expliquer leurs puissances est plus facile. En partant, en effet, des actes dont les puissances sont directement les mères, nous parvenons à percevoir les essences elles-mêmes, car la puissance est intermédiaire entre l'essence et l'acte : d'une part, elle est projetée à partir de l'essence et, de l'autre, elle engendre l'acte[34].

Ici, nous avons donc une échelle triadique qui facilite la remontée vers la connaissance de l'essence, en partant de ses effets visibles[35]. Les actes des dieux, non pas tous les actes certainement mais du moins une partie, sont constatables dans le monde, nous pouvons en faire l'expérience, et voir « ce qui est derrière Dieu » comme l'affirmait le commentaire philonien d'Ex 33, 23. Ils sont donc la traduction dans le sensible des puissances divines, elles-mêmes rattachées à l'essence. Nous voyons avec le texte de Philon cité plus haut cette triade préfigurée : on citera encore *De Posteritate* § 20 avec une distinction de l'être de Dieu et de ses puissances[36].

---

34 Jamblique, Frg. 4 *In Alcibiadem* Dillon = Proclus, *In Alc.* § 83.25-84.13 (trad. Segonds).

35 Nombreux textes parallèles dans la *Réponse à Porphyre* (13.13-14 ; 24.25-26 ; 50.9 sq., etc.). Le raisonnement peut se prévaloir d'une longue tradition, platonicienne elle aussi, faisant de la vue le sens le plus divin, en ce qu'il nous révèle le spectacle du monde, signe d'une intelligence divine : comparer *Ebr.* 155-156, *Abr.* 57 et surtout *Opif.* 54 et 77-78 (le spectacle du monde, arrangé par la bienveillance de Dieu, donne naissance à la philosophie) avec Platon, *Théétète* 155d : l'argument est commun à l'époque, cf. *1 Hénoch* 11-v. D'où chez Philon une surabondance de passages donnant lieu à des descriptions émerveillées : ex. *Deter.* 105-106 (l'art de la vigne) ; *Deus* 24-26 (la lyre humaine et la tempête intérieure) ; *ibid.* 37-40 (l'éveil de la Nature) ; *Opif.* 63-66 (l'œuvre du cinquième jour ...). Sur l'étonnement chez Philon, voir CREPALDI 1998.

36 Il n'est pas question ici des activités, mais il est possible qu'en réalité ce que Philon appelle « puissance » soit ce que les néoplatoniciens appelleraient activité (avec la généralisation

C'est ainsi qu'avec Philon, la philosophie commence à être sensible à des paradoxes comme celui proposé par le *Traité* v d'Hermès Trismégiste : Dieu inapparent se manifeste à travers la création. Il demeure inaccessible en soi mais il en existe une approche indirecte[37].

1.2.2 Englobement – Présence immanente

Souvent, le langage de Philon se fait plus proche encore de l'idée d'immanence divine. Dieu n'est pas présent seulement de façon médiate, au moyen de délégués qui seraient les puissances ou les actes, mais présent par lui-même, en « enveloppant » toutes choses métaphysiquement.

De ce thème, on trouve d'abord chez Philon des manifestations assez banales, reposant sur l'opposition du Tout et de la Partie : le Monde est le Tout, nous autres individus humains ne sommes que des parties, et Dieu comme créateur de l'Univers et même du monde intelligible est évidemment du côté de l'universel. Philon distingue entre manifestations universelles et particulières[38], et soutient dans le *De Aeternitate Mundi* § 22 l'axiome de l'infériorité de la partie au tout. Il faut que Dieu soit un être universel ou « englobant ». Il doit y avoir ici, tant sur Philon que sur les néoplatoniciens, influence du stoïcisme qui opposait, notamment sur le sujet de la Providence, explicitement le Tout et la Partie et engageait l'être humain à rapporter son regard à l'ordre du monde tout entier plutôt qu'à son sort particulier, au niveau duquel un mal relatif est possible.

Mais la position du problème va, chez Philon, plus loin qu'une simple opposition du Tout et de la Partie. Dieu est perçu comme « enveloppant » véritablement ce qui vient après lui :

---

de δύναμις au sens de « puissance agissante » et non dans celui, aristotélicien, d'« en puissance » – le premier témoin important semblant être le *De Mundo* pseudo-aristotélicien, sur quoi voir FESTUGIÈRE 1949, p. 460-518 et les remarques de RUNIA 2002, p. 298 et 305-306 –, la frontière entre puissance et activité se brouille).

37 Hermès Trismégiste, *Traité* v, 9-11 : Dieu a tous les noms parce qu'il est d'une certaine manière tout, et aucun parce qu'il est père de tout (et donc distinct de tout) ; Dieu est toutes choses, y compris celui qui le loue (cf. *infra*, n. 97, avec l'idée philonienne que tout revient à Dieu, y compris la louange même qu'on lui adresse). Voir aussi Id., *Traité* XI, 21-22 (même thème : Dieu invisible se voit à travers son œuvre, car « qui est plus manifeste que Lui ? »), et *Fragments divers* 7.

38 Comme le note LEWY 2011, p. 322 n. 34, Philon nomme parfois Dieu ὁ τῶν ὅλων νοῦς : *Opif.* 8, *Migr.* 192. Le Tout et la Partie forment une des oppositions les plus fondamentales de la philosophie grecque et, dans la tradition platonicienne, interviennent notamment dans le *Parménide* (137c-d) et le *Sophiste* (244e-245b).

LA MÉTAPHYSIQUE DE L'ORGUEIL

Et si Dieu n'a pas de « face » en ce qu'il est dégagé des propriétés de toutes les choses du devenir, ni n'est inclus dans une partie en ce qu'il est enveloppant et non enveloppé (ἄτε περιέχων, οὐ περιεχόμενος), ⟨et⟩ s'il est impossible qu'une partie du Cosmos s'en éloigne comme on le fait d'une cité, parce qu'il n'y a rien qui reste à l'extérieur, il nous reste alors, faisant le raisonnement que rien dans le présent texte n'est à prendre au sens propre, à emprunter la voie de l'allégorie, chère aux philosophes de la Nature, en faisant partir de là notre discours : [8] si « s'éloigner de la face » d'un roi mortel est chose difficile, comment cela ne serait-il pas extraordinairement ardu d'abandonner la vision de Dieu et de partir, en décidant de ne plus paraître à Sa vue, c'est-à-dire de devenir privé de sa vision par mutilation de l'œil de l'âme ? [9] Tous ceux qui ont été contraints à subir cela, écrasés par la force d'une puissance inexorable, sont davantage dignes de pitié que de haine ; mais ceux qui se sont détournés de l'Être par un choix délibéré, dépassant la borne du vice lui-même (car quelle malignité équivalente pourrait-on trouver ?), c'est de peines non pas coutumières, mais nouvelles et extraordinaires qu'il faut les affliger. Certainement, on ne saurait trouver de (peine) plus originale et plus grande que l'exil et la fuite loin du Principe recteur du monde[39].

En d'autres termes, Philon soutient que la présence de Dieu se fait ressentir partout avec la même puissance, sans diminution. Le vocabulaire employé tourne autour du verbe ἔχειν, et en particulier de ses composés περιέχειν et συνέχειν : Dieu « tient » de sa poigne métaphysique le monde qu'il a créé et qu'il n'abandonne pas, et si une chose vient à trouver consistance, c'est uniquement parce que le Logos l'« enserre » (*Her.* 58 ; 188) idée qui représente une adaptation métaphysique du schème stoïcien du *pneuma* qui parcourt une chose et lui donne unité[40]. Or on retrouve exactement les mêmes verbes dans les textes néoplatoniciens. Dans un très long extrait de son commentaire sur les *Catégories* cité par Simplicius, par exemple, Jamblique établit que l'extension de la catégorie aristotélicienne de l'« avoir » (ἔχειν) englobe également des possessions de type incorporel. On pourra ainsi dire que le Monde « a » ses parties, au sens où il exerce sur elles sa maîtrise, les maintient en cohésion. Ce sens

---

39 *Poster.* 7-9, commentant Gn 4, 16 : « Et Caïn s'en alla de la face de Dieu ». Comparer *Leg.* III, 1 sq. (le méchant est exilé loin de Dieu, et pourtant il ne peut se cacher). Noter au passage l'écho platonicien de « Rien ne reste à l'extérieur », qui renvoie au *Timée* 33a : le Démiurge a voulu le Monde ἕν, ἄτε οὐχ ὑπολελειμμένων ἐξ ὧν ἄλλο τοιοῦτον γένοιτ' ἄν, « un, du fait qu'il ne restait rien de quoi quelque autre chose aurait pu naître », et, 33c : ὁρατὸν γὰρ οὐδὲν ὑπελείπετο ἔξωθεν, « rien ne restait à l'extérieur qu'il pût voir ».

40 Voir par ex. Chrysippe *apud* Alexandre d'Aphrodise, *De mixtione* 216.15-17.

s'applique aussi à la domination exercée par les puissances divines sur les territoires qui leur sont soumis[41].

Jamblique complète son raisonnement dans la *Réponse à Porphyre*, quand il prétend que les dieux « enveloppent » ce qui vient après eux :

> Dans le cas des êtres supérieurs et qui, en tant que touts, contiennent (περιεχόντων) le principe du reste, c'est dans les êtres supérieurs que prennent naissance les inférieurs, dans les incorporels, les corporels, dans ceux qui créent, les êtres créés, et c'est en eux aussi, qui les enveloppent circulairement (κύκλῳ περιέχουσι), que les inférieurs sont régis ; et donc les révolutions des corps célestes, introduites dès le commencement dans les révolutions célestes de l'âme éthérée, y subsistent éternellement, et les âmes des astres, s'étant élevées jusqu'à leur propre intellect, sont complètement contenues (περιέχονται) par lui et y sont engendrées

---

41 Simplicius, *In Cat.* 374.7-376.12 (cf. Jamblique, Frg. 117 éd. Dalsgaard Larsen). On se contentera de traduire quelques extraits : « si l'âme, lorsqu'elle descend dans le corps, projette certaines formes de vie qui, autour d'elle-même, sont comme des acquisitions extrinsèques, et si elle en accueille d'autres venues du corps – ce sont toutes celles observées dans le changement et la sortie de soi –, comment pourrait-on ne pas dire de l'âme qu'elle les "a" (ἔχειν) ? [...] Et davantage encore que dans ce dernier cas, l'on peut observer la "possession" (ἕξις) dont on parle à présent dans le Monde en sa totalité, conçu selon toutes les vies qui lui appartiennent, selon les âmes qui sont en lui, selon les éléments, les natures et les réalités qui, de manière générale, sont constituées par ces choses-là. Car le Monde total étant en lui-même parfait, étant formé en sa complétude de parties parfaites, "a" (ἔχει) toutes les choses qui en lui-même sont complètes, et qui ne sont privées d'aucune des déterminations qui leur appartiennent. [...] À notre niveau toutefois, c'est au dehors que les choses "eues" (τὰ ἐχόμενα) sont placées, à l'entour, tandis qu'au niveau de l'Univers, c'est plutôt en étant enfermées à l'intérieur de lui que, de cette façon, elles sont "eues", et cette différence correspond bien à la nature particulière et à la nature universelle [...]. Et puisque les puissances qui sont dans l'Univers – puissances démoniques ou puissances divines – "ont" (ἔχουσιν) des parties du Monde placées autour d'elles-mêmes, et que ceci se produit dans l'Univers de façon ininterrompue, les lots des démons ou des dieux "ayant" les parties du Monde qui leur ont été allouées, de cette manière aussi toutes choses seront pleines de l'"avoir" ». Ce schéma correspond à une loi générale, que Philon approuverait certainement : « les réalités qui sont dans le Monde sont distinguées chacune, classe par classe, selon un ordre établi, et les plus élevées et les plus vénérables embrassent (περιείληφεν) toujours les inférieures ». Selon ce texte, causes et totalités exercent donc leur domination sur effets et parties, par un système d'emboîtement qui vaut tant pour les choses corporelles que pour les incorporels tels que les démons. Pour bien comprendre une telle idée, il faut garder en tête que le verbe ἔχειν signifie originellement « tenir » ou « serrer », et que le sens d'« avoir » n'est qu'une généralisation de ces sens. Sur ce vocabulaire de l'« enveloppement », voir SCHOEDEL 1979.

LA MÉTAPHYSIQUE DE L'ORGUEIL

à titre premier, et l'intellect, tant l'intellect partiel que l'intellect total, est
embrassé (συνείληπται) dans les classes d'êtres supérieurs[42].

Ainsi, l'ontologie se voit exprimée en termes de possession ou de contrôle de
la part des réalités plus éminentes sur les réalités plus partielles. Comme les
dieux ou le Dieu[43] sont les réalités les plus éminentes, il est nécessaire qu'ils
possèdent tout, que rien ne leur échappe. Et on voit que dans cette perspective,
il n'y a aucunement contradiction entre transcendance et immanence : bien au
contraire, c'est précisément parce qu'une réalité est plus « forte » qu'une autre,
qu'elle a le détachement par rapport à l'effet qui la rend cause, que cette réalité
est présente plus intimement à l'effet : pour formuler carrément le paradoxe,
on peut dire qu'une réalité est d'autant plus immanente qu'elle est transcendante, ou d'autant plus intime qu'elle est étrangère. La « face de Dieu » traque
Caïn où qu'il soit, alors même que Dieu n'est inclus nulle part : fuir loin de Dieu
ne peut donc qu'être une expression allégorique, qui renvoie à la négation de
la divinité par la créature. Tel est le canevas métaphysique sur lequel va se développer une éthique métamorphosée, comme nous le verrons dans la suite.
Philon représente un des premiers représentants identifiés de cette idée, qui
s'établira définitivement comme doctrine à partir de Jamblique.

1.2.3 Le lieu

Appuyée à cette nouvelle métaphysique de l'enveloppement, se développe une
nouvelle conception du lieu dont nous voyons, là encore, les prémices chez
Philon, et l'état final dans le néoplatonisme post-plotinien. Le lieu lui aussi

---

42 Jamblique, *Réponse à Porphyre* 19.12-23 (trad. Saffrey – Segonds). On voit ici que la notion
    d'enveloppement de l'effet par la cause a été promue à la dignité de véritable loi méta-
    physique universelle. Dans un premier temps, elle décrivait surtout la dépendance du
    Monde envers son Créateur : outre Philon, voir Origène, *De Princ.* II, 1, 3 (Dieu *replet atque
    continet* le Monde).

43 Il y a bien sûr une différence notable entre des penseurs païens toujours soucieux de
    multiplier les médiations pour exonérer les divinités les plus éminentes du reproche de
    s'impliquer trop dans les affaires du monde (un exemple frappant est Apulée, *De deo Socr.*
    VI-VII, qui représente les démons comme des *medii divi* assumant les tâches indignes des
    superi ; voir encore *De Plat.* XXIII qui parle de *semidei* ; mais ces préoccupations sont par-
    tagées par les païens jusqu'à la fin de l'Antiquité), et un monothéiste tel que Philon pour
    qui le rapport entre l'homme et Dieu est essentiellement direct, même si nous avons évo-
    qué chez lui également quelques tendances subordinatianistes. Cette différence s'atténue
    progressivement à mesure que la tendance à la multiplication des causes intermédiaires
    se voit contrecarrée par l'exaltation de la cause lointaine : dans le système néoplatonicien,
    la cause la plus lointaine étend son action plus loin et plus fort que la cause prochaine
    (αἰτία προσεχής) : comparer par ex. Proclus, *Elem. theol.* Prop. 56-57 ; Olympiodore, *In Alc.*
    110.13-111.2, et déjà Philon, *Post.* 38.

202 LECERF

devient une réalité davantage métaphysique que physique, qui existe pour
« soutenir » les individus et qui répand sa puissance dans tous les recoins.

C'est ainsi que Philon peut définir Dieu lui-même comme un « lieu » dans
un passage du *De Somniis* :

> Mais il faut examiner en conséquence le troisième point : qu'est-ce que
> le « lieu » auquel parvient [Jacob] ? il est dit en effet : « il rencontra un
> lieu » (Gn 28, 11). [62] On peut se faire un triple concept du lieu : premiè-
> rement, un espace empli par un corps ; en un second mode, c'est le Verbe
> divin, que Dieu lui-même emplit tout entier de fond en comble (ὅλον δι᾽
> ὅλων) par ses puissances incorporelles [...]. [63] Selon une troisième si-
> gnification, c'est Dieu lui-même qui est appelé « lieu » du fait qu'il enve-
> loppe tout (τῷ περιέχειν τὰ ὅλα) et n'est enveloppé absolument par rien,
> et aussi du fait qu'il est refuge pour absolument tout, parce qu'enfin il est
> à lui-même son propre espace, en ce qu'il se fait place à lui-même et n'est
> contenu qu'en lui-même. [64] Moi, par exemple, je ne suis pas « lieu »,
> mais « en un lieu », et il en va de même de chacun des êtres (car l'envelop-
> pé diffère de l'enveloppant) ; quant au divin, qui n'est enveloppé par rien,
> il est nécessairement lieu pour lui-même[44].

Est ici esquissé un système qui mènera à la conception hiérarchique du réel
des néoplatoniciens, un système d'enveloppements successifs où l'enveloppement total est assuré par le seul Premier principe ou Dieu au sens propre : ici
le vocabulaire topologique est chargé de dire la vérité métaphysique contenue
dans le fait que seul Dieu n'est causé par rien, c'est-à-dire qu'il est seul « enveloppant et non enveloppé ». Le parallèle le plus net entre Philon et le platonisme postérieur à lui nous est ici offert par le *Corpus Hermeticum*[45].

---

44 *Somn.* I, 61-64 ; voir aussi, de façon remarquable, *Leg.* I, 44 et III, 51. Dans la suite, Philon
préférera identifier le lieu vu par Jacob au « lieu intermédiaire » (sur le thème « Dieu
n'a pas de lieu », *ibid.* 182-188 avec description du Monde comme lieu de la puissance
de Dieu) : c'est un nouvel exemple de l'usage d'intermédiaires pour laisser Dieu dans sa
transcendance. Mais cela n'exclut pas que Dieu lui-même puisse être conçu comme lieu,
au sens où il est « refuge pour absolument tout », comme le dit Philon : voir *Cher.* 49 : Dieu
est « le lieu incorporel des idées incorporelles ». Philon parle encore de « lieu divin » en
Somn. I, 127. Sur Dieu comme lieu des Idées chez Philon, cf. VAN DEN HOEK 2001, p. 316 n.
3 et VAN WINDEN 1983. L'exégèse juive, qui nommait Dieu un « lieu » (*maqom* ; cf. PINÈS
1971), se rencontre ici avec le platonisme ; cf. aussi l'Archonte suprême du *Traité tripartite*
de Nag Hammadi 100, 29-30 (= le Démiurge), qui reçoit entre autres titres celui de « lieu ».

45 Hermès Trismégiste, *Traité* II, 4 : le lieu des corps doit être d'une nature opposée aux
corps, donc incorporel, et en tant que tel il doit être « quelque chose de divin ou bien
Dieu » (ἢ θεῖόν ἐστιν ἢ ὁ θεός) ; il est décrit au § 12 comme un Intellect immuable se

LA MÉTAPHYSIQUE DE L'ORGUEIL

Ainsi, le paradoxe que nous pointions à l'instant fait un retour, car c'est parce que Dieu est d'autant plus cause des êtres (et donc distinct d'eux) qu'il tient d'autant mieux sous sa coupe ses créatures, sans leur laisser d'autonomie : cette incapacité de la créature à se cacher de Dieu, Philon la trouvait dans la *Genèse*, dans le péché d'Adam et Ève qui n'échappe pas au regard divin, et dans la vanité de Caïn qui prétend s'éloigner de la face de Dieu. Et on voit donc comment l'orientation métaphysique de Philon préparait la position du problème de l'orgueil : avec la définition d'un système théocentrique où Dieu est à la fois absolument transcendant et absolument conscient de tous ses effets et de toutes les créatures, un orgueilleux tel que Caïn n'est plus justifié à s'arroger une quelconque puissance propre[46].

---

contenant lui-même (cf. Philon : « il se fait place à lui-même »). FESTUGIÈRE 1946, n. 14 *ad loc.* donne plusieurs autres références pour l'idée d'un Dieu-Lieu, et cite plusieurs passages de Philon. Festugière (*ibid.* p. 72 n. 1a) parle lui-même de « panthéisme stoïcien » pour certains traités hermétiques, mais cette formule ne peut tout expliquer : car tandis que pour les Stoïciens, tout être était corporel (Élias, *in Isag.* 47.29-31 : οἱ γὰρ Στωϊκοὶ σώματα εἶναι ἔλεγον τὰ καθόλου, οὐ ταῦτα δὲ μόνον ἀλλὰ καὶ πάντα τὰ ὄντα καὶ τὸ θεῖον αὐτὸ σῶμα ἔχειν, ἀλλὰ λεπτομερές), pour les Hermétistes et Philon au contraire, Dieu est incorporel et c'est en cette qualité qu'il peut être dit « lieu ».

Le raisonnement inverse est offert par le *Traité* XI, 18 : prenant comme prémisse que le lieu est un corps, il refuse fort logiquement de dire que les choses sont en Dieu comme en un lieu, mais accepte de dire qu'elles y sont comme dans l'ἀσώματος φαντασία : Dieu est « celui qui tout enveloppe » (ὁ πάντα περιέχων) et est lui-même « incirconscriptible » (ἀπεριόριστος). Dans les deux cas, on s'oriente vers des solutions panenthéistes – plutôt que panthéistes – auxquelles, nous semble-t-il, Philon souscrirait, ou dont il apprécierait du moins l'équilibre entre transcendance et immanence (tout est en Dieu, mais comme corporel dans l'incorporel). Il critiquerait en revanche d'autres passages hermétiques versant trop dans l'immanence, comme le *Traité* III, 4 et surtout XI, 4 et 14 : « [Dieu] est toujours en son œuvre, il est lui-même ce qu'il produit » (ἀεί ἐστιν ἐν τῷ ἔργῳ, αὐτὸς ὢν ὃ ποιεῖ). Philon n'irait pas jusque-là, car son Dieu est plus transcendant : on peut même douter qu'il puisse déléguer une telle présence immanente au monde au Logos. Mais il apprécierait la raison alléguée par l'hermétiste : « si [son œuvre] était séparée de lui, tout s'écroulerait, tout devrait nécessairement périr ». On a en effet ici le reflet inversé des développements sur la « réceptivité », dont RUNIA 2008, p. 297 écrivait : *A surfeit of unaccommodated power cannot be contained or absorbed by the recipient and would lead to inevitable collapse* (d'où la nécessité que la puissance de Dieu s'adapte à qui la reçoit) ; ici au contraire, le monde, privé de la puissance divine, s'écroule également, mais pour la raison inverse.

46   Même idée avec la métaphore de Dieu comme Soleil à qui rien n'échappe, et qui appelle donc au repentir (*Somn.* I, 87-91). Hélios est le πανόπτης par excellence, celui à qui rien n'échappe : cf. Eschyle, *Prom. vinct.* 91 (le scholiaste sur ce passage rappelle le précédent d'Homère, *Il.* III, 277 : Ἥλιός θ', ὃς πάντ' ἐφορᾷς καὶ πάντ' ἐπακούεις). Selon Porphyre, *De abst.* II, 26, 2, les Juifs pratiquent l'holocauste des animaux sacrifiés de peur que ὁ πανόπτης γένοιτο θεατής : on ne sait s'il pense ici à Hélios ou si la périphrase désigne le dieu des Juifs.

On observe chez Jamblique un mouvement similaire vers le panenthéisme et le même renversement. Le lieu n'est pas une simple limite évanescente, mais une force cohésive :

> Appliquant sa considération intellective à tout cela, le divin Jamblique recherche en premier lieu si les réalités qui sont dans le lieu définissent le lieu qui les entoure ou les accompagne, ou bien si c'est le lieu qui les définit de façon à les co-réaliser. Et il dit que si, comme les Stoïciens l'affirment, le lieu subsiste comme une dépendance (παρυφίσταται) des corps, alors il reçoit également de ceux-ci sa définition, dans la mesure où il est complété par les corps ; mais si toutefois le lieu possède par lui-même une substance et que rien relevant des corps ne peut absolument être, s'il n'est en un lieu [...], c'est bien le lieu lui-même qui définit les corps et les réalise en lui-même (ἀφορίζει τὰ σώματα καὶ ἐν ἑαυτῷ συμπεραίνει). Si le lieu était impuissant, possédant un être sans consistance ontologique, dans un vide et un intervalle illimités, il recevrait aussi sa définition de l'extérieur ; mais s'il possède une puissance active et une substance incorporelle définie, et qu'il n'autorise pas l'extension des corps à s'avancer plus ou moins vers l'illimitation, mais qu'il les définit en lui-même, alors probablement, c'est de lui que la limite vient aux corps. [...]
>
> Et il ne faut pas voir seulement le lieu comme enveloppant et comme donnant siège en lui aux êtres qui sont dans le lieu, mais aussi comme les maintenant selon une puissance unique : [...] ainsi le lieu ne se contentera pas d'envelopper extérieurement les corps, mais il les remplira tous, par tout eux-mêmes (ὅλα δι' ὅλων), d'une puissance qui les stimulera. Quant à ce qui est maintenu par elle, et qui, selon sa propre nature, s'écroule (πίπτοντα), il sera stimulé par la domination du lieu et c'est ainsi qu'il y sera présent. [...]

Mais Jamblique dit (encore) ceci : « Ne faisons pas, comme le raisonnement (d'Archytas) nous le fait apparaître, cesser ces choses au monde seul, mais faisons remonter sans relâche la limite aux causes plus augustes [...]. La cause de l'enveloppement, s'élevant jusqu'aux degrés suprêmes, nous mène à ce lieu splendide et divin, qui est lui-même sa propre cause, s'enveloppe lui-même, s'est établi en soi et qui n'est plus inséparable, mais au contraire possède comme séparée l'existence des êtres (χωριστὴν δὲ τῶν ὄντων ἔχει τὴν ὑπόστασιν) »[47].

---

47 Simplicius, *In Cat.* 361.7-364.6 (= Jamblique, Frg. 112 Dalsgaard Larsen ; extraits). Noter, dans la deuxième phrase, la critique des Stoïciens qui démontre le recul historique de Jamblique : c'est en effet la conception stoïcienne du lieu qui se voit supplanter

LA MÉTAPHYSIQUE DE L'ORGUEIL   205

Le texte se conclut sur une description émerveillée du Lieu divin, qui est fondement séparé de l'essence des êtres, c'est-à-dire une instance à la fois enveloppante et transcendante : car pour lui, le caractère enveloppant du lieu n'est pas équivoque mais définitoire, c'est lui qui permet de parler de « lieu » dans tous les cas[48].

1.3   *Dieu au centre du système*

Dieu, une fois défini selon ces lignes comme une divinité à la fois transcendante et immanente, devient véritablement le pivot du système, le fondement d'une image cohérente de la réalité : lui, et non plus l'agent humain, le « sage » ou le « philosophe », sa pratique de la vertu ou sa recherche de la connaissance. C'est pourquoi bien sûr l'exaltation de Dieu au-dessus du monde et l'absence d'indépendance du monde par rapport à Dieu vont avoir des conséquences radicales sur l'éthique et sur le propre de l'être humain.

1.3.1   Une présence universelle

Le souffle de Dieu couvre tout de sa présence :

> Tel est aussi le souffle de Moïse, qui visite les soixante-dix anciens aux fins de les améliorer et de les distinguer des autres, eux qui en vérité ne pourraient pas même accéder à la qualité d'anciens, s'ils ne participaient du souffle rempli de sagesse du grand homme : car il est dit : « je prendrai du souffle qui est sur toi pour mettre sur les soixante-dix anciens » (Nb 11, 17). [25] Mais garde-toi de penser qu'il s'agisse là d'un prélèvement au sens d'un retranchement et d'une disjonction : il en va plutôt comme de ce qu'on tire du feu, qui, même si l'on y allume des milliers de torches, demeure dans la même condition, sans aucune diminution que ce soit.

---

progressivement par celle que nous avons vue à l'œuvre chez Philon, Jamblique et dans l'hermétisme.

48   Cf. encore Jamblique, Frg. 20 *In Timaeum* Dillon : le lieu est ce qui « redresse » (ἀνέχειν) les corps : le parallèle est particulièrement net avec les passages où Philon affirme que l'être humain, sans l'aide du Dieu immobile et stable, « tombe » (*Mutat.* 55-57 et 156 ; *Poster.* 170 ; *Abr.* 269 et, sans référence à Dieu, *Agric.* 74-75).

Les différents « lieux » du monde s'identifient pour lui aux différentes circonscriptions que se sont réparties dieux et démons, qui les tiennent sous leur garde (Frg. 14 *In Timaeum* Dillon ; *Réponse à Porphyre*, 23.10 sq., qui établit que les dieux sont présents à leurs administrés de l'extérieur, comme le Soleil à ce qu'il éclaire). Dans le néoplatonisme, l'effet réside continuellement dans sa cause (c'est une loi générale : voir Proclus, *Elem. theol.* Prop. 35) : l'Éternité demeure dans l'Un (Platon, *Tim.* 37d μένοντος αἰῶνος ἐν ἑνί ; commentaire chez Proclus, *In Tim.* III, 14.16-16.11), le Temps se hiérarchise en divers niveaux (*ibid.* III, 53.6 sq.), etc.

Telle est aussi, sensiblement, la nature de la science : ses fidèles et ses disciples, elle les rend habiles sans qu'une quelconque fraction d'elle s'en trouve diminuée [...]. Certes, si c'était le souffle propre à Moïse lui-même ou à un autre être engendré qui devait être réparti en un si grand nombre de disciples, alors il s'amoindrirait, à force d'être débité en autant de lots ; [27] mais en fait, le souffle qui est sur lui, c'est le Souffle de sagesse, divin, insécable, indivis, gracieux, qui emplit tout en profondeur : un tel souffle n'est pas lésé s'il nous vient en aide ; s'il est transmis ou ajouté à d'autres, son intelligence, sa science et sa sagesse n'en sont pas diminuées[49].

On voit ici un des fondements de l'immanence : la conception du πνεῦμα divin comme totalité indivisible, qui ne s'amoindrit pas quand une partie en est absorbée : phénomène métaphysique exprimé par l'image du feu et, ailleurs, de la lumière (qui inonde tout de façon indivisible)[50]. C'est la participation à ce πνεῦμα qui seule permet l'inspiration véritable[51]. Ces dernières images, qui visent à décrire une présence absolue et qui n'est pas plus intense ici et moins intense là, un don qui se fait sans amoindrissement, auront une grande fortune dans le néoplatonisme[52], même si sur ce point précis le parallèle est moins net, car il s'agit plutôt d'un lieu commun.

1.3.2 Un fondement stable

Dieu chez Philon devient ainsi le fondement de tout :

> Le songe (*scil.* celui de l'« échelle de Jacob ») révélait aussi le Seigneur, Maître des anges, fermement établi au sommet de l'échelle : car il faut se représenter l'Être, tel l'aurige d'un char ou le pilote d'un navire, établi sur les corps, les âmes, les choses, les mots, les anges, la terre, l'air, le

---

49   *Gig.* 24-7. Selon *Deus* 57, Dieu emplit toutes choses (πεπληρωκὼς τὰ πάντα).

50   Voir *Somn.* I, 113-119 : Dieu comme lumière de l'âme, première lumière totalement pure et supérieure à la lumière de la lune ou des anges. Cette lumière permet la connaissance : le thème est platonicien : cf. *Rép.* VI, 509b, le Bien, analogue du Soleil donne aux objets de connaissance d'être connus, ainsi que leur essence même.

51   L'idée rejoint les représentations païennes de la divination véritable, où un « souffle » envahit le médium : comparer Jamblique, *Réponse à Porphyre* 78.5-9 ; 88.3-11 et 94.17-95.8 et Ammien Marcellin, *Hist.*, XXI, 1, 8. Sur ce point aussi, il y a continuité plus que rupture avec le stoïcisme, partisan de l'idée d'un souffle divin baignant toutes choses.

52   Ex. Proclus, *Theol. Plat.* IV, 45.21-25. Ce modèle a aussi pour avantage de suggérer une distinction entre Soleil et feu d'une part, lumière et chaleur d'autre part, c'est-à-dire entre les puissances qui émanent des foyers et ces foyers, qui demeurent en eux-mêmes : ainsi Saloustios, *De diis et mundo* XIII, 2. Philon emploie la métaphore plus originale de la coriandre : *Leg.* III, 170.

LA MÉTAPHYSIQUE DE L'ORGUEIL

Ciel, les puissances physiques et les natures invisibles, bref absolument tout ce qui s'offre ou non au regard : Il a lié et attaché à Lui le Monde tout entier, et c'est ainsi qu'Il dirige l'immensité de la Nature. [158] Et que personne n'aille penser, en entendant dire qu'Il est « fermement établi », que quelque chose collabore avec Dieu pour qu'Il tienne solidement : il faut adopter le raisonnement suivant, à savoir que cette révélation équivaut à dire que Dieu dans sa fermeté est le point fixe, le soutien, la force et la sécurité de toutes choses, Lui qui confère à qui Il veut la marque de la constance : car c'est parce qu'Il les soutient et les rassemble fermement que les choses, ainsi rendues fortes, demeurent hors d'atteinte de la destruction[53].

Le songe de l'échelle par Jacob est ainsi la révélation d'un ordre divin où toute la création, hommes mais aussi anges qui jouent un rôle d'intermédiaires, est comme « suspendue » au Dieu créateur, qui lui donne sa cohésion, comme véritable clef de voûte[54]. L'identification de Dieu à l'Être, dogme philonien, va dans le même sens d'une opposition fondamentale entre un absolu divin et un relatif mondain, le « devenir », que Philon emprunte au platonisme[55].

Chez Philon, cet état de fait implique une véritable méthode centrée sur Dieu et également sur la vraie vertu qui est, nécessairement, rapport à Dieu : c'est pourquoi Philon critique si souvent sophistes, sceptiques, conférenciers et autres pédants, qui fascinent l'esprit avec du vent et disent, mais ne font pas. Cela est particulièrement visible dans le *De Congressu*[56]. La culture ne vaut pas

---

53 *Somn.* I, 157-158.

54 Voir encore l'image de la stèle stable en *Somn.* I, 241 sq., notamment 249-250 : « Car il est dit : "Tu m'as oint une stèle (Gn 31, 13)". Mais ne va pas croire qu'il s'agit d'une pierre ointe avec de l'huile ; il s'agit de cette doctrine suivant laquelle Dieu seul subsiste [...] » (et déjà § 245 avec la citation de Dt 16, 22 : « Tu n'élèveras pas de stèle à toi-même ») ; *ibid.* II, 24 ; II, 193-194 (Dieu mesure de tout) ; II, 219 sq. (Dieu seul subsiste fermement et c'est lui qui donne leur stabilité aux choses). Sur ce thème du Dieu ἑστώς, cf. *supra*, n. 1.
La dépendance des causés envers leur principe est, dans le néoplatonisme, notamment marquée par le verbe ἐξηρτῆσθαι, litt. « être attaché ». Occurrences très nombreuses, un exemple : Proclus, *In Tim.* I, 3.11. L'image privilégiée est celle de la « chaîne d'or », issue d'Homère (*Il.* VIII, 1-29) et abondamment commentée : Macrobe, *In Somn. Scip.* I, 14, 14-5 ; Proclus, *In Tim.* II, 24.1-29 et un opuscule entier de Michel Psellus (*Philosophica Minora* I, 46), traduit par LÉVÊQUE 1959.

55 *Tim.* 27d-28a ; chez Philon, *Opif.* 12.

56 *Congr.* 63 sq. ; cf. aussi *Poster.* 137 et *Deus* 133. Le discours philonien cherche sans cesse à briser la gangue des habitudes et à recentrer l'esprit de son lecteur sur Dieu, d'où l'abondance d'exemples moraux vigoureux qui scandent littéralement son œuvre : *Deter.* 141-145 (tableau des « abandonnés » : passage important, qui insiste sur la déréliction de l'homme sans Dieu) ; *Poster.* 52 (la cité mauvaise reflète l'esprit de Caïn) ; *Somn.* II, 48-64 (gloutons

pour elle-même et implique hiérarchisation et référence au point focal constitué par la divinité : les arts libéraux sont comme les servantes de la Philosophie et celle-ci de la Sagesse[57]. Nous y reviendrons.

1.4 Conclusion de la première partie

Il est clair qu'une telle conception de Dieu, transcendante et immanente à la fois, en fait un fondement puissant de l'unité du monde sensible et surtout de la Providence qui s'y manifeste. Si nous sommes sauvés, c'est parce que Dieu ne nous abandonne pas et qu'il est toujours là pour soutenir l'individu. C'est une conception où la Partie est activement sous le contrôle du Tout, et où la liberté d'action de l'individu consiste essentiellement à accepter sa dépendance envers un ordre qui le dépasse, ce qui lui permet d'y contribuer. Et c'est seulement avec cette conception qu'on parvient véritablement au concept tardo-antique de la Providence : une Providence *complète* (c'est-à-dire étendue même au monde sublunaire), contre un certain aristotélisme qui tendait à la limiter aux révolutions parfaites du Ciel, en considérant le monde sublunaire comme domaine du hasard[58], et une Providence *absolue*, c'est-à-dire appuyée sur un fondement qui est la Divinité elle-même absolue et transcendante au sensible, selon l'opposition présente dans ce passage de Jamblique :

> « [La puissance de l'Un] crée le discret selon son activité arrêtée, et le continu selon celle qui progresse : et puisqu'elle demeure et progresse simultanément, elle engendre les deux. La puissance des mesures intelligibles enveloppe en effet les deux domaines, choses qui demeurent et qui s'avancent, dans l'unicité qui est la sienne : par conséquent, si quelqu'un veut attribuer aux mesures intelligibles et divines ce qui leur est étranger,

---

et vaniteux), etc. Le style s'en ressent, avec une abondance d'énumérations (*Poster.* 109-110 ; 160-161), de tableaux (*Legat.* 41-51 : remontrances de Macron à Caïus et tableau de l'Empire romain) et d'allégories et prosopopées (*Congr.* 151-152 ; *Somn.* II, 252-254). De ce point de vue, ainsi que par l'abondance des descriptions (cf. *supra*, n. 35), des apostrophes (voir la communication de Françoise Frazier dans ce volume), l'œuvre de Philon est irréductible à celle des platoniciens d'époque contemporaine ou postérieure : les néoplatoniciens remplacent la prédication morale par la citation d'autorités et le raisonnement par grandes topiques, et leur style est généralement d'une grande froideur, à quelques exceptions près telles que Plotin et Hiéroclès, qui considèrent leurs auditeurs comme des consciences individuelles et non comme des étudiants.

57   *Congr.* 73-80, en part. 79. Philon subordonne également sans arrêt les sens à l'esprit, ex. *ibid.* 143.

58   Voir Grégoire de Nazianze, *Autobiographie*, v. 1157-1158. Selon l'empereur Julien, *Sur la Mère des Dieux* 166c et 170d (§ 6 et 11 Rochefort), la Providence prend également soin des « êtres soumis à la génération et à la corruption », τὰ γινόμενα καὶ φθειρόμενα.

LA MÉTAPHYSIQUE DE L'ORGUEIL   209

il est trompé, par les forfanteries péripatéticiennes s'il ne leur attribue que les (mesures) immobiles, et par celles des Stoïciens, s'il ne leur attribue que celles qui s'avancent »[59].

Le divin se trouve *à la fois* dans l'immanence et dans la transcendance, dans la production dynamique du réel et dans une absolue indépendance vis-à-vis de lui. D. O'Meara notait déjà que pour Plotin, il n'y a pas de choix entre « immanence » et « transcendance » : Dieu est les deux à la fois[60]. Il nous semble qu'en cela Jamblique est très plotinien encore. Chez lui, on retrouve comme chez Philon une voie moyenne entre aristotélisme et stoïcisme. Le stoïcisme, de par sa position immanentiste et l'autonomie qu'il accorde à l'agent, ne pouvait être que combattu. En même temps, on ne pouvait aussi qu'affirmer l'existence de la Providence, afin d'éviter de faire du monde, et notamment du monde sublunaire, un chaos « dont le Dieu est absent », selon le mot de Platon en *Timée* 53b – préoccupation évidemment partagée par le monothéisme judéo-chrétien.

Philon est certainement plus exigeant dans son affirmation de la transcendance de Dieu que d'autres platoniciens : chez lui, les deux plateaux de la balance ne sont pas égaux. Peut-être faut-il attribuer ce transcendantalisme plus intransigeant à l'aspect proprement juif de sa pensée : d'autres plus compétents en jugeront[61]. Quoi qu'il en soit, ce qui n'est pas proprement juif, mais au contraire une préoccupation très largement partagée par la philosophie païenne contemporaine et celle du christianisme naissant, est le souci général de repousser Dieu dans un absolu, pour garantir sa spécificité par rapport au monde (qui passe dans l'ordre du relatif et ne vaut plus pour lui-même, mais pour un ordre et une beauté qu'il hérite de la divinité) : c'est la marque de fabrique du platonisme dogmatique qui s'impose à partir d'Antiochus d'Ascalon,

---

59   Simplicius, *In Cat.* 135.23-8 (= Jamblique, Frg. 37 Dalsgaard Larsen).

60   O'MEARA 2004, p. 53. Pour ne citer qu'un passage plotinien, voir *Traité* 39 (VI, 8), 16.1-12. Voir aussi, pour Philon, *Poster.* 14-15 (qui concilie transcendance et immanence de façon très claire) et la prise de position de MÉASSON 1966, n. compl. 15 (« On peut se demander comment concilier ces deux conceptions. Mais peut-être la foi de Philon ne s'embarrassait-elle pas de ces contradictions ou plutôt elle les dépassait »), qui donne plusieurs autres références. La philosophie du début de l'ère chrétienne, absolument foisonnante, faisait couramment se superposer des conceptions concurrentes du divin : cf. MANSFELD 1988.

61   Il est vrai que le rappel de la grandeur de Dieu et celui, parallèle, de l'insignifiance de l'homme est un des thèmes centraux du judaïsme. Pour se limiter à des écrits proches chronologiquement de Philon, ceux de la Mer Morte (Qumrân), on citera les *Hymnes* I, 21-7 ; VII, 16-9 (Dieu est l'appui et le refuge du juste) ; IX, 12-9 ; XII, 24-35 etc., et tout particulièrement la fin de la *Règle de la communauté* (IX, 9-22).

sous la forme de ce que nous nommons aujourd'hui « médio-platonisme », puis « néo-platonisme ». Ce concept de Dieu purifié de la relativité du monde (matérialité, dimension, effabilité, etc.), fondamentalement platonicien, impliquait une critique du stoïcisme qui ne fera que se développer, jusqu'à la disparition du stoïcisme du champ philosophique, vers la fin du IIIe siècle, précisément le moment où s'impose l'école néoplatonicienne.

2   L'homme comme néant et le problème de l'orgueil

2.1   *Le néant humain*

Ce long développement sur la représentation de Dieu était nécessaire pour introduire au problème, en apparence éthique, de l'orgueil : car c'est parce qu'un Dieu provident et tout-puissant est placé au fondement du système, que l'agent humain subit une métamorphose : il devient faible, fautif, orgueilleux, soucieux de s'arroger l'œuvre de Dieu qui pourtant, comme nous l'avons vu, est absolue : tout est créé par Dieu, et par conséquent l'homme ne peut apporter aucune contribution véritable. En somme, tandis que Dieu s'identifie à l'absoluité de l'Être (chez Philon) ou à une absoluité suressentielle (chez les néoplatoniciens), l'homme se voit parallèlement relégué dans une forme de non-être, d'évanescence. Il en va comme des plateaux d'une balance : si on donne à Dieu, on prend à l'homme, et la position de Philon est explicitement que tout est à Dieu : par conséquent rien n'est à l'homme, ou plutôt rien n'est à lui *en tant* qu'homme, son agir supposant comme préalable la reconnaissance de la causalité absolue de Dieu.

2.1.1   L'« homme véritable »

Certainement, l'opposition ainsi dessinée a des aspects caricaturaux. Philon glorifie bien certains aspects de l'activité humaine, notamment les sciences et les arts, produits de l'intellect, et dont la figure biblique est pour lui le patriarche Abraham[62]. À côté du néant humain, on note bel et bien une tendance à exalter le « vrai homme », l'homme véritable, c'est-à-dire l'humanité hors de l'incarnation, pur Intellect, et à la considérer comme l'interlocuteur valable de Dieu (tendance également observable dans l'hermétisme[63]).

---

62   Cf. *infra*, n. 93.

63   Philon parle ainsi de l'« homme véritable », ὁ ἀληθινὸς ἄνθρωπος ou ὁ πρὸς ἀλήθειαν ἄνθρωπος (*Gig.* 32-33 ; *Plant.* 42 ; voir encore *Opif.* 134 et *Leg.* I, 31, « l'homme céleste »). Comparer aux figures d'Hommes prototypiques dans le *Corpus hermétique*, *Traité* I (*Poimandrès*), 12 et IX, 5 (ὁ οὐσιώδης ἄνθρωπος), ou dans la Gnose, cf. *Eugnoste* (NHC III, 3), 76, 14 sq.

LA MÉTAPHYSIQUE DE L'ORGUEIL

On trouve un parallèle à cette « dématérialisation » de l'humanité chez Plotin bien sûr : il faut distinguer entre la vie incarnée, avec ses passions, sa médiocrité, l'emprise du corps ... et la vie véritable qui exprime l'essence profonde de l'homme, hors de l'incarnation, du « composé »[64]. On pense également à l'idée d'une double création de l'homme dans le *De opificio hominis* de Grégoire de Nysse, essentielle et corporelle, et chez Philon lui-même[65]. Ce geste contribue à sauver l'indépendance d'un domaine proprement humain à côté de celui de Dieu (l'idéal de l'homme consistant alors à s'assimiler à l'archétype humain) : mais évidemment on ne peut que constater aussi que dire que l'homme véritable n'est pas d'ici-bas revient à accentuer l'importance de Dieu, car chercher l'homme véritable, c'est chercher un homme resté proche du divin qui l'a engendré : le rapport entre les deux reste un rapport de subordination. Il est révélateur que l'exaltation de l'homme véritable mène à une essentialisation de la « conscience » et du « blâme » intérieur : de ce point de vue-là Philon va plus loin que le néoplatonisme. Ainsi cette évocation de la conscience :

> Certains affirment que le nom propre de celui qui a trouvé [Joseph] errant dans la plaine n'est pas révélé (Gn 37, 15) : ces gens-là, ils errent aussi d'une certaine manière, parce qu'ils ne peuvent discerner avec clarté la droite route de la réalité. Car si l'œil de leur âme n'était pas mutilé, ils sauraient que le nom le plus approprié et le plus direct qui convienne à l'homme véritable, c'est précisément celui-là, « homme », appellation tout à fait adéquate pour désigner une pensée « articulée »[66] et rationnelle. [23] Cet homme habite l'âme de chacun : tantôt il commande et on le trouve au rang du roi, tantôt, il est juge et arbitre des combats de la vie ; parfois encore, il assume le rôle d'un témoin ou d'un accusateur pour nous condamner secrètement de l'intérieur, sans même nous laisser ouvrir la bouche, et il restreint la course effrénée et rétive aux ordres de la langue, en la réfrénant et bridant par les rênes de la conscience[67].

---

64   Plotin invite son lecteur à convertir son regard vers ce qu'il nomme le ἡμεῖς, le « nous », et plus encore vers « l'homme véritable », ὁ ἀληθὴς ἄνθρωπος : sur ce thème, voir le *Traité* 53 (*Enn.* I, 1), particulièrement le § 10. Une thématique parallèle est celle des « deux voies » que peut prendre l'âme, sur lequel voir HARL 1966, p. 108-109 : l'idée se retrouve dans les deux âmes de l'hermétisme (in *Réponse à Porphyre*, 199.1-12), l'amphibie de Plotin ... Voir aussi DILLON 1977, p. 175-178.

65   Voir MOREAU 2012.

66   Il y a ici un jeu de mots pseudo-étymologique intraduisible entre ἄνθρωπος « homme » et ἠρθρωμένος « articulé ».

67   *Deter.* 22-23. Sur la conscience, voir ALEXANDRE 1967, n. compl. XIX et, partiellement, XX.

L'idée de la présence partout de Dieu encourageait évidemment au développement d'une métaphysique de la conscience (puisqu'il y aura toujours un œil dans la tombe pour regarder Caïn). Mais déjà une doctrine insistant sur l'unité organique du monde comme le stoïcisme commençait à développer une notion de conscience[68]. Toutefois il s'agit alors d'une conscience personnelle avec un *daimôn* personnel, un θεὸς ἔνδον ou *deus intus* parfois identifié à la partie rationnelle de l'âme, alors que Philon pense le rapport de l'homme avec le Dieu cause de tout, y compris de l'homme lui-même, ce qui place le débat à un niveau nettement métaphysique. Le mal, ici, semble moins consister dans le contenu d'un acte quelconque que dans l'incapacité de l'homme à reconnaître l'abîme qui le sépare de Dieu. Cet échec – qui est, pour Philon, celui de Pharaon, de Jéthro et de tant d'autres, bien entendu de Caïn dont il sera abondamment question un peu plus loin[69] – est à la fois la racine de toute faute morale et, pour ainsi dire, une erreur de métaphysicien incapable de comprendre que l'infini et la réalité sensible sont incommensurables, et que celle-ci est donc par rapport à celle-là comme le néant. Toutefois, chez Philon, le mal n'est pas encore, comme dans le néoplatonisme après Plotin, présenté comme une donnée essentiellement métaphysique, c'est-à-dire comme « l'envers » du bien, le reflet de l'incapacité du sensible à recevoir le bien[70] : cette dissymétrie est reconnue par Philon, mais ce qu'il condamne comme mauvais n'est pas cette dissymétrie en elle-même (qui est dans la nature des choses et n'est pas imputable) mais l'orgueil qui consiste à la nier[71]. C'est ainsi que Philon

---

68   Ainsi Épictète, *Entretiens* I, 14 ; Sénèque, *Lettres à Lucilius* XLI (Livre IV).

69   Les figures possibles de l'orgueil (τῦφος, αὐθάδεια, φιλαυτία, οἴησις, μεγαλαυχία...) chez Philon sont en effet très nombreuses : Pharaon (plusieurs références chez ALEXANDRE 1967, p. 188 n. 2) ; Jéthro (*Gig.* 50) ; Onan (*Deus* 16-19 : noter la belle formule finale nous appelant à considérer « non pas tout comme prolongement de soi, mais soi comme prolongement de tout »). D'autres figures sont plus ambiguës : Ésaü, qui est plus un idiot entêté qu'un orgueilleux (*Congr.* 61) ; Adam, dont la faute est comparable à celle de Caïn mais un peu moins grave (voir ALEXANDRE 1967, p. 222 n. 4) ; Joseph (qui n'a pas compris qu'il était « eau et cendre », *Somn.* I, 220, puis II, 46 et 93 sq. ; mais peut-être le mot juste pour le décrire est-il moins « orgueil » que « médiocrité », et d'ailleurs il se rachète). D'autres enfin sont laissées anonymes : le mauvais professeur de *Congr.* 127 ; celui qui s'érige une stèle (*Somn.* I, 244) et qui perd sa stabilité en cherchant le sensible ; les contempteurs de Dieu (*Somn.* II, 291).

70   La position néoplatonicienne tardive « orthodoxe » affirme que l'essence du mal consiste en une παρυπόστασις, une « existence dérivée » ou adventice, une pseudo-essence : cf. Proclus, *De mal. subsist.* IV, 50 (l'idée semble venir de Jamblique, à en juger par le parallèle chez Simplicius, *In Cat.* 418.3-8).

71   Dans cette mesure, il y a bien responsabilité morale de l'âme, qui n'a pas su se soumettre à ce que lui dicte sa raison : voir ALEXANDRE 1967, p. 178-179 n. 3, qui souligne le rôle de l'agent humain dans la reconnaissance de sa faiblesse, tout en notant qu'en d'autres

LA MÉTAPHYSIQUE DE L'ORGUEIL
213

peut condamner moralement un Caïn, tout en traitant la question du mal sous un angle religieux et métaphysique (et non éthique et encore moins légal) qui annonce, quant à lui, pleinement le néoplatonisme.

Cette solution présente des analogies fortes avec l'idée d'une « audace » ressentie par l'âme et qui la pousse à s'appartenir à elle-même, présente chez Origène et surtout chez Plotin (qui parle de volonté d'appartenir à soi[72]). Mais à la différence de ces derniers, Philon ne ressent pas le besoin d'opposer un état pré-incarné de félicité à l'état incarné, évitant ainsi les problèmes inhérents à cette conception, qui tend à faire de l'état pré-incarné une sorte de prérogative de droit pour l'âme, liée indissociablement à sa nature véritable. Or un tel privilège serait inacceptable pour Philon : il ne peut être accordé que par la grâce de Dieu. Sans refuser de parler d'une beauté ou d'une dignité éminentes de l'âme, Philon prend garde à ne jamais louer celle-ci pour elle-même, ce qui le rend beaucoup plus radical : il s'affranchit de toute forme mythique et fonde, au final, son raisonnement sur l'opposition absolue entre Créateur et créé, catégorie qui inclut aussi l'âme ainsi clairement définie comme non divine[73].

2.1.2   Errance, vacuité et limitation

Et ainsi, nous comprenons que l'exaltation que Philon fait parfois de l'être humain véritable n'est pas du tout incompatible avec les pages nombreuses où Philon rabroue le « néant » humain. Là encore, il y a en première analyse un aspect banal à ce thème : la vacuité humaine, l'instabilité des passions, de l'état

---

occasions c'est la grâce qui est prépondérante. L'intransigeance de Philon va en effet jusqu'à lui faire attribuer à Dieu nos bonnes actions (cf. *infra*, n. 84 et 97). La révélation de Dieu n'est jamais une simple conséquence de l'action humaine, mais toujours un acte de grâce (*Abr.* 79-80) : toutefois Philon n'en tire aucunement la conclusion que l'homme serait par nature mauvais, il est plutôt indéterminé, apte à évoluer vers le bien ou le mal (*Leg.* III, 246). Une solution possible du problème semble être donnée par le début du *Quis Heres* (3-30, en particulier 22-30), avec, en conclusion, l'idée que c'est dans la conscience de son néant par rapport à Dieu que l'homme trouve sa dignité et l'audace de parler avec Dieu : cf. *Sacrif.* 55.

72   *Traité* 10 (*Enn.* V, 1), 1.5 : τὸ βουληθῆναι ἑαυτῶν εἶναι.

73   Comparer la position de Philon à la critique de l'âme divine selon Plotin – dont une partie ne descend pas pour s'incarner – par Jamblique : l'âme est totalement descendue, « seconde par rapport à l'Intellect, elle occupe une autre hypostase » (καθ' ἑτέραν ὑπόστασιν, *De anima*, sect. 6, p. 30.15 (Dillon – Finamore) : cette opinion est explicitement présentée comme contraire à celle prêtée à Numénius, Plotin, Amélius et Porphyre, à savoir que l'âme et l'Intellect seraient ὁμοιομερῆ ; voir aussi Proclus, *In Tim.* III, 333.28-334.28). L'âme est alnsi contrainte à trouver dans la grâce divine le secours qu'elle ne peut plus s'apporter à elle-même (voir par exemple le texte de Proclus, *In Parm.* IV, 948.12-38 reproduit dans l'éd. Saffrey – Segonds de Jamblique, *Réponse à Porphyre*, p. XLIX-LI). Comparer, dans le champ chrétien, Clément d'Alexandrie, *Strom.* II, XVI, 74.

des choses, est un motif à peu près aussi ancien que la philosophie elle-même, sans même avoir à convoquer la contingence du monde sublunaire selon Aristote[74]. Mais chez Philon ce thème procède bien plus loin. Il y a d'abord une intégration remarquable de certains passages de la Bible sur l'errance, en particulier celles d'Adam et de Caïn, l'errance d'Adam étant celle de l'esprit humain qui s'éloigne de Dieu et de lui-même en s'associant à Ève qui est la sensation, et l'errance de Caïn étant proprement celle du méchant qui veut échapper – tâche impossible comme on l'a vu – au regard de Dieu[75] : thèmes bien sûr en résonance avec la philosophie grecque, par exemple le *Gorgias* pour l'inconstance du méchant.

Pour faire un bref excursus, on trouverait sans doute assez facilement que le fameux « scepticisme » de Philon est pour l'essentiel la récupération d'arguments d'école destinés à montrer la vanité et la faiblesse de l'homme : il ne s'agit pas d'une adhésion à un scepticisme dogmatique qui nierait toute connaissance, puisque justement Philon soutient l'existence du fondement objectif qu'est Dieu. Philon maintient qu'il y a de l'inconnaissable et c'est cela qui pour

---

74   Rapprocher par exemple de Jamblique, *Protr.* 77.12 sq. (thèmes populaires sur la vacuité humaine). Thèmes philosophiques communs repris par Philon et Jamblique (avec le *Phédon* notamment) : les guerres naissent de l'amour du corps (*ibid.* 93.2 sq., aussi chez Philon, *Somn.* II, 147) ; la mort du corps est la vie de l'âme et inversement (*ibid.* 94.6-16 – un centon de *Phaed.* 67c-d ; 111.23-112.1 dans une citation d'Euripide qui montre le caractère banal de la remarque ; Porphyre, *Sent.* 9 : il y a deux sortes de mort, l'une qui dégage l'âme du corps, l'autre qui dégage le corps de l'âme ; Proclus, *In Tim.* III, 219.7-13 et 325.12-13 ; Philon, *Leg.* I, 105-108 ; III, 71-72 ; *Deter.* 48 et le texte cité *infra*).
      Le vocabulaire autour du thème de la « destruction » des passions est plus intéressant : le bien « détruit » le mal et ce qui est mortel (*Opif.* 164 ; *Cher.* 31), c'est une évolution par rapport à l'idéal métriopathique : on en a nombreux parallèles dans le néoplatonisme avec des termes tels que ἀποκόπτειν, ἀναιρεῖν, ἀφανίζειν (Proclus, *In Remp.* II, 182.30 ; Jamblique, *Réponse à Porphyre* 151.4-5 ; pour ce dernier verbe, comparer Philon, *Leg.* III, 27 et 134 ainsi que *Ebr.* 111, et pour le premier le texte cité *infra*, p. 217), ἐκκόπτεσθαι et τέμνειν (Jamblique, *ibid.* 160.12 et 28 ; comparer Philon, *Leg.* I, 52 et III, 242 ; *Plant.* 100), ἀφελεῖν (Jamblique, *ibid.* 120.17 ; Philon, *Leg.* III, 131) ; comparer encore Origène, *Sur Jean* I, 229 et 241 ; II, 54-57 ; VI 297-298. En accord avec l'identification du bien à l'absolu et du mal au néant, Philon remarque en *Deus* 123-124 que c'est le bien qui corrompt le mal, non l'inverse : les néoplatoniciens souscriraient sans réserve (cf. Jamblique, *ibid.* 132.3-10).
75   Sur l'« exil loin de Dieu », comparer Ambroise, *Apologie de David* 67-69 ; sur l'instabilité du méchant, voir *Congr.* 58 et la n. compl. IX d'ALEXANDRE 1967 à propos des sources grecques et bibliques. Philon oppose sans cesse l'exaltation de la grandeur de Dieu et la vacuité des biens extérieurs (« ombre » selon *Poster.* 112, avec énumération ; « tempête » selon *Gig.* 51), les sens et passions constamment rabaissés ; l'inébranlabilité du sage, d'ailleurs image de celle de Dieu (*Deus* 21-32) est opposée à l'agitation du méchant (*Poster.* 22-28), pris dans les entraves de la corporéité (*Gig.* 28-33) ou abîmé dans la vaine recherche de la gloriole.

LA MÉTAPHYSIQUE DE L'ORGUEIL 215

lui forme la finitude – qui n'est pas seulement d'ordre local – de l'homme[76]. Mais au-delà de cela encore, les développements de Philon sont d'une vigueur toute particulière et doivent être rapprochés, non de Plotin ou Porphyre qui de ce point de vue sont les derniers penseurs païens à accorder une large place à l'excellence proprement humaine, mais de Jamblique. Qu'on compare seulement le *Quod Deterius* et la *Réponse à Porphyre* :

> Et Dieu dit : « Qu'as-tu fait ? La voix du sang de ton frère crie vers moi depuis la terre » (Gn 4, 10). Les mots « Qu'as-tu fait ? » laissent entrevoir de la colère face à un acte impie, mais aussi de la raillerie à l'encontre de celui qui s'imagine avoir tué. La colère porte contre ⟨l'⟩intention du coupable, parce qu'il a entrepris de supprimer le bien ; la raillerie s'explique par le fait qu'il croit avoir tendu un piège à meilleur que lui, alors que ce piège, il l'a tendu à lui-même plutôt qu'à l'autre (*scil.* Abel). [70] Car il vit […] celui qui paraît être mort : il le faut bien, puisqu'on le voit ici suppliant Dieu et élevant la voix ; est mort au contraire celui qu'on s'imagine survivre, mort de la mort de l'âme, parce qu'il a été exclu de la vertu qui seule donne sa justification à la vie. Ainsi, « Qu'as-tu fait ? » équivaut à « Tu n'as rien fait », tu n'as rien accompli. [71] Le sophiste Balaam, esprit vain et embrumé aux opinions contraires et en conflit, n'est parvenu à rien lui non plus, lui qui voulait maudire et léser l'honnête homme, car Dieu a tourné les malédictions en bénédiction, révélant au grand jour les menées de l'injuste tout en manifestant Son propre amour de la vertu[77].

> Quoi qu'il en soit, c'est toujours à l'un quelconque des êtres supérieurs qu'est confié l'accomplissement des actions propres aux dieux ; puisque l'on ne peut rien comprendre au sujet des dieux sans les dieux, bien moins encore pourrait-on, sans les dieux, pratiquer des œuvres dignes des dieux ou toute activité de préconnaissance. En effet, la race des hommes est faible et peu de chose, ils ont la vue courte, et le néant (οὐδένεια) leur est congénital ; il n'y a qu'un seul remède à l'égarement qui les habite, à l'agitation et à leur changement constant : recevoir, dans la mesure du possible, quelque participation à la lumière divine[78].

---

76 Voir *Somn.* I, 6-40 (la science comme puits insondable ; incognoscibilité du ciel et de l'intellect) ; 94 (notre petitesse d'esprit).

77 *Deter.* 69-71. Voir aussi *Somn.* I, 60 : « néant total de la créature » ; *Cher.* 52 (l'âme qui s'éloigne de la « maison de Dieu » enfante comme rejeton Caïn, « la possession qui n'en est pas une » (κτῆσις οὐ κτητή), car elle est inconsistante.

78 *Réponse à Porphyre* 108.10-20 (trad. Saffrey – Segonds). Voir aussi *ibid.* 24.23-25.5.

Chez Philon, le néant métaphysique de la nature humaine conduit à l'inanité de toute action à laquelle Dieu ne concourrait pas[79]. S'opposer à l'ordre du monde est moins un acte « mauvais » qu'un acte nul et non avenu (s'il est mauvais, c'est au sens de la privation du bien et non au sens d'une opposition réelle au bien, qui en rigueur est impossible puisque le bien s'identifie à l'absolu divin) : loin d'avoir tué son frère Abel, Caïn, l'ennemi de Dieu, s'est tué lui-même[80]. Chez Jamblique, on part du néant humain pour conclure à la nécessité de l'illumination par la lumière divine, seule source possible de salut[81]. Dans les deux cas, la reconnaissance de cette nullité est le préalable nécessaire

---

79   Seul Dieu, en rigueur de termes, est cause efficiente : « tout est à Dieu », *Cher.* 71-74 et 124-130, voir aussi *Leg.* I, 48-49 et MOSÈS 1963, p. 106 n. 3 (ajouter et comparer Hermès Trismégiste, *Traité* X, 2-3). Rien de plus net à ce propos que ce qu'écrit Philon sur la « Fête de la propitiation » (*Congr.* 107) : l'âme reconnaît le « néant du devenir » (οὐδένεια τοῦ γενητοῦ) et lui substitue les ὑπερβολαί et ἀκρότητες de l'Inengendré. L'annotation d'ALEXANDRE 1967 donne de nombreux parallèles : voir la n. 4 p. 179, la n. compl. XIII sur la propitiation et le rabaissement de soi, et la n. compl. XIV sur la philautie, à propos du § 130, où Philon établit qu'on doit tout à Dieu.

80   Tandis que le sage sort de lui-même pour se réfugier en Dieu, le méchant fuit en lui-même, dans le néant (*Leg.* I, 82 ; III, 37-42) : ce n'est donc jamais Dieu qui s'éloigne de lui, mais lui, de Dieu, causant par là même sa perte (*Leg.* I, 51). Sur ce thème, comparer Clément d'Alexandrie, *Strom.* IV, VII, 42 ; Origène, *De Princ.* II, 10, 4-5 (les châtiments à la Résurrection ne sont autres que notre douleur à revivre nos péchés et à être séparés de l'ordre de Dieu) ; Hermès Trismégiste, *Traité* X, 19. L'opposition est foncièrement platonicienne : Être, Vérité et Bonté s'identifient ; quiconque s'en éloigne tombe dans le non-être et la mort, et cette mort est forcément un suicide car jamais le Principe n'a cessé de manifester sa bonté ; cf. tout particulièrement *Réponse à Porphyre* 32.19-24 (la colère des dieux est « une aversion par rapport à la sollicitude bienveillante des dieux, dont nous nous sommes détournés nous-mêmes, comme si, en pleine lumière du midi, nous étant couvert la tête, nous avions amené sur nous-mêmes les ténèbres et que nous nous étions nous-mêmes privés du bien donné par les dieux » : elle n'est pas de la responsabilité des dieux mais de nous-mêmes). Le raisonnement suppose bien sûr qu'on ait préalablement posé l'existence d'un Dieu qui est seul absolument bon, ce qui est le cas pour Philon, dans la lignée de Platon (le Démiurge qui « était bon », ἀγαθὸς ἦν, *Tim.* 29e ; l'Idée du Bien de *République* VI), et avant un Ptolémée (*Epist. ad Flor.*, in *Panarion*, 33, 7, 5), un Origène (seul Dieu est le Bien ; les autres êtres ne sont bons que par participation ou inspiration, *ex assumptione vel inspiratione*, cf. *De Princ.* I, 8, 3) et les néoplatoniciens qui identifient l'Un au Bien.

81   Voir aussi ce que dit Jamblique sur la crue du Nil (Frg. 13 *In Tim.* Dillon = Proclus, *In Tim.* I, 120.15-18) due aux pluies (explication physique, immanente) mais aussi et surtout à l'intervention transcendante des dieux qui nous sauvent ; *Protr.* 104.20-21 citant le *Théétète* 176c (οὐδένεια). Sur l'*oudeneia*, voir encore *Mut.* 54 (τοῦ θνητοῦ γένους οὐδένεια) et HARL 1966, p. 25 n. 3. Les parallèles avec Jamblique et Platon mettent en doute le caractère « typiquement juif » prêté ici à l'*oudeneia*, mais une influence juive sur Jamblique n'est pas non plus nécessairement à exclure, notamment par le relais de l'hermétisme. Voir aussi la conclusion de HARL, *ibid.* p. 152.

LA MÉTAPHYSIQUE DE L'ORGUEIL

à l'ascension vers Dieu : ce préalable – qu'on peut comparer, toutes proportions gardées bien entendu, à l'aveu d'ignorance de Socrate qui a lui aussi valeur quasi-méthodologique – constitue donc un jugement d'abord *négatif* sur l'existence humaine, tandis que pour un Plotin, la connaissance de soi est un préalable *positif* (c'est la redécouverte d'une origine céleste que l'âme descendue dans le sensible, comparée à la statue de Glaucus, avait oubliée). Il appartiendra au néoplatonisme de donner un tour plus systématique à l'opposition polaire homme-Dieu, notamment en proposant les termes de « procession » et de « conversion » : la dérive de l'effet loin de sa cause, et la tentative, empreinte de nostalgie, de retrouver celle-ci[82].

2.1.3   Le thème de l'égoïsme

Ces points étant posés, on ne sera pas surpris de lire chez Philon des pages très dures contre l'égoïsme et l'orgueil humains. Pas n'importe quels égoïsme et orgueil toutefois, mais justement l'égoïsme qu'on pourrait qualifier de « métaphysique » et qui consiste à s'arroger l'œuvre de Dieu, c'est-à-dire, dans un sens radical, à s'attribuer soi-même une action, puisque tout est fait par Dieu[83]. On peut dire sans exagération que pour Philon, il s'agit du crime absolu, à la hauteur justement du fondement absolu qu'est Dieu. Ce fait est en soi révélateur.

L'être humain doit comprendre que tout revient à Dieu, même les aspects les plus intimes de son existence comme la procréation :

> Tu dois donc, âme qui te conformes aux ordres de ton pédagogue, amputer ta main et ta puissance, lorsqu'elle se met à entreprendre des activités liées à la génération, tant dans le domaine du devenir que dans

---

82   On comparera la « Fête de la Libération » philonienne (*Congr.* 108) où l'âme, reconnaissant ses fautes, se libère enfin de ses attaches pour s'élever à Dieu ; et la fête des *Hilaria* liée au culte de la Mère des Dieux, qui pour l'empereur Julien (qui emploie le terme de « conversion ») est le signal du retour de l'âme à la patrie céleste : *Sur la Mère des Dieux*, 169c-d (§ 9 Rochefort) ; Saloustios, *De diis et mundo* IV, 10. L'échelle de Jacob, selon *Somn.* I, 146-156, nous donne l'image de l'effort humain, perpétuellement tendu entre l'ici-bas et la divinité.

83   Voir par ex. *Leg.* III, 28-38. Un aperçu général de la question est donné par DEUTSCH 1998. La position d'Augustin sur l'orgueil est très proche de celle de Philon : cf. *Confessions* II, VI, 13 : *nam et superbia celsitudinem imitatur, cum tu sis unus super omnia deus excelsus*. À Augustin appartient toutefois en propre d'avoir exploré l'intériorité de la conscience de l'orgueilleux.

   On notera que le thème de l'orgueil prend également une part essentielle dans les spéculations gnostiques : l'Archonte Yaldabaôth s'arroge indûment toute divinité et tout honneur (« Je suis un Dieu jaloux », cf. *Apocryphe de Jean* (NHC II, 1), 13, 5-13) ; l'Éon Sagesse, Sophia, connaît une déchéance parce qu'elle a prétendu reproduire l'activité génératrice du Père.

celui proprement humain. [69] Souvent ⟨il nous enjoint⟩ à nous ampu-
ter la main ayant été en contact avec les testicules (δίδυμοι ; Dt 25, 11-12),
d'abord parce qu'elle s'est ouverte à un désir qu'il eût fallu haïr, ensuite
parce qu'elle a jugé que la fécondation était notre prérogative, enfin parce
qu'elle a attribué à l'engendré la puissance qui est celle du Créateur. [70]
Ne vois-tu pas que ce tas de terre, Adam, lorsqu'il touche l'arbre « ju-
meau » (δίδυμος ; Gn 2, 9), meurt, parce qu'il a honoré la Dyade plutôt que
la Monade et admiré l'engendré à la place du Créateur ?[84]

Fidèle à son habitude, Philon incarne cet orgueil dans diverses figures, dont la
plus marquante est celle de Caïn :

> « Et il ajouta qu'elle engendre son frère, Abel » (Gn 4, 2). L'ajout d'une
> chose est soustraction d'une autre chose, ainsi pour les quantités en
> arithmétique, et les calculs pour l'âme. Si donc il faut dire qu'Abel est
> « ajouté », il faut penser que Caïn est « soustrait ». Mais afin que l'emploi
> inhabituel des mots ne trouble pas la vue de la multitude, nous nous ef-
> forcerons de préciser autant que possible la philosophie qui s'y manifeste.
> [2] Ainsi, il se trouve qu'il existe deux opinions contraires et en conflit
> réciproque, celle qui assigne à l'Intellect, en tant que principe recteur,
> toutes choses de l'ordre de la réflexion, de la sensation, du mouvement ou
> du repos, et celle qui suit Dieu dans la pensée qu'elle en est création ; de
> la première (opinion), Caïn est type, appelé « possession » [étymologie
> tirée par Philon de l'hébreu] de ce qu'il pense posséder toutes choses,
> et de la seconde, c'est Abel, qui se traduit par « rapportant à Dieu ». [3]
> Des deux opinions ensemble, l'âme, tout en restant une, est grosse ; mais
> il faut bien qu'une fois venues au monde, elles soient séparées : car il ne
> peut se faire que des ennemis cohabitent pendant tout le temps. Ainsi,
> tant que l'âme n'avait pas engendré la croyance amie de Dieu, Abel, la
> (croyance) amie de soi, Caïn, habitait en elle ; mais lorsqu'elle eut donné
> naissance à l'adhésion à la Cause, elle abandonna l'adhésion à l'Intellect
> qui se croit sage[85].

---

84 *Somn.* II, 68-70 ; comparer *Her.* 113-124 (les prémices de toutes choses appartiennent à
    Dieu), *ibid.* 171 (les parents ne sont que cause instrumentale de la procréation), *Leg.* II,
    68-69 (notre pensée ne nous appartient pas), *Congr.* 130 et 133.

85 *Sacrif.* 1-3. Remarquer que même l'intellect, faculté éminente de l'homme, doit être
    dépassé.

LA MÉTAPHYSIQUE DE L'ORGUEIL

Caïn est pour Philon, en accord avec l'étymologie qu'il tire de son nom (κτῆμα), la volonté de l'homme de « posséder » la Création, par le moyen d'un Intellect qui se croit le maître. C'est en partie aussi la faute d'Adam, mais en *De Posteritate* § 10, Adam est chassé contre son gré, tandis que Caïn s'exile volontairement, ce qui fait bien de lui une figure de l'orgueil entêté (c'est l'homme qui prétend ne dépendre que de lui-même). Adam, pour sa part, est plutôt la victime du jeu néfaste des sens : son union avec Ève-sensation le fait dévier de la droite voie, mais en soi il est proche de Dieu, en tant qu'intellect.

Pour Jamblique :

> ... aucun éclat de lumière divine ne pourra jamais briller sur une âme de cette sorte [*scil.* l'âme du mauvais thaumaturge], car naturellement cette lumière ne se communique pas à ceux qui l'ont repoussée une fois pour toutes, ni elle ne pourra trouver place chez qui est occupé par des fantasmes semblables à des ombres ; cette sorte de production spectaculaire de fantasmes sera donc liée à une profonde obscurité, loin de la vérité[86].

Ici la lumière ne peut se donner à celui qui s'écarte d'elle (on a là l'idée d'un refus actif de l'orgueil humain).

2.2   *Seul recours : la grâce*

2.2.1   Une solution religieuse : l'essor de la théologie

Il était somme toute logique que les positions métaphysiques et leurs conséquences éthiques décrites jusqu'ici aillent de pair avec des solutions d'ordre religieux – s'agissant de Philon, c'est presque une lapalissade. Mais il faut souligner le caractère particulier de cette religiosité. Voulant combattre l'égoïsme humain, elle conduisait à la négation des passions, à la critique de l'athéisme[87] (conçu comme volonté de faire de l'homme l'unique « mesure de toutes choses », contre Dieu : le spectre de Protagoras plane sur l'œuvre de

---

86   Jamblique, *Réponse à Porphyre* 129.24-130.4 (trad. Saffrey – Segonds). Comparer *ibid.* 32.19-24, cité *supra*, n. 80.

87   *Migr.* 69 ; la liste de *Spec.* I, 327 sq. est particulièrement intéressante en ce qu'elle associe négateurs de Dieu et personnes plaçant leur foi dans la seule puissance de l'Intellect humain. Ceux qui nient Dieu ne croient qu'au monde sensible, mais celui-ci est alors sans protecteur (*Somn.* II, 283).

Philon[88]) ; également à une subordination de toutes sciences à la théologie et à la religion[89] et de toutes vertus à la piété[90] :

> De la philosophie, [les Esséniens] abandonnaient la partie logique aux pinailleurs, comme non nécessaire à l'acquisition de la vertu, et la partie physique – excepté les enquêtes portant sur l'existence de Dieu et la

---

88 L'homme est la mesure de toutes choses, doctrine battue en brèche par Philon (*Poster.* 35 ; sur le thème, voir ALEXANDRE 1967, p. 174 n. 3 et MÉASSON 1966, n. compl. 13). On sait qu'à l'ère chrétienne, philosophes païens et chrétiens – si différents soient-ils – communient dans une même détestation des philosophies qualifiées d'« athées », épicurisme et scepticisme, et critiquent le stoïcisme réduit caricaturalement à la défense de l'immanence de Dieu dans la matière.

89 Voir *Abr.* 72-81, où Abraham quittant la terre de Chaldée symbolise l'homme dont le regard se convertit d'un monde prétendument « souverain » (αὐτοκράτωρ), valant pour lui-même – monde de la physique sans Dieu –, à celle d'un monde « serviteur » (ὑπήκοος) du dessein de Dieu. On comparera également la critique des techniques artificielles de divination à travers l'exemple de Balaam, chez Philon (*Mos.* I, 277 : l'inspiration divine subie par Balaam « chasse sa divination artificielle », τὴν ἔντεχνον μαντικὴν … ἤλασε ; sur l'opposition Moïse – Balaam, cf. SFAMENI GASPARRO 2004), et l'affirmation de la supériorité de la mantique divine sur la mantique artificielle chez Jamblique, *Réponse à Porphyre* 127.19-128.13.
      Sur la continuité du thème de la subordination de la culture à la foi, voir maintenant ALEXANDRE 2012.

90 Philon passe parfois pour un éclectique : c'est en fait qu'il veut dépasser toutes les philosophies dans la vénération de Dieu (elles ne sont pas mauvaises en soi, pas plus que ne l'est la science : Philon exalte les merveilles de l'esprit humain, cf. *Opif.* 69-71 et le parcours d'Abraham avant sa conversion en *Gig.* 62-64 ; c'est même le propre de la pensée que de « s'étendre » à tout, *Deus* 45-47 et *Deter.* 90 ; mais ces merveilles doivent être ramenées à leur place, inférieures à Dieu). Pour lui le platonisme est la philosophie la plus juste au sens où elle appelle à dépasser la simple vie sensible, mais le vrai Dieu est bien le Dieu de la Bible et de la Loi, et c'est pourquoi Philon n'hésite pas à disqualifier la philosophie comme contradictoire même s'il s'en sert. En *Cher.* 65-70, des arguments sceptiques sont employés pour disqualifier la vie sensible : ce recours au scepticisme n'est pas dogmatique mais polémique, au service de la religion révélée (voir LÉVY 1986). Le dernier mot, lui, ne se trouve pas entièrement dans la philosophie (ou alors dans une philosophie idéalisée et identifiée avec le Verbe de Dieu, qui seule est la « voie royale », cf. *Post.* 101-102 et *Deus* 143) mais dans le châtiment de l'orgueil et la destruction des passions, qui sont les deux attitudes éthiques sur lesquelles Philon insiste le plus ; pour lui, tout l'effort humain consiste à se détourner de ses occupations vaines pour se recentrer sur la vraie vertu, en rapport constant avec Dieu (cf. tout particulièrement *Mut.* 74-76). Différence à cet égard par rapport au néoplatonisme, dont la vocation éthique est plus secondaire par rapport à la théologie (ou aux topiques philosophiques examinées pour elles-mêmes), et où les différentes influences philosophiques ne sont pas mises en contradiction mais harmonisées.

LA MÉTAPHYSIQUE DE L'ORGUEIL

> naissance du Monde – aux gens perdus dans les nuées, comme dépassant les capacités de la nature humaine [...][91]

C'est globalement aussi la position des néoplatoniciens, en tout cas après Plotin. Désormais, la physique, par exemple, est moins prise pour elle-même que dans ce qu'elle nous révèle des desseins providents d'une intelligence divine[92]. La principale différence est que Philon persiste à donner nettement plus de place à l'éthique que les néoplatoniciens, qui en font une préparation à l'étude de la théologie et de la physique : chez lui, Jacob l'ascète et « athlète de la vertu » incarne bien une des facettes possibles de l'idéal humain, au même titre qu'Abraham le contemplateur du spectacle du monde, et ce même si ces deux figures sont subordonnées à Isaac, la vertu « naturelle », qui s'abandonne à la grâce divine et seul réside véritablement en Dieu[93]. D'où une empreinte stoïcienne plus sensible chez lui, notamment dans le *Quod omnis probus*. Il n'en reste pas moins que Philon fixe comme objectif à son œuvre la justification absolue de Dieu, et de la Loi qui en est l'émanation[94]. Disciplines comme

---

91   *Prob.* 80. Voir également *Praem.* 26-27 (où la contemplation de l'être intelligible est située dans le prolongement de celle de la nature sensible).

92   Cf. *Asclépius* 13 ; Proclus, *In Tim.* I, 217.25 (l'étude de la Nature est une θεολογία τις).

93   Pour Isaac, voir ALEXANDRE 1967, p. 130 n. 1 ; les passages les plus clairs sur la triade Abraham – Isaac – Jacob sont *Congr.* 34-36 (Abraham correspond à la μάθησις, Jacob à l'ἄσκησις et Isaac à la φύσις), et *Somn.* I, 157-172 (Isaac comme rapport libre, joyeux et sans effort avec Dieu, contrairement à la contrainte subie par Abraham et Jacob). On pensera également à la figure d'Anne, qui rend à Dieu ce qu'il lui a donné, comme Abraham sacrifiant Isaac (*Deus* 4-7), et à celle d'Abel, qui représente l'amour de Dieu par opposition à l'amour de soi de son frère (*Deter.* 32). Pour le néoplatonisme, voir l'interprétation du prologue du *Timée*, où l'exégèse de Porphyre, encore principalement éthique, est supplantée par l'interprétation physique et théologique de Jamblique, favorisée par Proclus (voir en part. *In Tim.* I, 19.24-29 et 204.24-27) ; Proclus, *In Alc.* § 11.3-10 (l'*Alcibiade* comporte des développements logiques, λογικὰ θεωρήματα, éthiques, ἠθικά, physiques, εἰς φυσιολογίαν et théologiques, εἰς τὴν περὶ αὐτῶν τῶν θείων ἀλήθειαν, il s'agit d'une hiérarchie ascendante) ; le « canon de Jamblique » des textes platoniciens à étudier (*Proleg. phil. Plat.*, § 26.13-44), où le cycle consacré aux vertus éthiques précède celui des vertus contemplatives, physiques puis théologiques. La théologie se constitue alors progressivement comme une science à part entière : cf. SAFFREY 1996 (l'expression apparaît dans Jamblique, *Réponse à Porphyre* 10.18). Pour l'éthique préparatoire, cf. I. HADOT 1990, p. 94-103.

L'éthique demeure une partie de la philosophie importante chez Philon, mais cela n'exclut pas une évolution tout à fait considérable là encore, bien étudiée par LÉVY 1998 à propos de l'*oikeiôsis* : en effet, comme la physique, elle doit se centrer sur Dieu et non plus sur l'homme ou la nature.

94   Le modèle suivi est celui du commentaire biblique fait par les Esséniens les plus expérimentés (*Prob.* 82) : la justification absolue du sens de l'Écriture. Moïse a révélé l'ensemble des commandements et des connaissances utiles à l'homme. La science et la philosophie grecques ne sont pas vaines, mais c'est la Bible et non elles-mêmes qui est le point

222 LECERF

individus ne sont pas dépourvus de valeur intrinsèque, mais seulement dans la mesure où ils reconnaissent leur infériorité.

2.2.2 La soumission à la grâce

L'homme est appelé à se recentrer sur Dieu et à accepter sa toute-puissance : le premier texte que nous avons cité montrait déjà Moïse qui « prie d'apprendre de Dieu lui-même qui est Dieu »[95]. Tous les Patriarches vantés par Philon suivent cette ligne, en particulier Isaac, outre Moïse et Abel.

L'homme doit donc abandonner explicitement ses prérogatives :

> Si une âme, qui aurait eu part à une puissance indéfectible et se serait perfectionnée dans les épreuves de la vertu, et parviendrait ainsi à la limite même du Beau, sait éviter de se laisser porter par son orgueil vers des pensées trop hautes, de se vanter en prenant de grands airs, au prétexte qu'une démarche assurée lui permet d'avaler les distances ; et qu'elle se laisse aller au contraire à l'engourdissement et contracte l'immensité ouverte par sa pensée, puis, trébuchant volontairement, s'impose de boiter pour laisser préséance aux natures incorporelles, alors, tout en semblant vaincue, c'est elle qui remportera le prix[96].

Il doit avouer sa faiblesse dans ce que Philon appelle le « grand vœu » ou *nazir*, sorte de « saut de l'ange » de la foi, une attitude diamétralement opposée à celle de l'orgueil :

> Un vœu consiste à demander à Dieu des bienfaits ; mais le grand vœu consiste à croire que Dieu seul est cause des bienfaits issus de lui-même, sans collaboration de quelque autre cause que ce soit parmi celles apparemment utiles : ni la terre pour donner les fruits, ni les pluies pour faire pousser graines et plantes, ni l'air pour nous nourrir, ni l'agriculture

---

de référence : on a ici quelque chose d'analogue aux diverses tentatives chrétiennes de mettre le savoir grec dans la dépendance de Dieu, soit au travers du prétendu « plagiat » des écrits mosaïques (très nombreuses attestations, par ex. Théophile d'Antioche, I, 14), soit au travers de l'inspiration divine des grands penseurs païens (ex. Justin, *1 Apol.* 46).

95 Comparer la prière finale de l'*Asclépius* 41, représentative d'une piété philosophique proche de celle de Philon. L'impuissance des mortels face au cours des choses et à la volonté divine est un thème répandu (ex. Aurélius Victor, *Lib. Caes.* III, 20), mais Philon tente de donner un sens positif à cet aveu de faiblesse, en le présentant comme le préalable nécessaire de toute action.

96 *Somn.* I, 131 ; voir aussi *ibid.* I, 91 et 119 ; II, 24 (nécessité de reconnaître sa faiblesse) ; *Mut.* 154-156.

LA MÉTAPHYSIQUE DE L'ORGUEIL

comme cause de la récolte, ni la médecine comme celle de la santé, ni le mariage pour faire naître des enfants[97].

Cette démarche est, en définitive et malgré les ouvertures partielles ménagées par Philon (notamment à la voie scientifique, parcourue par Abraham) et le maintien d'un idéal d'assimilation à Dieu[98], la seule possible. Elle porte un nom bien connu, la soumission à la *grâce* :

> Mais il faut examiner à fond ce que signifie : « Noé trouva grâce auprès du Seigneur Dieu » (Gn 6, 8). Ce qui est indiqué doit-il s'entendre de ce qu'il « obtint grâce » ou de ce qu'il « fut jugé digne d'une grâce » ? [...] [105] La seconde possibilité recouvre un sens qui n'est certes pas inadapté, car Celui qui est cause juge dignes de faveurs ceux qui n'ont pas corrompu la marque divine qui est en eux, l'Intellect très saint, par de viles occupations : mais peut-être n'est-elle pas exacte. [106] Car quelles dimensions faut-il raisonnablement poser dans un être qui doit être jugé, auprès de Dieu, comme digne de sa grâce ? M'est avis que le Monde tout entier lui-même l'obtiendrait à grand peine : et pourtant il est la première, la plus grande et la plus parfaite des œuvres divines. [107] Peut-être est-il donc meilleur d'admettre l'explication suivante : l'honnête homme qui se consacre aux recherches et à l'érudition découvre au cours de ces recherches cette vérité absolue que tout est grâce de Dieu, terre, eau, air, feu, soleil, étoiles, Ciel, animaux et plantes dans leur ensemble. [...] [108] S'Il a conféré des bienfaits sans nombre tant au Tout qu'aux parties, ce n'est pas parce qu'il aurait jugé quelque chose digne de Sa grâce, mais

---

97   *Deus* 87 (en lisant τὸ θεὸν αἴτιον... et non τὸν θεὸν αἴτιον), également évoqué en *Spec.* I, 247-248. C'est ce que Noé reconnaît, *ibid.* 107. Ce trait caractéristique de la spiritualité de Philon explique l'importance que prennent chez lui l'espérance et le repentir (*Praem.* 10-21), la supplication, la prière et les actions de grâces (voir ALEXANDRE 1967, p. 169 n. 3 et p. 170 n. 2 ; sur ce même sujet des ἱκετεῖαι ou λιτανεῖαι chez Jamblique, cf. *Réponse à Porphyre* 36.5-26), aspect « lévitique » étudié par HARL 1966, p. 130-150 ; cf. aussi *Somn.* II, 149. Selon *Somn.* I, 35-36 et *Deter.* 91-92, notre esprit a en propre de louer et supplier le Seigneur, et cette propriété n'est pas conçue comme un témoignage d'infériorité mais comme un privilège : selon *Leg.* I, 99, honorer l'Être est pour nous un aliment. Cette louange de l'homme pour les dons faits par Dieu est notre seule manière de rendre quelque chose à Dieu (de façon paradoxale puisque – cf. *supra*, n. 79 – Dieu est en rigueur seul à être cause efficiente) : elle intervient plusieurs fois, par ex. *Leg.* III, 10, *Sacrif.* 97, *Somn.* I, 252 (rendre les dons de Dieu mais aussi l'acquéreur), *Plant.* 131 (rendre grâces est la seule action qui nous soit vraiment propre).

98   Exprimé notamment en *Decal.* 73-75 ; voir NIKIPROWETZKY 1965, n. compl. 12, qui fait le point sur l'origine platonicienne du thème, et LÉVY 1998, p. 161-164. Il va de soi qu'il s'agit d'un idéal non réalisable.

en tournant le regard vers Sa bonté éternelle et en pensant que la bienfaisance convenait à Sa nature bénie et bienheureuse. De sorte que si on me demande quelle est la cause de la naissance du Monde, je donne la réponse que je tiens de Moïse : c'est la bonté de l'Être, la plus ancienne de ⟨Ses puissances⟩, parce qu'elle est la source ⟨des⟩ grâces[99].

Ce très beau texte mériterait un commentaire à part. Relevons simplement le caractère asymétrique du système de Philon : la grâce ne se conquiert pas, car le Monde lui-même (et évidemment pas l'individu, qui est partie du Tout) n'est pas digne de Dieu (cf. *Spec.* I, 44). Cette asymétrie se retrouvera dans le néoplatonisme, et plus encore après Plotin pour qui, en vertu de la thèse de l'âme non descendue, l'âme avait encore un rapport assez égalitaire avec le divin. Quant à ses successeurs, s'ils acceptent de dire à la suite de Plotin que l'âme est d'origine divine, on constate chez eux une tendance à la rabaisser au plus bas rang des êtres supérieurs, et c'est tout particulièrement le cas des âmes des individus (nettement inférieures à l'âme du Monde), qui deviennent chez un Proclus la classe sans relief des « âmes particulières » (μερικαὶ ψυχαί) et ne suscitent ni enthousiasme ni éloges particuliers[100].

L'œuvre de Philon prépare aussi souterrainement l'augustinisme : pour Augustin également, la volonté mauvaise a sa racine dans la déficience d'être de la créature finie par rapport au créateur infini[101]. Comme chez Philon, ce

---

99   *Deus* 104-108 ; voir encore *ibid.* 73-76. Ce texte témoigne d'une étape importante vers la conception néoplatonicienne du divin : Dieu n'agit pas par un calcul rationnel portant sur l'état du monde (qui n'est rien sans lui), selon une représentation anthropomorphique, mais par sa nature propre, parfaitement bonne. L'action divine est ainsi définie comme un don absolu, inépuisable (*Leg.* I, 34), sans contrepartie possible. Deux différences importantes toutefois : le Bien n'est pas exactement identifié à Dieu par Philon, mais à une puissance de Dieu (on retrouve là le souci de ménager la transcendance absolue de Dieu, cf. *supra*, p. 186-195 ; sur la puissance bénéfique de Dieu, voir notamment *Somn.* I, 162-163 où la grâce est présentée comme supérieure à l'autorité), et les implications philosophiques ne sont pas encore examinées dans leur détail (si Dieu crée par sa nature propre, agit-il par nécessité ou liberté ? son acte n'est-il pas plutôt l'émanation d'un tréfonds caché en lui plutôt qu'une décision ponctuelle ? etc.).

100 Sur la μερικὴ ψυχή, cf. Proclus, *In Remp.* I, 36.8 ; 152.28 ; *Elem. Theol.* Prop. 109 et 202-211 ; Damascius, *De Princ.* III, 66.22, etc. L'âme incarnée est « particularisée », elle perd la notion que la réalité forme un tout, et l'erreur devient alors sa condition propre : cf. Saloustios, *De diis et mundo* XVIII, 1 : « il est impossible que l'âme, qui relève d'une essence intermédiaire, suive toujours le droit chemin ».

101 *Cité de Dieu* XII, VII. *Ibid.*, XIV, V, se trouve une critique de ceux qui font de l'âme un souverain bien, ce qui n'est autre que le péché d'orgueil philonien, « être et se faire principe pour soi-même » (cf. XIV, XIII et XIX, IV, 1). On ne sera donc pas étonné de trouver dans la même œuvre plusieurs développements sur la grâce, par ex. XII, IX, 1 (la volonté bonne ne peut être efficace sans le concours du créateur), et surtout XIII, XV où est exprimée de

LA MÉTAPHYSIQUE DE L'ORGUEIL

point n'exclut pas la mise en place de quelques stratégies visant à trouver des traces divines dans la créature (pour Augustin, par exemple, l'âme porte en elle-même l'image de la Trinité) : ainsi, l'homme n'est jamais un pur néant de Dieu[102]. Il reste que – et telle est la thèse que nous défendons – chez Philon, comme chez Augustin et la plupart des néoplatoniciens (du moins dans la lignée de Jamblique), on voit un basculement désormais irrémédiable par lequel Dieu passe dans le domaine de la transcendance, et le domaine humain perd son autonomie par rapport à lui. Les données allant en sens contraire doivent être prises comme des tentatives de nuancer, pour rendre plus acceptable, ce fait fondamental et prioritaire.

3   Conclusion

Dans l'alliance des cultures grecque et juive voulue par Philon, c'est la seconde qui a la préséance[103]. La révélation absolue, c'est l'Écriture juive, pas la culture grecque. Mais on aura compris que Philon, pour autant, annonce une évolution future, interne à la philosophie grecque, qui va mener vers les notions de Providence absolue, de grâce et de système théocentrique. L'œuvre de Philon possède un caractère exemplaire dans l'évolution des idées, avec la nécessité d'un retour à Dieu, d'un fondement de l'éthique et de la physique dans la théologie, au moyen notamment d'un scepticisme par provision, actif seulement tant que l'intelligible n'est pas pris en compte ; comme cette intelligibilité est rejetée dans la transcendance divine, Philon (comme Plutarque un siècle plus tard) définit la philosophie comme une recherche de Dieu plutôt que

---

façon succincte la nécessité de la grâce dans la remontée : « pour le mal, c'est la volonté de l'âme qui est première, mais pour le bien, c'est la volonté de son Créateur ». Cette asymétrie entre homme et Dieu (l'homme au principe de tout mal, Dieu au principe de tout bien) est remarquable et rejoint plusieurs remarques faites dans notre exposé : voir encore, sur ladite asymétrie, *ibid.* XIV, IV (le mensonge est de nous et la vérité de Dieu) ; XIV, XXVII (on pouvait vivre mal au Paradis par nous-mêmes, mais pas bien sans Dieu).

102   De même chez Philon, dont on a rappelé plusieurs développements sur le thème de la dignité supérieure de l'âme (*supra*, p. 210-213). Tous les auteurs mentionnés au long de ce travail présentent une multiplicité d'influences parfois contraires, et qu'il est donc impossible de résumer de façon trop rigide. Ainsi, même si Philon éloigne l'âme de Dieu, il a aussi une doctrine de la parenté ; même s'il critique implicitement le sage stoïcien exerçant ses vertus dans l'autonomie, il a aussi une théorie de la vertu et de la progression (présente également dans le néoplatonisme le plus tardif, ne serait-ce qu'à travers le cursus hiérarchisé des études). En théologie comme en histoire, il n'y a jamais de commencements absolus ni de fins brutales.

103   DAWSON 1992, p. 74.

comme l'acquisition d'une connaissance qui nous rendrait semblables à Dieu. C'était, consciemment ou non de la part de Philon, un trait bien platonicien (c'est l'Éros du *Banquet*, fils de la satiété et de l'indigence, constamment en apprentissage de la vraie sagesse), et les néoplatoniciens récupéreront cette idée d'une tension vers le divin, la notion de « désir » du Principe et d'unification comme processus plutôt que comme état fixe.

Mais au sein du néoplatonisme, c'est avec Jamblique qu'il faut noter une proximité de Philon, plutôt qu'avec Plotin ou Porphyre (encore trop dépendants du modèle classique du « sage » menant une vie vertueuse et d'une conception intellectualiste de la philosophie) malgré plusieurs points de contact, ou avec l'école d'Athènes (pour laquelle le rabaissement de l'individu devant Dieu fait désormais consensus). On a mentionné brièvement à propos de Philon le problème de la conscience : il est remarquable que l'école d'Athènes ne se pose guère ce problème-là, et la raison en est justement que pour elle l'individu n'est plus intéressant (leur modèle anthropologique est déjà celui de l'individu-néant, accepté sans débat), tandis que Philon veut penser le rapport d'une conscience individuelle, limitée et pécheresse, à la Divinité. En réalité, de même que Philon construit sa réflexion contre les intellectuels de son temps, Jamblique la construit contre le néoplatonisme plus éthéré de Plotin et de Porphyre. On note chez eux la même réaction contre l'autonomie du sujet humain classique et hellénistique[104], et le même désir de placer la divinité au centre de tout, ainsi que sa grâce, bonté pure qui donne naissance au monde et soutient la faiblesse humaine : ce programme, qui est appliqué consciencieusement et méthodiquement, supplante toute trace d'éclectisme qui peut rester dans leur œuvre[105].

---

104 Sur le thème du passage de la philosophie hellénistique, dont les points de référence sont plutôt l'homme et la nature, à la philosophie tardive où le point de référence est plutôt Dieu, voir RUNIA 2002 ; la conclusion de FESTUGIÈRE 1949, p. 583-585, qui voit chez Philon la superposition des « deux tendances de la pensée religieuse hellénistique », connaissance de Dieu à travers le monde et connaissance de Dieu en renonçant au monde (celle-ci prenant le dessus sur celle-là), et une préfiguration de l'hermétisme, mérite encore d'être lue. De nouveau, il faut souligner que par certains aspects l'ancienne philosophie préparait la nouvelle : notamment par la conception de la réalité comme Tout harmonieux en « sympathie » (la doctrine stoïcienne étant sur ce point tout à fait prolongée par la suite), et par certaines techniques d'exégèse telles que l'allégorie.

105 Cet éclectisme peut aisément s'expliquer de diverses manières (outre que par la pure et simple contradiction ou évolution) : innutrition d'auteurs qui ne partageaient pas exactement leurs options ; convergences partielles de vues et d'intérêts avec ces auteurs ; volonté de ménager des publics parfois différents (on ne doit pas oublier que Philon comme Jamblique – fondateur d'une école philosophique très influente à Apamée – s'adressaient à toute une communauté). Si on parle de « programme », c'est en raison du caractère systématique et récurrent de l'argumentaire employé. Un autre bon critère pour distinguer

LA MÉTAPHYSIQUE DE L'ORGUEIL

Bibliographie

ALEXANDRE, M. (éd.) 1967, *Philon d'Alexandrie, De congressu eruditionis gratia*, Paris.

ALEXANDRE, M. 2012, « La culture grecque, servante de la foi – De Philon d'Alexandrie aux Pères grecs », dans PERROT A. (dir.), *Les Chrétiens et l'hellénisme – Identités religieuses et culture grecque dans l'Antiquité tardive*, Paris, p. 31-59.

ARMSTRONG, A. H. 1940, *The Architecture of the Intelligible World in the Philosophy of Plotinus*, Cambridge.

BONAZZI, M. 2008, « Towards Transcendence : Philo and the Renewal of Platonism in the Early Imperial Age », dans ALESSE F. (dir.), *Philo of Alexandria and Post-Aristotelian Philosophy*, Leiden – Boston, p. 232-251.

BRÉHIER, É. 1925, *Plotin – Ennéades III*, Paris.

CALABI, F. – MUNNICH, O. et al. (dir.) 2015, *Pouvoir et puissances chez Philon d'Alexandrie*, Turnhout.

CREPALDI, M. G. 1998, « Admiration philosophique et admiration théologique : la valeur du θαυμάζειν dans la pensée de Philon d'Alexandrie », dans LÉVY C. (dir.), *Philon d'Alexandrie et le langage de la philosophie*, Turnhout, p. 77-86.

DAWSON, D. 1992, *Allegorical readers and cultural revision in ancient Alexandria*, Berkeley – Los Angeles – Oxford.

DECHARNEUX, B. 1997, « De l'évidence de l'existence de Dieu et de l'efficacité de ses puissances dans la théologie philonienne », dans LÉVY C. – PERNOT L. (dir.), *Dire l'évidence (philosophie et rhétorique antiques)*, Paris, p. 321-344.

DEUTSCH, F. 1998, « La philautie chez Philon d'Alexandrie », dans LÉVY C. (dir.), *Philon d'Alexandrie et le langage de la philosophie*, Turnhout, p. 87-97.

DILLON, J. M. 1977[1], *The Middle Platonists – A Study of Platonism 80 B.C. to A.D. 200*, London.

FESTUGIÈRE, A.-J. (comm.) 1946, *Hermès Trismégiste. Corpus Hermeticum, t. I*, Paris.

FESTUGIÈRE, A.-J. 1949, *La Révélation d'Hermès Trismégiste II – Le Dieu cosmique*, Paris.

FEUER, I. (éd.) 1965, *Philon d'Alexandrie, Quod deterius potiori insidiari soleat*, Paris.

HADOT, I. 1990, *Simplicius, Commentaire sur les* Catégories, fasc. I, Brill.

HADOT, I. 2006, *Arts libéraux et philosophie dans la pensée antique – Contribution à l'histoire de l'éducation et de la culture dans l'Antiquité*, Paris.

---

un développement conventionnel d'un autre plus personnel consiste dans son caractère polémique ou non : tandis que la quasi-totalité du *Protreptique* de Jamblique est constituée de centons passablement banals et également sans aucune visée polémique que ce soit, les passages attaquant Porphyre et Plotin dans la *Réponse à Porphyre* ou d'autres œuvres de Jamblique expriment au contraire l'essence de ce que sa philosophie a de plus original. On peut en dire autant des invectives philoniennes, ou du traité rédigé par Plotin contre les Gnostiques.

HADOT, P. 1957, « Être, Vie, Pensée chez Plotin et avant Plotin », dans *Entretiens sur l'Antiquité classique, Tome V – Les sources de Plotin*, Vandœuvres-Genève, p. 107-157.

HARL, M. 1962, « Adam et les deux arbres du Paradis (*Gen*. II-III) ou l'homme *milieu entre deux termes* (μέσος-μεθόριος) chez Philon d'Alexandrie », *Recherches de science religieuse*, 50, p. 321-388.

HARL, M. 1966 (éd.), *Philon d'Alexandrie, Quis rerum divinarum heres sit*, Paris.

HOFFMANN, Ph. 2014, « Le cursus d'étude dans l'École néoplatonicienne d'Alexandrie », dans MÉLA, Ch. – MÖRI F. *et al.* (dir.), *Alexandrie la Divine*, t. 1, Genève, p. 342-53.

LÉVÊQUE, P. 1959, *Aurea catena Homeri*, Paris.

LÉVY, C. 1986, « Le "scepticisme" de Philon d'Alexandrie : une influence de la Nouvelle Académie ? », dans CAQUOT, A. – HADAS-LEBEL M. *et al.* (dir.), *Hellenica et Judaica, hommage à Valentin Nikiprowetzky*, Leuven – Paris, p. 29-41.

LÉVY, C. 1998, « Éthique de l'immanence, éthique de la transcendance : le problème de l'*oikeiôsis* chez Philon », dans Id. (dir.), *Philon d'Alexandrie et le langage de la philosophie*, Turnhout, p. 153-164.

LEWY, H. 2011[3], *Chaldean Oracles and Theurgy – Mystic, Magic and Platonism in the Later Roman Empire*, troisième édition par M. TARDIEU, Paris.

MAJERCIK, R. 2001, « Chaldean triads in Neoplatonic exegesis : some reconsiderations », *Classical Quarterly* 51.1, p. 265-296.

MANSFELD, J. 1988, « Compatible Alternatives : Middle Platonist Theology and the Xenophanes Reception », dans VAN DEN BROEK, R. – BAARDA, T. *et al.* (dir.), *Knowledge of God in the Graeco-Roman world*, Leiden – New York – Copenhagen – Köln, p. 92-117.

MÉASSON, A. (éd.) 1966, *Philon d'Alexandrie, De sacrificiis Abelis et Caini*, Paris.

MOREAU, J. 2012, « La double création de l'homme chez Philon d'Alexandrie », *Connaissance des Pères de l'Église* (actes des XXIIIes Rencontres Nationales de Patristique : « L'homme, image de Dieu ? Réflexions sur l'anthropologie des Pères », 30 juin-2 juillet 2012, Institut Catholique de Toulouse, Université Toulouse II-Le Mirail), p. 12-19.

MOSÈS, A. (éd.) 1967, *Quod Deus sit immutabilis*, Paris.

NIKIPROWETZKY, V. (éd.) 1965, *De Decalogo*, Paris.

NOCK, A. D. 1926, *Sallustius – Concerning the Gods and the Universe*, Cambridge.

O'MEARA, D. J. 2004[2], *Plotin – Une introduction aux* Ennéades, Paris – Fribourg.

PINÈS, S. 1971, « Space and Place (In Jewish Philosophy) », dans *Encyclopaedia Judaica* t. XV, Jerusalem, col. 217-219.

QUISPEL, G. 1949, *Ptolémée – Lettre à Flora*, Paris.

RUNIA, D. T. 1991, « Witness or Participant ? Philo and the Neoplatonic Tradition », dans VANDERJAGT, A. – PÄTZOLD, D. (dir.), *The Neoplatonic Tradition : Jewish,*

Christian and Islamic Themes, Köln, p. 36-56 (repris dans Id. 1995, *Philo and the Church Fathers : A Collection of Papers*, Leiden – New York – Köln, p. 182-205).

RUNIA, D. T. 1993, *Philo in Early Christian Literature – A Survey*, Assen – Minneapolis.

RUNIA, D. T. 2002, « The Beginnings of the End : Philo of Alexandria and Hellenistic Theology », dans LAKS, A. – FREDE, D. (dir.), *Traditions of Theology – Studies in Hellenistic Theology, its Background and Aftermath*, Leyde – Boston – Cologne, p. 281-316.

SAFFREY, H. D. 1996, « Les débuts de la théologie comme science (IIIe-VIe siècle) », *Revue des sciences philosophiques et théologiques*, 80, p. 201-220.

SCHOEDEL, W. R. 1979, « Enclosing, not Enclosed : The Early Christian Doctrine of God », dans Id. – WILKEN R. L. (dir.), *Early Christian Literature and the Classical Intellectual Tradition : In Honorem Robert M. Grant*, Paris, p. 75-86.

SFAMENI GASPARRO, G. 2004, « Mosè e Balaam, *propheteia e mantikè*. Modalità e segni della rivelazione nel *De vita Mosis* », dans MAZZANTI, A. M. – CALABI F. (dir.), *La rivelazione in Filone di Alessandria : natura, legge, storia*. Atti del VII convegno di studi del Gruppo Italiano di Ricerca su Origene e la tradizione alessandrina, Villa Verrucchio, p. 33-75.

VAN DEN HOEK, A. 2001, *Clément d'Alexandrie – Stromates IV*, Paris.

VAN WINDEN, J. C. M. 1983, « The world of ideas in Philo of Alexandria. An interpretation of *De opificio mundi* 24-25 », *Vigiliae Christianae*, XXXVII, p. 209-217.

WEISSER, S. 2008, « Do We Have to Study the Torah ? Philo of Alexandria and the Proofs for the Existence of God », dans BLIDSTEIN, M. – RUZER S. *et al.* (dir.) : *Scriptures, Sacred Traditions, and Strategies of Religious Subversion*, Studies in Discourse with the Work of Guy G. Stroumsa, Tübingen, p. 65-87.

CHAPITRE 9

Les premiers hommes et la raison, d'après Philon et les premiers chrétiens

Sébastien Morlet

L'œuvre de Philon, on le sait, connut une postérité considérable dans la pensée chrétienne. Le livre de David Runia a fait le point, il y a quelques années, sur les aspects essentiels de cet héritage, qui donne lieu chaque année à de nouvelles publications[1]. Philon a joué un rôle considérable dans l'émergence de l'exégèse chrétienne de la Bible. Son œuvre annonce aussi la réflexion chrétienne sur l'accord ou le désaccord entre Bible et culture grecque[2]. Dans cette contribution, on s'intéressera à un aspect beaucoup moins connu de sa postérité. Il s'agit d'un thème essentiel qui se situe, du point de vue chrétien, au carrefour de la polémique et de la pensée de l'histoire et qui n'est pas abordé dans la synthèse remarquable de David Runia.

Quand on compare l'exégèse que Philon et les premiers chrétiens consacrent aux récits de la Genèse, on est frappé par la récurrence d'un thème : celui qui consiste à présenter les premiers hommes comme des philosophes ou, plus largement, comme des hommes qui auraient eu un rapport privilégié avec la raison. Cependant, si les chrétiens développent la même thématique, est-ce vraiment de la même façon et pour les mêmes raisons que Philon ?

1 La rationalité des premiers hommes chez Philon

Philon affirme souvent que la raison (*logos*) est la chose la plus belle[3]. Le logos, à ses yeux, est avant tout une réalité divine. Intellect de Dieu, il est le « premier-né » du Père ou encore sa Sagesse[4]. Le logos divin n'est pas seulement une faculté de Dieu, il est aussi une entité douée d'une existence propre, identifiée au logos stoïcien présent en toute chose[5], qui intervient dans le monde et

---

1 RUNIA 1995. Voir, plus récemment, OTTO 2018.
2 Voir MORLET 2019, p. 123-146.
3 *Mutat.* 223 ; 246 ; *Alex.* 11 ; *Somn.* I, 103.
4 *Migr.* 28.
5 *QE* II, 122.

© SÉBASTIEN MORLET, 2021 | DOI:10.1163/9789004443952_011

LES PREMIERS HOMMES ET LA RAISON   231

en assure la marche providentielle[6]. En ce sens, il donne forme à la matière et
s'identifie peu ou prou au concept de « nature », la nature n'étant autre chose
pour Philon que la matière ordonnée par la « droite raison » de Dieu[7].

Philon interprète le texte de Gn 1, 26 (*Faisons l'homme à notre image et ressemblance*) dans le sens où l'homme, être vivant doué de raison, fut créé à l'imitation du logos divin[8]. C'est donc en tant qu'être doué de raison qu'il porte en
lui l'image de Dieu. Dans d'autres textes, Philon, toujours dans une optique
stoïcisante, évoque la participation du logos individuel au logos divin[9]. Tous
les hommes ne font pas pour autant un usage correct de leur raison. Non seulement certains vivent pour le corps et délaissent la raison, mais encore il existe
deux usages de la raison : celui du sophiste, qui s'égare dans les arguties et qui
met sa raison au service du corps, de la sensation, de la matière, des mauvaises
passions[10] ; celui du « philosophe » ou du « philomathe » qui cherche Dieu, ou
du « sage » qui a acquis une connaissance de lui-même et donc de Dieu – nous
reviendrons sur cette articulation entre connaissance de soi et connaissance
de Dieu. Le logos étant considéré par l'Alexandrin comme la plus belle des réalités, on n'est pas étonné de voir Philon écrire que la philosophie, qui en est
l'usage correct, est le plus grand bien[11]. Philon répète cependant que la philosophie authentique est inséparable d'une recherche du dieu véritable[12]. Le
philosophe cherche, en d'autres termes, à lever les voiles de la nature, image
que Philon comprend dans le sens où la philosophie doit mener l'intellect depuis la contemplation des réalités sensibles jusqu'à celle de l'être intelligible[13].
Le sophiste est au contraire celui qui ramène tout à l'homme, selon la maxime
célèbre de Protagoras, « l'homme est la mesure de toute chose », à laquelle
Philon, on le voit, donne un sens particulier[14].

Dans le texte biblique dont Philon fait l'exégèse, la philosophie et la sagesse sont incarnées avant tout par la triade que forment les trois patriarches,

---

6   En *Migr.* 6, il est identifié au « gouvernail » de Dieu.

7   Voir, sur l'équivalence relative des concepts de nature et de raison, l'expression « droite
     raison de la nature » en *Prob.* 62.

8   *Spec.* III, 83 ; 207.

9   *Mut.* 223.

10   *QG* IV, 92 ; 104 ; *Somn.* I, 107.

11   *Opif.* 53 ; *QG* I, 43 ; IV, 221 ; *Spec.* I, 336.

12   *QG* I, 36 ; *Somn.* I, 35 (avec une allusion au « θεραπεύειν τὸ ὄν », prérogative exclusive de
     l'homme).

13   *QG* IV, 21. L'allusion aux voiles de la nature rappelle le mot d'Héraclite, « la nature aime
     à se cacher », dont Philon offre, rappelons-le, la première attestation (voir HADOT 2004,
     p. 72-78 ; SAUDELLI 2012, p. 37-88).

14   *Poster.* 35. Sur les interprétations possibles de la maxime de Protagoras, voir DEMONT
     1993 (sans allusion à Philon).

Abraham, Isaac, Jacob, représentant respectivement trois moyens d'accès à la sagesse : l'enseignement, la nature, l'exercice[15]. L'itinéraire d'Abraham, de la Chaldée jusqu'en Canaan, symbolise la progression spirituelle du personnage[16]. D'abord séduit par les réalités naturelles ou l'astrologie (représentées toutes deux par l'art des Chaldéens), Abraham ouvre l'œil de son âme (après avoir ouvert celui du corps) et comprend (d'abord par lui-même) qu'il existe un être supérieur qui dirige le monde[17]. Il émigre alors à Harran ; mais Harran, qui symbolise les sens, ne lui permet pas de pousser une enquête qui dépasse les forces de l'homme[18]. C'est lorsqu'il quitte Harran qu'Abraham quitte définitivement le corps pour l'esprit, les mots pour les choses[19]. Dieu doit donc se faire voir de lui (Gn 12, 7), et lui demande d'émigrer en Canaan. Cette migration témoigne cette fois de la claire conscience qu'il a acquise, grâce à Dieu seul, de l'existence du Créateur[20]. Le concubinage d'Abraham avec Agar (Gn 16) symbolise le passage par la culture, indispensable à l'acquisition de la sagesse[21]. Aux chênes de Mambré (Gn 18), Abraham reçoit l'illumination de Dieu, saisi à la fois dans ses activités et en lui-même[22].

L'itinéraire d'Abraham est probablement le plus représentatif de l'idéal du sage selon Philon. Il paraît scandé essentiellement, aux yeux de l'exégète, par deux étapes, résumées dans le changement de son nom en Gn 17, 5[23] :

– l'enquête rationnelle (correspondant au nom « Abram » : père qui s'élève).
– la révélation (correspondant au nom « Abraham » : père élu du son). En *Mut.* 70, Philon écrit qu'Abraham, qui était d'abord un φιλομαθής, est alors devenu un φιλόσοφος (en tant qu'il « aime la Sagesse authentique »), ou plutôt, écrit-il, un σοφός[24].

La connaissance de Dieu est donc le produit d'un double mouvement : un mouvement qui vient de l'homme lui-même et qui s'apparente à l'enquête philosophique ; un mouvement qui vient de Dieu vers l'homme, et qui seul

---

15   Voir Nikiprowetzky 1996.
16   Sur l'exégèse philonienne du personnage, voir, outre la référence précédente, Moreau 2010.
17   *Abr.* 70.
18   *Abr.* 72.
19   *Migr.* 6.
20   *Abr.* 80.
21   *QG* III, 21.
22   *Abr.* 119 *sq.* ; *Mutat.* 1.
23   Voir *Mutat.* 66 *sq.*
24   L'hésitation de Philon rejoint celle qui caractérise, croyons-nous, son exégèse des figures d'Agar et de Sarah, représentant tantôt les disciplines préliminaires par rapport à la philosophie, tantôt la philosophie par rapport à la sagesse (voir *Congr.*, 74-80). Sur ce thème, voir, Alexandre 2012.

LES PREMIERS HOMMES ET LA RAISON   233

peut amener l'âme à le contempler. C'est par la Sagesse que l'on contemple la Sagesse, écrit Philon[25], ce qui revient à dire que le logos divin joue un rôle capital dans la connaissance de Dieu.

Dans le premier mouvement, le γνῶθι σεαυτόν socratique occupe une place particulière. Philon dit souvent, en effet, que la connaissance suppose l'humilité devant le Créateur[26]. Pour Abraham, Harran, qui symbolise le monde sensible, correspond aussi au moment de la connaissance de ce qu'on est, étape nécessaire avant de pousser l'enquête plus loin[27]. L'humilité d'Abraham est encore rappelée à propos de la vision de Mambré en Gn 18[28].

En *Virt.* 215, Philon résume cet itinéraire : Abraham désirait ardemment connaître l'être[29] et, dans un second temps, eut besoin du secours divin, c'est-à-dire des oracles, pour connaître Dieu, non dans son essence, puisque c'est impossible, mais dans son existence et sa providence[30]. Si, dans l'exégèse allégorique de Philon, Abraham symbolise constamment le sage (ὁ σοφός, comme il l'appelle souvent), c'est parce que l'Alexandrin retrouve dans son itinéraire celui d'un philosophe, d'un amoureux de la sagesse, qui finalement *acquiert* la sagesse, par la révélation de la sagesse elle-même.

Sur Isaac, Philon est moins disert. Il le présente comme l'autodidacte, celui qui a acquis la sagesse du fait de sa nature même, et non d'une enquête sur le divin[31]. L'itinéraire de Jacob rappelle celui d'Abraham, mais le fils d'Isaac symbolise plus souvent le progressant que le sage. Il est l'athlète ou l'ascète qui combat les passions[32]. Il est celui qui, à travers une série d'épreuves, s'éloigne progressivement de l'ignorance (Esaü), puis de la vaine gloire ou des passions (symbolisées l'une et les autres par Laban[33]) pour acquérir une connaissance de lui-même. Il désespère de lui-même en Gn 28 et c'est alors que Dieu lui apparaît[34]. En Gn 32, 29, son changement de nom, « Jacob » devenant « Israël », c'est-à-dire l'homme qui a vu Dieu, symboliserait l'illumination dont il a profité[35]. Dans le cas de Jacob, le premier mouvement qui mène à la connaissance de Dieu, celui qui est à l'initiative de l'homme, est beaucoup moins l'enquête philosophique comme dans le cas d'Abraham, que le progrès

---

25   *Migr.* 39 ; *Somn.* I, 115.
26   *Mos.* I, 161-162 ; *Somn.* I, 56 ; *QG* VI, 9 : être savant, c'est savoir qu'on ne sait rien.
27   *Somn.* I, 56 ; *Migr.* 13 ; *Mutat.* 155.
28   *Somn.* I, 213.
29   Voir encore *Leg.* III, 84 : son « désir » pour la science.
30   Cf. *Poster.* 15 : découvrir Dieu, c'est découvrir que Dieu est incompréhensible.
31   *Mutat.* 1 ; *Leg.* III, 85 ; *QG* IV, 122.
32   *Leg.* III, 93 ; *Mutat.* 41.
33   *Leg.* III, 15-16.
34   *Somn.* I, 119 ; voir encore l'exégèse philonienne de Gn 31 : *Somn.* I, 199 ; I, 211 ; I, 199.
35   *Migr.* 39.

moral, mais le second mouvement est toujours le même : c'est la révélation de Dieu par Dieu lui-même, considérée en *Mutat.* 81 comme la *récompense* du progrès de Jacob.

Les patriarches, du fait de l'exégèse allégorique comme de la valeur d'exemplarité que Philon reconnaît à leur vie, représentent la possibilité même de la philosophie, sous son aspect plutôt théorétique dans le cas d'Abraham, plutôt pratique dans le cas de Jacob, même si les deux aspects sont inséparables dans l'un et l'autre cas. Ils incarnent le « thiase » de ceux qui cherchent[36], le genre des « amis de Dieu »[37], la race sans passion[38], celle dont font partie également les Thérapeutes[39]. La familiarité de ces philosophes avec Dieu est avant tout une familiarité avec le logos[40], la vraie philosophie étant indiquée par la Parole de Dieu, que Philon, en *Poster.* 102, appelle aussi bien ῥῆμα que λόγος. L'ensemble des textes tend à montrer que si les justes de la Genèse sont « amis » du logos, c'est dans le double sens où ils ont profité de révélations de Dieu, par l'intermédiaire de sa parole, et où ils ont eux-mêmes exercé leur logos, qui n'est autre, d'ailleurs, que le logos divin présent en chaque être : « le (ou 'un') logos divin habite et circule en ceux qui honorent la vie de l'âme », écrit Philon[41].

Mais l'exégèse à laquelle se livre l'Alexandrin, qui rappelle dans le *De Abrahamo* qu'il ne commente pas seulement des allégories, mais également des récits historiques[42], suppose nécessairement aussi une conception de l'histoire de la philosophie et de la sagesse. Dans le sillage du *Timée*, Philon fait plusieurs fois l'éloge de la vue, sens le plus noble parce qu'il est à l'origine de la curiosité philosophique et donc de la recherche de l'être[43]. La philosophie est donc née avant tout de la contemplation de la nature. Philon rejoint ici une représentation courante de l'histoire de la philosophie, qui accorde une primauté chronologique à la physique[44]. Mais cette représentation est doublement subvertie puisqu'elle consiste à antidater la naissance de la physique en la situant aux tout premiers temps de l'humanité, bien avant les Φυσικοί grecs ; par ailleurs, la physique n'est envisagée que comme une étape préliminaire vers la connaissance de Dieu, immédiatement dépassée par les patriarches. Philon suppose en effet que les patriarches n'ont pas perdu leur temps en spéculations

---

36   *Fug.* 125.

37   *Confus.* 95.

38   *QG* IV, 238.

39   *Contempl.* 11.

40   *Praem.* 163 ; *Mutat.* 114 ; *Poster.* 91 : ils sont compagnons et amis du logos.

41   *Poster.* 122.

42   *Abr.* 88.

43   *Confus.* 140 ; *Spec.* III, 186.

44   Voir Cicéron, *Tusc.* V, 10 ; Diogène Laërce, Prologue, 18.

sur la nature mais ont immédiatement dépassé le sensible[45]. La physique est donc une science ambivalente : en tant que contemplation du monde sensible pour lui-même, elle mène à une impasse[46] ; mais elle constitue aussi une voie pour dépasser le monde sensible et donc s'approcher de Dieu[47]. L'âme s'élève une première fois dans l'observation de la nature, mais elle doit dépasser ce stade pour arriver à la contemplation du divin, qui seule permet la pratique de la vertu[48]. Philon, ainsi, reprend à son compte l'idée stoïcienne selon laquelle la physique doit être subordonnée à l'éthique[49] et il n'hésite pas à appliquer la division stoïcienne de la philosophie dans son exégèse de la vie des patriarches. Ainsi, en *Mutat.* 76, il résume l'itinéraire d'Abraham en disant, précisément, que par sa connaissance de Dieu, ce dernier est passé de la physique à l'éthique. On notera que Philon ne pousse pas cette identification des patriarches à des philosophes jusqu'au bout, car il ne leur attribue jamais la pratique de la logique, l'une des trois parties de la philosophie pour les stoïciens. Elle représente aux yeux de Philon, elle aussi, une science ambivalente. Les *Lois spéciales* (I, 336) estiment qu'elle procure l'exactitude du langage mais, plus souvent, Philon en fait l'arme du sophiste, c'est-à-dire, à ses yeux, de celui qui pervertit sa raison[50].

Philon ne peut pas être trop négatif à l'égard de la physique, même comprise au sens étroit d' « étude des réalités sensibles », puisque la « nature », dans son esprit, est aussi le premier mode de révélation de l'action du logos et de la Loi, Philon, dans une optique encore une fois stoïcienne, supposant que le monde est régi par une loi qui n'est autre que celle du logos et qu'il identifie d'ailleurs à la Loi de Moïse. On comprend facilement pourquoi la φυσιολογία, le discours sur la nature, peut aussi, dans d'autres textes, être présentée comme une fin en soi : non plus comme une étape, mais comme une façon de désigner

---

45   *Praem.* 26.

46   *Leg.* III, 84.

47   *Spec.* III, 117 : elle représente le θεωρητικὸς βίος. Cette ambivalence est au fond celle de la physique dans la tradition philosophique de l'Antiquité. La théologie est de fait parfois associée à la physique (Alcinoos en fait deux branches de la « théorétique » : *Enseignement des doctrines de Platon*, 3), et les néoplatoniciens, qui prendront pour acquis cette liaison, estimeront qu'il existe une façon théologique de faire de la physique (θεολογικῶς φυσιολογεῖν), qui correspondrait à la manière de Platon, et une façon « physique » de faire de la théologie (φυσικῶς θεολογεῖν), qui serait plutôt celle d'Aristote (voir HOFFMANN 2012).

48   *Spec.* III, 117 ; *Mutat.* 66 *sq.* Abraham était déjà représenté comme un homme ayant dépassé l'astronomie pour la reconnaissance du Dieu unique dans la littérature intertestamentaire (*Jubilés*, 12, 16-18).

49   *Mutat.* 72 *sq.* L'ordre logique, physique, éthique était défendu par Zénon, Chrysippe, Archédème et Eudrome selon DL, VII, 40. On trouvera d'autres illustrations (notamment stoïciennes) du rapport entre physique et éthique dans l'Antiquité dans l'ouvrage de BRAGUE 1999 (notamment le ch. X : « Une éthique cosmologique »).

50   *Deter.* 72 ; *Migr.* 82.

l'enquête philosophique véritable[51]. Étudier la « nature » pour Philon, ce n'est pas forcément en rester au monde sensible ; car la véritable étude de la nature, c'est-à-dire du logos, constitue *ipso facto* une première contemplation des intelligibles. Dans le même esprit, « suivre la nature » comme le font les patriarches d'après *Abr*. 6, c'est vivre en accord avec le logos.

Le rapport des patriarches à la raison prend donc au moins trois formes dans l'esprit de Philon : celle de la recherche philosophique ; celle d'une révélation surnaturelle du logos ; celle d'une mise en pratique des lois de la nature. Cette représentation particulière des origines de la rationalité (c'est-à-dire de la « philosophie » prise au sens étymologique) peut sembler originale par rapport à celles qui avaient cours chez les auteurs grecs de l'Antiquité, en ce qu'elle suppose que la philosophie remonte aux premiers temps de l'humanité et qu'elle serait née chez les barbares[52], mais en réalité, elle rejoint certaines descriptions de la vie primitive, notamment chez le stoïcien Posidonios[53].

2 Les apologistes du IIᵉ s.

Les premiers chrétiens ont été amenés à développer le thème de la rationalité des patriarches pour des raisons qui, à première vue, n'ont rien à voir avec Philon, et qui sont plutôt liées à des nécessités apologétiques. La question

---

51 C'est le cas lorsque Philon évoque les Thérapeutes (cf. *Contempl*. 64 ; 90).

52 On se souvient de la polémique qui ouvre la doxographie de Diogène Laërce, contre ceux qui supposent que la philosophie serait une invention barbare.

53 On s'accorde à penser que la description posidonienne de la vie primitive est transmise dans la Lettre 90 de Sénèque. Elle suppose notamment l'intervention, aux origines de l'humanité, de « sages » et de « philosophes » qui seraient à l'origine de l'invention des arts. G. Boys-Stones a récemment réaffirmé l'origine posidonienne de l'idée (Boys-Stones 2001, p. 18-24). Selon cet auteur, il s'agirait d'une idée stoïcienne, attestée également chez Cornutus, qui se serait plus tard, à partir du Vᵉ s., transmise chez les platoniciens. P. Van Nuffelen s'est opposé à cette reconstruction. Selon lui, l'idée se trouve déjà chez Varron dans les *Antiquités divines* (par le détour d'une interprétation philosophique de la religion) et serait marquée par l'influence du platonisme. L'idée que l'on associe traditionnellement à Posidonios serait, selon cette hypothèse, un bien commun partagé dès le Iᵉʳ s. avant J.-C. tant par les stoïciens que par les platoniciens (Van Nuffelen 2011, p. 27-47 ; voir aussi, Van Nuffelen – Van Hoof 2013). En réalité, l'idée d'une « philosophie primitive » se trouve déjà chez Aristote. F. Alesse a rappelé que, dans le *Protreptique* (fr. 8 Ross), Aristote paraît supposer l'existence d'une « philosophie » pratique primitive à l'origine de la civilisation (Alesse 2012 [notamment p. 149-150]). Mais le texte essentiel se trouve dans la *Métaphysique*, Λ, 8. Le Stagirite y évoque une « philosophie » ancienne, plusieurs fois apparue puis disparue, dont les mythes auraient gardé la trace. On voit qu'il convient par ailleurs de mentionner Philon dans ce dossier, car il reste à ce jour l'auteur antique qui évoque le plus souvent l'idée de sagesse primitive.

LES PREMIERS HOMMES ET LA RAISON   237

d'une dépendance à l'égard de l'Alexandrin mérite cependant d'être posée dans
certains cas.

L'œuvre de Justin en fournit un premier témoignage. Dans l'*Apologie*, dirigée
contre l'hellénisme, en un passage célèbre dans lequel il s'efforce de démontrer
l'antiquité du christianisme (46, 3), Justin évoque Abraham ainsi que d'autres
justes de l'Ancien Testament (Ananias, Azarias, Misaël, Elie, « et tant d'autres »,
écrit-il) parmi ces hommes qui, parce qu'ils auraient vécu « avec le logos » (ou
« avec raison » : μετὰ λόγου), peuvent selon lui être appelés des « chrétiens ».
C'est ici la définition – réductrice – du christianisme comme vie avec le logos,
associée au souci de mettre en évidence l'antiquité supposée du christianisme,
qui amène Justin à créditer Abraham d'un rapport particulier au logos. La sècheresse du passage ne permet pas de savoir à quoi pense exactement Justin
même si l'importance des théophanies dans son œuvre nous ferait volontiers
supposer qu'il a avant tout à l'esprit la familiarité personnelle des patriarches
avec le Dieu des théophanies de la Genèse, qu'il identifie en général au logos.
Mais si Justin connaît Philon – la question est encore débattue –, il peut avoir
à l'esprit les autres aspects de la réflexion philonienne.

Dans le *Dialogue avec Tryphon*, l'apologiste fait un autre usage de l'exemple
des patriarches, qui aura une grande postérité dans l'histoire de la polémique
antijuive. Contre les juifs, qui accusent les chrétiens de ne pas suivre la Loi
de Moïse, il cite le cas des hommes qui, dans la Genèse, ont été reconnus
comme justes sans connaître la Loi. À l'exception d'Abraham, ils étaient tous
incirconcis[54]. Au chapitre 46, Justin ajoute à la circoncision l'exemple du sabbat, de l'observation des mois et des pratiques d'ablution, qu'aucun des justes
de la Genèse, écrit-il, n'a respectés[55]. Dans le chapitre précédent, il fait une
liaison implicite entre Noé, Énoch et Jacob, et la pratique de « ce qui est beau
universellement, par nature, et de toute éternité » et qui plaît à Dieu. C'est
sous-entendre, même si Justin ne le dit jamais de façon aussi directe, que les
patriarches observaient une éthique *naturelle*, c'est-à-dire *rationnelle*.

On pourrait croire que Justin oppose la loi naturelle, pratiquée par les seuls
patriarches et les chrétiens, à la Loi, dont on sait que la genèse, dans l'esprit de
Justin, est liée à la méchanceté supposée des juifs. C'est ce qu'il paraît faire au
chapitre 11, lorsqu'il oppose la « Loi de l'Horeb », adaptée à la dureté de cœur

---

54   *Dial.* 19.
55   *Dial.* 46, 4. O. Munnich a rappelé récemment que cet argumentaire ignore les traditions
     rabbiniques qui supposent au contraire que les patriarches pratiquaient déjà la Torah
     (voir MUNNICH 2013). Il y a là un vaste champ d'investigation. Justin ignore-t-il des tradi-
     tions rabbiniques qui avaient déjà cours de son temps ? Faut-il au contraire supposer que
     ces dernières lui sont postérieures ? Ou encore qu'il cherche à combattre un judaïsme non
     rabbinique, voire imaginaire ?

des juifs, à la loi « éternelle et ultime » qui cette fois est celle du Christ (on comprend en croisant les chapitres 11 et les chapitres 46 que cette « loi éternelle » était déjà celle des patriarches). Mais dans le chapitre 46, le point de vue de Justin est plus complexe, et moins éloigné de Philon qu'on pourrait le croire. Le passage intervient dans le traitement d'une question : la pratique de la Loi est-elle contradictoire avec la résurrection ? Justin répond par la négative, mais opère une distinction. Il y a dans la Loi, expose-t-il, des commandements qui s'expliquent par la dureté de cœur des juifs et dont la pratique est stérile ; mais il y a également dans la Loi de Moïse des préceptes qui demandent de faire « ce qui est par nature beau, pieux et juste »[56]. Justin reconnaît donc l'existence d'une conformité partielle de la Loi juive à la loi de la nature. Or ceux qui ont suivi cet aspect de la Loi, s'ils croient au Christ, seront sauvés. À partir des différentes affirmations des ch. 11, 19, 45 et 46 du *Dialogue*, on peut donc reconstituer l'argument suivant : les patriarches ont suivi une loi naturelle et éternelle ; cette loi a trouvé partiellement sa place dans la Loi de Moïse ; le Christ est venu mettre fin aux aspects particuliers de la Loi juive et a réinstauré la loi éternelle (en d'autres termes « naturelle ») des patriarches.

Cette interprétation du point de vue de Justin pourrait trouver une confirmation dans l'œuvre d'Irénée qui, on le sait, fut un lecteur de Justin. Au livre IV du *Contre les hérésies* (15, 1), il explique que Dieu, par l'intermédiaire de Moïse, se contenta d'abord de rappeler aux juifs les préceptes naturels (*naturalia praecepta* : φυσικὰς ἐντολάς), « ceux-là mêmes que, dès le commencement, il avait donnés aux hommes en les implantant en eux ». À la différence de ce que dit Justin – mais peut-être est-ce déjà la pensée de Justin –, Irénée précise que ces préceptes naturels correspondent au Décalogue ; ce n'est qu'ensuite, explique-t-il, lorsque les juifs se mirent à vénérer le veau d'or, que Moïse édicta les préceptes cultuels, qui visaient à ramener les juifs à Dieu. S'inspirant de Justin, Irénée rappelle qu'Abraham, Lot, Noé, Énoch, plurent à Dieu sans connaître la circoncision. Plus loin (16, 4-5), il revient sur l'idée que le Décalogue correspond aux préceptes naturels (*naturalia*, φυσικά), communs à tous les hommes (*communia omnium*, κοινὰ τῶν πάντων), préceptes que le Christ s'est contenté d'amplifier, d'accroître, et de transmettre à tous (16, 3), en abolissant ce qu'Irénée appelle les « préceptes de la servitude » (*seruitutis praecepta*, τὰ τῆς δουλείας λόγια). On retrouve donc chez Irénée le point de vue de Justin : la loi naturelle des patriarches s'oppose à la Loi juive, mais partiellement, puisque celle-ci comporte également certains éléments naturels.

L'*Aduersus Iudaeos* de Tertullien nous paraît traduire un durcissement de l'opposition entre la loi « naturelle » des patriarches et la Loi de Moïse : « Avant

---

56   *Dial.* 45, 3.

la Loi de Moïse, écrite sur des tables de pierre, j'affirme qu'il existait une loi non écrite, qui était comprise de façon naturelle, et observée par les pères.[57] » On ne peut formuler d'antithèse plus tranchée. Et à la différence de Justin ou d'Irénée, Tertullien n'évoque aucune conformité partielle entre la loi naturelle et la Loi.

Le développement dans lequel intervient ce passage pourrait cependant laisser penser le contraire, et il convient pour cette raison d'y revenir brièvement. De façon originale, Tertullien inscrit en effet la loi naturelle des patriarches et la Loi de Moïse dans une histoire de la loi divine en général. Celle-ci aurait existé sous quatre formes : d'abord sous une forme « générale et primordiale », à l'époque d'Adam (c'est l'ordre donné en Gn 2, 17, de ne pas manger de l'arbre de la connaissance du bien et du mal) ; puis sous une forme naturelle, avec les patriarches ; sous une forme écrite (avec Moïse) ; et enfin, sous la forme de l'Évangile. Le fait que Tertullien utilise le singulier pour reconnaître à travers ces quatre étapes les transformations d'une seule « loi » de Dieu ne doit pourtant pas nous conduire à estimer qu'il identifie ces quatre formes, et que, notamment, la loi des patriarches correspondrait dans son contenu, mais uniquement sous une autre forme, à la Loi de Moïse. Car Tertullien est très clair : ces formes successives de la loi divine correspondent à des « réformes » adaptées à des « temps déterminés » (*certa tempora*). Ce n'est donc pas seulement la forme qui change, mais bien le contenu. De même, le fait qu'il considère que la loi « primordiale » donnée à Adam est « la matrice de tous les préceptes » ultérieurs (et notamment de ceux du Décalogue), ne peut pas nous conduire à supposer qu'il existe dans son esprit une conformité de contenu précise, même partielle, entre la loi naturelle des patriarches et la loi de Moïse. Ce que veut dire Tertullien seulement, c'est que l'interdiction générale faite à Adam portait « en germe » tous les autres préceptes : ceux de la Loi avant tout (ce sont ceux-là qu'il mentionne d'ailleurs), ceux de la loi « naturelle » des patriarches, peut-être, mais même dans cette hypothèse, l'« accord » est ici conçu d'une façon beaucoup plus vague que chez Justin ou Irénée : Tertullien ne dit pas qu'il y aurait dans le Décalogue des contenus « naturels », mais seulement que la loi « naturelle » et la Loi de Moïse sont des préceptes divins, au même titre que cette loi primordiale qui fut donnée à Adam. Autrement dit, en dépit d'apparences trompeuses, le Latin nous paraît bien être le premier auteur chrétien à opposer, dans son contenu (mais non dans sa forme profonde, qui reste celle

---

57   *Aduersus Iudaeos* 2, 7.

du « précepte »), et d'une façon radicale, la loi « naturelle » des patriarches et la loi « écrite » de Moïse[58].

3 Eusèbe de Césarée : des patriarches « philosophes » à la « philosophie des Hébreux »

Jusque-là, on le voit, à l'exception du chapitre 46 de l'*Apologie* de Justin, qui suppose vraisemblablement un point de vue plus large, la rationalité des patriarches se réduit, aux yeux des auteurs chrétiens, à la pratique de la loi naturelle. En ce sens, l'œuvre d'Eusèbe de Césarée marque un tournant important[59]. On ne peut pas savoir si les propos de Justin, d'Irénée et de Tertullien sur la « loi naturelle » des patriarches ont un lien avec Philon. Compte tenu du fait que les deux premiers admettent une continuité de la loi de la nature et de la Loi de Moïse, idée qui est caractéristique de Philon (bien que cette continuité soit partielle chez les deux auteurs chrétiens), nous aurions tendance à penser que

58 Notre interprétation diverge donc sur ce point de l'étude de S. Inowlocki (Inowlocki 2010). Dans cette analyse, par ailleurs extrêmement documentée, S. Inowlocki estime a) que Tertullien chercherait à rapprocher la loi naturelle des patriarches et la Loi de Moïse (au moins le Décalogue), et b) qu'il s'efforcerait ainsi de s'approprier les traditions rabbiniques qui supposent que les patriarches connaissaient déjà la Loi, mais pour en relativiser le sens, la trouvaille de Tertullien consistant à replacer la Loi juive dans une trame historique pour montrer qu'elle n'était elle-même qu'un stade qui serait dépassé. La seconde hypothèse paraît très conjecturale : elle suppose d'ailleurs une connaissance de la pensée rabbinique dont on peine à créditer Tertullien (malgré les analyses de Binder 2012) et elle suppose la première hypothèse acceptée. Or il nous semble qu'outre le texte déjà cité à la note 57, d'autres passages trahissent l'intention du Latin d'*opposer* la loi des patriarches et celle de Moïse : le développement se termine ainsi, en 2, 10-14, par une adresse à celui qui estimerait qu'il faut observer le sabbat et la circoncision. Or les patriarches, écrit Tertullien, ne les pratiquaient pas. Ce dernier développement montre a) que le Latin cherche à *opposer* le contenu des deux lois ; b) qu'il ne connaît probablement pas les traditions rabbiniques rappelées par S. Inowlocki (sauf erreur, son étude ne cite pas ce développement final). Il est important surtout de rappeler la finalité du chapitre 2. Après avoir démontré que les nations devaient remplacer Israël, Tertullien affronte une objection : comment expliquer que seuls les juifs aient reçu le don de la Loi divine, s'ils devaient être rejetés ? S'il est amené à inscrire la loi des patriarches et la Loi de Moïse dans une même trame historique, ce n'est pas pour les mettre sur un pied d'égalité, mais au contraire pour relativiser la valeur du don que représente la Loi juive et pour montrer que Dieu a, dès le début, donné une loi « générale » à l'humanité.

59 Nous verrons plus loin que l'héritage philonien se double, chez Eusèbe, de l'apport d'Origène. L'œuvre de Clément d'Alexandrie, lui aussi lecteur de Philon, est également certainement à l'esprit de l'évêque de Césarée (voir notamment *Stromates* I, 5, 30, 3 – 32, 3, qui reprend l'exégèse allégorique des trois patriarches ; V, 1, 8, 6 : Abraham, de « physiologue », devient sage et ami de Dieu ; VI, 10, 80, 4).

LES PREMIERS HOMMES ET LA RAISON   241

ces deux auteurs, au moins sur ce point, peuvent être débiteurs de l'Alexandrin. Mais la question peut rester ouverte.

En revanche, le cas d'Eusèbe ne pose aucun problème. Il est un grand connaisseur de Philon[60]. Il dresse dans l'*Histoire ecclésiastique* un catalogue de ses œuvres[61] et il le cite abondamment dans le même ouvrage, mais aussi dans la *Préparation évangélique* (= *PE*). Or Eusèbe est par ailleurs un auteur qui, pour des raisons qui lui sont propres, mais qui sont à peu près les mêmes que celles de ses devanciers chrétiens, accorde une importance capitale aux patriarches dans sa conception de l'histoire et dans sa défense du christianisme. Et sa représentation des patriarches doit beaucoup à l'œuvre de Philon[62]. C'est un fait qui est bien connu[63], mais sur la question de la rationalité des patriarches, la dette d'Eusèbe à l'égard de l'Alexandrin mérite d'être précisée, et son originalité par rapport à ses prédécesseurs chrétiens davantage soulignée.

Précisons qu'entre Philon et Eusèbe, il y eut peut-être un intermédiaire, le *Commentaire sur la Genèse* d'Origène, presque entièrement perdu, et où il est pratiquement sûr que l'Alexandrin reprenait au moins une grande partie de l'exégèse philonienne de la Genèse[64]. Cela ne signifie pas qu'Eusèbe ne soit pas directement dépendant de Philon, mais qu'on ne peut jamais savoir si tel ou tel élément de reprise provient bien de Philon lui-même et si, inversement, les écarts d'Eusèbe avec Philon lui sont propres ou s'ils se trouvaient déjà chez Origène. Dans l'état actuel des textes conservés, cependant, le seul élément proprement origénien qui se retrouve chez Eusèbe est l'idée selon laquelle les patriarches auraient développé une « philosophie »[65], ce qui n'est jamais dit de cette façon par Philon. Mais, si Origène associe souvent ces derniers au progrès

---

60   Outre l'étude de D. Runia rappelée au début de cet article, et les références données à la note 63, on pourra consulter à présent, sur le Philon d'Eusèbe, NIEHOFF 2015, OTTO 2018, p. 136-195 et MORLET, à paraître.

61   *HE* II, 18.

62   Abraham représente le juste parfait (*PE* VII, 8, 24) et Jacob le progressant, l'athlète (VII, 8, 26-27). Son changement de nom indique son illumination spirituelle.

63   Voir, pour quelques éléments de bibliographie : SIRINELLI 1961 ; SCHROEDER 1974-1975 ; JOHNSON 2004 ; JOHNSON 2006 ; MORLET 2006 ; MORLET 2009.

64   En *PE* VII, 8, 29, Eusèbe conclut son développement sur les patriarches en notant que « d'autres » en ont déjà parlé. À part Philon, il ne peut guère penser à des développements massifs que chez Origène. La dépendance possible d'Eusèbe par rapport au *Commentaire sur la Genèse* ressort d'une comparaison entre l'œuvre de Philon, celle d'Eusèbe, et les quelques fragments d'Origène sur les patriarches (voir notre analyse, MORLET 2009, p. 449-457). Ajoutons qu'Origène, comme Eusèbe, oppose radicalement la loi naturelle des patriarches à la Loi de Moïse (*Commentaire sur l'Épître aux Romains* III, 6, 9).

65   Voir l'expression « *philosophiae suae* » en référence aux trois patriarches dans le *Commentaire sur le Cantique des Cantiques*, Prol., 3, 20.

spirituel[66] ou aux parties de la philosophie[67], c'est en général par le biais de l'exégèse allégorique[68] : il y a là, nous allons le voir, un élément avec lequel rompt l'évêque de Césarée.

Le cas des patriarches, cités comme les prédécesseurs des chrétiens par Justin, Irénée et Tertullien, prend une importance considérable dans l'œuvre d'Eusèbe. Dans la *PE*, par exemple, pas moins de trois livres leur sont consacrés (VII, XI-XII, et la première partie du livre XIII, qui, comme le livre XI et XII, contient une comparaison de Platon avec les écrits de « Hébreux »). De fait, ils sont au cœur de la stratégie apologétique d'Eusèbe, parce que sa grande apologie, la *PE* suivie de la *Démonstration évangélique* (= *DE*), est une apologie totale, dirigée à la fois contre les Grecs et contre les juifs[69]. Or, si les justes de la Genèse sont au centre du dispositif d'Eusèbe, c'est parce qu'ils permettent d'infirmer à la fois l'une et l'autre sagesses et de répondre d'un seul coup à l'accusation d'apostasie par rapport à l'hellénisme et à celle d'apostasie par rapport au judaïsme. Dans les deux cas, les justes de la Genèse permettent à Eusèbe de rattacher les chrétiens à une sagesse à la fois plus ancienne que l'hellénisme ou le judaïsme, et en même temps supérieure à l'un et à l'autre.

Ces hommes justes sont présentés une première fois au livre VII de la *PE*. Eusèbe consacre ensuite les livres XI à XIII (jusqu'au ch. 13) à comparer ce qu'il appelle leur « philosophie » avec la philosophie de Platon pour démontrer la dépendance supposée du second par rapport aux premiers ; dans le second volet du diptyque apologétique, la *DE*, les justes de la Genèse sont régulièrement évoqués au livre I, au livre III, au livre V. Parmi eux, Eusèbe fait figurer avant tout Énos, Énoch, Noé, Abraham, Isaac, Jacob, auxquels il ajoute Melchisédech[70] et, pour la première fois dans la liste des saints prémosaïques, Job, totalement absent du corpus philonien.

Là où les premiers apologistes ne distinguent qu'une liste de noms (Abraham, Isaac, Jacob, etc.), Eusèbe donne aux sages pré-mosaïques une dénomination générique qui tend à leur conférer une identité commune et une place particulière dans l'histoire du salut. Ces justes, Eusèbe les appelle les « Hébreux » et les oppose aux juifs, soumis à la Loi de Moïse. À la triade philonienne est

---

66   *Commentaire sur Jean*, XX, 67-74.

67   Voir *Commentaire sur le Cantique des cantiques*, Prol., 3, 18-19 : Abraham représente l'éthique ; Isaac, la physique ; Jacob, l'*inspectiuus locus*, c'est-à-dire l'époptique.

68   « Il faut allégoriser toute l'histoire d'Abraham » (*Commentaire sur Jean*, XX, 67). Voir encore *ibid.*, XX, 74 : tout ce qui est écrit sur Abraham a un contenu allégorique.

69   Voir sur ce point GALLAGHER 1998, p. 212.

70   J. Sirinelli estimait que l'adjonction de Melchisédech venait de l'Épître aux Hébreux (SIRINELLI 1961, p. 150) mais le personnage figure déjà chez Tertullien parmi les justes d'avant Moïse (*Iud.*, 2, 7).

LES PREMIERS HOMMES ET LA RAISON   243

donc substitué tout un groupe spirituel, clairement distingué des juifs. Dans
l'esprit d'Eusèbe, ces Hébreux ont donné l'exemple, à l'aube de l'humanité,
d'une justice et d'une piété parfaites, celles précisément que le Christ devait
plus tard étendre à tous les hommes. Si les juifs sont les descendants charnels
des Hébreux (en tout cas des trois patriarches), leurs descendants spirituels
sont donc les chrétiens, qui, seuls, ont su ramener au jour la piété disparue des
Hébreux, le judaïsme correspondant pour Eusèbe à un moment de mise en
sommeil de la piété authentique. Eusèbe donne ici la version la plus systématique de l'argument « antijuif » dont nous avons rappelé l'origine chez Justin.
Et Eusèbe pensant, comme Justin, que le christianisme est la religion du logos,
il n'est pas étonnant qu'il insiste lui aussi, mais beaucoup plus que Justin, sur
la rationalité des Hébreux. L'originalité de ce thème, chez Eusèbe, vient par
ailleurs du fait que pour la première fois, la tradition apologétique chrétienne
est réinvestie par une lecture attentive de l'œuvre de Philon. La rationalité des
patriarches présente de fait, chez Eusèbe, les trois aspects que nous avons re-
levés chez l'Alexandrin.

3.1   *L'observance des principes naturels*
Dans sa polémique avec le judaïsme, Eusèbe reprend l'argument classique
qui consiste à dire que les justes d'avant Moïse ne connaissaient pas la Loi
et que, en tant que tels, ils ont pratiqué une forme de piété qui annonce le
christianisme[71]. À la différence de ses devanciers, Eusèbe paraît soucieux d'éviter d'utiliser le mot « loi » pour désigner les principes qu'ils suivaient. Dans la
PE VII, 8, 21, il parle des « raisonnements spontanés » (φυσικοὶ λογισμοί) et des
« lois non écrites » (νόμοι ἄγραφοι) des Hébreux, mais dans la *DE*, il préfère dire
qu'il existait avant Moïse d'autres « décrets », προστάγματα[72]. Les caractères de
ces « décrets » étaient déjà présentés dans le premier développement consacré
aux Hébreux, au livre VII de la *PE* :

> Les Hébreux, étant chronologiquement antérieurs à Moïse, et n'étant en
> rien soumis à la législation de Moïse, s'illustraient dans un genre de piété
> libre et sans contrainte, parés d'une vie conforme à la nature, au point de
> n'avoir nul besoin de lois pour les régir à cause de l'extrême impassibili-
> té de leur âme, et d'avoir reçu une connaissance véritable des doctrines
> concernant Dieu[73].

---

71   Voir *PE* VII, 8, 22 ; *DE* I, 6 ; *HE* I, 4.
72   *DE* I, 6, 8.
73   *PE* VII, 6, 4 : Ἑβραῖοι δὲ πρεσβύτεροι Μωσέως γενόμενοι τοῖς χρόνοις, πάσης τῆς διὰ Μωσέως
     νομοθεσίας ἀνεπήκοοι ὄντες, ἐλεύθερον καὶ ἀνειμένον εὐσεβείας κατώρθουν τρόπον, βίῳ μὲν τῷ

Ce texte montre parfaitement, croyons-nous, comment Eusèbe reformule un argument déjà utilisé par ses devanciers chrétiens, mais sous une forme plus philonienne. L'influence de Philon est détectable ici à travers les allusions à la vie « conforme à la nature », c'est-à-dire au logos, et à l'ἀπάθεια des Hébreux, deux éléments qui rappellent l'idéal stoïcien de la sagesse, déjà acclimaté par Philon au cas des patriarches. L'idée que les Hébreux aient reçu une « gnose » particulière comme récompense de leur piété est, elle aussi, d'origine philonienne, et le terme même de « gnose », associé aux patriarches, peut encore rappeler Philon[74]. Ce qu'il faut noter cependant tout de suite, c'est qu'Eusèbe a tendance à appliquer aux Hébreux en général un idéal de sagesse qui, chez Philon, est illustré avant tout par les trois patriarches, et surtout par Abraham.

3.2 *L'exercice de la raison*

Dans la *PE* VII, 8, 21, Eusèbe explique, dans un style tout à fait philonien, que les Hébreux sont des migrateurs (c'est d'ailleurs pour lui l'étymologie du terme « Hébreux »), parce qu'ils seraient passés du monde d'ici-bas à la contemplation de Dieu et seraient parvenus à la vie pieuse par des « raisonnements spontanés » (Schroeder) ou « naturels » (Sirinelli)[75] et des « lois non écrites »[76]. On peut se demander cependant si l'expression φυσικοὶ λογισμοί ne désigne pas plutôt des raisonnements *sur la nature* que des raisonnements « spontanés », terme qui serait probablement rendu en grec plutôt par ἔμφυτοι. De fait, Eusèbe a déjà repris cet autre grand thème philonien au tout début du livre VII de la *PE* :

> Ceux-ci en effet sont les premiers et les seuls de tous les hommes, depuis l'origine, depuis le commencement de la vie, à **consacrer leur esprit** à une **contemplation rationnelle**, à **s'appliquer** avec piété à l'étude de la nature de l'univers, et à **discerner** que les éléments des corps d'abord, la terre, l'eau, l'air et le feu, dont ils comprenaient que l'univers était constitué, ainsi que le soleil, la lune et les astres, ne sont pas des dieux, mais des œuvres de Dieu, **comprenant** que la nature de la substance corporelle est, non seulement dénuée de raison, mais encore inanimée, en tant qu'elle se trouve être soumise à l'écoulement et à la corruption, puis

---

κατὰ φύσιν κεκοσμημένοι, ὡς μηδὲν νόμων δεῖσθαι τῶν ἀρξόντων αὐτῶν δι' ἄκραν ψυχῆς ἀπάθειαν, γνῶσιν δὲ ἀληθῆ τῶν περὶ θεοῦ δογμάτων ἀνειληφέναι. Nous empruntons les traductions, parfois légèrement corrigées, à l'édition des SC.

74 *Abr.* 268 (la « gnose » d'Abraham) ; *Somn.* I, 60.

75 En grec, φυσικοῖς λογισμοῖς.

76 Νόμοις ἀγράφοις.

réfléchissant au fait qu'il n'est pas possible que la disposition du monde dans son ensemble, avec sa belle et sage harmonie, plein d'être animés, raisonnables ou dénués de raison, revendique une causalité spontanée, pas plus que le principe créateur des êtres animés soit inanimé, ou dénué de raison, le démiurge des êtres raisonnables[77].

La suite du texte précise que, par ces raisonnements et par d'autres, les Hébreux, « les yeux de l'âme limpides », parvinrent à vénérer le Créateur. Ce développement, qui ne semble inspiré directement par aucun texte précis de Philon, apparaît comme une variation personnelle d'Eusèbe sur l'une des grandes idées de son devancier (les justes de la Genèse, et en fait surtout Abraham, seraient passés de l'étude de la nature à la compréhension de l'existence et de l'unicité de Dieu). Eusèbe accorde une même importance à l'étude de la nature, et comme Philon, il antidate la naissance de la physique en la situant aux origines de l'humanité. On notera tout spécialement la récurrence des termes qui indiquent, dans ce texte, le raisonnement, l'exercice de la raison (λογικῇ θεωρίᾳ τὴν διάνοιαν ἀναθέντες, ἐπιστήσαντες, κατεμάνθανον, διελογίσαντο, συννοήσαντες, λογισάμενοι). Outre le fait que, encore une fois, il généralise aux cas des Hébreux une démarche intellectuelle qui est avant tout celle d'Abraham chez son devancier[78], Eusèbe se distingue de Philon surtout en ce qu'il prête aux Hébreux un raisonnement plus complexe que ne le fait l'Alexandrin. On reconnaît dans le refus de l'astrolâtrie l'exégèse que Philon consacre à la migration d'Abraham hors d'Harran, la ville des Chaldéens. Le dépassement de la φυσιολογία est attribué à Abraham par Philon, mais les arguments qu'Eusèbe prête aux Hébreux sont beaucoup plus ceux de Philon lui-même que ceux que l'Alexandrin prête aux patriarches :

---

77   *PE* VII, 3, 2 : οἵδε γὰρ πρῶτοι καὶ μόνοι πάντων ἀνθρώπων ἄνωθεν ἐκ πρώτης τοῦ βίου καταβολῆς λογικῇ θεωρίᾳ τὴν διάνοιαν ἀναθέντες καὶ τῇ περὶ τοῦ παντὸς φυσιολογίᾳ εὐσεβῶς ἐπιστήσαντες, πρῶτα μὲν τὰ τῶν σωμάτων στοιχεῖα, γῆν, ὕδωρ, ἀέρα, πῦρ, ἐξ ὧν τόδε τὸ πᾶν συνεστὼς κατεμάνθανον, ἥλιόν τε καὶ σελήνην καὶ ἀστέρας οὐ θεούς, ἔργα δὲ εἶναι θεοῦ διελογίσαντο, τὴν φύσιν τῆς σωματικῆς οὐσίας οὐ μόνον ἄλογον, ἀλλὰ καὶ ἄψυχον εἶναι, καθ' ὅσον ῥοώδης καὶ φθαρτὴ οὖσα τυγχάνει, συννοήσαντες κἄπειτα λογισάμενοι ὡς οὐχ οἷόν τε τὴν τοῦ σύμπαντος κόσμου διάταξιν, εὖ καὶ σοφῶς ἡρμοσμένην ἔμπλεών τε ζῴων ἐμψύχων λογικῶν τε καὶ ἀλόγων ὑπάρχουσαν, αὐτόματον ἐπιγράφεσθαι τὴν αἰτίαν οὐδέ γε τῶν ἐμψύχων τὴν ποιητικὴν ἀρχὴν ἄψυχον ὑπολαμβάνειν οὐδ' ἄλογον τὴν τῶν λογικῶν δημιουργόν.

78   Eusèbe a peut-être en mémoire le début du *De Abrahamo* (3-6), où Philon, pour une fois, évoque l'ensemble des justes de la Genèse.

246   MORLET

- l'argument physico-téléologique (la beauté du monde suppose un créateur[79]) se retrouve dans le *Legum allegoriae*[80] et le *De specialibus legibus*[81].
- l'argument de la causalité du monde (le monde ne peut pas être à lui-même sa propre cause[82]) se retrouve dans le *De fuga*[83] et le *De confusione*[84]. Il est tout de même attribué à Abraham dans le *De Abrahamo*, mais sous une forme très allusive[85].
- l'argument fondé sur le caractère irrationnel et inanimé des corps, qui supposerait qu'il existe une raison dans l'univers[86], est formulé par Philon dans le *De migratione*[87].

Eusèbe prête enfin aux Hébreux une théorie des quatre éléments avant Empédocle[88], premier auteur grec chez qui cette doctrine soit attestée, et l'observation de l'écoulement du devenir, avant Héraclite. Les deux idées, sauf erreur de notre part, ne sont pas prêtées aux patriarches chez Philon[89].

Dans le chapitre suivant, Eusèbe poursuit la description du « raisonnement » des Hébreux :

> Et ensuite, comprenant qu'ils étaient eux-mêmes une partie non négligeable de l'univers, ils estimèrent qu'une partie en eux était quelque chose d'honorable (c'est-à-dire l'homme véritable, celui qui est conçu selon l'âme), et que l'autre partie lui tenait lieu d'enveloppe (c'est-à-dire le corps). Et après avoir fait précisément cette distinction, ils consacrèrent toute leur attention et tout leur zèle à la vie de l'homme intérieur, réfléchissant au fait qu'il était aussi cher au Dieu démiurge de l'univers, qui, supposaient-ils, avait donné à la nature humaine de dominer tout ce qui se trouve sur la terre, moins par la force du corps que par la vertu de l'âme (ils pensaient en effet que certains êtres sont inanimés, comme les pierres ou les bouts de bois, que d'autres ont en partage une puissance vitale, comme les germes issus de la terre, et que d'autres ont pour lot la

---

79   L'argument est d'origine stoïcienne (voir SVF, I, 528 et WOLFSON 1948, p. 76-78 pour son utilisation chez Philon).

80   *Leg.* III, 98-99.

81   *Spec.* I, 33-34.

82   L'argument serait d'origine platonicienne (cf. *Tim.*, 28 A) selon WOLFSON 1948, p. 74.

83   *Fug.* 12.

84   *Confus.* 21 ; 98.

85   *Abr.* 77.

86   Cf. Cicéron, *De natura deorum* II, 8, 22 ; Sextus, *Adu. Physicos* I, 101 = SVF I, 113.

87   *Migr.* 185.

88   Voir DL, VIII, 76.

89   Sur Héraclite chez Philon en général, voir SAUDELLI 2012.

LES PREMIERS HOMMES ET LA RAISON   247

sensation et l'élan imaginatif, comme, parmi les êtres vivants, ceux qui sont privés de raison ; que tous ces êtres étaient esclaves du seul genre humain, pour le servir, contraints non par la force et la puissance du corps, mais par la raison et la vertu de l'âme, par lesquelles, avaient-ils compris, l'honneur d'être souverain et roi de tout ce qui se trouve sur la terre avait été concédé depuis l'origine par la cause de l'univers). Partant de là, ils considérèrent que le corps et les plaisirs du corps ne devaient être en rien honorés davantage que les troupeaux sur terre, et le principe souverain en eux, c'est à lui seul qu'ils consacrèrent la plus grande attention, estimant qu'il était familier du souverain de l'univers, tout comme au principe rationnel, intellectif, divin et capable de connaître de l'âme, estimant qu'il portait la ressemblance avec le Dieu de l'univers[90].

Eusèbe explique ensuite que, jugeant que Dieu était cause du bonheur, les Hébreux s'attachèrent à le connaître et à le servir et se montrèrent ainsi à la fois amis et aimés de Dieu (φιλόθεοι ὁμοῦ καὶ θεοφιλεῖς). Le passage a globalement une saveur philonienne (l'expression φιλόθεοι ὁμοῦ καὶ θεοφιλεῖς se retrouve telle quelle en *Abr.* 50[91]). Mais là encore, l'évêque de Césarée prête aux Hébreux un raisonnement qui est beaucoup plus sommaire chez Philon, en ce qu'il se réduit à la reconnaissance du Créateur et de sa providence. Pourtant ce texte contient plusieurs réminiscences philoniennes : la théorie de l'homme intérieur[92], l'idée qu'il existe une familiarité de l'homme avec Dieu[93], et que cette familiarité s'explique par la présence en l'homme d'un logos fait à l'image

---

90 *PE* VII, 4, 1-3 : Κἄπειτα μέρος οὐ μικρὸν τοῦ παντὸς σφᾶς αὐτοὺς εἶναι συναισθόμενοι τὸ μέν τι αὐτῶν τίμιον εἶναι ἡγήσαντο (τοῦτο δὲ καὶ τὸν ἀληθῆ ἄνθρωπον, τὸν κατὰ ψυχὴν νενοημένον), τὸ δὲ τούτου χώραν περιβολῆς ἐπέχειν· τοῦτο δὲ εἶναι τὸ σῶμα. καὶ δὴ τοῦτον διελόμενοι τὸν τρόπον, τὴν πᾶσαν περὶ τῆς τοῦ ἔνδον ἀνθρώπου ζωῆς φροντίδα καὶ σπουδὴν εἰσηνέγκαντο, τοῦτο καὶ παρὰ τῷ πάντων δημιουργῷ θεῷ προσφιλὲς εἶναι λογισάμενοι, ὅς που τὴν ἀνθρώπων φύσιν τῶν ἐπὶ γῆς ἁπάντων κρατεῖν οὐ ῥώμῃ σώματος ὡς ἀρετῇ ψυχῆς ἐδωρήσατο (τὰ μὲν γὰρ τῶν ὄντων εἶναι ἄψυχα, οἷα λίθους καὶ ξύλα, τὰ δὲ ζωτικῆς δυνάμεως μέτοχα, οἷα τὰ ἀπὸ γῆς βλαστήματα, τὰ δὲ αἰσθήσεως ὁρμῆς τε φανταστικῆς μεμοιραμένα, οἷα ζῴων τὰ ἄλογα· πάντα δὲ ταῦτα ἑνὶ τῷ τῶν ἀνθρώπων γένει πρὸς ὑπηρεσίαν δουλοῦσθαι, οὐ ῥώμῃ σώματος καὶ ἰσχύϊ κατηναγκασμένα, λογισμῷ δὲ καὶ ψυχῆς ἀρετῇ, ᾗ τὸ κατὰ πάντων τῶν ἐπὶ γῆς ἀρχικόν τε καὶ βασιλικόν. γέρας ἄνωθεν παρὰ τοῦ τῶν ὅλων αἰτίου συγκεχωρῆσθαι κατειλήφεσαν)· ἔνθεν ὁρμώμενοι σῶμα μὲν καὶ τὰ σωμάτων ἡδέα οὐδέν τι μᾶλλον τῶν ἄλλων ἐπὶ γῆς θρεμμάτων προτιμᾶν διενοήθησαν, τὸ δ' ἐν αὐτοῖς ἄρχον, ὡς ἂν τοῦ πάντων ἄρχοντος οἰκεῖον, καὶ τῆς ψυχῆς τὸ λογικόν τε καὶ νοερὸν θεῖόν τε καὶ ἐπιστημονικόν, ὡς ἂν τοῦ ἐπὶ πάντων θεοῦ τὴν ὁμοίωσιν φέρον, μόνον διὰ σπουδῆς ἔσχον.

91 Voir encore, sur le couple des adjectifs, *Her.* 82 ; *Mos.* II, 67 ; *Virt.* 184 ; *Prob.* 42.

92 *Her.* 230-233.

93 *Spec.* III, 83 ; 207. On rappellera, à propos de ce thème philosophique, l'étude de DES PLACES 1964 (qui ne mentionne pas Philon).

du logos divin[94]. Mais on a plutôt le sentiment, encore une fois, qu'Eusèbe prête aux Hébreux les idées de Philon lui-même. Ce faisant, il en vient dans le texte cité à contredire l'expérience spirituelle des patriarches telle qu'elle est exposée chez Philon. Si en effet il accorde lui aussi une importance particulière à la connaissance de soi, qu'il conçoit comme Philon comme un préalable à la connaissance de Dieu, ce n'est pas du tout comme chez Philon dans le sens de la reconnaissance du caractère humble de l'humanité, mais au contraire de sa suprématie par rapport aux autres êtres créés.

3.3 *La révélation*

Jusque-là Eusèbe n'a accordé aucune place aux théophanies. Il leur consacre le chapitre 5 du livre VII de la *PE* :

> La Divinité, agréant de manière générale la piété et le caractère philoso-phique de leur vie, et plus particulièrement le culte qu'ils lui rendaient, jugea ces hommes désormais dignes d'oracles plus divins, de théopha-nies et de visions angéliques. Elle redressait les déficiences de la nature mortelle en leur suggérant ce qu'il fallait faire et leur dévoilait la connais-sance de doctrines et d'enseignements dignes de Dieu, de sorte que leur esprit fût illuminé non plus par des syllogismes ou des conjectures, mais par l'éclat de la vérité elle-même, au point que désormais, transportés par Dieu, ils acquissent une contemplation exacte de ce qui devait arriver comme s'il était présent, et qu'ils annonçassent au genre humain ce qui allait se produire de façon générale[95].

Là encore, Eusèbe s'inscrit dans le sillage de Philon, dont il reprend avant tout deux idées : les théophanies récompensent la progression spirituelle des patriarches[96] ; elles viennent par ailleurs combler les lacunes de la raison hu-maine, qui ne peut, par elle-même, acquérir une connaissance de Dieu[97]. De même, Eusèbe évoque sans s'étendre la distinction, chez Philon, entre des

---

94 Voir la note 8.

95 *PE* VII, 5, 1 : ἀποδεξάμενον τὸ θεῖον τῆς τε ἄλλης τοῦ βίου εὐσεβείας καὶ φιλοσοφίας τῆς τε περὶ αὐτὸ θεραπείας τοὺς ἄνδρας ἤδη καὶ θειοτέρων χρησμῶν θεοφανειῶν τε αὐτοὺς καὶ ἀγγελικῶν ὀπτασιῶν ἠξίου, τὰ ἐνδέοντα τῇ θνητῇ φύσει ταῖς τῶν πρακτέων ὑποθήκαις ἐπιδιορθούμενον δογμάτων τε καὶ μαθημάτων αὐτοῖς θεοπρεπῶν τὴν γνῶσιν ἀποκαλύπτον, ὡς μηκέτι συλλογι-σμοῖς μηδὲ εἰκασίαις, ἐκλάμψει δὲ αὐτῆς ἀληθείας φωτίζεσθαι τὰς διανοίας αὐτῶν, ὥστε ἤδη θεοφορουμένους τὴν τῶν μελλόντων ἔσεσθαι ὡς παρόντων ἐπιθεωρεῖν κατάληψιν καὶ τὰ καθόλου συμβησόμενα τῷ τῶν ἀνθρώπων γένει θεσπίζειν.

96 *Somn.* I, 228 ; voir aussi *Deus*, 110.

97 *Somn.* I, 116 ; *Abr.* 77-80. Voir encore chez Eusèbe *PE* XI, 7, 7.

LES PREMIERS HOMMES ET LA RAISON 249

théophanies qui viennent conseiller l'ami de Dieu pendant son itinéraire spirituel (Gn 12 pour Abraham, ou Gn 28 dans le cas de Jacob), et des théophanies qui viennent au contraire couronner son parcours et illuminer son âme (Gn 18 pour Abraham et Gn 32 pour Jacob).

Cependant, deux remarques s'imposent concernant la façon dont Eusèbe conçoit les théophanies :
- Eusèbe systématise et simplifie le point de vue de Philon, car il applique ici à l'ensemble des Hébreux le cas d'Abraham et de Jacob dans l'exégèse philonienne.
- Eusèbe estime que les théophanies furent le moyen pour Dieu de dévoiler à ses amis des « doctrines », des « enseignements ». Or Philon évoque beaucoup plus la notion d'illumination que celle d'enseignement. À Mambré, Abraham reçoit la vision de Dieu et de ses deux puissances, mais il n'acquiert pas pour cela une compréhension de la nature de Dieu[98].

Dans un autre passage (*PE* VII, 12, 8), Eusèbe précise que c'est le logos qui s'est montré à Abraham. Or chez Philon, c'est Dieu lui-même qui se montre en Gn 12 et en Gn 18. Il faut bien comprendre qu'il y a un lien, chez Eusèbe, entre le fait que ce soit le logos qui se montre, et le fait que les théophanies constituent des moments de révélation *dogmatique*. Le logos a en effet pour Eusèbe une fonction essentiellement révélatrice[99].

Les Hébreux sont donc détenteurs d'une *doctrine* qui leur vient à la fois de leurs propres recherches et d'une révélation du logos, qui a affermi leurs suppositions tout en complétant ce qui leur manquait. C'est précisément dans ce souci de prêter une *doctrine* aux Hébreux qu'Eusèbe, nous semble-t-il, prend le plus ses distances avec Philon, non seulement parce qu'il systématise ce qui se lit chez son devancier, mais surtout parce qu'il donne à cette « doctrine » un contenu absent chez Philon, à la fois *philosophique* et *chrétien*[100]. On passe donc avec Eusèbe de la représentation des patriarches « philosophes » à l'idée qu'il aurait existé une « philosophie » des Hébreux[101], et que cette philosophie ne serait autre que cette « vraie philosophie » qu'est le christianisme.

Cette double orientation est déjà claire dans le livre VII de la *PE*, dont la seconde partie, à partir du chapitre 9, est consacrée aux « principes doctrinaux des Hébreux »[102]. Après avoir rappelé la foi monothéiste des Hébreux et leur reconnaissance de la Providence, Eusèbe en vient, à partir du chapitre

---

98 *Abr.* 119 *sq.*
99 Voir *DE* V, 13, 6.
100 Philon évoque déjà les δόγματα auxquels Abraham serait arrivé, mais sans en préciser le contenu : *Abr.* 79.
101 Sur les prémices de cette transformation chez Origène, voir la note 65.
102 Περὶ τῶν παρ' Ἑβραίοις δογματικῶν θεωρημάτων (voir encore VII, 15, 18).

12, à leur prêter des considérations beaucoup plus précises : la cause seconde, autrement appelée logos, Sagesse ou Puissance de Dieu (chapitre 12) ; l'Esprit saint et les puissances rationnelles (chapitre 15) ; les puissances adverses (chapitre 16) ; une conception particulière de l'homme qui distingue un élément mortel et un élément divin (chapitre 17). Cet exposé mêle, on le voit, des éléments issus de la philosophie grecque et d'autres, plus nombreux, empruntés à la doctrine chrétienne.

Chacun de ces deux aspects fait ensuite l'objet d'un traitement particulier, parce qu'Eusèbe veut d'abord illustrer, dans la *PE*, la συμφωνία des Hébreux avec Platon, pour montrer que ce dernier s'inspire des Hébreux (livres XI-XIII de la *PE*) ; dans la *DE*, ensuite, il revient davantage sur la συμφωνία des Hébreux avec l'Évangile, parce qu'il veut montrer cette fois la légitimité du christianisme par rapport à la Loi juive.

3.4 *La συμφωνία des Hébreux et de Platon*

Le florilège constitué des livres XI et XIII (jusqu'au ch. 13) de la *PE* est la collection de ce type la plus ample qu'ait laissée l'Antiquité[103]. Eusèbe reprend un argument classique de la polémique depuis Justin. Son originalité consiste avant tout dans l'extension de cette collection, et dans le fait qu'il prête aux Hébreux eux-mêmes des doctrines qu'il illustre essentiellement en citant la Bible, c'est-à-dire Moïse et les prophètes, voire certaines coutumes juives. Ce fait, qui peut paraître assez curieux à première vue, s'explique parce qu'Eusèbe estime que Moïse et les prophètes sont les dépositaires de la sagesse des anciens Hébreux[104]. Bien sûr, il s'agit d'une ruse rhétorique, permettant à l'apologiste d'exploiter la Bible juive à sa guise. Eusèbe s'efforce cependant de justifier son point de vue en citant, quand il le peut, non plus Moïse, mais directement Abraham[105] ou Job[106]. Le fait, cependant, reste exceptionnel. Le dossier constitué par Eusèbe aboutit donc à modifier considérablement le contenu de la « sagesse » des patriarches. Chez Philon, celle-ci réside avant tout dans la découverte du Créateur et de sa Providence. Chez Eusèbe, elle devient un système philosophique constitué, s'identifiant avec la sagesse biblique elle-même, et inspiratrice de la philosophie de Platon. L'évêque de Césarée prête aux Hébreux, comme Philon, une connaissance de la physique

---

103   Ce florilège est peut-être en partie inspiré des *Stromates* perdus d'Origène (hypothèse de SAFFREY 1975, reprise par MORLET 2004 et 2013).

104   *PE* VII, 9, 1 : Moïse a transmis la théologie de ses pères. Eusèbe peut donc qualifier sans problème la Bible juive d'« Écriture des Hébreux » (XII, 11, 1). Il explique dans le même sens que les prophètes méritent d'être appelés « hébreux » (VII, 11, 9).

105   *PE* VII, 11, 10 : à propos de l'unicité de Dieu (Gn 14, 22. 19-20).

106   *PE* VII, 12, 3 : à propos du logos (Jb 28, 12-13. 22-23).

LES PREMIERS HOMMES ET LA RAISON   251

et de l'éthique, mais n'hésite pas, lui, à leur attribuer aussi une connaissance
de la logique[107].

3.5   *La συμφωνία des Hébreux et de l'Évangile*

Dans la *DE*, Eusèbe s'efforce cette fois de prêter aux Hébreux une connaissance
des doctrines chrétiennes.

Au chapitre 6 du livre I, il s'appuie sur le seul exemple de Job (sous prétexte qu'un seul exemple suffit pour illustrer la vie des autres[108], mais en réalité
parce que la sècheresse des « vies » de la Genèse ne lui permettait pas une telle
comparaison) pour montrer, encore une fois à l'aide d'un florilège bâti sous la
forme d'une συμφώνια, que Job connaissait déjà les préceptes évangéliques. Par
exemple, il met en relation le précepte de Jésus, « Ne pas regarder la femme de
son prochain », avec Jb 31, 7-9, « Si mon cœur a été séduit par la femme d'un
autre homme ... que ma propre femme tourne la meule pour un autre », et cet
autre précepte, « Aimez vos ennemis », avec Jb 31, 29-30, « Si je me suis réjoui
de la chute de mes ennemis, que mon oreille entende ma malédiction ... »

Au livre III, chapitre 3, Eusèbe prolonge cette συμφωνία en évoquant des éléments de doctrine partagés aussi bien par les chrétiens que par les Hébreux :
l'unicité de Dieu, le caractère engendré du monde, le fait que les astres ne sont
pas des dieux, mais des créatures de Dieu, l'immortalité de l'âme, faite à la
ressemblance de Dieu, l'existence du Démon et des puissances bienfaisantes,
l'idée selon laquelle le monde connaîtra une fin[109].

Cette présentation est complétée par l'exégèse des théophanies, au livre V,
dans lequel Eusèbe précise que le Dieu qui s'est montré à Abraham et à Jacob
était le Christ et que les théophanies furent pour les patriarches des moments
d'enseignement. À Mambré (Gn 18), le Christ « a révélé à Abraham, notre an-
cêtre cher à Dieu, qui il était, et lui transmettait la connaissance de son Père »[110].
Eusèbe suggère également dans son commentaire que ce Christ qui avait alors
« revêtu une forme et une figure humaines » annonçait l'Incarnation, « jetant
dès cette époque les germes de la piété chez les hommes »[111]. La rupture est

---

107   *PE* XI, 5. Eusèbe insiste cependant sur ce qui distingue la logique pratiquée par les Grecs,
      fondée sur « l'habileté des sophismes et des raisonnements machinés pour tromper », et
      celle des Hébreux, qui visait l'appréhension de la vérité elle-même, et qui n'est autre, au
      fond, que l'art de la recherche intellectuelle.

108   Nous avons vu que c'était le même postulat qui expliquait qu'Eusèbe accorde à la figure
      d'Abraham, notamment, une valeur paradigmatique.

109   C'est *grosso modo*, la reprise de l'exposé « dogmatique » du livre VII, mis en parallèle
      cette fois avec la doctrine chrétienne (voir MORLET 2009, p. 254).

110   *DE* V, 8.

111   *DE* V, 9.

nette avec Philon. Alors que pour ce dernier, des théophanies comme celle de Mambré ou celle de Gn 32 sont des illuminations du Créateur, pour Eusèbe elles sont des visions du Christ qui se révèle comme tel, c'est-à-dire comme second Dieu après le Père, et qui, ce faisant, délivre un enseignement *théologique* sur la nature binitaire de Dieu (Eusèbe n'évoquant pas l'Esprit), et un enseignement *prophétique* sur l'Incarnation à venir. Le livre VII de la *PE* annonçait déjà ces deux aspects de l'enseignement à l'œuvre dans les théophanies :

> L'Écriture sainte présente de diverses façons ce logos divin envoyé par le Père pour le salut des hommes. Elle rapporte donc qu'il s'est manifesté lui-même à Abraham, à Moïse et à tous les prophètes chers à Dieu, qu'il leur apporta maint enseignement par ses oracles et leur prédit l'avenir, lorsqu'elle mentionne que le Seigneur Dieu a été vu et est venu converser avec les prophètes.[112]

On comprend que cette révélation du Christ par lui-même comme de son Incarnation future fait partie de cette révélation surnaturelle évoquée plus haut dans un autre passage (*PE* VII, 5, 1), à laquelle les Hébreux ne pouvaient parvenir par leurs propres forces. On voit que si ce passage pouvait donner l'impression qu'Eusèbe était fidèle à Philon parce qu'il suppose que les théophanies étaient venues combler les déficiences de la recherche rationnelle menée par les patriarches, le *contenu* que l'évêque de Césarée donne à cette idée est, en fin de compte, très éloigné de l'exégèse philonienne.

4   Conclusion

Le cas de la rationalité des patriarches montre bien l'intérêt que des chrétiens de l'Antiquité pouvaient trouver à lire l'œuvre de Philon. L'idée que les patriarches aient vécu en accord avec la nature, c'est-à-dire avec le logos ; l'idée qu'ils aient pu avoir une fréquentation du logos par leurs propres recherches sur le divin ; l'idée enfin qu'ils aient bénéficié d'oracles leur révélant des connaissances qu'ils ne pouvaient atteindre par leurs propres forces : toutes ces idées étaient facilement christianisables, à condition, bien sûr, de mettre entre parenthèses la logique d'ensemble de l'exégèse que Philon consacre à la Genèse,

---

112   *DE* VII, 12, 8 : καὶ δὴ τόνδε τὸν ἔνθεον λόγον διαφόρως ἡ θεία γραφὴ πρὸς τοῦ πατρὸς ἐπὶ τῇ τῶν ἀνθρώπων σωτηρίᾳ πεπεμμένον εἰσάγει. αὐτὸν δ᾽ οὖν καὶ τῷ Ἀβραὰμ Μωσεῖ τε καὶ τοῖς ἄλλοις θεοφιλέσι προφήταις φῆναι ἑαυτὸν καὶ χρησμοῖς τὰ πολλὰ παιδεῦσαί τε καὶ θεσπίσαι τὰ μέλλοντα ἱστορεῖ, ὁπηνίκα θεὸν καὶ κύριον ὦφθαί τε καὶ εἰς λόγους τῶν προφητῶν ἐλθεῖν μνημονεύει.

LES PREMIERS HOMMES ET LA RAISON   253

qui est indissociable d'un commentaire de la Loi de Moïse, puis de lui donner
un contenu qu'elle n'a pas. Car là où Philon s'efforce de démontrer l'identité
de la loi naturelle suivie par les patriarches et de la Loi juive, un théologien
chrétien comme Eusèbe ne fait aucune difficulté à utiliser Philon pour démontrer exactement le contraire et pour *opposer* la loi des patriarches à la Loi de
Moïse, dont la sagesse, pour Philon, est pourtant supérieure à celle d'Abraham.
L'évêque de Césarée pratique une lecture opportuniste de Philon, comme il
pratique dans l'*Histoire ecclésiastique* une lecture opportuniste de Josèphe.
Extraites de leur contexte, mais aussi considérablement simplifiées, les idées
de Philon sur la rationalité des patriarches se trouvent relues à la lumière du
contexte de l'apologétique et de la théologie chrétiennes. Elles servent à présent à contester la légitimité de la Loi juive et à parer les chrétiens (et non les
juifs) d'une lignée illustre de sages dont l'apologiste s'efforce de montrer le lien
avec la philosophie grecque et l'Évangile.

Ce qui frappe le plus, pourtant, c'est l'inversion des priorités chez Philon
et ses successeurs chrétiens. Philon n'oublie jamais qu'il commente des récits
qu'il juge historiques, mais chez lui, l'itinéraire des patriarches a surtout une
valeur paradigmatique. Chez les chrétiens, au contraire, c'est la dimension historique qui l'emporte, car ils envisagent l'itinéraire des patriarches avant tout
comme un moment particulier dans l'histoire du salut, indissociable de l'Incarnation. Le plus grand paradoxe est peut-être ici : que les chrétiens, au moins
à partir d'Eusèbe, sinon dès Justin, aient trouvé chez Philon d'Alexandrie les
linéaments d'une réflexion sur l'histoire[113].

Bibliographie

ALESSE F. 2012, « Il *saeculum aureum* e le origini della civiltà secondo Posidonio
    [Seneca, *Epist.* 90] », dans CALABI F. – GASTALDI S. (dir.), *Immagini delle origini. La
    nascita della civiltà e della cultura nel pensiero antico*, München, p. 139-153.

---

113   J. Sirinelli formulait jadis la conclusion suivante à propos d'Eusèbe : « d'un itinéraire pure-
       ment intellectuel et allégorique comme celui qu'évoquait Philon, Eusèbe fait une histoire
       véritable » (SIRINELLI 1961, p. 150-151). Ce n'est pas tout à fait vrai. Philon insiste lui-même
       sur l'historicité de l'histoire des patriarches – un fait qui est souvent méconnu et un cer-
       tain nombre de thèmes « historiques » concernant les patriarches sont déjà évoqués dans
       son œuvre. Eusèbe n'a pas donné subitement aux patriarches philoniens une épaisseur
       historique. Son travail, comme lecteur de Philon, consiste plutôt à avoir amplifié une di-
       mension qui, chez Philon, restait marginale.

ALEXANDRE M. 2012, « La culture grecque, servante de la foi. De Philon d'Alexandrie aux Pères grecs », dans PERROT A. (dir.), *Les chrétiens et l'hellénisme. Identités religieuses et culture grecque dans l'Antiquité tardive*, Paris, p. 31-59.

BINDER S. 2012, *Tertullian, On Idolatry and Mishnah Avodah Zarah : Questioning the Parting of the Ways between Christians and Jews*, Leiden – Boston.

BOYS-STONE G. 2001, *Post-Hellenistic Philosophy. A Study of its Development from the Stoics to Origen*, Oxford.

BRAGUE R. 1999, *La sagesse du monde. Histoire de l'expérience humaine de l'univers*, Paris.

DEMONT P. 1993, « La formule de Protagoras : l'homme est la mesure de toutes choses », dans DEMONT P. (dir.), *Problèmes de la morale antique*, Sept études de P. HADOT, P. DEMONT, M. CANTO, LUC BRISSON, J.-F. MATTÉI, R. DRAI ET A. MICHEL, Amiens, p. 40-57.

DES PLACES É. 1964, *Syngeneia. La parenté de l'homme avec Dieu d'Homère à la patristique*, Paris.

GALLAGHER E. V. 1998, « Prophecy and Patriarchs in Eusebius' Apologetic », dans BERCHMAN R. M. (dir.), *Mediators of the Divine. Horizons of Prophecy, Divination, Dreams and Theurgy in Mediterranean Antiquity*, Atlanta, p. 203-223.

HADOT P. 2004, *Le voile d'Isis*, Paris (édition de poche).

HOFFMANN Ph. 2012, « La place du *Timée* dans l'enseignement philosophique néoplatonicien : ordre de lecture et harmonisation avec le *De Caelo* d'Aristote. Étude de quelques problèmes exégétiques », dans CELIA F. – ULACCO A. (dir.), *Il Timeo. Esegesi greche, arabe, latine*, Pisa, p. 133-180.

INOWLOCKI S. 2010, « Tertullian's Law of Paradise [Adversus Judaeos 2] : Reflections on a Shared Motif in Jewish and Christian Literature », dans BOCKMUEHL M. – STROUMSA G. G. (dir.), *Paradise in Antiquity. Jewish and Christian Views*, Cambridge, p. 103-119.

JOHNSON A. P. 2004, « Ancestors as Icons : The Lives of Hebrew Saints in Eusebius' *Praeparatio Evangelica* », *Greek, Roman and Byzantine Studies*, 44, p. 245-264.

JOHNSON A. P. 2006, « Philonic Allusions in Eusebius, PE 7. 7-8 », *Classical Quarterly*, 56, p. 239-248.

MOREAU J. 2010, *Abraham dans l'exégèse de Philon d'Alexandrie. Enjeux herméneutiques de la démarche allégorique*, thèse de doctorat, sous la direction du Professeur Olivier Munnich, Université Lyon II, décembre 2010.

MORLET S. 2004, « Eusèbe de Césarée a-t-il utilisé les *Stromates* d'Origène dans la *Préparation évangélique* ? », *Revue de philologie*, 78, p. 127-140.

MORLET S. 2006, « L'Écriture, image des vertus : la transformation d'un thème philonien dans l'apologétique d'Eusèbe de Césarée », *Studia Patristica*, 42, p. 187-192.

MORLET S. 2009, *La* Démonstration évangélique *d'Eusèbe de Césarée. Étude sur l'apologétique chrétienne à l'époque de Constantin*, Paris, p. 449-457.

MORLET S. 2013, « La *Préparation évangélique* d'Eusèbe et les *Stromates* perdus d'Origènes : nouvelles considérations », *Revue de philologie*, 87, p. 107-123.

MORLET S. 2019, *Symphonia. La concorde des textes et des doctrines dans la littérature grecque jusqu'à Origène*, Paris.

MORLET S. à paraître, « Les recherches sur Philon et Eusèbe de Césarée depuis 1967 », dans MORLET S. – MUNNICH O. (dir.), *Les études philoniennes. Regards sur cinquante ans de recherches.*

MUNNICH O. 2013, « Le judaïsme dans le *Dialogue avec Tryphon* : une fiction littéraire de Justin », dans MORLET S. – MUNNICH O. – POUDERON B. (dir.), *Les dialogues aduersus Iudaeos. Permanences et mutations d'une tradition polémique*, Paris, p. 95-156.

NIEHOFF M. 2015, « Eusebius as a Reader of Philo », *Adamantius*, 21, p. 185-194.

NIKIPROWETZKY V. 1996, *Études philoniennes*, Paris.

OTTO J. 2018, *Philo of Alexandria and the Construction of Jewishness in Early Christian Writings*, Oxford.

RUNIA D. T. 1995, *Philo and the Church Fathers*, Leiden – New York – Köln.

SAFFREY H. D. 1975, « Les extraits du Περὶ τἀγαθοῦ de Numénius dans le livre XI de la Préparation évangélique », *Studia patristica*, 13, p. 46-51.

SAUDELLI L. 2012, *Eraclito ad Alessandria. Studi e ricerche intorno alla testimonianza di Filone*, Turnhout.

SCHROEDER G. 1974-1975, *Eusèbe de Césarée, Préparation évangélique*, livre VII, SC 215, Paris.

SIRINELLI J. 1961, *Les vues historiques d'Eusèbe de Césarée durant la période prénicéenne*, Paris.

VAN NUFFELEN P. 2011, *Rethinking the Gods. Philosophical Readings of Religion in the Post-Hellenistic Period*, Cambridge.

VAN NUFFELEN P. – VAN HOOF L. 2013, « Posidonius on the Golden Age. A Note on Seneca, *Epistulae morales* 90 », *Latomus*, 72, p. 186-195.

WOLFSON H. A. 1948, *Philo. Foundations of Religious Philosophy in Judaism, Christianity and Islam*, Cambridge, t. II.

PARTIE 4

Ouverture sur l'exégèse médiévale

∵

CHAPITRE 10

L'utilisation des philosophes dans l'exégèse biblique du XIIIe-XIVe siècle

Gilbert Dahan

Quand on ouvre certains commentaires bibliques de la seconde moitié du XIIIe siècle et du début du XIVe, on est frappé par l'abondance des mentions de penseurs non chrétiens, païens, musulmans ou juifs. L'exégèse de la Bible semble alors totalement ouverte à la découverte des savoirs nouveaux, qui ont fondamentalement renouvelé la pensée de l'Occident chrétien dès le début du XIIIe siècle, avec la mise à sa disposition (par un vaste mouvement de traductions) de l'ensemble du corpus aristotélicien et d'une partie de la production philosophique écrite en arabe[1]. Je dirai tout de suite que, si l'on peut être frappé par le nombre important des renvois à Aristote, Avicenne ou Maïmonide, ce phénomène ne doit pas avoir de quoi nous étonner : l'exégèse traditionnelle, « confessante », accueille l'ensemble des savoirs et des systèmes de pensée susceptibles de l'éclairer (y compris dans leurs désaccords) – remarque qui ne vaut pas seulement pour le moyen âge mais aussi pour l'exégèse confessante de nos jours (intelligente et non fondamentaliste, bien sûr ...). Je voudrais examiner ici cette utilisation des philosophes dans un ensemble de commentaires allant en gros des années 1260 aux années 1340 – moment important (et non homogène) dans l'histoire de la pensée occidentale, qui voit notamment la théologie se constituer en science indépendante de l'exégèse de la Bible, la pensée thomiste devenir le système dominant, même quand elle est contestée ou relayée par les tentatives de renouvellement élaborées par un Jean Duns Scot ou un Guillaume d'Ockham – moment important que marquent des controverses, portant notamment sur l'utilisation des philosophes. Ma démarche ne sera évidemment pas celle de l'inventaire : expédions rapidement cet aspect en disant que l'on trouve massivement Aristote, quelques-uns de ses commentateurs grecs, Platon et quelques néo-platoniciens ; parmi les penseurs musulmans notamment al-Ghazali, Avicenne et al-Farabi ; parmi les penseurs juifs surtout Maïmonide (*Rabbi Moyses*) mais également Isaac

---

1   Pour une vue d'ensemble, voir VAN STEENBERGHEN 1970 ; DOD et LOHR 1982 ; ROSSI et VIANO 1994 (notamment les contributions de DAIBER et DAHAN).

© GILBERT DAHAN, 2021 | DOI:10.1163/9789004443952_012

Israeli, parfois Avicebron (Salomon Ibn Gabirol) pris pour un musulman[2]. Ma démarche ne sera pas non plus thématique *stricto sensu*, même si, on le verra, un certain classement se dégagera, qui mettra en valeur successivement la logique, la métaphysique et la morale. Je laisse totalement de côté les *libri naturales*, au centre de plusieurs études remarquables de Beryl Smalley sur les livres sapientiaux[3]. Malheureusement, Philon n'apparaîtra que fugitivement : les médiévaux ne le connaissent qu'à travers les prologues bibliques et attribuent le livre de la Sagesse à ce *vir disertissimus*[4]. Enfin, je ne m'attacherai ni à Cicéron, ni à Sénèque, ni même à Boèce. Pour ce qui est d'Épicure, il pose un problème particulier, que j'aimerais traiter dans une étude séparée. On voudra bien pardonner cette énumération de noms, qui n'a pour objet que de dire les limites de mon exposé et d'en évacuer un inventaire érudit un peu stérile. Je voudrais en revanche examiner les conditions et les formes de cette utilisation des philosophes.

1   Pourquoi les philosophes ?

Avant le XIIIe siècle, le recours aux philosophes antiques n'attcint pas la fréquence qu'il a par la suite mais il est loin d'être nul. Ce qui domine alors, c'est la pensée platonicienne, et le nom même de Platon revient ici et là. Nous sommes alors tout à fait dans le prolongement de la pensée et de l'exégèse patristiques, auxquelles les exégètes restent plutôt fidèles, quelles que soient les innovations. Pour nous, il est intéressant de noter que cette introduction du platonisme et plus généralement de l'héritage antique se fait par le truchement de Philon (la remarque est déjà faite par Beryl Smalley[5]) : l'exégèse allégorique philonienne, accueillie notamment par Ambroise[6], permet à la fois de résoudre les difficultés posées par le texte biblique et de se situer dans un cadre de pensée qui ne rompt pas avec les modes intellectuels de l'époque ; l'apport augustinien vient conforter ce mouvement (en le modifiant notablement, cela va de soi) et l'augustinisme domine la pensée chrétienne de l'Occident pour des siècles. Au XIIIe siècle, avec précisément ce que l'on a (sans doute exagérément) appelé

---

2   Pour un premier panorama, voir DAHAN 1999, p. 289-297.

3   SMALLEY 1949-1950 ; 1950-1951 ; 1983.

4   Voir le prologue des livres de Salomon (*Iungat epistola*), dans *Biblia sacra* 1957, p. 5 : « et nonnulli scriptorum veterum hunc Iudaei Philonis adfirmant » ; le prologue de Sg tiré des *Étymologies* d'Isidore de Séville VI, 2, 30 (*PL* 82, 233) : « Hunc ⟨librum⟩ Iudaei Philonis esse affirmant. »

5   Voir SMALLEY 1983, p. 2-6.

6   SMALLEY 1983, p. 20 ; SAVON 1977.

la « crue aristotélicienne », les choses changent fondamentalement. Les cadres de la pensée vont être ceux de l'aristotélisme et l'exégèse de la Bible est l'objet de mutations majeures, qui tendent vers ce que nous appellerions une « exégèse scientifique » (qui ne cesse évidemment pas d'être confessante), qui accorde la place la plus grande à l'exégèse littérale[7]. Les modalités mêmes de l'enseignement et du commentaire bibliques changent, avec notamment la part plus grande donnée à la *questio* (mouvement qui, en fait, avait commencé dès le dernier tiers du XIIe siècle) : la *questio*, par définition, interroge et souligne les contradictions, les difficultés, les différences – dans un système de pensée dominé par Aristote, on comprend bien l'importance de cette évolution. Là encore, l'articulation entre christianisme et aristotélisme (et philosophie arabe) va se faire par la médiation d'un penseur juif, Maïmonide. Malgré de nombreuses études ponctuelles concernant son influence sur la pensée chrétienne, la réalité et les modalités de cette médiation restent encore assez floues[8] ; j'essaierai de proposer des pistes de réflexion au cours de cet exposé.

La légitimité de l'utilisation des philosophes non chrétiens trouve son expression dans deux thèmes, qu'il est important de rappeler ; mais je ne les développerai pas, puisqu'ils ont fait l'objet d'études. Le premier est un thème exégétique, celui des « dépouilles des Égyptiens », à partir de plusieurs passages de l'Exode (Ex 3, 21-22 ; 11, 2-3 ; 12, 35-36)[9]. Les Égyptiens sont compris comme les sages des nations et les objets dont ils sont dépouillés (ou qu'ils donnent volontairement) sont les sciences qu'ils ont illustrées, des arts libéraux à la métaphysique et aux sciences naturelles. Le thème est notamment exposé dans le *De doctrina christiana* de saint Augustin[10]. Le corpus de textes qui illustrent cette interprétation réuni par différents savants est assez ample. Je l'enrichis rapidement, d'abord par un auteur du début du XIVe siècle, le dominicain Dominique Grima, dans son commentaire d'Ex 3, 22 :

> ⟨*Chaque femme*⟩ *demandera à sa voisine des vases* ⟨*d'argent, des vases d'or et des vêtements*⟩. Nous dépouillons les Égyptiens de ces objets quand nous tirons des livres des philosophes l'or de la sagesse, l'argent de l'éloquence et le vêtement de la formation morale en vue de l'enseignement au peuple chrétien, pour la beauté de la maison du Seigneur et non pour

---

7   SPICQ 1944, p. 141-201 ; DAHAN 1999, p. 108-120.

8   HASSELHOFF 2004 ; DAHAN 2004.

9   Parmi de nombreuses études, voir notamment LUBAC 1959, p. 290-304 ; FOLLIET 2002.

10   *De doctrina christiana* II, XL, p. 60-61, COMBÈS, FARGES 1949, p. 330-333 (voir la note complémentaire, p. 583-584).

262 · DAHAN

nous enorgueillir, de même que les objets dont on a parlé ont été utilisés littéralement pour la construction du tabernacle[11].

Court commentaire mais intéressant, puisqu'il énumère les différents domaines dans lesquels sont utilisées les sciences profanes : la sagesse (*sapientia*), les arts libéraux mais également la morale (*vestem informationis vite*) – on se rappelle qu'en 1277, plusieurs articles condamnaient précisément certaines thèses de la morale d'Aristote[12]. Encore un autre commentaire, de la même époque, mais bien plus répandu, puisqu'il s'agit de la *Postille* de Nicolas de Lyre (sur Ex 11, 2) :

> Par le fait que les enfants d'Israël ont dépouillé les Égyptiens de tels objets est signifié que tout ce qui se trouve dans les livres des Gentils adapté à notre foi et à nos mœurs doit être reçu comme venant de possesseurs illégitimes, soit pour leur exposé, et il s'agit ici des sciences des réalités, soit pour leur défense, et il s'agit ici des sciences du discours, qui enseignent la manière de parler, d'attaquer et de répondre[13].

Et Nicolas de Lyre cite le passage du *De doctrina christiana*, dont on a reconnu l'un des motifs. On retrouve la division entre *scientiae reales* et *scientiae sermocinales*, dont il sera encore question dans un moment.

L'autre thème qui justifie l'utilisation des auteurs profanes est celui de « la philosophie servante de la théologie[14] ». Bien qu'aujourd'hui de bons esprits aient tendance à le relativiser ou même à le contester, il ne me semble poser aucun problème dans la perspective confessante qui est celle de nos auteurs et, au contraire, me semble davantage témoigner d'une ouverture et d'une liberté qui seront bien plus rares aux siècles suivants. Évidemment, cela implique une conception « totalisante » (mais non totalitaire ...) de l'exégèse et, plus

---

11 Ms. Paris, BnF lat. 362, fol. 111ra : « *Postulabit vasa* etc. Hiis Egiptum spoliamus cum de libris philosophorum aurum sapientie, argentum eloquentie et vestem informationis vite ad erudicionem populi Christiani tamquam ad decorem domus Domini, non ad ostentacionem nostri assumimus, sicut predicta ad litteram ad fabricam tabernaculi sunt assumpta. » Le passage se trouve dans la partie *mystice* du commentaire.

12 HISSETTE 1977, p. 230-273 ; PICHÉ 1999, p. 227-283.

13 Éd. d'Anvers, 1634, col. 588 : « (Moraliter) Per hoc autem quod filii Israel Ægyptios talibus spoliaverunt, significatur quod quaecumque sunt in libris Gentilium accomoda fidei nostrae sive moribus, ad eorum declarationem, cuiusmodi sunt scientiae reales, sive ad defensionem eorum, cuiusmodi sunt scientiae sermocinales, quae docent modum loquendi, arguendi et respondendi, ab eis tanquam ab iniustis possessoribus sunt accipienda. »

14 LUBAC 1959, p. 74-94 ; SOLÈRE, KALUZA 2002 (notamment l'avant-propos de J.-L. Solère, p. v-xv). Voir également ALEXANDRE 2012.

généralement, de la pensée chrétiennes. Tous les savoirs du monde sont mis au service de l'intelligence du message divin transcendant, transmis dans les mots de l'homme[15]. Tout ce que l'on recueille dans les traités de science naturelle, d'astronomie ... est utilisé, subordonné à la compréhension de l'Écriture. Une remarque tout de même à ce sujet : les données ainsi recueillies chez les Grecs ou les Arabes ne sont jamais perverties ou faussées ; il n'est pas question non plus de vouloir infléchir le message scripturaire dans le sens de ces philosophes. Il est question surtout d'utiliser un savoir extérieur pour mieux comprendre la Bible, en faisant le cas échéant un tri dans les connaissances ainsi capitalisées mais en n'hésitant pas à aborder de front les contradictions – la *questio* est faite pour cela ! Même si les solutions vont dans le sens des données de la révélation, l'énoncé des *sed contra* est souvent le plus significatif. J'ajouterai une réflexion plus générale qui, je crois, s'accorde bien avec l'idée de progrès, centrale dans l'exégèse médiévale[16] : les données de la révélation sont comprises de telle manière à tel moment, les progrès des connaissances font évoluer cette compréhension (cela pour écarter tout « fondamentalisme » de l'exégèse médiévale – ce qui ne veut pas dire que certains auteurs ne manifestent pas une intelligence bornée ...). Là aussi, le thème a été bien étudié (mais sans doute dans une perspective différente)[17]. Peut-être une rapide illustration parmi les auteurs pris ici en considération. Je la tire du prologue de la Genèse de Nicolas de Gorran, dominicain du dernier tiers du XIIIe siècle ; exceptionnellement, ce prologue est suivi d'une série de *questiones*, dont une concerne notre thème :

> Comment les autres sciences servent-elles de servantes à la théologie [comprise ici comme étude de la Bible] ? Il faut dire que les autres sciences sont les servantes de celle-ci : le sens propre ou sens historique a comme servantes – la grammaire, le récit étant narré d'une manière convenable, – la rhétorique, d'une manière ornée, – la logique, d'une manière vraie. Le sens figuré a comme servantes les autres sciences, parce que les réalités qui constituent l'objet des autres sciences doivent fournir une signification, qu'il s'agisse de la personne, du nombre, du lieu, du temps etc. En effet, bien que les autres sciences visent la seule signification des mots, celle-ci vise la signification bien plus élevée des réalités ;

---

15   DAHAN 1999b [repris dans DAHAN 2009, p. 103-133].
16   DAHAN 2003 [repris dans DAHAN 2009, p. 409-425].
17   Voir notamment BORI 1991.

comme le dit Hugues de Saint-Victor, « l'usage a institué celle-là, la nature a dicté celle-ci »[18].

Certes, nous avons ici une conception assez étroite de l'utilisation des sciences, puisqu'apparemment la physique et les sciences naturelles sont mises au service de l'exégèse spirituelle, par le biais de la signification des réalités (dont il faut bien connaître les caractéristiques si l'on veut mener correctement cette exégèse ; d'où l'importance de la botanique, de la zoologie, de la minéralogie etc.). Mais le thème est exploité généralement d'une manière bien plus large, les sciences, quelles qu'elles soient, étant principalement mises au service de l'exégèse *littérale*.

Avant même de terminer cette partie plutôt générale, nous entrerons dans une démarche concrète en examinant le problème que pose l'opposition paulinienne entre sagesse du monde et sagesse divine (1 Co 1, 10-30) : les commentaires livrent à ce propos une réflexion sur la sagesse des philosophes et l'enseignement chrétien. Je me limiterai à deux commentaires de la seconde moitié du XIIIe siècle. Le premier, de Pierre de Tarentaise, est simple et suit le schéma habituel de la leçon universitaire, *divisio*, *expositio textus*, *questiones* ; c'est dans celles-ci que nous trouvons posé le problème :

> Autre question, sur ces mots : *Pas dans la sagesse des mots* [1 Co 1, 17]. En sens contraire, Augustin dans le *De doctrina christiana* : tout comme les enfants d'Israël ont enlevé aux Égyptiens des vases d'or et d'argent, de même, si les philosophes ont dit certaines choses vraies, il faut les leur prendre. Réponse : la prédication et l'enseignement de l'évangile ne doivent pas être faits dans la sagesse des mots, qui dominerait principalement mais seulement comme apportant une aide ou un service. Autre argument, dans la Glose : « La sagesse des philosophes est appelée sagesse bien qu'elle ne le soit pas. » Argument en sens contraire : certes,

---

18   Ms. Paris, BnF lat. 14416, fol. 3rb : « Hic incidunt questiones ... Quarta qualiter alie scientie eidem famulentur ... Ad quartam de famulatu, dicendum quod alie scientie isti famulantur, quia sensui proprio vel historico famulatur gramatica, ut congrue narratur hystoria, ut ornate rethorica, ut vere logica. Sensui autem figurativo famulantur alie, quia res de quibus sunt alie scientie, scilicet persona, numerus, locus, tempus et huiusmodi habent significare ; licet enim alie scientie attendant solum vocum significationem, hee autem rerum significationem excellentiorem, quia, sicut dicit H⟨ugo⟩ illam usus instituit, ista natura dictavit. » J'ai traduit l'ensemble du prologue dans Dahan 2009b, p. 147-163 (ici, p. 162).

la philosophie est véritablement une sagesse. Réponse : la Glose parle de la philosophie mondaine appliquée aux choses divines[19].

La première réponse reprend les deux thèmes dont nous avons parlé, les dépouilles des Égyptiens et la servante. La seconde expose une distinction sur laquelle nous aurons l'occasion de revenir : même si la philosophie est véritablement sagesse, elle peut être déficiente dans l'étude des réalités divines. L'autre commentaire de la première épître aux Corinthiens que je citerai est beaucoup plus ample et beaucoup plus solide : il s'agit des leçons de saint Thomas sur les épîtres pauliniennes, dont avec Jean-Eric Stroobant de Saint-Eloy nous essayons faire mieux connaître la richesse et la finesse d'analyse. Le plan est celui de la leçon universitaire, mais adapté très souplement. Je ne citerai pas ce texte, bien développé, mais en dégagerai quelques idées[20]. Cette sagesse du verbe est-elle seulement une science creuse ? Les Grecs, en utilisant le terme de *logos*, à la fois « parole » et « raison », montrent que son champ est vaste. Beaucoup de docteurs de l'Église se sont illustrés par leur maîtrise du langage et la beauté de leur style, comme le disent aussi bien Jérôme qu'Augustin. Il faut utiliser les philosophes et les sciences profanes pour tout ce qui est à l'échelle de l'homme. Du reste, les philosophes eux-mêmes montrent que l'on ne peut pas appliquer n'importe quelle méthode à n'importe quelle science – et Thomas cite ici l'*Éthique à Nicomaque*[21]. La différence entre *sapientia*, appliquée aux réalités divines, et *prudentia*, aux réalités humaines, permet de résoudre la difficulté[22].

Ainsi, l'utilisation des auteurs profanes, et plus particulièrement des philosophes, se trouve justifiée – et cela explique la fréquence relative de leurs

---

19   Impression de Haguenau, 1502 (sous le nom de Nicolas de Gorran) : « Item. *Non in sapientia verbi*. Contra : secundum Augustinum, De doctrina christiana, sicut ab Egipciis vasa aurea et argentea abstulerunt filii Israel, ita, si qua vera dixerunt philosophi, ab eis tollenda sunt. Responsio : predicatio vel doctrina evangelica non debet fieri in sapientia verbi veluti principaliter dominante, sed ut adminiculante et serviente. Item, ibidem, Glosa : "Sapientia philosophorum, que dicitur sapientia, etsi non sit." Contra : immo philosophia vera vere est sapientia. Responsio : glosa loquitur de philosophia mundana comparata sive applicata divinis. »

20   *Super epistolas S. Pauli lectura*, éd. Cai 1953[8], I, 240-241. Stroobant de Saint-Éloy, Dahan, Borella 2008, p. 92-95.

21   Aristote, *Éthique à Nicomaque* I, 2, 1094b 23-25.

22   Voir Isidore de Séville, *Differentiae* I, 417, PL 83, 52 : « Inter prudentiam et sapientiam. Prudentia in humanis rebus, sapientia in divinis distribuitur » ; cf. *ibid.*, 499, col. 60 : « Inter sapientem et prudentem ita discerni solet ut sapiens vocetur is qui intellectum aeternorum rimatur, prudens vero qui ea quae sensibus corporis experiuntur. »

occurrences chez certains auteurs de la période ici envisagée. Mais quelle est la nature de cet usage des philosophes non chrétiens ? C'est ce que je voudrais examiner maintenant, en montrant d'abord qu'ils fournissent les cadres de la réflexion ou du raisonnement.

2 Une pensée structurée par la philosophie

Pour comprendre les auteurs de la seconde moitié du XIIIe siècle et du début du XIVe, il faut bien intégrer que leur pensée est fondamentalement structurée par l'aristotélisme. Cela n'est pas sans paradoxe, puisque cette période est en même temps celle où le message biblique a fini par imprégner les esprits. Ce n'est pas le lieu de méditer sur cette caractéristique forte de la pensée chrétienne de cette époque-clé. Mais on constate que l'explication du message biblique, compris en profondeur, rentre dans les moules des catégories aristotéliciennes. J'ai essayé de montrer cela à propos des commentaires de Thomas d'Aquin sur les épîtres pauliniennes, et je voudrais brièvement reprendre ici quelques éléments de ma démonstration. Thomas à la fois perçoit que la pensée paulinienne s'enracine dans un système étranger à la pensée hellénique et s'efforce de faire rentrer les affirmations de Paul dans les catégories de cette pensée. On est frappé par exemple par la réduction constante à des structures syllogistiques. Par exemple, les affirmations de Ga 3, 11-12 sont analysées comme un « syllogisme de seconde figure » : la lecture du texte grec montre que cela n'est pas très évident (même si les traductions actuelles vont dans ce sens) et que ce qui apparaît plutôt chez Paul est une démonstration fondée sur des passages scripturaires, ce qui nous situe dans une atmosphère biblique ou rabbinique[23]. Je traduis littéralement le grec : « que (ὅτι) dans la Loi personne n'est justifié auprès de Dieu, c'est clair, parce que (ὅτι) *le juste vivra de la foi* [Hab 2, 4] ; mais (δέ) la loi ne vient pas (οὐκ ἔστιν ἐκ) de la foi, mais (ἀλλά) *celui qui a fait cela vivra en cela* [Lv 18, 5) ». La traduction latine[24] va déjà dans le sens d'une structure logique hellénique, en articulant la phrase par *quoniam autem, quia, autem*. Le terrain est propice à l'identification d'un syllogisme par Thomas :

---

23   ὅτι δὲ ἐν νόμῳ οὐδεὶς δικαιοῦται παρὰ τῷ θεῷ δῆλον, ὅτι ὁ δίκαιος ἐκ πίστεως ζήσεται· 12 ὁ δὲ νόμος οὐκ ἔστιν ἐκ πίστεως, ἀλλ' ὁ ποιήσας αὐτὰ ζήσεται ἐν αὐτοῖς.

24   *Quoniam autem* in lege nemo iustificatur apud Deum, manifestum est, *quia* iustus ex fide vivit. Lex *autem* non est ex fide, sed qui fecerit ea vivet in illis.

L'UTILISATION DES PHILOSOPHES DANS L'EXÉGÈSE DU XIII-XIV

Pour prouver cela ⟨Paul⟩ a recours à une sorte de syllogisme de seconde figure ; le voici : la justice procède de la foi, mais la Loi ne procède pas de la foi ; donc la Loi ne peut justifier. Il pose donc d'abord la conclusion ... puis la majeure ... enfin la mineure[25]...

Cela n'empêche pas Thomas d'identifier des raisonnements propres à la pensée rabbinique, comme, à propos de Ga 2, 16, un raisonnement *a maiori*, qui n'est autre que le *qal wa-homer* rabbinique[26]. Mais c'est la *ratio* aristotélicienne qui domine largement. Le commentaire d'Ephésiens recourt deux fois à la notion énoncée au début du *Peri Hermeneias*, « les mots (*voces*) sont les signes (*signa, nota*) de ce que nous ressentons » ou de ce que conçoit notre esprit. Ainsi, dans une *questio* sur Eph 3, 14-15, « Je fléchis les genoux devant le Père de notre Seigneur Jésus Christ, de qui toute paternité tire son nom au ciel et sur la terre » ; la *questio* demande si toute paternité, dans le cieux et sur la terre, dérive de celle des personnes divines ; la réponse s'appuie sur une analyse de la nature des noms des réalités que nous nommons : ou bien les noms sont donnés relativement (par rapport à nous – et c'est là qu'est cité, ou plutôt intelligemment paraphrasé, l'adage du *Peri Hermeneias*), ou bien d'une manière absolue (par rapport à Dieu). Cet exemple me paraît très caractéristique de la profondeur d'analyse de Thomas, qui ne laisse rien dans l'ombre et qui distingue deux ordres de réalités, l'un par rapport à l'homme – et ce sont les catégories aristotéliciennes qui sont prises en compte – l'autre par rapport à Dieu – et ici nous sommes dans le champ de la théologie[27]. C'est sans doute l'une des manières de résoudre le paradoxe dont je parlais tout à l'heure. Toujours dans le corpus des commentaires pauliniens de Thomas, un exemple plus « passif » – mais extrêmement représentatif d'une pratique courante – dans la première épître à Timothée (1 Tm 6, 20) « O Timothée, conserve le dépôt (à toi confié), en évitant les nouveautés profanes dans les mots et les oppositions du faux nom

---

25 *Super epistolas*, éd. citée, p. 597-598 : « Ad quod ostendendum utitur quodam syllogismo in secunda figura, et est talis : iustitia est ex fide, sed lex ex fide non est ; ergo lex iustificare non potest. Circa hoc primo ponit conclusionem ... Consequenter ... ponit maiorem ... Minor autem ponitur ... » Voir STROOBANT DE SAINT-ÉLOY, TORRELL, DAHAN, BORELLA 2008, p. 127-129.

26 Sur les raisonnements rabbiniques, voir notamment MIELZINER 1968[5], p. 117-187 (sur le *qal wa-homer*, p. 130-141).

27 *Super epistolas*, éd. citée, t. II, p. 43. Voici comment est rendu l'adage : « Dico quod nomen alicuius rei nominatae a nobis dupliciter potest accipi, quia vel est expressivum aut significativum conceptus intellectus, quia voces sunt notae vel signa passionum vel conceptuum qui sunt in anima... » Voir également STROOBANT DE SAINT-ÉLOY, COTTIER, DAHAN, BORELLA 2012, p. 200-201. – L'autre utilisation de l'adage est sur Eph 4, 29, éd. citée, p. 62, trad. citée, p. 254.

de science » ; pour identifier ces sources d'erreur, Thomas cite les *Sophistici Elenchi*, « fallacia quandoque fit ex voce, quandoque ex re[28] ».

Ces recours aux catégories de la pensée aristotélicienne se retrouvent chez l'ensemble des commentateurs de la période considérée. Il ne faut évidemment pas oublier que ces maîtres sont passés d'abord par la faculté des arts, dont le programme comporte l'étude des textes aristotéliciens[29]. Ils en sont imprégnés. Les commentaires scripturaires de Thomas d'Aquin nous en présentent des occurrences nombreuses ; on n'oublie pas qu'il est aussi un commentateur des écrits d'Aristote, mieux encore il en est rapidement *le* commentateur « standard » et par la suite c'est à travers lui que sont souvent cités les textes aristotéliciens. Albert le Grand a aussi exposé des textes aristotéliciens. Mais on observe une fréquence aussi grande chez Bonaventure et chez d'autres. Je donnerai quelques exemples, qui nous montreront, je l'espère, comment les écrits logiques d'Aristote structurent la pensée des commentateurs. Albert le Grand renvoie au livre II de la *Physique* d'Aristote dans son commentaire de Jb 2, 3, à propos du terme *frustra* (« tu m'incites à le perdre en vain ») : « frustra et vanum est illud quod est ordinatum ad aliquem finem et illum non includit » (*Phys.* B 197 b 22-23) ; mais Albert va au-delà de cette définition, en posant une distinction entre *frustra* et *vanum*, qui en grec ne correspondent qu'à un seul mot (μάτην) :

> *Frustra*, comme le dit Aristote dans le livre II des *Physiques*, est ce qui est dirigé en vue d'une fin qu'il n'inclut pas, et en cela il diffère de *vanum*, parce que *vanum* n'est ni dirigé en vue d'une fin ni ne vise une fin, comme le mouvement du doigt quand il bouge pour rien[30].

Dans son commentaire de Luc, Bonaventure cite deux fois (sur Lc 4, 1 – c'est l'épisode des tentations de Jésus – et sur Lc 11, 13) la même phrase tirée des *Sophistici Elenchi*, « Il y a deux actions du sage, dont la première est de ne pas mentir sur ce qu'il sait, la seconde de pouvoir montrer que quelqu'un ment[31] ».

---

28 Je n'ai pas pu identifier cette citation ; cf. *Soph. elench.* 169a 23-b 17 ? ; *Super epistolas*, éd. citée, t. II, p. 264.

29 Voir notamment Lafleur, Carrier 1997 ; Weijers, Holtz 1997.

30 *Commentarii in Iob*, éd. Weiss 1904, col. 42 : « *Frustra* enim est, ut dicit Aristoteles in secundo Physicorum, quod est ad aliquem finem quem non includit, et in hoc differt a vano, quia vanum nec est ad finem nec finem consequitur, ut motus digiti quando propter nihil movetur. »

31 « Quoniam duplex est opus sapientis, scilicet docendo non mentiri de quibus novit et mentientem manifestare », *Soph. elench.* I, 2, 165a 25-27. Bonaventure, *Commentarius in evangelium S. Lucae* 4, 1, *Opera omnia*, éd. de Quaracchi, 1895, p. 88, et sur Lc 11, 13, *ibid.*, p. 288.

Dans le prologue de son commentaire de l'Ecclésiaste, Bonaventure renvoie au Philosophe : « sicut medicina est scientia sani et aegri, sani quidem per se, aegri vero per accidens, ut vult Philosophus ... » ; il s'agit des *Topiques* (VI, 5 143a 2-5) ; nous sommes dans le *respondeo* d'une *questio* sur le sujet de l'Ecclésiaste, plus précisément s'il peut y avoir une science de ce qui est vain ; la citation d'Aristote concerne le deuxième mode de la science[32] (du reste, tout le raisonnement entre dans les moules de la pensée rationnelle hellénique). Un dernier exemple, chez Maître Eckhart ; il consacre un très important commentaire à l'affirmation d'Ex 15, 3 (début du Cantique de la Mer Rouge), *Dominus quasi vir pugnator Omnipotens nomen eius* ; l'interrogation porte sur l'attribut de toute-puissance appliqué au nom de Dieu[33] ; tout le passage regorge de citations philosophiques ; je note seulement le recours aux *Catégories* 5, 3b 19 : « le blanc ne signifie rien d'autre que la qualité. » Ces quelques exemples auront montré la diversité des utilisations : s'il est clair que les commentateurs renvoient au Philosophe pour appuyer des affirmations structurelles, on note aussi la souplesse et la liberté avec lesquelles ils l'utilisent, le complétant ou le modifiant. Il faut encore noter l'utilisation de l'ouvrage d'Isaac Israeli, qui fournit assez souvent aux théologiens (un peu plus rarement aux exégètes) des définitions de termes philosophiques ou des précisions sur certaines notions[34]. Un seul exemple : en commentant le chapitre 18 de Job (intervention de Bildad sur le sort du méchant), Albert le Grand emprunte au « Livre des définitions » d'Isaac Israel un parallèle avec la pensée stoïcienne (*secundum Stoicos*), pour lesquels l'impie sera tourmenté dans un monde de tristesse et brûlera dans un grand feu[35].

J'ai laissé à part un motif extrêmement important, celui des quatre causes (énoncé, par exemple, en *Phys.* II, 3). On peut, sans exagération, affirmer qu'il rythme la pensée occidentale du XIIIe et du XIVe siècle, y compris celle des exégètes. Une application claire est, dans les prologue des commentaires, la substitution des « quatre causes aristotéliciennes » au schéma plus ancien de

---

32   *Commentarius in Ecclesiasten, Opera omnia*, éd. de Quaracchi, 1893, p. 7.

33   *Expositio libri Exodi*, éd. Fischer, Koch et Weiss 1992, p. 67-68 : « Albedo enim, quamvis sit in subiecto et accidens sive inhaerens subiecto, non tamen significat albedinem per modum inhaerentis, sicut hoc nomen "albus solam quidem qualitatem significat", sicut albedo et subiectum consignificat sive connotat, et propter hoc significat ipsam per modum accidentis et inhaerentis. Unde et Avicenna dicitur sensisse li album significare principalius subiectum et posterius accidens. »

34   Sur cet auteur, voir Altmann et Stern, 1958. Le « Livre des définitions » a été traduit en latin par Gérard de Crémone, sous le titre *Liber de definicionibus*, éd. Muckle 1937-1938.

35   Éd. Weiss, col. 225 : « Propter hoc dicit Isaac in libro de diffinitionibus secundum Stoicos loquens, quod impius deprimetur sub tristi orbe et ardebit ibi in igne magno. » Isaac Israeli, *Lib. de definicionibus*, éd. Muckle, p. 305.

l'*accessus* (même quand le vocabulaire de l'*accessus* continue à être utilisé, il s'agit bien des quatre causes : *auctor* = *causa efficiens, materia* = *causa materialis, finis* = *causa finalis, modus* = *causa formalis*)[36]. Ce schéma, dans les prologues, renouvelle la réflexion sur bien des points ; la prise en considération de la *causa efficiens* donne lieu à une distinction entre *causa efficiens principalis* (Dieu, l'Esprit saint) et une *causa efficiens secundaria* (l'auteur humain : Moïse, Isaïe, Marc, etc.) – et l'on imagine bien l'enrichissement que cela suppose[37]. La même réflexion sur la *causa efficiens* ouvre à des discussions sur les auteurs de certains livres (la critique d'authenticité naît alors, même si elle reste timide). De même, l'étude de la *causa formalis*, si elle se réduit parfois à une *divisio* globale du livre étudié, débouche aussi sur des analyses concernant le « mode » ou le langage de ce livre[38]. Mais l'influence des quatre causes ne se limite pas aux prologues, bien loin de là : elle rythme certains commentaires, parfois il est vrai d'une manière un peu naïve[39], plus souvent en donnant à l'exégèse une rigueur remarquable. Ici encore, l'étude des commentaires des épîtres pauliniennes de Thomas illustre bien cela. Mais je donnerai un exemple tiré du commentaire de la Sagesse de Bonaventure ; en Sg 14, 27, il est affirmé que « le culte des idoles est le commencement, la cause et le comble de tout mal » ; or l'Ecclésiastique 10, 15 voit dans l'orgueil la racine de tout péché. La réponse affirme que, de même que pour chaque réalité il y a quatre causes, on peut dire qu'il n'est pas illogique qu'il y ait plusieurs commencements aux maux, selon les divers points de vue dont on les considère[40].

3   La réflexion philosophique dans l'exégèse

Dans les commentaires, la philosophie est, certes, pourvoyeuse de thèmes de réflexion mais là n'est sans doute pas le plus intéressant dans l'utilisation des philosophes par les exégètes. De même qu'il fournissait les cadres du raisonnement, Aristote fournit pareillement le cadre explicatif de l'univers, sur un plan physique. J'ai eu dans un autre travail l'occasion de montrer son emploi chez Nicolas de Lyre : le plus remarquable est sans doute la manière dont l'auteur

---

36   QUAIN 1945 ; HUNT [1948] ; DAHAN 2000 [repris dans DAHAN 2009a, p. 57-101].
37   Voir notamment MINNIS 1988².
38   DAHAN 1999, p. 416-423.
39   Par exemple, chez Nicolas de Lyre. Cf. OCKER 2002, p. 123-142.
40   *Commentarius in Sapientiam, Opera omnia*, t. VI, p. 203 : « Dicendum quod non est inconveniens plura esse initia malorum secundum diversos respectus, sicut unius rei sunt quatuor causae, scilicet efficiens, materialis etc. et tamen unica in uno genere, quia ex parte rationalis infidelitas, ex parte concupiscentiae cupiditas, ex parte irascibilis superbia. »

de la *Postille* tente de faire entrer le récit de la création dans les catégories de la physique aristotélicienne (en dehors évidemment du problème même de la création *ex nihilo*) ; son application un peu naïve illustre bien les limites de l'utilisation d'Aristote chez les auteurs qui reçoivent sans grand esprit critique les données de l'aristotélisme (quelles que soient par ailleurs les qualités de la *Postille*)[41]. En revanche, quand les philosophes sont utilisés ponctuellement et qu'une distance est prise avec les données de la Révélation, le recours à eux peut être fécond. Cette distance se manifeste par la différence que font les exégètes (de même que les théologiens) entre métaphysique et théologie (prise au sens plus général d'étude des données de la Révélation), comme on le voit très simplement dans le prologue de Nicolas de Gorran déjà mentionné[42]. Dans son commentaire d'Isaïe (sur Is 3, 3, où il est question du *sapiens* et du *prudens*), Thomas d'Aquin fait de la métaphysique et de la théologie la même *sapientia universalis*, qui concerne la connaissance des réalités les plus nobles, les substances séparées ou spirituelles, mais *secundum Philosophum est metaphysica et secundum nos theologia*[43].

L'utilisation la plus remarquable des auteurs philosophiques est leur mise à contribution pour comprendre les données mêmes du texte biblique. Cela est évident pour tout ce qui concerne les sciences naturelles – je renvoie ici encore aux travaux de Beryl Smalley sur le sujet[44] et concentre mon attention plutôt sur ce qui appartient à la métaphysique ou à l'éthique. Il faut de nouveau souligner le rôle de la *questio* : c'est souvent dans cette partie de la leçon que sont cités les philosophes. Leur utilisation n'est pas cantonnée à des arguments *sed contra*, qui révéleraient des contradictions entre les philosophes et

---

41 Dahan 2011, p. 111-114.

42 Questions 1, 5 et 7, ms. BnF lat. 14416, fol. 3ra-va ; voir notamment la réponse à la question 7, « Utrum melius sapientia quam scientia appelletur ⟨theologia⟩ » : « Dicendum quod duplex est scientia, quedam perficiens cognitionem secundum veritatem, et hec proprie dicitur scientia ; alia movens affectionem ad bonitatem et hec proprie dicitur sapientia. Theologia est huiusmodi, unde proprie sapientia debet appellari. Unde Deut. .IIII. [6] : *Hec est vestra sapientia et intellectus coram populis*. Item secundum Augustinum, lib. xiiii de Trinitate : "Scientia est proprie rerum humanarum, sapientia rerum ⟨divinarum⟩." Cum ergo theologia sit cognitio rerum divinarum, proprie sapientia debet appellari. Large tamen loquendo scientia potest dici, et sic patet responsio. » Voir Dahan 2009b, p. 160-163.

43 *Expositio super Isaiam ad litteram*, éd. léonine 1974, p. 26 : « Sapientia ... secundum Philosophum dicitur dupliciter, scilicet uniuersalis et particularis ... Uniuersalis sapientia est que est ultimum in omnibus artibus et scientiis, et ista est per quam homo ponitur in cognitione nobilissimarum rerum, substantiarum scilicet separatarum vel spiritualium ; et hec secundum Philosophum est metaphysica et secundum nos theologia ». Voir *Eth. Nic.* VI, 5, 1141a 9 ; *Metaph.* VI, 1, 1026a 16.

44 Notamment ceux cités *supra* n. 3.

le texte biblique, mais ils permettent aussi d'approfondir la compréhension du texte scripturaire. Un exemple rapide suffira ; je l'emprunte au commentaire de l'Ecclésiaste de Bonaventure ; en Eccl 1, 7, le lieu d'où sortent les fleuves est compris comme la mer ; or celle-ci est salée et les fleuves sont de l'eau douce ; la réponse de Bonaventure se réfère au *De sensu et sensato* du Philosophe pour expliquer cela[45]. Si la *questio* est un lieu privilégié pour le recours aux philosophes, ceux-ci apparaissent également au fil de l'*expositio textus*. Par exemple, Pierre de Jean Olieu renvoie à l'*Éthique à Nicomaque* pour préciser l'explication d'Is 1, 2, *Filios nutrivi et exaltavi*, « J'ai nourri et élevé des enfants » : les trois mots de la Vulgate désignent les trois bienfaits que les enfants reçoivent de leur père et qui n'attendent pas de récompense, comme le dit Aristote : la génération (*filios*), la nutrition (*nutrivi*) et l'éducation ou l'héritage (*exaltavi*)[46]. Je donnerai une série d'exemples concernant d'abord des questions métaphysiques. Sur Job 37, 19 et 20, « Montre-nous ce que nous lui dirons ... Qui racontera ce que je dis ... », Albert le Grand cite deux passages du *Liber de causis* pour montrer l'indicibilité de ce qui concerne Dieu[47]. Bonaventure se livre à une réflexion sur le hasard à propos d'Eccl 9, 11 et fait appel au *Timée*[48]. C'est une méditation sur l'harmonie des sphères que suggère à Thomas d'Aquin le verset de Jb 38, 37, *Quis enarravit rationem et concentum caeli*, dans laquelle il oppose aux Pythagoriciens le livre II du *De caelo* d'Aristote[49]. Mais ce sont également des thèmes moraux qui sont exposés, ce qui est d'autant plus remarquable que

---

45   *In Eccl.*, éd. de Quaracchi, p. 15. Cf. *De sensu et sensato* 4, 440b.

46   *Postilla in Isaiam*, éd. Flood et Gal, St. Bonaventure 1997, p. 204 : « *Filios enutrivi*. Et in hoc tria beneficia innuit, quae filii a patre habent, quorum nullum recompensare potest, secundum Aristotelem in Ethicis. Primum est generatio propriae substantiae et personae ; secundum est unutritio ; tertium est eruditio et haereditatio. » Cf. *Eth. Nic.* VIII, 16, 1163b 20-28.

47   Éd. Weiss 1894, col. 436 et 437 : « Et his ostendit Deum incomprehensibilem, et ironice subdit : *Ostende nobis quod dicamus* de Deo scilicet, de quo nihil dicibile est. Philosophus in Libro de Causis, xxiᵃ propositione : Causa prima super omne nomen est, quo nominatur, quoniam non pertinet ei diminutio ... Philosophus, liber I de Causis, prop. vᵃ : "Causa prima superior est narratione et non deficiunt linguae a narratione eius nisi propter narrationem esse eius. » Cf. *Liber de Causis* XXI (XXII), p. 166-167, éd. Pattin, 93 ; V (VI), 57, *ibid.*, p. 59.

48   Éd. citée, p. 77 : « Praeterea videtur quod in nullis sit casus, quia, ut dicit Plato, "nihil est praeter primam causam, cuius ortum legitima causa non praecesserit" ; ergo secundum hoc nihil fit casu, sed omnia a causa determinata proveniunt. » Cf. *Timée* 28a ; trad. de Calcidius, éd. Waszink 1962, p. 20 : « Omne autem quod gignitur ex causa aliqua necessario gignitur ; nihil enim fit cuius ortum non legitima causa et ratio praecedat. »

49   *Expositio super Iob ad litteram*, éd. léonine 1965, p. 207 (à propos de *Quis enarravit caelorum rationem, et concentum caeli quis dormire faciet ?*) : « Considerandum autem est hic quod ex motu caelorum Pictagorici posuerunt sonitum harmonizatum provenire propter convenientissimam proportionem caelestium motuum ... Sed Aristotiles probat in II *De*

L'UTILISATION DES PHILOSOPHES DANS L'EXÉGÈSE DU XIII-XIV   273

les condamnations des philosophes visaient principalement ces thèmes. Il est ainsi intéressant de voir Thomas d'Aquin, sur Is 11, 2-3, mettre en parallèle la notion de *beatitudo* que définit l'*Éthique à Nicomaque* avec Mt 5, 8 (les béatitudes : « Heureux ceux qui ont le cœur pur »)[50]. Le même Thomas emprunte la définition aristotélicienne de la *verecundia*, « timor inhonorationis », pour expliquer le verbe *verebar* de Jb 3, 25[51]. Pierre de Jean Olieu met au centre d'une réflexion développée sur la punition des péchés par ignorance, à propos de Gn 19, 33, un texte de l'*Éthique à Nicomaque*[52]. Et l'on pourrait multiplier ces exemples.

Il convient cependant de consacrer quelques réflexions au rôle joué par Maïmonide, *Rabbi Moyses* chez les auteurs médiévaux. On peut le classer parmi les *falâsifa* dans la mesure où il prolonge d'une certaine manière le mouvement de la philosophie arabe hellénisante. Mais la traduction de son ouvrage majeur, le *Guide des égarés* (ou *des perplexes*) n'entre pas dans le cadre des traductions des penseurs musulmans, puisque cette traduction se fait à partir d'une version hébraïque et semble avoir été effectuée à Paris, dans les années 1240, comme le suggère Görge Hasselhoff, dont l'hypothèse me séduit assez[53]. Quoi qu'il en soit, Maïmonide joue un double rôle dans notre perspective : d'une part, il sert de « passeur » de la philosophie aristotélicienne et arabe – passeur, puisque justement son *Guide* apporte des réponses ou plutôt des pistes de réflexion à ceux qui sont « perplexes » devant l'opposition entre l'aristotélisme et les données de la Révélation[54] ; ce problème dépasse évidemment l'utilisation dans l'exégèse mais il est tout à fait significatif de retrouver ce rôle de Maïmonide dans les commentaires bibliques ; d'autre part, même si Maïmonide n'a rédigé aucun commentaire biblique, il est souvent cité dans l'exégèse : en effet, le *Guide* se fonde sur une analyse approfondie du langage biblique, et les explications de passages de l'Écriture y sont nombreuses. Pour la première, Maïmonide est souvent utilisé à propos de la contradiction entre l'éternité du monde soutenue par Aristote et la création biblique *ex nihilo* ;

---

    caelo quod ex motu caelestium corporum nullus sonitus procedit ... » Cf. *De caelo* II, 14, 291a 7 et 290b 12.

50   Éd. citée, p. 79 : « Operatio autem procedens a uirtute perfecta dono dicitur beatitudo, que nichil aliud est quam operatio secundum uirtutem perfectam, ut dicit Philosophus, sicut dicitur Matth. v, *Beati mundo corde, quoniam ipsi Deum uidebunt.* » Cf. *Eth. Nic.* I, 19, 1102a 5.

51   Éd. citée, p. 26. Cf. *Eth. Nic.* IV, 17, 1128b 11.

52   *Super Genesim*, éd. Flood 2007, 371 . « Aristotelus tertio Ethicorum dicit quod legis latores seu iudices puniunt eos qui ignoranter peccant si ipsi videantur esse causa ignorantiae suae. » Cf. *Eth. Nic.* III, 7, 1113b 23-25 (voir p. 372 la réponse à Aristote).

53   Ouvrage cité *supra* n. 8.

54   Voir en dernier lieu DAHAN 2013.

mais en dehors même de ce thème, que nous avons décidé d'exclure de la présente recherche, Maïmonide est également utilisé autour de trois thèmes majeurs, dont les deux premiers se retrouvent notamment dans les commentaires de l'Exode : les énonciations relatives à Dieu (les attributs, les noms divins, la théologie négative)[55], les commandements[56] ; le troisième thème est celui de la prophétie[57]. Les commentaires de Maître Eckhart utilisent fréquemment et remarquablement Maïmonide, non seulement sur l'Exode mais dans les autres commentaires, y compris dans celui de l'évangile de Jean[58]. Pour la seconde fonction, on observe tout d'abord que Maïmonide a contribué à faire évoluer l'exégèse du livre de Job, même si sa thèse d'une interprétation parabolique (excluant la réalité des événements racontés) a été généralement contestée au XIIIᵉ siècle : il oblige néanmoins les exégètes chrétiens à prendre position par rapport à cela et à trouver des solutions aux problèmes très nombreux que pose le livre[59]. Mais Rabbi Moïse est également cité ponctuellement à propos de passages scripturaires ; j'avais précédemment relevé, dans plusieurs études, un certain nombre d'emplois dans les commentaires de la Genèse. Il est intéressant de noter que ce recours à Maïmonide dans les commentaires a un statut différent de celui de l'exégèse juive : c'est moins pour éclairer la lettre qu'il est cité que pour apporter une contribution à l'étude doctrinale et, même si ses explications sont parfois contestées, je ne crois pas avoir trouvé d'appréciations polémiques, comme les *Iudei fabulantur* qui qualifient parfois les recours aux interprétations midrashiques.

On notera enfin que certains livres bibliques sont, du fait même de leur contenu, plus propices à l'utilisation des philosophes : on pense évidemment à l'Ecclésiaste, qui pose d'emblée le problème du savoir : les versets 1, 13 et 1, 17-18 mettent la science au nombre de ces « vanités » qui disparaissent sans laisser de trace comme la buée. Au XIIIᵉ siècle, cette affirmation se heurte à l'optimisme et à la confiance en la science que les savoirs nouveaux ont procurés en Occident et il est significatif de voir que, dans les *questiones* des commentaires, le *sed contra* cite la *Métaphysique* d'Aristote, « Par nature, tous les hommes désirent connaître » ; chez plusieurs commentateurs (Guillaume de Tournai, Guillaume d'Alton, Bonaventure, Jean de Varzy), cette question suscite une réflexion intense sur la vraie sagesse, qu'il est licite de poursuivre, par opposition

---

55 Voir plusieurs des études recueillies dans les deux volumes de WOLFSON 1977. Et, par exemple, PENIDO 1924 ; FELDMAN 1968 ; WOHLMAN 1988, p. 105-164.

56 SMALLEY 1974 ; WOHLMAN 1995, 101-125 ; DAHAN 2014.

57 Voir notamment TORRELL 1992.

58 LIEBESCHÜTZ 1972 ; IMBACH 1990.

59 Voir notamment Dondaine, introduction à l'éd. léonine de l'*Expositio super Iob*, 26*-28*, et le résumé de mon séminaire 2000-2001, 381-382.

aux investigations née de la seule curiosité[60]. Le livre de Job se prête également à un traitement philosophique. On observera que (sauf erreur de ma part), ce sont plutôt des livres de l'Ancien Testament qui appellent le recours aux philosophes : sans doute parce que le Nouveau Testament se présente davantage comme une doctrine constituée, à la fois en opposition avec la sagesse profane (on l'a vu, avec la 1e épître aux Corinthiens) mais davantage proche des moules de la pensée hellénique.

4   Conclusion

On n'aura eu qu'un trop rapide aperçu : le corpus est d'une grande richesse et si, par commodité, je m'en suis tenu à quelques commentateurs seulement, il faut souligner que la plupart des exégètes de l'époque considérée citent les philosophes, notamment Aristote mais aussi Avicenne et Maïmonide. Ce qui apparaît en tout cas, au terme de ce survol, c'est, sur ce plan également, l'esprit d'ouverture de l'exégèse du XIIIe et du XIVe siècle et la manière extrêmement naturelle (et non polémique) dont sont intégrés les savoirs non chrétiens, y compris en métaphysique et en morale.

Bibliographie

ALEXANDRE M. 2012, « La culture grecque, servante de la foi. De Philon d'Alexandrie aux Pères grecs », dans PERROT A. (dir.), *Les chrétiens et l'hellénisme. Identités religieuses et culture grecque dans l'Antiquité tardive*, Paris, p. 31-59.

ALTMANN A. et STERN S. M. 1958, *Isaac Israeli, a Neoplatonic Philosopher of the Early Tenth Century*, Oxford.

Biblia sacra 1957, *Biblia sacra iuxta Latinam vulgatam versionem*, éd. des moines de Saint-Jérôme, t. XI, Rome.

BORI P. C. 1991, *L'interprétation infinie. L'herméneutique chrétienne ancienne et ses transformations*, trad. fr. Fr. Vial, Paris.

CAI R. (éd.) 1953[8], *Super epistolas S. Pauli lectura*, Rome-Turin.

COMBÈS G. et FARGES J. (éd., trad.) 1949, Augustin, *De doctrina christiana*, Paris.

DAHAN G. 1999a, *L'exégèse chrétienne de la Bible en Occident médiéval, XIIe-XIVe siècle*, Paris.

DAHAN G. 1999b, « Encyclopédies et exégèse de la Bible aux XIIe et XIIIe siècles », *Cahiers de recherches médiévales*, 6, p. 19-40 [repris dans DAHAN 2009a, p. 103-133].

---

60   Dahan 2005.

DAHAN G. 2000, « Les prologues des commentaires bibliques (xiie-xive s.) », dans HAMESSE J. (dir.), *Les prologues médiévaux*, Turnhout, p. 427-470 [repris dans Dahan 2009, p. 57-101].

DAHAN G. 2000-2001, *Annuaire EPHE. Section des sciences religieuses*, 109, p. 381-382.

DAHAN G. 2009a, *Lire la Bible au moyen âge. Essais d'herméneutique médiévale*, Genève, 2009.

DAHAN G. 2003, « Ex imperfecto ad perfectum : le progrès de la pensée humaine chez les théologiens du xiiie siècle », BAUMGARTNER E. et HARF-LANCNER L. dans *Progrès, réaction, décadence dans l'Occident médiéval*, Genève, p. 171-184 [repris dans DAHAN 2009, p. 409-425].

DAHAN G. 2004, « Maïmonide dans les controverses universitaires du xiiie siècle », dans LÉVY T. et RASHED R. (dir.), *Maïmonide, philosophe et savant (1138-1204)*, Louvain, p. 367-393.

DAHAN G. 2005, « L'Ecclésiaste contre Aristote ? Les commentaires de Eccl 1, 13 et 17-18 aux xiie et xiiie siècles », dans MEIRINHOS J. F. (dir.), *Itinéraires de la raison. Études de philosophie médiévale offertes à Maria Cândida Pacheco*, Turnhout, p. 205-233.

DAHAN G. 2009, *Interpréter la Bible au moyen âge. Cinq écrits du XIIIᵉ siècle sur l'exégèse de la Bible traduits en français*, Paris.

DAHAN G. 2011, « Nicolas de Lyre. Herméneutique et méthodes d'exégèse », dans DAHAN G. (dir.), *Nicolas de Lyre, franciscain du XIVᵉ siècle, exégète et théologien*, Paris, p. 99-124.

DAHAN G. 2013, « Un transfert intellectuel : la traduction latine du Guide des égarés de Maïmonide », dans DUCOS J. et HENRIET P. (dir.), *Passages. Déplacements des hommes, circulation des textes et identités dans l'Occident médiéval*, Toulouse, p. 23-37.

DAHAN G. 2014, « Le Décalogue dans l'exégèse et la théologie du moyen âge », dans ARNOLD M. et PRIEUR J.-M. (dir.), *Le Décalogue. Perspectives exégétiques, historiques et éthiques*, Strasbourg, p. 19-52.

DOD B. G. et LOHR C. H. 1982, « Aristotle in the Middle Ages », dans KRETZMANN N., KENNY A., PINBORG J. (dir.), *The Cambridge History of Later Medieval Philosophy*, Cambridge, p. 43-98.

FISCHER H., KOCH J. et WEISS K. (éd., trad.) 1992, Meister Eckhart, *Expositio libri Exodi, Meister Eckhart. Die lateinischen Werke*, t. II, Stuttgart.

FELDMAN S. 1968, « A Scholastic Misinterpretation of Maimonides' Doctrine of Divine Attributes », *Journal of Jewish Studies*, 19, p. 23-39.

FLOOD D. et GAL G. 1997, *Peter of John Olivi. Postilla in Isaiam*, St. Bonaventure.

FLOOD D. (éd.) 2007, *Peter of John Olivi on Genesis*, St. Bonaventure.

FOLLIET G. (2002), « La spoliatio Ægyptiorum ... Les interprétations de cette image chez les Pères et autres écrivains ecclésiastiques », *Traditio*, 57, p. 1-48.

Glossa 1634, *Biblia sacra cum Glossa ordinaria*, éd. d'Anvers, t. 1.

L'UTILISATION DES PHILOSOPHES DANS L'EXÉGÈSE DU XIII-XIV

HASSELHOFF G. K. 2004, *Dicit Rabbi Moyses. Studien zum Bild von Moses Maimonides im lateinischen Westen vom 13. bis zum 15. Jahrhundert*, Würzburg.

HISSETTE R. 1977, *Enquête sur les 219 articles condamnés à Paris le 7 mars 1277*, Louvain-Paris.

HUNT R. W. 1948, « The Introduction to the artes in the twelfth century », dans *Sudia mediaevalia R. J. Martin*, Bruges, p. 84-112.

IMBACH R. 1990, « Ut ait Rabbi Moyses. Maimonidische Philosopheme bei Thomas Aquinas und Meister Eckhart », *Collectanea Franciscana* 60, p. 99-115.

LAFLEUR C. et CARRIER, J. (dir.) 1997, *L'enseignement de la philosophie au XIIIe siècle. Autour du « Guide de l'étudiant » du ms. Ripoll 109*, Turnhout.

LIEBESCHÜTZ H. 1972, « Meister Eckhart und Moses Maimonides », *Archiv für Kulturgeschichte* 54, p. 64-96.

LUBAC H. de 1959, *Exégèse médiévale. Les quatre sens de l'Écriture*, t. I/1, Paris.

MIELZINER M. 1968^5, *Introduction to the Talmud*, New York.

MINNIS A. J. 1988^2, *Medieval Theory of Authorship. Scholarly Attitudes in the Later Middle Ages*, Aldershot.

MUCKLE J. T. (éd.) 1937-1938, Isaac Israeli, *Liber de definicionibus*, AHDLMA 11, p. 299-340.

OCKER C. 2002, *Biblical Poetics before Humanism and Reformation*, Cambridge.

PATTIN A. (éd.) s.d., *Liber de Causis*, Louvain.

PENIDO M. L. T. 1924, « Les attributs de Dieu d'après Maïmonide », *Revue néoscolastique* 26, p. 137-163.

PICHÉ D. 1999, *La condamnation parisienne de 1277*, Paris.

QUAIN E. A. 1945, « The Mediaeval accessus ad auctores », *Traditio*, 3, p. 215-264.

ROSSI P. et VIANO C. A. [p.c.] (dir.) 1994, *Storia della filosofia*, t. II, *Il Medioevo*, Bari.

SAVON H. 1977, *Saint Ambroise devant l'exégèse de Philon le Juif*, Paris.

SMALLEY B. 1949-1950, « Some thirteenth-century commentaries on the Sapiential Books », *Dominican Studies*, 2, p. 318-355 ; et 3, p. 41-77 et p. 236-274.

SMALLEY B. 1950-1951, « Some Latin commentaries on the Sapiential Books in the late thirteenth and early fourteenth century », *AHDLMA* 18, p. 103-128.

SMALLEY B. 1974, « William of Auvergne, John of La Rochelle and St. Thomas Aquinas on the Old Law », dans *St. Thomas Aquinas, 1274-1974. Commemorative Studies*, Toronto, t. II, p. 11-71.

SMALLEY B. 1983, *The Study of the Bible in the Middle Ages*, 3e éd.

SOLÈRE J.-L. et KALUZA Z. (dir.) 2002, *La servante et la consolatrice. La philosophie dans ses rapports avec la théologie au Moyen Âge*, Paris.

SPICQ C. 1944, *Esquisse d'une histoire de l'exégèse latine au moyen âge*, Paris

STROOBANT DE SAINT-ÉLOY J.-E., DAHAN G., BORELLA J. 2002, *Thomas d'Aquin. Commentaire de la première épître aux Corinthiens*, Paris.

STROOBANT DE SAINT-ÉLOY J.-E., TORRELL J.-P., DAHAN G., BORELLA J. 2008, *Thomas d'Aquin. Commentaire de l'épître aux Galates*, Paris.

STROOBANT DE SAINT-ÉLOY J.-E., COTTIER G., DAHAN G., BORELLA J. (2012), *Thomas d'Aquin. Commentaire de l'épître aux Éphésiens*, Paris.

TORRELL J.-P. 1992, *Recherches sur la théorie de la prophétie au moyen âge, XIIe-XIVe siècle. Études et textes*, Fribourg.

VAN STEENBERGHEN F. 1970, *Aristotle in the West. The Origins of Latin Aristotelism*, trad. L. Johnston, 2e éd., Louvain.

WASZINK J. H. 1962, Platon, *Timée*, trad. de Calcidius, Londres-Leyde (Plato Latinus 4).

WEIJERS O. et HOLTZ L. (dir.) 1997, *L'enseignement des disciplines à la Faculté des Arts (Paris et Oxford, XIIIe-XVe s)*, Turnhout.

WEISS M. (éd.) 1904 ; *Alberti Magni Commentarii in Iob*, Freiburg B.

WOHLMAN A. 1988, *Thomas d'Aquin et Maïmonide. Un dialogue exemplaire*, Paris.

WOHLMAN A. 1995, *Maïmonide et Thomas d'Aquin. Un dialogue impossible*, Fribourg.

WOLFSON H. A. 1977, *Studies in the History of Philosophy and Religion* (ed. I. Twersky et G. H. Williams), Cambridge (Mass.)-Londres.

Œuvres de Philon

Abr.

3-6	245n78
6	236
13	138n17
50	247
57	187n5 ; 197n35
68-84	21n37
70	232n17
72	232n18
72-81	220n89
77	246n85
79-80	213n71 ; 248n97 ; 249n100
80	232n20
83	105n78
85	105n78
87	190n14
88	234n42
90	105n78
119	232n22
167-207	137
188	105n78
199	249n98
225-244	137
261	145
268	244n74
269	205n48

Aet.

22	198

Agric.

20	138n17
43	138n17
74-75	205n48

Alex.

11	230n3

Chor.

2	135n11
18	138n17
27	28n3
31	214n74
46	186n4

49	202n44
52	215n77
65-70	220n90
71-74	216n79
97	191n15
124-130	216n79

Confus.

21	246n84
33-35	158n1
98	246n84
106	124n59
95	233n37
136	65n13
140	234n43
159	102n69

Congr.

5	139 ; 142n22
6	142n23
9	142n24
10	142-143
11	143
34-36	221n93
58	214n75
61	212n69
63	141
63 sq.	207n56
73-80	208n57 ; 232n24
79	130 ; 142n24
87	141
107	216n79
108	217n82
122	13n16 ; 144n
127	212n69
130	216n79 ; 218n84
133	218n84
143	208n57
151-152	208n56
177	145n27

Contempl.

3	11n7
11	234n39
11-12	194n26

Contempl. (cont.)

64	236n51
90	236n51

Decal.

31	11n7
32	92n15
32-36	93n20
35	93n23
44-49	93n20
73-75	223n98
175	92n15

Deter.

13	38
22-23	211n64
32	221n93
48	214n74
69-71	215n77
72	235n50
81	13
83	193n22
90	220n90
91-92	223n97
105-106	197n35
126	138n17
141-145	207n56

Deus

4	47
4-7	221n93
16-19	212n69
21-32	214n75
24-26	197n35
30-32	135n10
35-47	194n24
37-40	197n35
45-47	220n90
55	188n6
57	206n49
73-76	224n99
77-79	191n15
83	93n21
85	189n12
87	223n97
104-108	224n99
110	248n96
114	41

115	135n11
116	41
123-124	214n74
133	207n56
143	220n90
172-177	124n58

Ebr.

106	65n13
111	214n74
155-156	197n35

Fug.

12	246n83
125	234n36
213	37n51 ; 48n62

Gig.

2-4	118
6-15	193n24
16	22n44
19-57	96n41
24-27	206n49
28-33	214n75
32-33	210n63
44	40
50	212n69
51	214n75 ; 124n58
52	76
53-55	96
54	75
55	96n43
56	138n17
62-64	220n90

Her.

22-30	213n71
30	102
58	199
68-70	194n26
69-71	53n69-71
74	54n72
82-83	247n91
84	194n26
87-88	11n9 ; 11n12
113-124	218n84
133	162n6
134	11n7

OEUVRES DE PHILON   281

137	194n24
171	218n84
186-190	162n5
188	199
201 sqq.	167n10
207-214	167n11
212	168n12
214	168n12
216	168n13
221-225	168n14
222-225	170n17
225	169n15
228-229	171n21
229	172
229-231	173
230	173
230-231	193n22
230-233	247n92
230-236	162n5 ; 164n
231	174 ; 176n31
232	177
232-243	174
233	178
234-236	179 ; 180n37
258	105
259	89n9 ; 95n34 ; 105n77
266	13n16 ; 105n77
282	11n7
283	11n12
290	132-133
304-305	158n1

Ios.

2	146
7	112
12	121n44
58	13n16
65	59n2
79	125n63
95	113
110-114	125n64
119	148
125	125n60
134	124n58
140	124n57
143-144	124
145 sq.	123

Legat.

6	76
41-51	208n56
182	131
353	74n39

Leg.

I, 21-23	187n5
I, 31	210n63
I, 34	224n99
I, 37-38	190n13
I, 44	14n21 ; 202n44
I, 48-49	216n79
I, 48-52	48-52
I, 51	216n80
I, 52	214n74
I, 82	216n80
I, 99	223n97
I, 105-108	214n74
I, 336	235
II, 24	195n31
II, 25	114n18
II, 31	114n18
II, 68-69	218n84
II, 91	42
II, 93	48
III, 1 sq.	199n39
III, 10	223n97
III, 11	46
III, 15-16	233n33
III, 27	214n74
III, 28-38	217n83
III, 37-42	216n80
III, 47	190n14
III, 51	202n44
III, 71-72	214n74
III, 74	42
III, 84	233n29 ; 235n46
III, 85	233n31
III, 93	233n32
III, 97-99	190n13 ; 246n80
III, 101	63
III, 131	214n74
III, 141	95n39
III, 159	47n66
III, 162	187n5
III, 162-165	43-45
III, 170	206n52

Leg. (cont.)	
III, 177	193n24
III, 182-188	202n44
III, 198	135n11
III, 242	214n74
III, 246	213n71
Migr.	
6	231n6, 232n19
13	233n27
14	69n26
28	230n4
29-33	136n15
30	136n15
34	28n3
39	233n25 ; 233n35
45	138n17
47-52	93n21
69	219n87
76	138n17
82	235n50
113-114	102n69
139	18n33
176-188	21n37
185	246n87
190	114 ; 126
192	198n38
Mos.	
I, 11	159n2
I, 18	105n78
I, 27	60
I, 31	118n34
I, 60	147n31
I, 66	60
I, 97	11n7
I, 111	186n4
I, 143	11n7
I, 148	58 ; 147
I, 148-149	62
I, 149-151	59
I, 150-154	148n34
I, 153	59
I, 156-157	59
I, 158	58 ; 60 ; 61
I, 158-159	62
I, 159	61
I, 160-161	59 ; 61 ; 233n26

I, 162	62
I, 264-265	99
I, 266	101
I, 268	101
I, 274	94n28
I, 276	99n56
I, 277	220n89
I, 282	99n56
I, 285	99n56
I, 288	103n72
I, 305	99n56
II, 2	147n33
II, 4	147
II, 67	247n91
II, 69	95n39
II, 133	11n12
II, 133-135	193n22
II, 187-292	91
II, 188	91n
II, 189	92
II, 191	92, 94n29
II, 246-257	96n44
II, 250	97n50
II, 250-252	96n49
II, 258-269	96n45
II, 259	97
II, 264	97
II, 270	97n51
II, 272	97n52
II, 273	97n53
II, 270-274	96n46
II, 275-287	96n47
II, 280-281	96n49
II, 288-292	96n48
Mutat.	
1	232n22 ; 233n31
6	68
7	66-67
7-9	188n6
8	70
9	68
11	67n21
11-13	69-70 ; 73
11-15	67n23
12	75
13	71
14	72 ; 73

15	72 ; 73
17	73n36
27	73n37
41	233n32
54	216n81
55-57	205n48
60	74
61	73
62	73n38
63	69n26
64	73
65	74
66	232n22, 23 ; 235n48
71	74
72	235n49
74-76	220n90
76	235
80	74
114	234n40
139	95n34
153	146
154-156	222n96
155	233n27
156	205n48
223	230n3 ; 231n9
246	230n3
253	38

Opif.

7	187n5
8	198n38
12	69n26 ; 207n55
20-22	187n5
23	191n16
24	192n20
25	193n22
31	191n16
53	195n31 ; 231n11
54	197n35
63-66	197n35
66	195n31
69	170n18 ; 174n27 ; 176n30
69-71	220n90
77-78	197n35
134	210n63
141	193n23

145	193n23
146	11n7
164	214n74
171	187n5

Plant.

1-6	118
1-8	11n11
6	11n7
14	22n44
27	138n17
42	210n63
53	135n13
100	214n74
114	135n13
131	223n97
169	136n13

Poster.

7-9	199n39
10	219
12-13	63
13	66
13-14	64
14	66
14-15	209n60
15	65 ; 66 ; 233n30
16	66
17	18n33 ; 65
18	64 ; 65
18-21	66
20	197
21	65
22-28	214n75
28	138n17
35	220n88 ; 231n14
38	201n43
52	207n56
91	234n40
101-102	220n90
109-110	208n56
112	214n75
119	135n12
122	234n41
135	147
137	207n56
144-145	191n16
160-161	208n56

Poster. (cont.)

168-169	196n33
169	138n17
170	205n48

Praem.

2	92n15
10-21	223n97
26	235n45
26-27	221n91
163	234n40

Prob.

62	231n7
80	221n91
82	221n94 ; 247n91

Prov.

fr. 2	30n10

QG

I, 24	114n18
I, 36	231n12
I, 43	231n11
III, 9	95n31
III, 10	89n9
III, 21	232n21
IV, 2	77n49
IV, 8	31n20
IV, 9	233n26
IV, 21	231n13
IV, 76-77	146
IV, 90	95n31
IV, 92	231n10
IV, 104	231n10
IV, 122	233n31
IV, 125	95n37
IV, 221	231n11
IV, 238	234n38
VI, 196	89n9 ; 95n31 ; 95n34

QE

II, 28	31n18
II, 122	230n5

Sacrif.

1-3	218n85
11	213n71

59	175n29
64	46
76	135n12
78	93n21
97	223n97
98-102	193n24

Somn.

I, 1	110n2 ; 111n4
I, 1-3	92n15
I, 2	111n5
I, 3-4	9-10
I, 6	117n30
I, 6-40	215n76
I, 8	19-20
I, 15	11
I, 17-24	11
I, 21-24	117n30
I, 25-33	11
I, 30	117n30
I, 34	11
I, 35	231n12
I, 35-36	223n97
I, 36	95n39
I, 43	117n31
I, 48	15
I, 52-60	21n37
I, 54	21
I, 55-56	117n31
I, 56	233n26 ; 233n27
I, 57	21
I, 60	215n77 ; 244n74
I, 61	17n28
I, 61-64	202n44
I, 63	14n21
I, 64	17n29
I, 64-67	18-19
I, 66	117
I, 67	74n38
I, 70	17n28
I, 72	12 ; 17n28
I, 75	17n28
I, 77	16 ; 65n13
I, 87-91	203n45
I, 89	17n28
I, 91	222n96
I, 94	215n76
I, 102	113n13 ; 118
I, 107	17n28 ; 231n10

I, 109	12	I, 228	248n96
I, 113-119	206n50	I, 229-230	111n6
I, 115	12, 20 ; 233n25	I, 230-231	76 ; 188n6
I, 116	17n28 ; 248n98	I, 232	77n47 ; 193n24
I, 119	222n96 ; 233n34	I, 233	77 ; 78n50
I, 121	117n27	I, 234	78
I, 126	117n27	I, 234 sqq.	192n18
I, 127	202n44	I, 238	77-78 ; 111n6
I, 130	17n28	I, 245	207n54
I, 131	222n96	I, 252	223n97
I, 133-145	11 ; 118	II, 1	95n37
I, 138-139	22-23	II, 1-2	111n4
I, 141	21-22	II, 1-4	92n15
I, 142-143	188n7	II, 2-3	110n3
I, 143	193n24	II, 4	112n8
I, 146 sq.	118	II, 4-5	112n9
I, 146-152	11	II, 11 sq.	125n61
I, 146-156	113n13 ; 217n82	II, 14-16	120
I, 147	23-24	II, 17-18	121
I, 149	31n15	II, 20	121n45
I, 150	25-26	II, 24	207n54 ; 222n96
I, 153-156	118n34	II, 31-41	121n46
I, 157	111n6	II, 42	116n23 ; 120n41
I, 157-158	207n53	II, 45	195
I, 157-172	221n93	II, 46	212n69
I, 162-163	224n99	II, 47	120n42
I, 163	119n35	II, 48-64	207n56
I, 164	119	II, 68	48n63
I, 165	119	II, 68-70	218n84
I, 171	119n36	II, 75-76	39
I, 173	12-13	II, 80	120n43
I, 182	16-17	II, 93 sq.	212n69
I, 184-185	14-15	II, 97	116n23 ; 121n47
I, 189-190	111n6	II, 102	121
I, 190	111n6	II, 105-106	122n48
I, 191	12	II, 106	116n23
I, 193 sq.	119n35	II, 107-109	123n54
I, 197-200	119n37	II, 110	121n46
I, 199	233n34	II, 110-138	120n43
I, 103	230n3	II, 147	214n74
I, 206	193n22	II, 149	223n97
I, 211	233n34	II, 155 sq.	122n50
I, 213	233n28	II, 162	122n51
I, 215	195	II, 193-194	207n54
I, 220	212n69	II, 199	122
I, 221-223	120n43	II, 207 sq.	122n52
I, 224	212n69	II, 215	122n49
I, 227	77 ; 78	II, 216 sq.	123n53
I, 227-229	193n22	II, 230-233	194n26

Somn. (cont.)

II, 251	31n15
II, 252-253	36
II, 252-254	208n56
II, 283	219n87
II, 291	212n69

Spec.

I, 6, 33-34	246n81
I, 32-35	188n6
I, 36-40	190n14
I, 41	188n6
I, 44	224
I, 47	196n33
I, 48	187n5
I, 60	87 ; 88n5
I, 60-65	87 ; 90
I, 63	89n8
I, 65	95
I, 66	187n5
I, 107	223n97
I, 113-116	194n26
I, 210	31n17
I, 219	114 ; 115 ; 126
I, 247-248	223n97
I, 315	94n30
I, 315-318	88n6

I, 319-323	88n7
I, 327 sq.	219n87
I, 327-329	187n5
I, 336	231n11
II, 194	138n17
III, 1-2	36n46
III, 49	89n10
III, 84	231n46
II, 117	235n46
III, 83	247n93
III, 117	235n47, 48
III, 186	234n43
III, 207	231n8 ; 247n93
IV, 48-52	89
IV, 49	89
IV, 52	94n30
IV, 69	138n17
IV, 133-238	88
IV, 157	138n17
IV, 169	134
IV, 175	138n17

Virt.

60	138n17
164	191n15
184	247n91
215	188n6 ; 233

Citations scripturaires

Septante

Genèse

1, 26	231
1, 26-27	164n7 ; 170 ; 175 ; 175n29 ; 176
2, 8	48
2, 9	218
2, 17	239
2, 19	182n38
3, 8	57
3, 9	55
4, 2	218
4, 3	57
4, 10	215
4, 16	199n39
6, 3	96
6, 4	55
6, 8	223
12, 7	232
15, 10	162 ; 164 ; 164n7 ; 167n11 ; 172 ; 173 ; 175 ; 177
15, 13	105n77
16	142
17, 1	66 ; 72
17, 5	232
17, 16	146
17,19	38
18	117n33
18, 27	102n70
19, 33	273
20, 3-7	111n4
22, 3-4	18 ; 117n3
23, 6	145
24, 12	23n47
26, 3	136n15
26, 32	19
28, 10	11
28, 10-11	10
28, 10-13	117
28, 11	18 ; 25 ; 202
28, 12	11, 20-27
28, 12-15	111n6
28, 13	12
28, 16	16-17
28, 16-17	14-15
31, 3	136n15
31, 13	77 ; 78 ; 207n54
31, 20	56
31, 24	111n4
32, 29	233
33, 7	75
37, 7	120n39
37, 13-14	38
37,15	211
38, 7	42
39, 21	23n47
41, 41-43	148

Exode

3, 13-15	70
3, 14	75 ; 78 ; 188n6
3, 15	69
3, 21-22	261-262
4, 1-5	42
6, 3	71 ; 75 ; 78
7, 1	60 ; 61 ; 62 ; 79
11, 2-3	261-262
12, 4	45
12, 35-36	261
13, 11	55 ; 56
14	96n44
15, 3	269
16	96n45
16, 4	43
19, 18	93n22
20, 6	23n47
20, 21	58 ; 60 ; 61 ; 62 ; 66 ; 79
22, 17	87n2
22, 27	118
24, 1	55
24, 10	95n38
30, 11-15	162 ; 170
30, 34	171n20
32	96n46

Exode (*cont.*)

33, 7	75
33, 11	59 ; 92
33, 13	63 ; 66 ; 67 ; 79
33, 23	68 ; 197
34, 28	95n39

Lévitique

16, 17	194
18, 5	266
19, 26	87n2
19, 31	87n2
20, 6	87n2
20, 27	87n2
23, 10	39

Nombres

1, 48	92n19
11, 17	194
16	96n47
22-24	98 ; 102 ; 104
22, 38	100n64
23, 5	100n63
23, 11	100n63
23, 12	100n64
23, 16	100n63
23, 23	87n2
23, 25	100n64

Deutéronome

4, 6	271n
13, 2-6	87n2
16, 16	46
16, 21	48
16, 22	207n54
18, 10-22	87n2
18, 15-22	88
18, 18	90
21, 15-17	55
23, 13	55
25, 11-12	218
30, 20	63
33	96n48
34	96n48
34, 10	87n2

Josué

13, 22	99n56

Psaumes

2, 10-12	144
48, 18	24n51
67, 34	64n12
74, 9	190
83, 11	134

Proverbes

3, 11-12	144n

Ecclésiaste

1, 7	272
1, 13	274
1, 17-18	274
9, 11	272

Job

2, 3	268
3, 25	273
18	269
31, 7-9	251
31, 29-30	251
37, 19-20	272
38, 37	272

Sagesse

1, 1	141n ; 144 ; 148
3, 7-8	150
4, 8-9	133
4, 10	141n
4, 13	134
5, 2	137-138
5, 15	135
6, 1	143
6, 11	144
6, 12-13	145n27
6, 14	140
6, 17-20	143
8, 2	140
8, 3	141
8, 7	141n
8, 9	139
8, 10	142
8, 13	134
8, 16	140
8, 19	144n
10, 14	24n51

CITATIONS SCRIPTURAIRES

11-12	145n27
14, 27	270

Siracide

10, 15	270

Habacuc

2, 4	266

Isaïe

1, 2	272
3, 3	271
11, 2-3	273
52-53	137
52,13	137n16
52, 14	138

Daniel

3, 49	24n51

Nouveau Testament

Matthieu

5, 8	273

Luc

4, 1	268
11, 13	268

1 Corinthiens

1, 10-30	264-265

Galates

2, 16	267
3, 11-12	266
3, 28	79n52

Éphésiens

3, 14-15	267

1 Timothée

6, 20	267

2 Pierre

2, 16	99n57

Auteurs anciens et médiévaux

Albert le Grand
Commentaire de Job 268 ; 269 ; 270

Alexandre d'Aphrodise
De mixtione
216.15-17 199n40

Ambroise
De apologia prophetae David
67-69 214n75

Ammien Marcellin
Histoires
XXI, 1, 8 206n51

Ammonius
In Porphyrii Isagogen
87.20 189n12

Apollonius Dyscole
De Syntaxi
I, 74-76 13n14
I, 103 13n14

Apulée
De Deo Socratis
6-7 201n43
20 94n26
De Platone et eius dogmate
23 201n43

Aratos
Phénomènes
2-4 196n32

Aristophane
Acharniens
483 32n26
Cavaliers
1194 32n26

Aristote
Catégories
5, 3b 19 269

De caelo
II, 14, 290b 12 273n49
II, 14, 291a 7 273n49
De sensu et sensato
4, 440b 272n45
Éthique à Nicomaque
I, 2, 1094b 23-25 265n21
I, 19, 1102a 5 273n50
III, 7, 1113b 23-25 273n52
IV, 17, 1128b 11 273n51
VI, 5, 1141a 9 271n43
VIII, 16, 1163b 20-28 272n46
Métaphysique
I, 1, 980a 1 274
I, 5, 986a-b 167
VI, 1, 1026a 16 271n43
XII, 8 236n53
Peri Hermeneias 267
Physique
II, 6, 197b 22-23 268
II, 3, 194b-195b 269
Sophistici Elenchi
I, 2, 165a 25-27 268n31
169a 23-b 17 268n28
Topiques
VI, 5, 143a 2-5 269

Augustin
Cité de Dieu
XII, 7 224n101
XII, 9, 1 224n101
XIII, 15 224n101
XIV, 4 225n101
XIV, 5 224n101
XIV, 13 224n101
XIV, 27 225n101
XIX, 4, 1 224n101
XXIV, 4 225n101
XXIV, 27 225n101
Confessions
II, 6, 13 217n83
XIII, 9, 10 190n14
De doctrina christiana
II, 40 261, 10

AUTEURS ANCIENS ET MÉDIÉVAUX

Aurélius Victor
Liber de Caesaribus
III, 20 — 222n95

Bonaventure
Commentaire de la Sagesse
p. 203 — 270n40
Commentaire de Luc
4, 1 — 268n31
11, 13 — 268n31
Commentaire de l'Ecclésiaste
p. 7 — 269n32
p. 77 — 272n48

Chalcidius
Timaeus
138 — 94n26

Cicéron
De divinatione
I, 12 — 102
I, 18 — 100n60
I, 34 — 100n60
I, 57 — 113n14
I, 64 — 113
I, 129-130 — 113
II, 10-15 — 113
II, 33-35 — 113n15
De natura deorum
II, 8, 22 — 246n86
Tusculanae disputationes
V, 10 — 234n44

Clément d'Alexandrie
Stromates
I, 5, 30-32 — 240n59
II, 16, 74 — 213n73
IV, 7, 42 — 216n80
V, 1, 8, 6 — 240n59
VI, 10, 80 — 240n59

Ps.-Clément de Rome
Homiliae
II, 22 — 185n

Corpus Hermeticum
Asclepius
6-7 — 195n28
13 — 221n92

25 — 187n5
41 — 222n95
Fragmenta varia
7 — 198n37
Tractati
I, 12 — 210n63
II, 4 — 202n45
III, 4 — 203n45
V, 9-11 — 198n37
IX, 5 — 210n63
X, 2-3 — 216n79
X, 19 — 216n80
XI, 4 — 203n45
XI, 14 — 203n45
XI, 21-22 — 198n37

Damascius
De Principiis
II, 36.11-12 — 195n29
II, 39.12 — 186n3
III, 66.22 — 224n100

De philosophia Platonica
26.13-44 — 221n93

Denys d'Halicarnasse
De compositione verborum
22, 4 — 13n15
25, 12 — 13n15
De Demosthene
40, 10 — 13n15
De Dinarcho
8, 6 — 10n6
De Isaeo
3, 6 — 10n6
15, 3 — 10n6
De Lysia
15, 4 — 10n6

Diogène Laërce
Prologue 18 — 234n44

Ps.-Denys l'Aréopagite
Théologie mystique
144.4-5 — 193n22

Dominique Grima
Commentaire de l'Exode
fol. 111ra — 261-262

Eckhart, Maître
Commentaire de l'Exode 269

Empédocle
fr. 31 B 17 D.-K. 11n7

Epinomis
981c 11n8

Épictète
Entretiens
I, 14 212n68

Eschyle
Choéphores
523-540 115n22
727 24n52
Euménides
1046 24n52
Les Perses
180 sq. 115n22
Prométhée enchaîné
91 203n46
645 sq. 115n22

Euripide
Andromaque
505 24n50
Bellérophon
Fr. 308 32n26
Fr. 420 118n34

Eusèbe
Démonstration évangélique
I, 6 243n71, 72
V, 8 251n110
V, 9 251n111
V, 13, 6 249n99
VII, 12, 8 252n112
Histoire ecclésiastique
I, 4 243n71
I, 5, 1 10n5
II, 18, 4 109 ; 241n61
Préparation évangélique
VII, 3, 2 245n77
VII, 4, 1-3 247n90
VII, 5, 1 248n95 ; 252
VII, 6, 4 243n73

VII, 8, 21 243 ; 244
VII, 8, 22 243n71
VII, 8, 24-27 241n62
VII, 8, 29 241n64
VII, 9, 1 250n104
VII, 11, 9 250n104
VII, 12, 3 250n106
VII, 12, 8 249
VII, 17, 18 249n102
XI, 5 251n107
XI, 7, 7 248n97
XII, 11, 1 250n104

Flavius Josèphe
Antiquités juives
IV, 100-130 99n58

Grégoire de Nazianze
De se ipso carmen
1157-1158 208n58

Grégoire de Nysse
Sur le Cantique des cantiques
66 35n42
87 35n42
161 35n42
325 35n42 ; 35n45
356 63n5
Vie de Moïse
II, 163 65n14

Guillaume d'Alton
*Commentaire de
l'Ecclésiaste* 274

Guillaume de Tournai
*Commentaire de
l'Ecclésiaste* 274

1 Hénoch
II-V 197n35

Hermias Neoplatonicus
In Phaedrum
150.24-28 195n31

Ps.-Hermogène
Sur l'invention
III, 2, 1 10n6

Hiéroclès

In Carmen Aureum

24, 1	195n28

Homère

Iliade

III, 277	203n46
VIII, 1-29	207n54

Odyssée

XI, 303-304	25n55
XVII, 485-487	77
XX, 18 sq.	32n26

Irénée

Contre les hérésies

IV, 15, 1	238
IV, 16, 4-5	238

Isaac Israeli

Liber de definicionibus	269

Isidore de Séville

Differentiae

I, 417	265n22

Étymologies

VI, 2, 30	260n4

Jamblique

Réponse à Porphyre (De Mysteriis)

5.13-20	190n13
10.18	221n93
13.13-14	197n35
18.8-9	192n17
19.12-23	201n42
21.25-22.1	192n17
23.10 sq.	205n48
24.5-6	192n17
24.23-25.5	215n78
24.25-26	197n35
31.19-20	195n27
32.19-24	216n80 ; 219n86
36.5-26	223n97
50,9 sq.	197n35
78.5-9	206n51
82.12-83.17	195n27
88.3-11	206n51
94.17-95.8	206n51
108.10-20	215n78
120.17	214n74
124.9-10	193n24
127.19-128.13	220n89
129.24-130.4	219n86
131.8	192n17
132.3-10	214n74
151.4-5	214n74
160.12	214n74
160.28	214n74
187.14-25	195n29
188.12-14	192n17
199.1-12	211n64

Sur l'âme

Sect. 6, p. 30.15 (Dillon – Finamore)	213n73

Fragmenta (Dalsgaard Larsen)

37	209n59
112	204n47
117	200n41

Fragmenta (Dillon)

Frg. 4 *In Alcibiadem*	197n34
Frg. 6 *In Phaedrum*	195n31
Frg. 13 *In Timaeum*	216n81
Frg. 20 *In Timaeum*	205n48

Protreptique

77.12 sq.	214n74
93.2 sq.	214n74
94.6-16	214n74
104.20-21	216n81
111.23-112.1	214n74
150.21-151.1	190n14

Jean Chrysostome

Commentaires sur les Psaumes

50, 581	35n41
101-107	34n40

De salute animae

38	34n38

Homélies sur l'Épître aux Hébreux

PG 63, col. 31.39	10n6

Homélies sur la Genèse

2	24n48

In illud: Si qua in Christo nova creatura

48-52	34

Sur l'incompréhensibilité de Dieu

3	24n48

Jean Damascène
Homélies sur l'Épître aux Hébreux
PG 95, col. 952 — 10n6

Jean de Varzy
*Commentaire de
l'Ecclésiaste* — 274

Julien l'Empereur
Ad Heraclium cynicum
220b — 188n7
Ad Matrem Deorum
166c — 208n58
169c-d — 217n82
170d — 208n58
Contra Galilaeos
Frg. 7
(Masaracchia) — 190n13

Justin martyr
Apologie pour les chrétiens
I, 46 — 222n94
I, 46, 3 — 237
Dialogue avec Tryphon
11 — 238
19 — 237n54, 238
45 — 238 ; 238n56
46 — 237 ; 237n55 ; 238

Liber de causis
XXI (XXII)
V (VI), 57 — 272n47

Macrobe
In Somnium Scipionis
I, 14, 14-15 — 207n54

Maïmonide
Guide des égarés — 273-274

Manéthon
Frg. 6 — 68n22

Marc Aurèle
Pensées
II, 6 — 33
IV, 23 — 33n32
IX, 3, 2 — 33n32
X, 1 — 34

Méliton de Sardes
Homélie sur la Pâques
36 — 10n6

Michael Psellus
Philosophica minora
I, 46 — 207n54

Midrash Tehillim
194 a (Ps 90) — 95

Nag Hammadi (bibliothèque de)
Apocryphe de Jean (NHC II, 1)
13, 5-13 — 217n83
Eugnoste (NHC III, 3)
76, 14 sq. — 210n63
Traité tripartite (NHC I, 5)
61, 25-28 — 189n11
64, 28 sq. — 188n7
100, 29-30 — 202n44
126, 13-20 — 189n11

Nicolas de Gorran
Commentaire de la Genèse
Fol. 3ra-va — 271n42
Fol. 3rb — 263-264

Nicolas de Lyre
Postille — 270-271
col. 588 — 262

Numénius
Frg. 16 — 169n16
Frg. 22 — 176n31

Olympiodore
In Alcibiadem
110.13-111.2 — 201n43

Oracles chaldaïques
Frg. 1.1 — 195n31
Frg. 49.2 — 195n31

Origène
*Commentaire sur le Cantique des
Cantiques*
Prol., 3-20 — 241n65 ; 342n67
Commentaire sur saint Jean
I, 229 — 214n74

AUTEURS ANCIENS ET MÉDIÉVAUX

I, 241	214n74
II, 54-57	214n74
VI, 297-298	214n74
XX, 67-74	242n66 ; 242n68
Commentaire sur l'Épître aux Romains	
III, 6, 9	244n64
Contre Celse	
IV, 14	24n48
V, 12	24n48
Sur les principes	
I, 8, 3	216n80
II, 1, 3	201n42
II, 10, 4-5	216n80
IV, 1, 7	190n13
Philocalie	
26, 8	72n34

Parménide
Fragmenta (D. K.)	
B. 8, v. 43	185n
Testimonia (D. K.)	
A. 44	185n

Ps.-Philon
Antiquités bibliques	
18	99n58
28, 6-10	96

Pierre de Jean Olieu
Commentaire d'Isaïe	
sur Is 1, 2	272
Commentaire de la Genèse	
sur Gn 19, 33	273n52

Pierre de Tarentaise
Commentaire de 1 Corinthiens	
sur 1 Co 1, 17	264-265

Platon
Alcibiade I	
133b-c	195n31
Banquet	
1099	22
202e-203a	104n74
210d	23n46
Criton	
44a	115
Ion	
534bd	104n74

Lois	
IV, 715e8-761a2	77n48
Parménide	
137c-d	198n38
142a	73n37
146a	185n
Phédon	
67c-d	214n74
Phèdre	
244ab	104n74
244b	111n7
244cd	100
244d	90n12
259a-d	22n43
246c	22-23
247c-e	23n46
République	
III, 414d5	115
V, 473c-d	147n33
VI, 508e3-6	68
VI, 509b	206n50
VII, 533e7-534a8	64n9
IX, 571d-572b	115
Sophiste	
235d-236c	169
244e-245b	198n38
Théétète	
155d	197n35
176c	216n81
191c7	175n29
199b9-c1	64n10
Timée	
27d-28a	207n55
28a	272n48
28b	192n18
28c	188n8
29e	216n80
30b	187n5
31a4	64
32c	11n10
33a	199n39
33c	199n39
37d	205n48
52b4	115
53b	115
71b-72c	114
72b3	115n19
72c5	175n29

Plotin

Ennéades

I, 1 [53], 10 — 211n64
III, 2 [47], 3.31-6 — 190n14
III, 2 [47], 4 — 192n17
III, 3 [48], 3.30-37 — 192n17
III, 9 [13], 9 — 190n14
V, 1 [10], 1.5 — 213n72
VI, 8 [39], 16.1-12 — 209n60

Plutarque

Sur la superstition

170 B 3 — 74n38

Sur l'Epsilon de Delphes

394 C 7 — 75n42

Sur la disparition des oracles

436 F — 95n34
414 E — 104n75
415 A — 104n75
418 CD — 104n75
431 AB — 104n75

Sur le génie de Socrate

588d-588e — 94n27

Sur les oracles de la Pythie

397 C 1 — 74n40
404D-405D — 104n76
404 D 8 — 74n40

Vie d'Antoine

28, 928A5 — 59n1

Polybe

Histoires

I, 3 — 10

Porphyre

De abstinentia

II, 26, 2 — 203n46

Epistula ad Anebonem

Frg. 13a-15 — 187n4
Frg. 17 — 187n4
Frg. 46 — 187n4

Sententiae

9 — 214n74

Proclus

De arte hieratica

149.12-5 — 190n14

De malorum subsistentia

IV, 50 — 212n70

Elementatio theologica

35 — 205n48
56-57 — 201n43
109 — 224n100
202-211 — 224n100

In Alcibiadem

11.3-10 — 221n93
83.25-84.13 — 197n34

In Parmenidem

IV, 948.21-38 — 213n73

In Rempublicam

I, 36.8 — 224n100
I, 152.28 — 224n100
II, 182.30 — 214n74

In Timaeum

I, 3.11 — 207n54
I, 19.24-29 — 221n93
I, 77.1 — 189n12
I, 120.15-18 — 216n81
I, 204.24-7 — 221n93
I, 217.25 — 221n92
I, 276.30 sqq. — 187n5
I, 290.9-10 — 192n18
I, 300.28-303.23 — 188n8
I, 431.14-433.11 — 187n5
II, 24.1-29 — 207n54
III, 14.16-16.11 — 205n48
III, 14-15 sqq. — 195n31
III, 53.6 sq. — 205n48
III, 219.7-13 — 214n74
III, 325.12-13 — 214n74
III, 333.28-334.28 — 213n73

Theologia Platonica

IV, 45.21-25 — 206n52

Ptolemée le gnostique

Epistula ad Floram

ap. Epiphanium
Panarion 33, 7, 5 — 216n80

Qumrân (bibliothèque de)

Règle de la communauté (1QS)

IX, 9-22 — 209n61

Hymnes

I, 21-27 — 209n61
VII, 16-19 — 209n61

AUTEURS ANCIENS ET MÉDIÉVAUX

IX, 12-19	209n61
XII, 24-35	209n61

Salluste le philosophe
De diis et mundo

I, 2	190n13
III, 3	189n11
IV, 10	217n82
IX, 5	192n17
XIII, 2	206n52
XV, 1	187n4
XVIII, 1	224n100

Sénèque
Lettres à Lucilius

XLI	212n68

Simplicius
Commentaire sur les catégories

135.23-28	209n59
361.7-364.6	204n47
374.7-376.12	200n41
418.3-8	212n70

Commentaire sur la Physique

613.36-38	193n23

Sophocle
Trachiniennes

1260	32n26

Tertullien
Contre les juifs

2, 7	242n70

Théophile d'Antioche
À Autolycos

I, 14	222n94

Thomas d'Aquin
Commentaire de 1
  Corinthiens   265
Commentaire d'Éphésiens

sur Éph 3, 14-15	267

Commentaire de Galates

sur Ga 3, 11-12	266-267
sur Ga 2, 16	268

Commentaire d'Isaïe

sur Is 3, 3	271
sur Is 11, 2-3	273

Commentaire de Job 272

sur Jb 3, 25	273
sur Jb 37, 19-20	272
sur Jb 38-37	272

Commentaire de 1 Timothée

sur 1 Th 6, 20	267-268

Tryphon le grammairien
Sur les tropes

3.192.20-193.7	70n29

Virgile
Bucoliques

III, 60	196n32

Printed in the United States
By Bookmasters